लोहे की दीवार के दोनों ओर

लोहे की दीवार के दोनों ओर

सोवियत देश और पूँजीवादी देशों के जीवन और व्यवस्था का
आँखों देखा तुलनात्मक विवरण

यशपाल

लोकभारती प्रकाशन

लोकभारती प्रकाशन
पहली मंजिल, दरबारी बिल्डिंग, महात्मा गांधी मार्ग
प्रयागराज-211 001

वेबसाइट : www.lokbhartiprakashan.com
ईमेल : info@lokbhartiprakashan.com

शाखाएँ : 1-बी, नेताजी सुभाष मार्ग, दरियागंज
नई दिल्ली-110 002
अशोक राजपथ, साइंस कॉलेज के सामने
पटना-800 006
1, अनमोल सोराबजी सन्तुक लेन, धोबी तलाव,
मरीन लाइंस, मुम्बई-400 002

पहला संस्करण : 1984
This book is printed on **Print on Demand** Technology : 2024

LOHE KI DIWAR KE DONO OR
by Yashpal

ISBN : 978-81-979181-9-3

मूल्य : ₹895

सोवियत देश और अन्य पूँजीवादी व्यवस्थाओं में पाये ये व्यक्तिगत अनुभव और उसके परिणाम में उत्पन्न तुलनात्मक विचार उन पाठकों को समर्पित हैं जो इस विषय में जिज्ञासा और रुचि रखते हैं।

यशपाल

क्रम

योरुप के मार्ग में

लखनऊ से उठकर योरुप में आस्ट्रिया की राजधानी वियाना चल देना मेरे लिये सहज और साधारण घटना न थी। उत्तर प्रदेश की शान्ति कमेटी ने और भारतीय शान्ति कमेटी ने भी मुझे वियाना में होने वाली विश्व शान्ति कांग्रेस के लिये प्रतिनिधि चुन लिया। कर्त्तव्य का एक बोझ सा कंधों पर आ पड़ा। अपने लिये कठिन होते हुए भी इस यात्रा के लिये साधन अर्थात रुपया और पासपोर्ट जुटाने के उपक्रम में लगना पड़ा। यात्रा के लिये रुपया कर्ज़ लेना तो अपने साहस और सामर्थ्य पर निर्भर करता था परन्तु पासपोर्ट उत्तर प्रदेश की सरकार की इच्छा पर। पासपोर्ट मिला तो पर बिना अड़चन के नहीं। मेरे लौटने पर अनेक मिलने वालों का यही अनुमान था कि मैं सरकार के खर्च पर विदेश होकर आया हूँ। उन्होंने सहज तर्क से काम लिया था कि सरकार को विश्व शान्ति के लिये यत्न करना ही चाहिये। इस उद्देश्य से इतनी दूर जाने वाले को अवश्य सरकारी सहायता मिली होगी पर सरकारी और सर्वसाधारण के तर्क में अंतर होता है।

लखनऊ के साथियों को, विशेषकर लेखक साथियों को मेरी योरुप जाने की तैयारी का पता लग चुका था। गाड़ी छूटने से प्रायः दो घंटे पूर्व एक गोष्ठी मुझे विदाई देने के लिये की गई। साथियों ने शुभकामनायें कीं और यह अनुरोध भी किया कि यात्रा का अनुभव और विश्व शान्ति कांग्रेस के समाचार यथासम्भव विस्तार से प्रति सप्ताह भेजता रहूँ। स्नेह के इस अनुरोध को पूरा करने का वचन दिया। यह वचन ही इस वृत्तान्त का स्रोत है।

५ दिसम्बर १९५२; गाड़ी छोटे-मोटे स्टेशनों की ओर ध्यान दिये बिना खूब तेज़ चली जा रही थी। गाड़ी के तेज़ चाल से चलने पर नियमित खड़खड़ाहट और गड़गड़ाहट ताल का सा समा बाँध देती है। उस डिब्बे में दो ही यात्री थे, एक महाराष्ट्र महिला डाक्टर जो लखनऊ से ही सवार हुई थी, दूसरा मैं स्वयं। हम दोनों एक दूसरे से बात न कर अपने-अपने बर्थ पर लेट-लेट कर या बैठ-बैठ कर यात्रा का लम्बा समय काट रहे थे। मानो हम दोनों एक दूसरे की मौन चौकसी कर रहे हों। गाड़ी में हमें पन्द्रह-सोलह घंटे बीत चुके थे। अभी इतना ही समय और बिताना था। विश्व शान्ति आन्दोलन के सम्बन्ध में कुछ विवरण और लेख साथ लेता आया था। उन्हें पढ़ता रहा या खिड़की से पीछे की ओर उड़ते जाते खेतों और गाँवों पर नज़र डालता जा रहा था। डाक्टर महिला भी कभी कोई पत्रिका या पत्र देखने लगतीं और कभी खिड़की से मुँह बाहर निकाल गाड़ी की ताल पर कोई पक्का राग अलापने लगतीं। उनके गाने के शब्द स्पष्ट न सुन पड़ते। कृष्ण की बाललीला के सम्बन्ध में सूरदास के कोई पद थे। गाड़ी धीमी होने पर उनका संगीत गाड़ी के शब्द से ऊँचा हो जाता तो वे चुप हो जातीं। मैं पढ़ते-पढ़ते अपनी यात्रा की बात सोचने लगता :—गत रात स्नेह से स्टेशन तक विदा देने आये मित्रों, रानी, मामा और

मंटा, नन्दू के हार पहना कर विदा देते समय मन कुछ द्रवित सा हो गया था। यों तो मैं घर से बाहर आता-जाता ही रहता हूँ। रानी और बच्चे भी प्रायः स्टेशन पर छोड़ने आते हैं। कभी दो-तीन मास भी बाहर रह आता हूँ। ऐसा कुछ अभ्यास सा हो चुका है परन्तु गत संध्या यह विदाई उतनी साधारण नहीं लगी। बहुत दूर, विदेश के लिये विदाई तो थी ही पर उसके साथ ही कुछ ऐसा भी भाव था कि किसी बड़े काम में सहयोग देने का उत्तरदायित्व लेकर अपने काम और परिवार को छोड़कर जा रहा हूँ। बिलकुल ठीक वैसे ही तो नहीं पर कुछ-कुछ वैसे ही, जैसे तेईस वर्ष पूर्व 'हिन्दुस्तान समाजवादी प्रजातंत्र सेना' के क्रान्तिकारी आन्दोलन में फरार होते समय लगा था। तब शायद नौजवानी में आत्म-बलिदान की उमंग का वेग मन में रहा हो। अब वह बात नहीं हो सकती परन्तु ऐसे कर्त्तव्य की अनुभूति जरूर थी जिसकी अवहेलना नहीं की जा सकती।

विश्व शान्ति के प्रति कर्त्तव्य की बात शायद कुछ लोगों को अन्तर्राष्ट्रीय राजनीति में योग देने की महत्त्वाकांक्षा जान पड़े। पर मैं जानता हूँ कि वैसी महत्त्वाकांक्षा मुझ में नहीं है। अन्तर्राष्ट्रीय राजनीति तो क्या; अब मैं ऐसे शैथिल्य के वश हो गया हूँ कि अपने प्रान्त या अपने नगर तक की राजनीति से कतरा जाता हूँ। कुछ लोग इसे आत्मरति या जीवन के प्रति मोह कहेंगे। दूसरे लोग न भी कहें तो मैं आत्मालोचना के ढंग से ऐसा सोच सकता हूँ। 'जीवन का मोह' होता क्या है? जीते रहने की और सुख से जी सकने की इच्छा। सुख से जी सकने की कल्पना अपने परिवार, समाज और देश को भुलाकर या गवाँ कर नहीं की जा सकती। यह ठीक है कि मैं जीना चाहता हूँ। अपने बच्चों, अपनी पत्नी, माँ, भाइयों और भाभी के साथ; अपने संतुष्ट हँसते हुए समाज से घिरकर। ऐसी इच्छा या स्वप्न पूरा कर सकने के लिये मेरे परिवार और देश-समाज के जीवन की आवश्यकतायें पूरे करने के साधनों का विकास आवश्यक है। मेरे परिवार, समाज और देश की भूख मिटने और तन ढाँप सकने की सुविधा के लिये रोज़गार की सहूलियत होना और श्रम करने पर उसका फल पा सकने की सुविधा होना ज़रूरी है। ऐसी बातें मेरे मन में बार-बार आती रहती हैं। इसलिए नहीं कि मैं देश और समाज का नेतृत्व करने की महत्त्वाकांक्षा रखता हूँ बल्कि इसलिये कि मैं संतुष्ट जीवन से मोह करता हूँ और यह जानता हूँ कि संतुष्ट जीवन व्यक्तिगत समस्या नहीं बल्कि सामाजिक समस्या है।

इस देश के लोग या हमारी सरकार देश के प्राकृतिक साधनों को जनहित के लिये उपयोग में लाने की विराट योजनायें बनाकर देश की कठिनाइयों को दूर करने का प्रयत्न कर रही है। सरकार के इन प्रयत्नों से मुझे संतोष नहीं है। मैं इन प्रयत्नों की तुलना जब दूसरे देशों की सफलता से करता हूँ तो संतोष नहीं होता। अपने देश में किये जाते प्रयत्न मुझे जनसमुदाय की शक्ति और सहयोग की उपेक्षा कर नौकरशाही के जोर पर किये जाते जान पड़ते हैं। ऐसे प्रयत्नों और योजनाओं की आधार सरकार की पूँजीवादी व्यवस्था से मुझे सन्तोष नहीं। जो कुछ किया जा रहा है, मैं उससे बहुत अधिक और अधिक वेग से किया जाना आवश्यक समझता हूँ लेकिन सरकार जो कुछ कर रही है वही पूरा हो जाय तो भी कुछ होगा। पर इन योजनाओं के पूरे हो सकने की सबसे बड़ी शर्त है कि इनके पूरा हो सकने में कोई रुकावट न आये। ऐसी कल्पना बहुत वीभत्स जान पड़ेगी कि यह सब बन चुकने के बाद वैसे ही बरबाद हो जाय जैसे कि पिछले युद्ध में योरुप और रूस के बड़े-बड़े आयोजन आनन-फ़ानन में नेस्तनाबूद हो गये थे।

बहुत बरसों तक हमारा देश ब्रिटिश साम्राज्य के अन्तर्गत रहा है। बहुत सी चीजें वे यहाँ बना भी गये हैं। परन्तु देश के औद्योगीकरण की बात उन्होंने कभी क्यों नहीं सोची या दामोदर, हीराकुण्ड और रिहांड जैसी योजनायें उनके दिमाग में क्यों नहीं आईं? बात चाहे अब पुरानी हो गई हो परन्तु तथ्य यही था कि ब्रिटिश साम्राज्यशाही इस देश की जनता के संतोष के विचार से इस देश का शासन नहीं कर रही थी बल्कि इस देश से अधिक से अधिक लाभ उठा सकने और इस देश पर अपना अधिकार मजबूत रख सकने और इस देश को अपने साम्राज्य-विस्तार का साधन बनाये रखने के लिये ही इसका उपयोग करती थी। अंग्रेजों को अधिक चिन्ता इस बात की थी कि इस देश पर उनके सिवा किसी और का आधिपत्य न हो जाय; इस बात की चिन्ता नहीं थी कि इस देश की जनता का जीवन मनुष्यों जैसा हो सके। उनके सामने मनुष्य की समृद्धि के लक्ष्य की अपेक्षा युद्ध का ही भय सदा बना रहा। प्रपंच और युद्ध के साधन से उन्होंने अपने साम्राज्य का विस्तार किया था। अपनी इच्छा से और बस चलते तो कोई दासता स्वीकार करता नहीं। अंग्रेज़ युद्ध के साधनों से ही अपने साम्राज्य की रक्षा में विश्वास करते थे। इसका दूसरा साधन हो भी क्या सकता था?

उस साम्राज्यवादी राजनीति की विरासत हमारी इच्छा या अनिच्छा से आज भी हमसे चिपकी है। आज भी हम अपने देश की सुरक्षा युद्ध के लिये तैयार रहने में ही समझते हैं। भारतवासी आदर्श और सिद्धान्त से चाहे अहिंसा को ही परम धर्म समझते हों परन्तु हमारा व्यवहार हमारे चारों ओर घिरे दूसरे देशों के व्यवहार से ही निश्चित होता है। हमारे राष्ट्र या समाज की परिमित उत्पादन शक्ति का एक बड़ा भाग (दो अरब रुपया) आत्मरक्षा की इसी चौकसी में खप जाता है। हमारे राष्ट्र और समाज की उत्पादक शक्ति का वह भाग जो जनसमुदाय का पेट भर सकने के साधन तैयार करने और दयनीय स्वास्थ्य सुधार सकने के साधनों को बनाने में व्यय होना चाहिये था, आत्मरक्षा के लिये एक बड़ी सेना और युद्ध का सामान प्रस्तुत रखने में व्यय करना आवश्यक है। यह आवश्यक है, क्योंकि हम समस्याओं को युद्ध द्वारा हल करने की नीति में विश्वास करने वाले अन्तर्राष्ट्रीय जगत से घिरे हैं। यदि हम अपनी शक्ति को युद्ध के लिये तैयार रहने में लगाना उचित न समझें तो हमें दूसरों के सिर पर चढ़ आने का भय है। हम शान्ति से विकास का अवसर चाहते हैं परन्तु दूसरों की अनीति का शिकार बन जाने से शान्ति और विकास कैसे होगा! हमारी शान्ति से विकास करने की इच्छा दूसरों के सहयोग पर निर्भर करती है। शान्ति राष्ट्रों के पारस्परिक सहयोग से ही सम्भव है। शान्ति का प्रश्न किसी अकेले राष्ट्र के हाथ का नहीं। हम शान्ति चाहते हैं, या हम अपने पारिवारिक और सामाजिक जीवन को संतुष्ट बनाने के लिये अपने देश के निर्माण में अपनी पूरी शक्ति लगा देना चाहते हैं तो अन्तर्राष्ट्रीय शान्ति की जमानत की अवहेलना करना हमारे लिये सम्भव नहीं। प्रत्येक परिवार के भविष्य की सुरक्षा के लिये, युद्ध की विभीषिका से सुरक्षा की जमानत आवश्यक है। यह परोपकार या अन्तर्राष्ट्रीय कल्याण का दम्भ नहीं आत्मरक्षा की ही भावना है।

विश्व-शान्ति कांग्रेस में उत्तर प्रदेश से चार-पाँच ही साथी जा रहे थे। रास्ते में एक स्टेशन पर चौबे जी भी बम्बई एक्सप्रेस में आ गये थे। वे किसी दूसरे डिब्बे में बैठे थे। रास्ते में एक-दो बार प्लेटफार्म पर उतरने से उनसे कुछ मिनट के लिये ही मुलाकात हुई

थी। गाड़ी सुबह पौ फटने से पहले ही विक्टोरिया-टर्मिनस स्टेशन पर पहुँची तो आगे लम्बी यात्रा के हम दोनों साथी एक साथ हो लिये।

बम्बई से शान्ति कमेटी ने सूचना दी थी कि हम लोगों के लिये विमान के टिकट आदि खरीदने की सुविधाजनक व्यवस्था के लिये ट्रेडविंग कम्पनी से बात कर ली गई है। ७ दिसम्बर की तारीख सब लोगों के एक साथ चलने के लिये निश्चित थी। बम्बई पहुँचने पर मालूम हुआ कि कुछ लोगों को पासपोर्ट मिलने में विलम्ब हो रहा है। कुछ लोग ९ दिसम्बर प्रातःकाल से पहले चलने के लिये तैयार न थे। ट्रेडविंग कम्पनी ने भी समझाया कि ७ दिसम्बर को चलना व्यर्थ है क्योंकि उस दिन न जाने से जिनेवा में विमान के मेल के लिये दो-तीन दिन रुकना पड़ सकता है। इस कठिनाई से बचने के लिये दो दिन बाद चलना ही ठीक होगा।

कम्पनी ने जिस कठिनाई का भय दिखाया, दूसरी दृष्टि से वह प्रलोभन भी हो सकता था। चौबे जी और अपनी यह राय बनी कि दो दिन बम्बई की गरमी में सड़ने और यहाँ पैसा फूंकने की अपेक्षा दो दिन जिनेवा (स्विटज़रलैण्ड) ही क्यों न देखा जाय। इस विचार की जड़ में यह बात भी थी कि शान्ति कमेटी के पत्र से यह भी मालूम था कि पूर्वी योरुप के प्रजातंत्र देशों ने प्रतिनिधियों को तीन सप्ताह तक अपने देशों में भ्रमण कर अपनी आँखों उन देशों की स्थिति देखने का भी निमंत्रण दिया है। सोचा कि पूर्वी योरुप के समाजवादी व्यवस्था अपना लेने वाले प्रजातंत्रों की तुलना पराधीनता के बंधनों के कारण पिछड़े भारत से क्या की जाय। उन देशों को देखने से पहले यदि पूँजीवादी प्रणाली पर चलने वाले समृद्ध स्विटज़रलैण्ड का एक आध नगर देख लिया जाय तो तुलना का आधार अधिक उचित हो सकेगा। हम दोनों ने कम्पनी द्वारा पहले दी गई, तारीख ७ दिसम्बर को चलने का ही आग्रह किया।

विमान चलने से एक घंटे पहले ही विमान के अड्डे पर पहुँचना होता है। पासपोर्ट, स्वास्थ्य के प्रमाण पत्र और चुंगी की जाँच-पड़ताल होती है। यात्रियों के सामान की जाँच-पड़ताल हो जाने पर उन्हें विदा देने के लिये आने वालों से दूर ही रहना पड़ता है। यात्रियों और विदा देने आने वालों के लिये अलग-अलग कठघरे से बने हैं। दोनों कठघरों में प्रायः छः फुट का अन्तर है। संदेह रहता है कि जाँच-पड़ताल हो चुकने के बाद यात्री विदा देने आने वालों से कोई महसूली चीज न ले लें। विमान यात्रा करने वाले लोग प्रायः समृद्ध और सम्मानित ही होते हैं। उन्हें विदाई देने आने वाले उनके सम्बन्धी और मित्र भी वैसी ही स्थिति के समझे जाने चाहिये। व्यवहार और पोशाक से वे जंचते भी वैसे ही हैं परन्तु कठघरों के बीच का अन्तर वैसा ही वातावरण बना देता है जैसा कि जेल में कैदियों के मित्रों या सम्बन्धियों के मुलाकात करने जाने पर होता है। कैदी एक जालीदार कठघरे में बंद, पाँति में बैठे रहते हैं। उनसे मिलने आने वाले लोग कठघरे से प्रायः डेढ़ हाथ दूर सामने बैठकर कैदियों से बात कर लेते हैं। जेल में संदेह यह रहता है कि कैदी मिलने आने वालों से कोई पत्र या दूसरी ऐसी चीज़ न ले लें जो जेल के नियमों के अनुसार उन्हें नहीं मिलनी चाहिये। विमान के अड्डे पर यह आशंका रहती है कि बाहर जाने वाले यात्री अपने सामान की पड़ताल करा चुकने के बाद कोई ऐसी वस्तु न ले जाँय जिसे बाहर ले जाने की आज्ञा न हो या ले जाने के लिये भारी कर देना पड़ता हो उदाहरणतः सोना, चाँदी, जवाहरात अथवा ऐसी ही कोई दूसरी वस्तु।

'एयर इंडिया इन्टरनेशनल' के विदेश जाने वाले विमान बहुत बड़े हैं। साज-सज्जा तथा यात्रियों के लिये सुविधाओं में अमेरिकन, ब्रिटिश, फ्रेंच या दूसरी कम्पनियों से किसी तरह कम नहीं। भारत की मंत्री राजकुमारी अमृतकौर भी इसी विमान से कैरो जा रही थीं। उन्हें शेष यात्रियों की भाँति अपने सामान की जाँच-पड़ताल कराकर कठघरे में बंद नहीं होना पड़ा। उनके साथ चलता लाल रंग का चोगा पहने चपरासी उनकी स्थिति और सम्मान का रक्षक था। सूर्य लगभग क्षितिज पर पहुँचकर छिपना ही चाहता था कि विमान ने चाल पकड़नी आरम्भ की। कुछ ही मिनट में हम भारत की पृथ्वी पीछे छोड़ अरब सागर पर उड़ने लगे। सूर्य उत्तर-पश्चिम में अस्त हो रहा था और हमारा विमान भी अपनी पूरी शक्ति से उसी ओर उड़ा जा रहा था। सूर्य भारत से जितना ही दूर जाता विमान पश्चिम की ओर बढ़ उसे झाँकने का यत्न कर रहा था। दक्षिण की ओर अंधेरा हो चुका था परन्तु उत्तर की ओर लाल प्रकाश बना था और बहुत देर तक बना ही रहा। विमान रूठकर छिपने के लिये पश्चिम की ओर भागती संध्या का पीछा कर रहा था। बाहर झाँकने से तारों के अतिरिक्त कुछ दिखाई न पड़ा तो आँखें भीतर कर लीं।

वायु से यात्रा अब बहुत असाधारण बात नहीं है। प्रतिदिन दिल्ली से मद्रास, बम्बई, कलकत्ता विमान आते-जाते हैं परन्तु देश के भीतर चलने वाले और इन बड़े विमानों में काफी अन्तर है। इन विमानों में बीच में राह छोड़ दायें-बायें दो-दो कुर्सियों की जोड़ियाँ लगी रहती हैं। कुर्सियों के हाथों में लगे बटन दबा देने से कुर्सी की पीठ इच्छानुसार गिरायी जा सकती है और कुर्सी को आरामकुर्सी बना लिया जा सकता है। थोड़ी बहुत नींद भी ली जा सकती है। कुर्सियों के हाथों में राखदानियां लगी रहती हैं। विमान के उतरते या चढ़ते समय, जब कि धक्कों से हिलने-डुलने की आशंका रहती है, को छोड़कर शेष समय सिगरेट पिये जा सकते हैं। कुछ विमानों में यात्रियों को बढ़िया सिगरेट पेश भी किये जाते हैं। चाकलेट-लैमनड्राप तो सभी कम्पनियाँ पेश करती हैं। 'इंडिया इन्टरनेशनल' में लौंग-सुपारी भी चलती है। सामने वाली कुर्सी की पीठ पर जगह बनाकर मनोरंजन का कुछ साहित्य रखा रहता है। इसमें विमान के सम्बन्ध में मनोरंजक बातें या आकाश में चमचमाते नक्षत्रों के सम्बन्ध की बातें रहती हैं। विमान की मेज़बान या यजमान लड़की उपन्यास, पत्र-पत्रिकायें भी ला देती हैं।

सात बजे के लगभग ह्विस्की, ब्राण्डी, वाइन या फलों के रस—जो आप चाहें—से सत्कार किया गया। यात्रियों के भोजन की इच्छा प्रकट करने पर यजमान लड़की एक चमचमाता तख्ता कुर्सी के हाथों में ऐसे सटा देती है कि सामने छोटी सी मेज बन जाती है। भोजन योरुपियन ढंग का परन्तु बहुत स्वाद रहता है। भोजन के बाद काफ़ी। काफ़ी के बाद सिगरेट, लैमनड्राप या लौंग-सुपारी और फिर पत्र-पत्रिकायें। कुछ समय बाद लड़की ने मुस्कराकर एक कार्ड लाकर दिखाया। लिखा था—विमान के कप्तान का अभिवादन! आशा है आप मजे में हैं। हमारा विमान फारस की खाड़ी के ऊपर दो सौ चालीस मील प्रति घण्टे जा रहा है। आपके दायें अमुक तारा चमक रहा है और बायीं ओर अमुक। हम १२ हजार फुट की ऊँचाई पर उड़ रहे हैं। बाहर तापमान ४०° है। भीतर गरम कोट की भी जरूरत न थी। लखनऊ में तो तापमान ५०° होने पर दाँत बजने लगते हैं। यह यात्रा प्रायः तीस घण्टे की होती है और किराया दो हजार रुपये इसलिये यात्रियों की इतनी खातिर उचित ही है। बल्कि आवश्यक इसलिये है कि बहुत-सी

कम्पनियों के विमान चल रहे हैं। यात्री जहाँ अधिक सुविधा और खातिर पायेंगे, उसी ओर आकर्षित होंगे।

हम लोग साथ-साथ बैठे थे। विमान की आवाज से बचने के लिये कानों में रुई भर ली जाती है इसलिये बातचीत में सुविधा नहीं होती। ऊँघ आने लगी। यात्रियों को ऊँघते देख होस्टेस ने बड़ी-बड़ी बत्तियाँ बुझा दीं। प्रत्येक कुर्सी के साथ एक बहुत छोटी-सी बत्ती भी रहती है कि आप नींद न आने पर दूसरों को चकाचौंध किये बिना पढ़ सकें। यात्रियों ने अपनी-अपनी बत्तियाँ भी बुझा लीं। सोने के कमरे का सा सन्नाटा हो गया। हमारी कुर्सियों से दो-तीन कुर्सियाँ आगे, बाईं ओर एक सिंधी युवक जो अमेरिका में कारोबार करता है और शायद विवाह करके पत्नी को साथ लिवा ले जाने के लिये ही देश आया था और तुरंत ही लौटा जा रहा था, प्रतीक्षा करने की विवशता से व्याकुल था। नववधू पति की इस व्याकुलता से गद्‌गद हो रही थी। वह बार-बार आँख मूँद नींद का बहाना करती परन्तु युवक को यह सह्य न था। वह युवती के गले में बाँह डाल उसे खींचकर चूम लेता। युवती नींद या प्यार के उन्माद से गुलाबी हो रही आँखें खोल मुस्कराकर उसकी ओर देख लेती। बार-बार आँख उधर चली जाती थी परन्तु उन्हें झेंप से बचाने के लिये करवट ले ली। चौबे जी धीमे-धीमे खर्राटे ले रहे थे। मुझे नींद नहीं आ रही थी। फिर वही बातें मन में आने लगीं जो गाड़ी में सोच रहा था :—एक व्यक्ति का अस्तित्व ही क्या है परन्तु जब वह अपने आपको व्यापक समाज के अंग के रूप में अनुभव करने लगता है तो विश्व की समस्याओं की बात सोचे बिना नहीं रह सकता है।

यजमान लड़की ने आकर जगाया और फिर कार्ड सामने पेश कर दिया। सूचना थी :—हम दस मिनट में मिस्र की राजधानी कैरो पहुँच रहे हैं। आप अपने घड़ी में समय बदल सकते हैं। भारतीय समय से रात के दो बज रहे हैं परन्तु कैरो के समय से इस समय बारह बजे हैं। विमान के अड्डे पर आपके लिये काफी, चाय और जलपान तैयार मिलेगा।

आंखें मलकर खिड़की से झांका। नीचे बिजली की चमचमाती पंक्तियाँ दूर तक चली जा रही थीं। हल्की चांदनी का प्रकाश था। कुछ बड़ी-बड़ी झीलें सी दिखाई दीं और फिर स्वेज नहर। कुछ ही मिनट में बिजली की बत्तियों का बहुत बड़ा विस्तार। यह कैरो नगर था। विमान पृथ्वी पर उतरा। यहाँ विमान में तेल भरने या दूसरे कामों के लिये प्रायः डेढ़-दो घण्टे का विश्राम होता है। विमान के अड्डे पर भोजनालय (डाइनिंग हाल) में जाते समय मार्ग के दोनों ओर मिस्र की पुलिस के आदमी ऊँची लाल तुर्की टोपी पहने खड़े थे। भारतीय गुप्तचर भी मौजूद थे। फिर पासपोर्ट पर नज़र डाली गई। गुप्तचर यात्रियों के चेहरों पर ऐसे नजरें गड़ाकर देख रहे थे कि मानों मन का भेद भांप लेंगे। पर यों लगातार आँखें गड़ाते-गड़ाते स्वयं उनकी ही आंखें पथरा जाती होंगी।

कैरो में विमानों के अड्डे के बड़े भोजनालय में हम दस-पंद्रह भारतीयों को छोड़कर शेष सभी लोग सफेद चमड़ी के थे। अमरीका, योरुप, दक्षिण-अफ्रीका आदि से कई विमान इस समय कैरो में जमा हो जाते हैं। कुछ मुसाफिर यहाँ विमान बदलते हैं। सेवक (वेटर्स) सब काले रंग और लम्बे चेहरे के सूडानी हैं। मिस्र की पुलिस के आदमी और सैनिक वर्दी पहने लोग गन्दमी रंग के भारतीयों जैसे जान पड़ते हैं। काली चमड़ी के इन लोगों में गोरी चमड़ी की दासता और आतंक का भाव बहुत गहरा है। वे यथासम्भव

पहले गोरे लोगों का ही आतिथ्य कर रहे थे। विमान के यात्रियों को इन अड्डों पर शराब के अतिरिक्त जलपान के लिये दाम नहीं देने पड़ते। फिर भी अमेरिकन यात्री या शायद कुछ अंग्रेज़ भी थोड़ी-बहुत बख्शीश इन बेटरों को दे जाते हैं। शायद गोरी चमड़ी के आदर का यही कारण हो। कैरो में बम्बई जैसी गरमी नहीं, कुछ सर्दी ही थी। भोजनालय के साथ ही उपहारों और सिगरेट की दुकानें भी हैं। मूल्य, खास कर सिगरेटों के, भारत की अपेक्षा अधिक थे।

कैरो से विमान दो बजे, मेरी घड़ी के अनुसार चार बजे, भूमध्यसागर की ओर चला। विमान बादलों के ऊपर उड़ रहा था। ऊपर पिछली रात की मध्यम सी चाँदनी थी। कोहरे से भरे आकाश में चांद का टुकड़ा विमान से विपरीत दिशा में उड़ा जा रहा था। नीचे मटियाले बादलों का विस्तार। कई कुर्सियों पर नाकें बज रही थीं। ऊँघते-ऊँघते चले जा रहे थे। प्रेमी जोड़ी ने विमान चलने के पन्द्रह-बीस मिनट बाद तक कुछ चुहल की फिर शायद प्रेम की अपेक्षा नींद का वेग अधिक हो गया; युवक-युवती का सिर अपनी बाँह पर ले कुर्सी पर पसर कर सो गया।

आँख खुली तो मेरी घड़ी में आठ बजे थे। प्रातः छः से पहले ही उठ जाने की आदत है। नींद टूटने पर चाय की तलब भी होती है। आँख खुलने से पहले ही बिस्तर के समीप चाय न आ जाय तो चाय आने तक अंगड़ाइयाँ लेते रहना अच्छा लगता है। विमान में सन्नाटा था। केवल टिमटिमाती बत्तियां जल रही थीं कि इधर-उधर जाने पर ठोकर न लगे। बाहर झांका, वही कोहरे से भरी मध्यम चांदनी और नीचे मटियाले बादल। मन मारकर आंखें मूंद लीं। पर जबरदस्ती की नींद कब तक निबाही जाती? विमान के भीतर और बाहर वही हाल। लाचारी में फिर आँखें मूंद लीं परन्तु कब तक? अपनी घड़ी में पौने दस बज गये और बाहर अब भी पौ फटने से पूर्व का अंधकार। यजमान लड़की ब्लाउज़ और स्कर्ट के बल सीधे करती चली आती दिखाई दी। पूछा— एक प्याला चाय मिल सकता है? अभी पाँच मिनट में—उसने उत्तर दिया।

सूर्योदय हुआ। विमान के शरीर पर किरणें पड़ रही थीं पर नीचे घटाटोप बादलों का विस्तार था। इतने में नाश्ता भी आ गया। हम उत्तर की ओर उड़ते जा रहे थे। नीचे बादल कुछ विरल हो जाते तो पृथ्वी पर शीत ऋतु के बादल घिरे प्रभात का सा दृश्य जान पड़ता परन्तु फिर बादल आ जाते। हम सम्भवतः इटली के पश्चिम की ओर से उड़े चले जा रहे थे। कुछ समय पश्चात् पहाड़ों पर बरफ जमी दिखाई दी और फिर खूब बरफ। बरफ के मैदान और बरफ से लदी चोटियाँ। लड़की ने फिर कार्ड लाकर दिखाया—कुछ मिनट में हमारे बाईं ओर एल्पस की सबसे ऊँची चोटी मौंट ब्लाक दिखाई देगी। हम समुद्र-तल से चौदह हज़ार फ़ुट की ऊँचाई पर से उड़ रहे हैं। विमान के बाहर तापमान केवल २५° है और विमान के भीतर ६०°। विमान के बाहर वायु का दबाव इतना है और भीतर इतना। सौभाग्य से सूर्य चमक उठा। बाईं ओर गहरे नीले आकाश में निरावलम्ब विराट हिम-शृङ्ग खड़े थे, अद्भुत गुलाबी ज्योत्स्ना लिये। नीचे बरफ के मैदान। बरफ में से कहीं कोई काली चट्टान दिखाई दे जाती तो और भली लगती। बाहर वायु जितनी तरल थी उसमें सांस लेना भी कठिन हो जाता। कप्तान के यह कार्ड बार-बार याद दिला देते थे कि विज्ञान द्वारा मनुष्य का सामर्थ्य कितना बढ़ गया है। कैसे वह प्रकृति पर राज्य कर रहा है। दूसरी ओर मनुष्य की आत्मसंहार की प्रवृत्तियाँ। इसी प्रसंग

में तो हमारी यात्रा थी। ····मनुष्य आत्मसंहार करना तो नहीं चाहता। मनुष्य अपने विश्वास में आत्मरक्षा और आत्मविकास का ही प्रयत्न है लेकिन परिणाम विपरीत हो जाता है, या समाज के विकास के जो ढंग और प्रयत्न बीती हुई परिस्थितियों में उपयोगी थे, अब मनुष्य द्वारा अपनी परिस्थितियाँ बदल लेने पर हानिकारक हो रहे हैं।····

योरुप के सबसे ऊँचे पहाड़ एल्पस की बर्फानी चोटियों और मैदानों को लाँघकर विमान कुछ नीचे आ गया। सूचना मिली कि हम लोग दस बजे जिनेवा पहुँच जायेंगे। मेरी घड़ी में इस समय ढाई बज रहे थे। हरी-भरी पहाड़ियाँ दिखाई देने लगीं। बादल छाया रहने से वे और भी श्यामल जान पड़ रही थीं। पहाड़ों पर जंगल और खेतों का अंतर दिखाई पड़ने लगा। नीचे पहाड़ी गाँव भी दिखाई दे जाते। ऊँचाई अधिक होने के कारण मनुष्यों और पशुओं को पहचानना सम्भव नहीं था।

स्विज़रलैण्ड

जिनीवा में विमान से उतरने पर तीर सी बेधती सर्द हवा और बूंदा-बांदी मिली। विमान के अड्डे पर कुछ चहल-पहल नहीं थी। पासपोर्ट दिखाये। चुंगी के लिये पूछताछ हुई; चुङ्गी के लायक कोई सामान यानी स्थानीय लोगों के लिये उपहार आदि तो हमारे पास नहीं हैं। इनकार से ही छुट्टी मिल गई। योरुप का हमने यह पहला नगर देखा। सुन्दर स्विटज़रलैण्ड का एक सुन्दर नगर। मन पर पहला प्रभाव—समृद्धि, सुघड़ता और सफाई का पड़ा। स्थानीय समय से ग्यारह बजे थे और दुकानें खुल चुकी थीं। बादल, वर्षा के कारण चहल-पहल उतनी न थी। साफ-सुथरी सडकें, तेज चलती मोटरें, बसें और ट्रामें। दुकानें बड़े-बड़े शीशों के भीतर सुरक्षित। सड़क पर बहुत सर्दी थी परन्तु किसी भी दुकान या दफ्तर के भीतर जाने पर सुखदायक गरमी।

एयर इंडिया इंटरनेशनल ने हमारे ठहरने का प्रबन्ध ब्रिस्टल होटल में किया था। होटल छः मंजिला, खूब साफ सुथरा था। भोजन बहुत अच्छा था :—रोटी, मक्खन, पनीर, मांस और सब्जियाँ नाप-तौलकर नहीं दी जातीं। भोजन की वस्तुयें बड़े से बर्तनों में और अंगूर की शराब भी जग भरकर सामने रख दी जाती हैं। अंगूर की शराब से अभिप्राय ह्विस्की, ब्राण्डी या महुआ की देशी शराब जैसी तेज़ चीज से नहीं। यह चीजें तो आधी छटांक या छटांक भर पी जाती हैं परन्तु अंगूर की यह शराब गिलास भरकर जैसे नींबू का शरबत या नारंगी का रस पी रहे हों। दोपहर का खाना खाकर घूमने निकल गये।

पहली कठिनाई भाषा की ही सामने आई। जिनीवा में फ्रेंच बोली जाती है। स्विटज़रलैण्ड सब ओर से दूसरे देशों से घिरा हुआ है। उसका एक भाग फ्रांस की सीमा से लगा है, कुछ भाग जर्मनी और आस्ट्रिया की सीमा से लगे हैं और शेष इटली से। इन सब प्रान्तों में फ्रेंच, जर्मन और इटालियन भाषायें बोली जाती हैं। इन प्रदेशों के स्विस लोग इन्हीं भाषाओं को अपनी मातृभाषा समझते हैं। अलबत्ता स्विटज़रलैण्ड में यह भाषायें कुछ उच्चारण के भेद से बोली जाती हैं। इसलिये स्विसफ्रेंच, स्विसजर्मन और स्विसइटालियन कहलाती हैं। अमेरिकन यात्री काफी आते हैं। इसलिए बड़े होटलों और बड़ी दुकानों में अंग्रेजी बोलने वाले भी मिल जाते हैं परन्तु कठिनाई अवश्य होती है। प्रायः संकेतों से काम चलता है। चौबे जी बम्बई से यात्रियों के लिये उपयोगी एक पुस्तक ले आये थे। इसमें काम चलाऊ वाक्य प्रसंग के अनुसार इंगलिश, फ्रेंच, जर्मन और

इटालियन में दिये हुए थे। पन्द्रह वर्ष जेल में 'स्वयं शिक्षक' की सहायता से, उच्चारण जाने बिना पुस्तकें पढ़ लेने योग्य जो फ्रेंच सीखी थी उसके आधार पर इस पुस्तक की सहायता से काम चलाना चाहा। अव्वल तो पन्द्रह वर्ष तक कभी उस ओर ध्यान न दे सकने के कारण वह भूल ही चुकी थी तिस पर ठीक उच्चारण कैसे होता? लाचारी में उस पुस्तक में से ही वाक्य दिखा देना पड़ता।

जिनीवा या योरुप के और भी दर्शनीय नगरों में 'थामस-कुक' या यात्रा का प्रबन्ध करने वाली दूसरी कम्पनियाँ नगर में घूमकर दर्शनीय स्थानों को देखने का प्रबन्ध अपनी गाड़ियों में कर देती हैं। एक गाइड या परिचायक भी साथ रहता है। जिनीवा में चार घण्टे के चक्कर के लिये छः फ्रांक या सात रुपया देना पड़ता है।

स्विटज़रलैण्ड की राजधानी बर्न में है, सबसे बड़ा व्यावसायिक नगर ज्यूरिच है परन्तु शायद प्राकृतिक शोभा के कारण यात्रियों के लिये महत्त्व जिनीवा का ही अधिक है। पहले संसारव्यापी महायुद्ध के बाद से जिनीवा अन्तर्राष्ट्रीय विचार-विनिमयों, समझौतों और संगठनों का केन्द्र सा बन गया है। प्रदेश पहाड़ी होने के कारण भिन्न-भिन्न भाग ऊँचे नीचे बसे हुए हैं। पत्थर की पाँच-पाँच, छः-छः मंजिली इमारतें हैं। बाजार की ओर या निगाह में आने वाली दीवारें विज्ञापनों से ढंकी हुईं। नगर का सबसे गुंजान, चमचमाता भाग झील के पुल के पास है। यहाँ होटल, घड़ियों की बड़ी-बड़ी दुकानें, यात्रा का प्रबन्ध करने वाली कम्पनियों के दफ्तर, बैंक, सिनेमा-थियेटर और शौक की चीज़ों की दुकानें हैं। ऊपरी जिनीवा का भाग जिसमें सरकारी दफ्तर, यूनिवर्सिटी, अन्तर्राष्ट्रीय संस्थाओं—संयुक्त राष्ट्र संघ, अन्तर्राष्ट्रीय मजदूर संघ, रेडक्रास आदि की इमारतें हैं, सामने की चढ़ाई पर फैला हुआ है। जिनीवा में या स्विटज़रलैण्ड के फ्रेंच बोलने वाले भाग में होटल शब्द काफ़ी भ्रामक हो सकता है। 'होटल ब्रिस्टल', 'होटल सेवाय', 'होटल पारागो' के साथ-साथ ही 'होटल पोस्त', 'होटल कांत्रीव्यूस्यो', 'होटल द वील', 'होटल करेक्सियो' भी सुनाई पड़ता है। हालाँकि इनका अर्थ डाकघर, इनकमटैक्स दफ्तर, टाउन हाल और जेलखाना ही है। यहाँ सभी बड़े-बड़े घर या मकान होटल कहलाते हैं।

थामस-कुक के परिचायक ने जिनीवा के दर्शनीय स्थानों के नामों और संक्षिप्त विवरण की एक सूची और नगर का नक्शा भी हमें दिया था। इस नक्शे के दर्शनीय स्थानों के परिचय से अधिक जिनीवा के घड़ियों और शराब के व्यापारियों का विज्ञापन ही भरा हुआ था और इसका प्रयोजन दर्शनीय स्थानों का परिचय देने की अपेक्षा जिनीवा से घड़ियाँ और शराब खरीद सकने के लिये उत्साहित करना ही था। जिनीवा की भव्य इमारतों की दीवारें, कुछ एक सरकारी इमारतों को छोड़कर विज्ञापनों से भरी हुई हैं। इन विज्ञापनों में कहीं कोई सुन्दरी बढ़िया पारदर्शी मोजा अपनी सुन्दर जाँघ पर चढ़ाती दिखायी देती है। यह मोजा जाँघ के सौन्दर्य को छिपाता नहीं बल्कि बढ़ा देता है। दूसरे विज्ञापन में कोई सुन्दरी अपने चोंच उठाये उरोजों को किसी अनूठे किस्म की अंगिया में वश कर रही है। कहीं एक सुन्दरी घड़ी को किसी आह्लाद और गर्व से देख रही है। कहीं कोई मोहिनी युवक की नेक टाई से मोहित हो रही है, मानो युवक का यौवन और सौन्दर्य उस टाई पर ही निर्भर करता हो। कहीं विज्ञापनों में जुकाम और सिर दर्द से मुक्ति के लिये दवाई की सलाह है और कहीं स्कीइंग के विनोद के लिये निमंत्रण है। सबसे अधिक विज्ञापन शायद सिनेमा-थियेटर और कैब्रे के ही थे।

व्यापार की स्वतन्त्रता और व्यापार की उग्र प्रतिद्वन्द्विता की घोषणा जिनीवा की दीवारें पुकार-पुकार कर कह रही हैं। समाज के लिये उपयोगी वस्तु बनाने में शायद व्यापारी उतना धन और श्रम व्यय नहीं करता जितना कि उस वस्तु की ओर गाहकों को आकर्षित करने के लिये डौंडी पीटने में करता है। गाहक 'लिफ्टन' की चाय के लिये जितना मूल्य देता है उसका बहुत काफ़ी अंश यह बताये जाने में खर्च होता है कि 'लिफ्टन' की चाय 'ब्रुकबांड' या 'लायन्स' की चाय से अधिक अच्छी है। 'सेवनओक्लाक' ब्लेड कहता है कि संसार का सबसे अच्छा ब्लेड 'सेवनओक्लाक' है और 'जिलेट' ब्लेट पुकारता है कि ब्लेडों का राजा जिलेट ब्लेड है। पूँजीवादी आर्थिक व्यवस्था का आधार ही व्यक्ति का पूँजी द्वारा मुनाफ़ा कमाकर अपनी पूँजी को बढ़ा सकना है। इस प्रतिद्वन्द्विता में शोभा और कला के सभी साधन प्रयोग में आते ही हैं। व्यवसायी ने नारी के सौन्दर्य को भी विज्ञापन का या अपने व्यवसाय को बढ़ाने का साधन बना लिया है। नगर में इस होड़ का जितना प्रदर्शन हो, उतनी ही नगर की रौनक जान पड़ती है। विज्ञापनों की प्रतिद्वन्द्विता में व्यय होने वाले समाज के श्रम से समाज क्या पाता है; उससे समाज की कौन आवश्यकता पूरी होती है?

स्विटज़रलैंड से प्रधानतः घड़ियाँ और चाकलेट या शौक की छोटी-मोटी चीजें ही व्यापार के लिये विदेश जाती हैं। जनसंख्या भी अधिक नहीं है। परिचायक ने बताया था और स्थानीय लोगों ने भी समर्थन किया कि स्विटज़रलैण्ड में बेकारी की समस्या नहीं है। यहाँ विदेशों से काफ़ी धन आता रहता है। इस आमदनी का एक मार्ग है विदेशियों का विनोद के लिये स्विटज़रलैंड आना। इस प्रकार विदेश से आने वाला धन तो यहाँ के मध्यवर्गीय लोग, होटल-कैब्रे वाले या छोटे दुकानदार पाते हैं परन्तु उससे अधिक मात्रा में धन आता है विदेशों में उधार दी हुई या कारोबार में लगी स्विटज़रलैण्ड की पूँजी के सूद और मुनाफ़ों के रूप में। स्विटज़रलैण्ड का प्रदेश पहाड़ी है। झरने और नदियाँ काफ़ी हैं। उनसे बिजली विराट मात्रा में तैयार होती है। इससे स्वयं स्विटज़रलैण्ड में बिजली की जगमगाहट और सुविधाओं की प्रचुरता तो है ही इसके अतिरिक्त यहाँ से चारों ओर के देशों में भी बिजली जाती है और उसके बदले द्रव्य आता है। परिचायक ने गर्व से बताया था कि स्विटज़रलैण्ड में इतनी पूँजी है कि वह योरुप के सभी देशों को उधार देता है। स्वयं स्विटज़रलैण्ड में बैंक पूँजी जमा करने वालों को सूद नहीं देते बल्कि उनकी पूँजी सम्भाल कर रखने के लिये मेहनताना लेते हैं।

हम लोग ब्रिस्टल होटल के गरम कमरे के सुखद बिस्तर में ही रात वहीं बिता देना चाहते थे। परिचायक ने भी विदा होते समय मुस्कराकर सुझाव दिया—आपने जिनीवा के देखने योग्य कुछ स्थान देख लिये। अब आप नगर के सिनेमा, थियेटर, कैब्रे और क्लबों का परिचय पाइये। जिनीवा यद्यपि जनसंख्या और विस्तार में लंदन और पेरिस की तुलना में बहुत छोटा है परन्तु आप यहाँ सांस्कृतिक न्यूनता नहीं अनुभव करेंगे। हम लोगों ने परिचायक से ही राय ली कि संध्या समय क्या देखना ठीक होगा? उसने एक अच्छे 'कैब्रे' (नाच-क्लब) का पता बताया जिसकी शैम्पेन की भी विशेष महिमा है। हम दोनों ही नाच न जानते थे और शैम्पेन पीकर स्वयं दूसरों के लिये कौतूहल बन जाने में भी रुचि न थी। सिनेमा-नाटक में भाषा का ज्ञान न होने से रस की अपूर्णता रहती। कैब्रे पहले कभी देखा नहीं था। परिचायक ने भी उत्साहित किया कि वहाँ भाषा का अज्ञान बाधक न होगा और अकेलापन भी न खलेगा।

जिनीवा के कैब्रे में प्रवेश के लिये टिकट नहीं खरीदना पड़ता। वे लोग अपनी कमाई शराब और खाने-पीने की चीज़ों के दाम दूने-तिगुने लेकर कर लेते हैं। परन्तु आप स्वतंत्र हैं, ज्यादा न खरीदिये और मन न लगने पर जब चाहे उठकर चले आइये। हमें दिये गये परिचय पत्र में कई कैब्रों का विज्ञापन था। परिचायक ने 'मोनिका' जाने की राय दी। 'मोनिका' के नृत्यों के जो चित्र विवरण पत्र में थे, उनसे कुछ कौतूहल भी अवश्य हो रहा था। कैब्रे के द्वार पर कोई विशेष भीड़ या रौनक नहीं जान पड़ी। बाहर विज्ञापन के कुछ चित्रों के अतिरिक्त क्लब का सा ही रंग ढंग। भीतर जाने पर एक बुढ़िया ने लखनवी अदा से आगे झुक स्वागत किया। टोपी थाम ली और ओवरकोट उतारने में सहायता दी। प्रवेश के इस कमरे के दरवाजे से भीतर होते ही दो-तीन जवान लड़कियों और एक प्रौढ़ा ने कोहनियों और कंधों को सहारा दे आत्मीयता से स्वागत किया।

कमरा काफ़ी बड़ा था। एक ओर शराब की दुकान के काउण्टर के साथ कुर्सियां लगी हुई थीं। कमरे में बीच की जगह नाच के लिये खाली छोड़ चारों ओर कुर्सियां सोफे और छोटी-छोटी मेजें थीं। कुर्सियों पर रंग-बिरंगी छतरियां लगी हुईं। रंग-बिरंगे प्रकाश की भड़कीली और भौंड़ीसी सजावट। नाच की जगह के साथ एक व्यक्ति पियानो पर और दूसरे दो वायलिन और फ्लूट लिये बैठे थे। संगीत चल रहा था। तीन चार जोड़ियां नाच रही थीं। कुछ स्त्री पुरुष आपस में बात कर रहे थे। कुछ गिलासों से चुस्कियां ले रहे थे। एक लड़की ने चौबे जी को और दूसरी ने मुझे बाँहों से थाम लिया और बहुत ही अपनेपन से, मानों देर से हमारी ही प्रतीक्षा में थीं, मुस्कराते हुए बात करनी चाही। हम लोगों ने विवशता प्रकट की कि फ्रेंच नहीं जानते केवल अंग्रेज़ी समझ, बोल सकते हैं। उन्होंने दूसरी ओर बैठी कुछ लड़कियों को सम्बोधन किया। दूसरी दो लड़कियां इनके स्थान पर आ गईं। उन्होंने भी उसी तरह बांह थाम अंग्रेजी में बात की—आइये, बैठिये न! कहाँ बैठियेगा।

हम लोग एक कोने की ओर, जहाँ से सब ओर निगाह जा सकती थी बढ़े। दोनों एक साथ बैठना चाहते थे परन्तु एक लड़की ने हम दोनों के बीच ही बैठने का आग्रह किया और दूसरी चौबे जी के दाईं ओर बैठी। हमसे वे यों सट, चिपक कर बैठीं जैसे बहुत पुरानी आत्मीयता हो। हमें छोड़ जाने वाली और आ घेरने वाली लड़कियों का व्यवहार पूर्ण व्यक्तिगत अनासक्ति और प्रेम का कर्त्तव्य उत्सुकता से निबाहने का था। आसक्ति का मोह नहीं, प्रेम का शुद्ध व्यवसाय!

पियानो पर बैठा आदमी ऊंचे स्वर में गाने लगा। वह फ्रेंच में गा रहा था। हमें गीत का भाव कुछ समझ नहीं आ सकता था परन्तु उसका स्वर बहुत हृदयग्राही था। लड़कियों ने प्रशंसा की—कितना अच्छा गाता है। तुम भी कुछ गाओ। उत्तर दिया—नहीं, गाना आता नहीं। गाने का भाव पूछा। चौबे जी की बगल में बैठी लड़की ने अंग्रेजी में बताया, यह पहाड़ी लोगों का प्रेम गीत था। गाने के बाद पियानो और वायलियन पर नृत्य की ताल बजने लगी। कुछ लोग नाचने के लिये बीच में आ गये। हमारे साथ बैठी लड़कियों ने हमारी बाँहें थाम नाचने का आग्रह किया पर नाच तो आता नहीं था; अपनी असमर्थता प्रकट की। वे उसी क्षण सिखा देने के लिये तैयार थीं पर क्षमा चाही। नाच काफ़ी स्वच्छन्दता से हो रहा था। लड़कियों ने दोनों हाथों से हमारी बाँहें दबा आग्रह किया—कुछ पियोगे नहीं!

अभी तो इच्छा नहीं—हम लोगों ने टालने के लिये कहा।

कुछ पिये बिना रंग नहीं बंधेगा। कुछ तो मंगाओ—उन्होंने आग्रह किया। हिन्दी में परामर्श किया, यहाँ बैठकर देखना है तो कुछ खर्च भी करना पड़ेगा। उनसे पूछा—क्या पियोगी? चौबे जी के दाईं ओर बैठी लड़की फुदक कर खड़ी हो गई—बैठो, मैं ले आती हूँ।

वह लौटी तो तश्तरी में शैम्पेन पीने के चार गिलास लिये थी और एक प्रौढ़ा बरफ़ से भरी छोटी बाल्टी में दबी एक बोतल लिये आई। प्रौढ़ा ने उंगलियां नचाकर चुनौती दी—ऐसी शैम्पेन तुमने कहीं न चखी होगी! प्रौढ़ा मुस्कराकर जाने क्या-क्या कहती गई और तुरन्त बोतल खोलकर फेनिल शैम्पेन से चारों गिलास भर दिये। दो गिलास लड़कियों ने हम लोगों के होंठों से छुआ कर उत्साहित किया—तुम्हारे स्वास्थ्य के लिये, तुम्हारे सुख के लिये और हमारे प्यार के लिये।

शैम्पेन की महिमा बहुत सुनी थी। परिचय नहीं था। कुछ खट-मिठी और तीखी सी लगी। लड़कियाँ बड़े-बड़े घूँट पी रही थीं और उसके स्वाद और सुषमा की प्रशंसा करती जा रही थीं। मेरे समीप बैठी लड़की अधिकांश में मुझसे और चौबे जी के समीप बैठी लड़की उनसे बात कर रही थी। मेरे समीप बैठी लड़की अंग्रेजी बहुत ही कम जानती थी। चौबेजी के समीप बैठी लड़की को ही झुक-झुककर मुझे बात समझानी पड़ती। बातें ऐसी ही थीं कि हम स्विटज़रलैण्ड क्या पहली ही बार आये हैं ···अभी बरफ शुरू नहीं हुई।··· स्विटज़रलैण्ड का मज़ा तो वसन्त में है जब सब ओर हरियाली और फूल छा जाते हैं। हम वसन्त तक यहाँ ही रहें। वही तो प्यार की ऋतु है।··· अच्छा, एक बार फिर ज़रूर आना। इस बातचीत में वे हमारे हाथों से खेलने लगीं। हमारी उंगलियाँ उन्हें सुन्दर जान पड़ रही थीं। उनके हाथ हमारे कंधों पर टिक गये, बाँहें कमर से लिपटीं और गाल गालों से सटने लगे।

चौबे जी के दाईं ओर बैठी लड़की खूब गोरी, गुलाबी, ताज़ा और चुस्त जान पड़ रही थी। उसकी आयु होगी बीस-बाईस वर्ष। नाम ब्लांश। मुझसे प्रेम करने वाली कुछ पीली सी, ढीले हाथ-पांव, जबरदस्ती चुस्त बनने की चेष्टा करती सी। नाम मीलि। वह बार बार मेरी बांह पकड़कर बता रही थी कि वह मुझे बहुत ही प्यार करती है। प्रणय अधीर हो गई है। एक लड़की अकेली नाचने आई। उसने फिरकियां ले-लेकर 'बैले' के ढङ्ग का नाच नाचा। फिर एक स्त्री और पुरुष ने रंगमंच के ढंग का नाच किया। नाच अच्छा ही था, जैसे हम लोग विलायती फिल्मों में देखा करते हैं। नाच समाप्त होने पर एक चुस्त सा नवयुवक बीच में आ व्याख्यान सा देने लगा। वह फ्रेंच बोल रहा था। ब्लांश ने समझाया कि वह असंतोष प्रकट कर रहा है कि इस नाच में ऐसी क्या खास बात है। सदियों से घिसे-पिटे ढंग में हम लोगों को कुछ रस नहीं आता। इसमें ऐसी कोई बात नहीं जो हमें पुलकित कर दे। इससे तो अच्छा कि हम यहाँ समय नष्ट न कर झील के किनारे घूम लें या सिनेमा चले जायं।

प्यानो पर बैठे युवक ने उसे आश्वासन दिया—अरे अभी देखो। बेसब्र क्यों होते हो। दो और नाचने वाली आईं। वे बहुत कुछ उघड़ी हुई केवल अंगिया और जांघिया पहने थीं। नाच में प्रायः शरीर को हिला-डुलाकर दिखाने का ही प्रयत्न था। अब तक काफी

लोग आये थे। शराब की दूसरी मेजों पर बोतलें लगातार जा रही थीं। हमारी बोतल उन लड़कियों ने समाप्त कर दी थी और वे और मंगाने का आग्रह कर रही थीं।

हम लोगों ने अपनी जेब का खयाल कर उठ जाना चाहा परन्तु लड़कियों ने बांहों से थाम लिया—अभी तुमने देखा ही क्या है। ठहरो न! वह नवयुवक फिर बीच में आ बांहें हिलाते हुए जोर से बोलकर असंतोष प्रकट करने लगा। ब्लांश ने बताया वह कह रहा है—हमें इससे क्या संतोष हो। यह क्या कला है। कला तो प्रकृति को देखने और पहचानने में और उसका रस चखने में है। यह लड़कियां नाचने आती हैं तो अपना शरीर ढांक कर। जब यह अपने आपको छिपाना चाहती हैं तो सामने आने की जरूरत! शरीर को छिपाना ही नैतिकता है तो वास्तविकता को छिपाना भी नैतिकता है। तुम झूठ और पाखंड को ही नैतिकता कहना चाहते हो या इन लड़कियों के शरीर इतने कुरूप हैं कि वे अपने आपको छिपाकर ही आकर्षक बन सकती हैं।

पियानो बजाने वाले ने उसे सान्त्वना दी—बिगड़ो मत। तुम्हें जवाब देंगे पर पहले एक अच्छा गाना सुन लो। एक आदमी गिटार बजाकर गाने लगा और उसने बहुत अच्छा गाया।

ब्लांश ने और शैम्पेन के लिये आग्रह किया। वह जैसे अनुवाद करके समझा रही थी उसकी बात टालते न बना। या तो उठ ही जाते परन्तु यह बहस जो चली थी उसका उत्तर सुन लेना चाहते थे। पहली बोतल के दाम पूछे। वे अधिक ही जान पड़े। ब्लांश कुछ थी भी आकर्षक। मुझसे प्यार करने वाली मीलि की तरह बिलकुल ही खसोट नहीं जान पड़ती थी या उसके रूप और व्यवहार के कारण उसका खसोटपन अखर नहीं रहा था। चौबे जी ने राय दी—थोड़ा और देखना है तो मंगा ही लो।...जहाँ सेर वहाँ सवा सेर! अब की छोटी बोतल मंगाई।

फिर चारों गिलास भरे गये। मीलि ने मेरा गिलास उठाकर मेरे होंठों से लगा उसमें से घूँट भर अपने होंठ मेरी ओर बढ़ाकर पुचकारा—तुम बड़े प्यारे पति हो! अपना सिर पीछे हटा स्वीकार किया—हां-हां, क्यों नहीं! ब्लांश ने ताड़ा और मुस्कराकर चौबे जी से बोली—तुम्हारे मित्र को मीलि पसन्द नहीं आ रही।

वाह, यह कैसे हो सकता है?—मैंने मन को कुचल, मुस्कराकर उत्तर दिया। मीलि कुछ हतप्रतिभ न हो परन्तु साहस से अपना मुंह मेरे सामने उठा और मेरी ठोड़ी छूकर फिर पूछा—क्या तुम मुझे प्यार नहीं करोगे?

इस प्यार का प्रयोजन और सीमा मालूम थी परन्तु जब कैब्रे देखने गये थे तो उतने समय तक तो निबाहना ही चाहिये था। क्यों नहीं। बहुत प्यार करता हूँ पर यह नाच तो खास अच्छा नहीं लग रहा। जिनीवा में और कहीं इससे अच्छा नाच नहीं होता? ...मजबूरी है कि सुबह ही जाना है। इसलिये चलकर विश्राम करेंगे।

वाह, वाह, अभी देखा ही क्या है। जरा देखो तो। जरूर अच्छा लगेगा। वह बहुत कुछ कह गई और अन्त में बोली—आओ हम प्यार करें।

प्यार तो है ही पर भाषा की कठिनाई से प्रकट नहीं हो पा रहा—उसकी कहीं बहुत सी बातें समझ न सकने के कारण मैंने कहा—तुम्हें अंग्रेजी बोलने में कठिनाई होती है। मैं फ्रेंच नहीं जानता। अंतिम शब्द बहुत यत्न से फ्रेंच में कहे।

वाह, तुम तो खूब फ्रेंच बोलते हो! उसने उत्साह प्रकट किया—आह, तुम कितने प्यारे पति हो। वह लगभग मुझ पर गिर ही पड़ी। अलग कमरा यहाँ मिल सकता है। रात भर हम साथ रहें तो तुम सुबह खूब फ्रेंच बोलने लगो।—उसने अपने लिपिस्टक पुते होंठ सहसा मेरे मुँह पर रख ही दिये। दम रोक उसका मुँह हटाया। विनय की रक्षा कठिन हो गई।

मुस्कराने का यत्न कर उसने कहा—अच्छा देखो, अभी आई एक सैकंड में। उसके जाते ही ब्लांश ने चौबे जी से फिर कहा—तुम्हारे मित्र को मीलि पसन्द नहीं आयी। दूसरी लड़की को बुला दूँ? मैंने अनिच्छा प्रकट कर धन्यवाद दिया। जैसी बातें मीलि मुझसे कर रही थी वैसी ही ब्लांश चौबे जी से। हम दोनों हिन्दी में एक दूसरे को अपने अनुभव बताते जा रहे थे। ब्लांश का व्यवहार और रूप उतना ग्लानिकर नहीं था जितना मीलि का। ब्लांश दीखती भोली थी पर थी चतुर। अब हम दोनों ब्लांश से ही बात करने लगे। ब्लांश के प्रेम निवेदन के उत्तर में चौबेजी ने दूसरे दिन मिलने का आश्वासन दिया। ब्लांश ने एक पता बताकर यह भी बता दिया कि वह स्थान उसके मित्र का है। कुछ देर प्यार करने के लिये कमरे का किराया दे देना होगा। चौबेजी ने हामी भर सुबह के लिये टाल दिया।

हम लोग गाना सुनते, नाच देखते ब्लांश से और बातें करने लगे। वह दिन में फलों की एक दूकान पर काम करती है। उसका मासिक वेतन छः सौ फ्रांक है। फ्रांक का मूल्य अठारह आने के लगभग है। ब्रिस्टल होटल में बैरे से भी यही मालूम हुआ था कि जिनीवा में साधारणतः निम्न श्रेणी के समझे जाने वाले लोग महीने में छः सौ फ्रांक के लगभग कमा लेते हैं। छः सौ फ्रांक स्विटज़रलैण्ड की कीमतों और खर्च के विचार से कम नहीं। ब्रिस्टल होटल में ठहरने का खर्च केवल सत्रह फ्रांक प्रतिदिन था। ब्लांश के माता-पिता हैं। विवाह उसका कहना है कि नहीं किया। लेकिन बढ़िया पोशाक और दूसरे शौकों के लिये छः सौ फ्रांक में पूरा न पड़ता होगा। उसने कमाई का यह भी ढङ्ग अपना लिया है। कैब्रे में शराब के जो तिगुने दाम लिये जाते हैं, उसमें से इन लड़कियों को उनके द्वारा बिकी शराब पर दलाली मिलती है इसीलिये वे अधिक पीना और पिलाना चाहती हैं। ब्लांश का कहना था कि विनोद और कुछ कमाई भी हो जाती है। अगर ब्लांश शौक से ही कैब्रे में जाती है तो अपनी पसन्द का साथी चाहती! और पैसे की आशा न कर कुछ खर्च करके ही संतोष अनुभव करती। मतलब यह है कि स्विटज़रलैण्ड के सम्पन्न जीवन में कमाई का यह भी ढंग है। यह सभी जानते हैं कि पिछले महायुद्ध के बाद यूरोप में केवल स्विटज़रलैंड की ही आर्थिक स्थिति संतोषजनक समझी जाती है।

भारतीय राजस्थानी नाच की भी एक नकल कैब्रे में हुई। नाच में लड़कियां उत्तरोत्तर उघड़ती जा रही थीं। केवल कौपीनें ही उनके शरीर पर थीं। स्तनों को वे गोल पंखे से ढंके थीं और दर्शकों के बिलकुल समीप जा उनसे आँखें मिला पंखा सामने से हटा मुस्करा देती थीं। यही कला का प्रदर्शन था। वह युवक अब भी असंतोष प्रकट कर रहा था। यह अस्पष्ट था कि उसका यों असंतोष प्रकट करना और धारा प्रवाह बोलने का ढंग भी कैब्रे के कार्यक्रम के ही अंग थे अर्थात् पहले दर्शकों में नग्नता देखने की चाह जगाना। जैसे अपने यहाँ नटों के खेल में जमीन पर खड़ा ढोल बजाने वाला नट कहता जाता है—अभी नहीं बना! जमूरे कुछ और करतब दिखा! इससे दर्शकों का ध्यान खेल की कठिनाई की

ओर जाता है और बांस या रस्सी पर खेल करने वाला और अधिक कठिन खेल दिखाने का यत्न करता है। सम्भवतः अभी कुछ और ऊंची कला दिखाई जाने को थी परन्तु रात का एक बज गया था। ब्लांश दूसरी बोतल खाली कर चुकी थी और पूछ रही थी कि और नहीं लोगे?

मीलि 'एक सेकण्ड के लिये' जाकर लौटी नहीं थी। वह दूसरे कोने में एक अधेड़ आदमी की बाँह में बाँह डाले पीने-पिलाने में लगी अनासक्त भाव से। व्यक्तित्व की परवाह न कर प्रेम का शुद्ध व्यवसाय कर रही थी। स्विटज़रलैण्ड अमेरिका और योरुप के समृद्ध शौकीनों की क्रीड़ा-स्थली है। वहाँ मनोरम प्राकृतिक दृश्य तो हैं ही। बरफ से ढंकी पहाड़ी थलवानों पर पाँव में स्की बाँध और हाथ में भाले थाम फिसलने और कूदने के स्वास्थ्य और शक्तिवर्धक खेल तो वहाँ होते ही हैं परन्तु दूसरे मनोरंजन होना भी आवश्यक है। स्विटज़रलैंड को किसी विनोद विशेष के प्रति आकर्षण है न विरक्ति। उसे पैसा चाहिये। या स्वास्थ्यवर्धक खेल खेलिये या स्वार्थनाशक।

दूसरे दिन हम लोग पैदल घूमते रहे। सर्दी बहुत थी और बादल भी। जान पड़ता था कि सर्दी के मारे झील का पानी भी सहम गया है। झील के किनारे घूमे, बाजारों के चक्कर लगाये। दुकानों की सफाई और सजावट का ढंग चमत्कारपूर्ण था। यहाँ तक कि मांस की दुकानों में भी गंध न थी और ढंग ऐसा कि ग्लानि के बजाय अच्छा ही लगता था। साधारण स्थिति के रेस्तोराँ में जाकर भी देखा। चाय और काफी की अपेक्षा बियर और अंगूरी शराब ही सस्ती थी। सेवक (वेटर) बख्शीश (टिप) की आशा करने के बजाय ग्राहक द्वारा खर्चे मूल्य का दस प्रतिशत अधिकार से मांग लेते हैं। शायद यही उनका पारिश्रमिक है। जो लोग बख्शीश नहीं देना चाहते वे काउंटर से स्वयं आवश्यक वस्तु ले दाम दे आते हैं। एक बार फिर फ्रेंच क्रान्ति का बीज बोने वाले प्रमुख साहित्यिक क्रान्तिकारी रूसो की मूर्ति का भी चक्कर लगाया। वह झील के बीच छोटे टापू पर बैठा अब भी गम्भीर विचार में मग्न है। शायद सोच रहा है कि बात अभी तक नहीं बनी। अभी मानवता स्वयं पहनी बेड़ियों को तोड़ नहीं पायी। यूनिवर्सिटी के समीप उस 'बार' को भी देखा जहाँ लेनिन अपनी फरारी के दिनों में लोगों से मिला करते थे। परिचायक का कहना था इस 'बार' की बियर का मुकाबला संसार में कोई नहीं कर सकता।

ब्रिटेन या योरुप के किसी भी दूसरे देश के लोगों से स्विटज़रलैण्ड की समृद्धि का प्रसंग आने पर ईर्ष्या भरा उत्तर मिलता है—ओह, स्विटज़रलैण्ड की बात दूसरी है। पिछले डेढ़ सौ वर्ष से वे किसी युद्ध में नहीं पड़े। जब भी कभी लड़ाई हुई, स्विटज़रलैण्ड ने दोनों पक्षों से व्यापार कर लाभ उठाया है। वहाँ युद्ध के कारण कभी ध्वंस और नाश तो हुआ ही नहीं। उन्हें तो सदा बनाते जाने का ही अवसर रहा है। स्विटज़रलैण्ड को आत्मरक्षा के युद्ध की तैयारी के लिये फौज-फाटा और समुद्री या हवाई बेड़ा रखने का भी खर्च नहीं उठाना पड़ता। दूसरे देशों की राष्ट्रीय आय का बड़ा भाग तो सैनिक तत्परता में ही भस्म हो जाता है। स्विटज़रलैण्ड समृद्ध नहीं होगा तो कौन होगा। वह तो पक्का व्यापारी है। अपना पैसा वह किसी को नहीं देता, दुनिया भर का पैसा खींचता है… ।

स्विटज़रलैण्ड पक्का व्यापारी देश है इसमें सन्देह नहीं। स्विटज़रलैण्ड दुनियाँ भर में मक्खन, पनीर और दूध के बने चाकलेट बेचता है। भारत में भी स्विटज़रलैण्ड से आया डिब्बों का दूध बिकता ही है परन्तु जिनीवा या ज्यूरिच में और ज्यूरिच से रेल में सफर

करते समय भी गाँवों, गलियों, सड़कों या खेतों में कहीं गौओं को मारे-मारे फिरते नहीं देखा। शायद पूरे स्विटज़रलैण्ड में गौओं की संख्या उतनी न होगी जितनी कि पुण्य भूमि भारत के किसी एक जिले में हो सकती है परन्तु भारत की मानव सन्तानें दूध के लिये तरसती हैं और स्विटज़रलैण्ड में दूध की नदियाँ तो नहीं बहतीं परन्तु प्रचुरता अवश्य है क्योंकि स्विटज़रलैण्ड गौओं की उतनी ही संख्या रखता है जितनी के लिये प्रचुर चारा पैदा कर सकता है। स्विस लोग गाय को दूध उत्पन्न करने का साधन समझते हैं पूजा करके पुण्य कमाने का नहीं। हमारे गोभक्त लोग 'गोवध बन्द करो' लिख-लिखकर गाँवों और नगरों की दीवारें रंग देते हैं। यह कोई नहीं कहता कि गौओं के लिये चारा पैदा करो! हमारे यहाँ प्रायः सभी गाँवों में पशुओं की संख्या इतनी अधिक है कि गाँव की चरागाहों से उनका निर्वाह ही नहीं हो सकता। धर्मात्मा सेठ लोग सदा बूढ़ी गौओं के लिये ही घास का दान देते हैं। जवान गौओं को भूखी रहकर जल्दी बूढ़ी हो जाने के लिये छोड़ दिया जाता है।

स्विटज़रलैण्ड में धन की जब इतनी अधिकता है और बेकारी भी नहीं तो ब्लांश और मीलि को फ्रांक कमाने के लिये राह चलतों की पत्नी बनने की जरूरत क्यों है? क्या इसलिये कि वे दुश्चरित्र हैं? वे अपना चरित्र इसलिये नहीं बचा पातीं कि उनके चरित्र के गाहक उनके पीछे घूमते हैं। अपने आपको बिक्री की वस्तु मान लेने का संस्कार उनमें इतना गहरा बैठ गया है कि इसमें उन्हें ग्लानि नहीं होती। भूखी मरने के लिये विवश न होने पर भी क्या वे स्वतन्त्र हैं? उनके आत्मसम्मान को कुचल देने वाली परिस्थितियों का मूल उनके समाज के ढंग में नहीं तो कहाँ है? कारण क्या यह नहीं कि उनके समाज में कुछ लोगों को ऐसी स्वतन्त्रता है कि अपना शौक पूरा करने के लिये अपने से कम पैसा पा सकने वालों की बहू-बेटियों को कुछ घंटे के लिये खरीद सकें! क्या ऐसे लोगों की व्यक्तिगत स्वतंत्रता दूसरों की स्वतंत्रता की भक्षक नहीं है।

जिनीवा से संध्या आठ बजे ज्यूरिच के लिये चले। एयर इंडिया इंटरनेशनल ने हमें स्विस एयरवेज़ के हवाले कर दिया था। एयर इंडिया के विमान वियाना और ज्यूरिच नहीं जाते। जिनीवा से सीधे पैरिस-लंदन चले जाते हैं। स्विस एयर का विमान देखकर निराशा ही हुई। न तो साज-सज्जा एयर इंडिया के विमान की सी थी न खातिर ही। चाकलेट और लेमनड्राप का एक-एक टुकड़ा देकर ही रह गये। एक ही घंटे में ज्यूरिच पहुँच भी गये। ज्यूरिच में विमानों का अड्डा लकड़ी का ही मकान है। यहाँ भी चुंगी और पासपोर्ट का झगड़ा-झमेला हुआ। अड्डे से नगर काफ़ी दूर है।

ज्यूरिच में सिटी होटल में ठहरे। मालूम हुआ कि यहाँ फ्रेंच नहीं जर्मन बोली जाती है। सफ़ाई और सुघड़ता जिनीवा के ब्रिस्टल होटल से अधिक ही थी। दरवाजे पर ही लिखा था—**Sans Alcohal** अर्थात् शराब का निषेध है। योरुप में भी, खासकर जर्मनी में कुछ लोग शराब को नैतिक दृष्टि से अच्छा नहीं समझते। सर्दी यहाँ भी जिनीवा जैसी ही थी। सड़क पर दांत बज रहे थे परन्तु होटल का कमरा खूब स्वच्छ और गरम था। स्विस एयरवेज़ ने सुबह विमान चलने के लिये नौ बजे बुलाया था इसलिये जल्दी तैयार होना पड़ा। होटल से निकले तो हल्की बरफ़ पड़ रही थी। चौबेजी बहुत प्रसन्न हुए—जीवन में पहली बार बरफ़ देखी। अच्छा तो अपने को भी लगा पर मैं इससे पहले भी कई बार बरफ़ देख चुका था। स्विस एयर के दफ्तर में पहुँचे तो हमसे पीछे चलने वाले प्रतिनिधि

जोशी, सरदार गुरबक्श सिंह, डा० किचलू, परीन, मिसेज़ बिडेकर और बम्बई के दूसरे सज्जन मौजूद थे। इन लोगों के दफ्तर में हमसे पहले पहुँच जाने से विमान में हमारे लिये जगह ही नहीं रही। भाग-दौड़ करने पर कम्पनी ने एक दिन बाद जगह देने का आश्वासन दिया। इतना ठहरने से कांग्रेस के समय से पिछड़ जाने की आशंका थी। आखिर कम्पनी ने रेल का टिकट ले दिया कि रात भर यात्रा कर अगले दिन दोपहर वियाना पहुँच सकें। तीन-चार घंटे का समय था सो बाजारों के चक्कर लगाते रहे। ज्यूरिच जिनीवा से खूब बड़ा नगर है। बहुत बड़ी-बड़ी दुकानें, मिलें और कारखाने भी हैं। अंग्रेज़ी बोलने वाले कम परन्तु मिल जरूर जाते हैं।

योरुप में सभी श्रेणियों के लिये सोने और बैठने की गाड़ियाँ अलग-अलग होती हैं। हमें सोने की गाड़ी में जगह नहीं मिली। योरुप के स्टेशनों पर गाड़ियों का आना-जाना बहुत आडम्बरहीन होता है। गाड़ी चलने से पहले घंटी बजना, गाड़ी का सीटियां बजाना वगैरा कुछ नहीं होता। इस फर्स्ट क्लास के डिब्बे में हमसे पहले दो महिलायें बैठी थीं। 'केवल स्त्रियों के लिये' यहाँ कोई डिब्बा नहीं होता। अलबत्ता तम्बाकू न पीने वालों के लिये अलग डिब्बा अवश्य होता है। महिलाओं ने हमारे जाने पर नाक सिकोड़ने के बजाय प्रसन्नता ही प्रकट की। एक बिलकुल श्वेत केश प्रौढ़ थीं और दूसरी बिलकुल सुघड़ जवान। बातचीत में पता चला कि वे दोनों भी विमान में जगह न मिल सकने के कारण ही गाड़ी से जा रही थीं। गाड़ी बिजली से चल रही थी। गाड़ी धीमे-धीमे पहाड़ों पर चढ़ती जा रही थी। इस समय बरफ़ अधिक पड़ रही थी। बरफ़ रुई के फाहों की तरह झड़ रही थी और गाड़ी नीली झील के किनारे-किनारे चल रही थी। ज्यों-ज्यों आगे बढ़ रहे थे चारों ओर का प्रदेश बरफ़ से ढँका हुआ था। रेल लाइन के दोनों ओर सभी मकान तिमंज़िले-चौमंजिले और सुघड़ दिखाई देते। मालूम हुआ कि वे गांव हैं। सब ओर सुघड़ता और स्वच्छता। स्टेशनों पर खोमचे वालों की चीख-पुकार बिलकुल नहीं। केवल एक दुकान छोटी सी स्टेशन पर रहती है जहाँ कुछ फल, चाकलेट, बिस्कुट, सासेज, शराब की बोतलें और काफ़ी मिल सकती है।

हमारे साथ यात्रा करने वाली प्रौढ़ ब्राजील की मादाम ब्यांका वियाना कांग्रेस में ही जा रही थी। वे विश्वशान्ति कांग्रेस की स्थायी कमेटी की मेम्बर हैं। यह बताने पर कि हम दोनों भी वहीं जा रहे हैं, उनसे आत्मीयता हो गई। उन्होंने ब्राजीलियन सिगरेटों की एक डिबिया भेंट कर दी। जवान महिला वियाना के एक बजाज की पत्नी थीं। पति का स्वास्थ्य ठीक न होने से उन्हें व्यवसाय के लिये आना-जाना पड़ता है। अंग्रेजी ठीक से नहीं बोल पाती पर स्वभाव से हंसोड़ है। उन्होंने हमें योरुप के दक्षिण भाग या टर्की का निवासी समझा था। यह जानकर कि हम भारतीय हैं, उन्होंने बताया स्विस एयरवेज़ के दफ्तर में सुबह उन्होंने और भी भारतीयों को देखा था। वहाँ हम लोगों का 'चौधरी' भी था। विस्मय से पूछा—चौधरी से क्या मतलब?

टूटी फूटी अंग्रेजी और संकेत से उन्होंने बताया कि सफेद लम्बी दाढ़ी और पगड़ी पहने एक आदमी भारतीयों में था, वह हमारा चौधरी ही रहा होगा। तब समझ में आया कि वे सरदार गुरबख्श सिंह की बात कह रही थी। हमारे प्रतिनिधि मंडल के नेता, भारतीय शान्ति कमेटी के प्रधान डाक्टर किचलू भी साथ थे परन्तु योरुपियनों का ध्यान प्रायः हमारे दल में दाढ़ी और साड़ी की ओर ही जाता था। सिक्खों की पगड़ी, दाढ़ी और

महिलाओं की साड़ी भारतीयता का विशेष चिह्न हैं। शेष लोगों को, यदि रंग काफी काला न हो तो टर्क, पोर्चुगीज या मिस्री समझ लिया जाता है। रंग काफी काला होने पर जैसा कि हमारे दल में केवल एक ही आदमी का था—नीग्रो।

हम लोग मादाम बियांका ब्राजील के शान्ति आन्दोलन के विषय में और व्यापारी की पत्नी से वियाना के सम्बन्ध में बातें करते रहे। दोनों हमसे भारत की सामाजिक समस्याओं, छूत-अछूत, बाल-विवाह, पर्दा आदि के सम्बन्ध में पूछती रहीं। वियाना के सम्बन्ध में व्यापारी की पत्नी ने बताया कि युद्ध के बाद से चार विदेशी शक्तियों का कब्जा है। आर्थिक अवस्था बुरी ही है। हमें चिन्ता थी कि वियाना बहुत मंहगा तो न पड़ेगा? उन्होंने आश्वासन दिया कि लोगों के पास दाम नहीं तो चीजें स्वयं ही सस्ती होंगी।

मेरी कलाई पर जनानी घड़ी देख उन्होंने मुस्कराकर पूछा—'यह क्या मामला है।' जिनीवा में मैंने अपनी पत्नी के लिये एक घड़ी खरीद ली थी। चौबे जी की घड़ी बम्बई से चलने में कुछ पहले चोट खा गई थी। वे उसे वहीं छोड़ आये थे। जब तक वे दूसरी घड़ी खरीदें, उन्होंने मेरी घड़ी ले ली और मैंने यह देखने के लिये कि नयी घड़ी समय ठीक देती है या नहीं, अपनी कलाई पर बांध ली। यह सफाई व्यापारी की पत्नी को सुना दी। उन्होंने चेतावनी दी—ऐसा है तो सम्भाल कर रखना। वियाना में कोई छोकरी झटक न ले! वहाँ की लड़कियां बड़ी सुन्दर और चालक भी हैं। ···वियाना में अब बस तीन ही बातें रह गई हैं—एक पिप्पर्न, दूसरी पाप्पर्न और तीसरी पुप्पर्न! इस सूत्र की व्याख्या उन्होंने बतायी—एक पीने के लिये बढ़िया शराब, दूसरी चटपटा मजेदार खाना, तीसरी दिल बहलाने के लिये चंचल लड़कियां।

विबाना में होने वाली विश्व शान्ति कांग्रेस का उन्हें कुछ पता न था। हां, इतना मालूम था कि 'कंजर्टहाज' में किसी बड़ी कांग्रेस की तैयारियां हो रही हैं। राजनीति से उन्हें कोई सम्पर्क न था। युद्ध के समय आस्ट्रिया की अवस्था की चर्चा चलने पर उन्होंने बताया कि १९३८ में उनकी अवस्था तेरह वर्ष की थी। उनके परिवार को कनसेन्ट्रेशन कैम्प में बंद कर दिया गया था और भाई को जर्मन सेना में जबरन भरती कर लिया गया था। उनके माता-पिता कैम्प में ही बीमार होकर मर गये थे। अब भी उन्हें चिन्ता केवल इसी बात की थी कि उनकी दुकान चलती रहे। खयाल था कि हमारे ही देश में अशिक्षा के कारण लोग राजनीति से निरपेक्ष हैं, शेष सब संसार बहुत सचेत है।

प्रायः तीन घंटे बाद गाड़ी स्विटज़रलैण्ड की सीमा पर पहुँच गई। पासपोर्ट देखे गये। स्विटज़रलैण्ड में आते समय पासपोर्ट पर प्रवेश की मोहर लगा दी गई थी। अब बाहर जाने की मोहर लगा दी गई। अगला स्टेशन आस्ट्रिया के फ्रांस द्वारा अधिकृत भाग में था। यहाँ फिर पासपोर्ट देखे गये। हम लोग मजाक कर रहे थे कि पासपोर्ट दिखाने के लिये बार-बार इतनी देर रुकना पड़ेगा तो वियाना कब पहुँचेंगे? व्यापारी की पत्नी ने आश्वासन दिया—'अधिक देर नहीं लगेगी। फ्रेंच सिपाही विशेष छानबीन नहीं करते। ऊंघते हुए से आते हैं और मोहर लगाकर चले जाते हैं। इसके बाद अमेरिका के अधिकृत भाग से गुजरेंगे। अमेरिकी सिपाही मुंह में च्युंइंग-गम भरे, जबड़ों को दायें-बायें चलाते, जुगाली सी करते 'पास्पर्ट-पास्पर्ट' चिल्लाते आयेंगे और बिना देखे मोहरें लगा जायेंगे। उसने अमरीकन सिपाहियों की ऐसी बढ़िया नकल की कि हम लोग बहुत देर तक अट्टहास करते रहे। उसने बताया कि सन्देह भरी छानबीन तो रूसी भाग में प्रवेश करते समय होती है।'

फ्रेंच सीमा में प्रवेश करते ही एक फ्रेंच फौजी अफसर अपनी पत्नी और बालक के साथ गाड़ी में आया। व्यापारी की पत्नी की हंसी-मजाक सब काफूर हो गया। फ्रेंच अफसर भी अपनी नोकीली, चोंच सी नाक सामने की ओर उठाये ऐसे निश्चल और चुप बैठा था मानो कोई देहाती फोटो खिंचवाने के संकट में फंस गया हो या गाड़ी में और कोई हो ही नहीं। व्यापारी की स्त्री ने अफसर के बालक से हेल-मेल बढ़ाना चाहा। वह अच्छी खासी फ्रेंच बोलती थी। लड़के को चाकलेट दिया और रूमाल से कुत्ते, बिल्ली की शकलें बनाकर दिखाईं। मादाम ब्यांका भी फ्रेंच बोलती थी। उन्होंने भी कुछ बात करनी चाही पर उस शूरवीर ने 'हां, ना' में ही बात समाप्त कर दी। अफसर को शायद अपने अधिकृत देश में अपना रोब कायम रखने के लिये यह ऐंठ कर्त्तव्य जान पड़ रहा था। अफसर की स्त्री भी वैसे ही निश्चल और सुन्न बैठी थी। वे दोनों स्वयं भी काफी असुविधा अनुभव कर रहे थे, यह भी स्पष्ट था।

इस फ्रेंच अफसर का व्यवहार ठीक वैसा ही था जैसा कि हमारे देश में अंग्रेज अफसर करते थे। उनकी सरकार द्वारा ऐसे निर्देश व्यवहार के सम्बन्ध में दे दिये जाते थे कि भारतीय सर्वसाधारण से सामीप्य न होने दें। सामीप्य हो जाने पर असलियत खुल जाती है; बड़प्पन का आडम्बर निभ नहीं पाता। दूसरे स्टेशन पर फ्रेंच महिला हमारे यहाँ असुविधा अनुभव होने के कारण तम्बाकू न पीने वाली गाड़ी में चली गई। बालक और अफसर हमारे यहाँ ही रहे। जब भी कोई स्टेशन आता फ्रेंच अफसर मुक्त वायु में श्वास लेने के लिये बाहर चला जाता। उस समय वह व्यापारी की स्त्री भी मुक्ति की सांस ले पाती और अफसर के बैठने और चेहरे की मुद्रा की नकलें कर हमें हंसाने लगती परन्तु अफसर के आते ही उसे सांप सा सूंघ जाता। वह बालक की खुशामद द्वारा अफसर की खुशामद में लग जाती। एक समय में अंग्रेज का भय और खुशामद हमारे समाज के लोगों में बहुत पाई जाती थी। तब ऐसा समझा जाता था कि भय और खुशामद भारतीयों की जातिगत स्वाभाविक क्षुद्रता है। यहाँ सामने महिमामय आस्ट्रियोहंगेरियन हैप्सबर्ग के साम्राज्य की गौरवान्वित प्रजा थी जो एक समय सम्पूर्ण मध्य योरुप का मालिक था और वियाना उस साम्राज्य का सांस्कृतिक और राजनैतिक केन्द्र। युद्ध से पूर्व जापान के आत्म गौरव की भी अनेक गाथायें सुनी थीं परन्तु युद्ध के बाद एक भारतीय फौजी अफसर से, जो जापान में दो वर्ष रह आये हैं, अमरीकनों के सामने जापानियों के फर्शी सलामों की जो कहानियां सुनीं, उससे भी यही मानना पड़ा कि राष्ट्रीय अभिमान, आत्माभिमान, ईमानदारी और गौरव किस जाति विशेष के ही स्वाभाविक गुण नहीं। जीवन की परिस्थितियों से ही जातियों और राष्ट्रों की प्रकृतियां और गुण बनते, बदलते रहते हैं।

गाड़ी बरफ से ढंके पहाड़ी प्रदेशों से गुजर रही थी। अंधेरा हो जाने के कारण बाहर कुछ दिखाई नहीं पड़ रहा था। भूख मालूम हुई। रेस्टोरां कार से एक व्यक्ति कुछ खाने-पीने का सामान लेकर आया। वह हमारी बात नहीं समझ रहा था। व्यापारी की स्त्री ने हमारे लिये भी खाने के लिए सामान ले दिया और दाम भी स्वयं ही चुका दिये, हमें न देने दिये। फ्रेंच अफसर जा चुका था। आधे-आधे बर्थ हम लोगों के पास थे सो ऊंघते चले जा रहे थे। रूसी सीमा में प्रवेश करने पर फिर पासपोर्ट की पड़ताल हुई। फिर ऊंघने लगे। पौ फटने के समय ऊंघते-ऊंघते कई सौ मील लांघकर हम लोग आस्ट्रिया के प्रायः

समतल प्रदेश में से जा रहे थे। खेतों में सभी जगह मैली सी हल्की बरफ पड़ी हुई थी। अब गाड़ी कोयले के इंजन से चल रही थी।

वियाना—विश्वशान्ति कांग्रेस

गाड़ी वियाना दस बजे पहुँची। स्टेशन पर कुछ लोग शान्ति के चिह्न, श्वेत कबूतर के आसमानी रंग के लाल बिल्ले लगाये हुए मिले। बिल्लों पर 'बोलकर कांग्रेस फुर डेन फ्रीडेन', (विश्व जनता शान्ति कांग्रेस) भी था। इन लोगों ने हमें साथ ले लिया। इस गाड़ी से बहुत से लोग कांग्रेस के लिये आये थे। स्वयंसेवक हमें एक बस में 'कुरसालोन' ले गये। यहाँ अच्छा खासा बड़ा सा दफ्तर लगा हुआ था। संसार के सभी देशों से प्रतिनिधि आ रहे थे। उनके ठहरने, ठीक समय और उचित मूल्य पर भोजन पा सकने और समय पर कांग्रेस हाल में पहुँचने की व्यवस्था साधारण काम नहीं था। बड़े हाल में साठ-सत्तर मेजों पर स्त्री-पुरुष काम कर रहे थे। बहुत से स्त्री-पुरुष स्वयंसेवक वियाना में आगे-पीछे पहुँचने वाले प्रतिनिधियों को उनसे पहले पहुँचे उनके साथियों के यहाँ पहुँचा रहे थे। अनेक देशों से आये प्रतिनिधियों के लिये अलग-अलग होटलों में प्रबन्ध था। वियाना में भी हल्की-हल्की बरफ पड़ रही थी। प्रतिनिधियों को फूस के टट्टर बाँधकर या छोलदारियों में नहीं ठहरा दिया जा सकता था। भारतीय प्रतिनिधियों के लिये होटल मोजार्ट में प्रबन्ध था। हमें वहीं पहुँचा दिया गया। हमसे पहले पहुँचे प्रतिनिधि कांग्रेस के कार्यक्रम में भाग लेने के सम्बन्ध में विचार कर रहे थे। हम भी उसी में सम्मिलित हो गये। कांग्रेस अगले दिन सुबह नौ बजे 'कंजर्टहाज' (कंसर्ट हाल) में आरम्भ होने वाली थी!

योरुप के बीचोंबीच, प्रख्यात डैन्यूब नदी के किनारे, ऐतिहासिक स्मारकों से भरा सुन्दर वियाना नगर है। वियाना बहुत समय तक योरुप की संस्कृति, राजनीति और कला का केन्द्र रहा है और कंजर्टहाज वियाना में संगीत का केन्द्र। यह भवन इस शताब्दी के आरम्भ में दो संसार प्रसिद्ध निर्माणकला विशारदों फेलनर और हेलनर ने बनाया था। वियाना के केन्द्र में 'सेंट स्टेफन' के गगनचुम्बी गिर्जाघर के सूची आकार स्तूप गोथिक कला के श्रेष्ठतम नमूनों के रूप में खड़े हैं। पिछले महायुद्ध में मनुष्य आत्मसंहार के लिये कितना उन्मत्त और बर्बर हो उठा था? गिरजाघर की ध्वस्त दीवारों पर बमों से बरबाद हो गई मूर्तियाँ इस बात के लिये दुहाई दे रही हैं। यह भग्न मूर्तियाँ और दीवारें कुछ कहती नहीं परन्तु मनुष्य के दो रूपों की मूक साक्षी दे रही हैं। मनुष्य का एक वह रूप जो कला के परिष्कार और निर्माण से समाज को समृद्ध और संतुष्ट बनाता है। और दूसरा रूप जो इन सबके संहार के लिये अपने सिर जोखिम झेलने में गौरव समझता है। इनके सामने ही एक खूब ऊँचे स्तूप पर लोहे की टोपी पहने सोवियत सिपाही झेले हुए युद्ध की स्मृति में उदास सा खड़ा है। समीप ही कंजर्टहाज है। इस हाल के प्रतिष्ठान में उस समय के सभी संसार प्रसिद्ध संगीतज्ञों ने योगदान देकर अपनी आस्था प्रकट की थी कि संस्कृति और कला संपूर्ण मानव समाज की अनुभूतियों का साझा माध्यम है। कंजर्टहाज को इस बात का गर्व है कि पश्चिमी संसार के सभी प्रमुख कलाकार, वैज्ञानिक और दार्शनिक फ्रांज स्काल्ज, हरमान एलबर्ट, एन्सटाइन, नेज्दकी, रोमांरोलां, अमरीकन और अंग्रेज संगीतज्ञ कार्ल एंगल और एडवर्ड डेंट भी इस हाल की गोष्ठियों में भाग ले चुके हैं। सन् १९२६ में बीथोवन की शताब्दी भी इसी हाल में मनाई गई थी। यह हाल एक समय

संसार के कला विशारदों के कला विमर्ष का केन्द्र था। आज इसमें संसार के पचासी देशों से जनता के दो हजार पाँच सौ प्रतिनिधि संसार को भावी युद्धों के ध्वंस से बचाने और शान्ति की रक्षा के लिये दृढ़ निश्चय करने के लिये एकत्र हुए थे। हाल की नींव में समाये कला के प्राणों ने ही सम्भवतः उन लोगों को इस स्थल पर आकर्षित किया था कि वे कला को नष्ट करने वाले युद्धों को रोकने और कला का विकास करने वाली शान्ति की रक्षा के लिये अपनी सम्मिलित पुकार उठायें।

कंजर्टहाज में कांग्रेस के लिये विशेष व्यवस्था की गई थी। दो हजार पाँच सौ प्रतिनिधियों, सैकड़ों अतिथियों और समाचार पत्र प्रतिनिधियों के बैठने के लिये ऐसा उचित स्थान बनाना कि वे सब कांग्रेस में होने वाले परामर्श में सुविधा से भाग ले सकें, साधारण बात न थी। शीत प्रधान देशों के होटलों, सिनेमाघरों, रंगशालाओं और सभाभवनों में अतिथियों के ओवरकोट, हैट और बरफ या कीचड़ से बचाने वाले जूतों को सम्भालकर रखने का प्रबन्ध भी एक बड़ा काम होता है। ताड़ की तरह ऊँचे खम्भों पर खड़ी कंजर्टहाज की ड्योढ़ी में प्रवेश करते ही काँच से मढ़े बड़े-बड़े दरवाजों से ढंका बरामदा है जो बाहर की बर्फानी हवा से बीच के हाल को बचाये हैं या हाल की गरम हवा से निकलने वाले लोगों को बाहर बर्फानी हवा में जाने से पहले कुछ क्षण उस हवा को सह सकने के लिये तैयार होने का अवसर देता है। भीतर भारी-भारी खम्भों पर खड़े हाल में ओवरकोट, हैट और बर्फानी जूते सम्भालकर रखने का प्रबन्ध है। A. B. C. D. E. F. शीर्षक से अलग-अलग काउंटर बने हैं जिसमें दर्शक अपनी चीजें देकर नम्बर ले जाते हैं और लौटते समय बिना भूल या घपले के अपनी चीजें वापस पा सकते हैं। प्रत्येक काउण्टर पर चार-चार, पाँच-पाँच स्वयंसेविकायें काम कर रही थीं परन्तु हजारों लोगों के एक साथ आने और बाहर निकलने पर भीड़ हो जाने के कारण क्यू बनाना भी आवश्यक हो जाता था। सूचनायें देने और देश-देश के प्रतिनिधियों के सिक्कों को आस्ट्रियन शिलिंग में बदल देने की व्यवस्था भी थी। यहीं अस्थायी डाक और तार घर भी थे। लगभग पचास टेलीफोनों की व्यवस्था थी। कुछ कमरों में टेलीप्रिंटर और रेडियो द्वारा समाचार भेजने का भी प्रबन्ध था। हाल के बीचों-बीच संसार प्रसिद्ध संगीतकार बीथोवन अपने विशाल धातु-शरीर में विचार-मग्न बैठे हैं।

कांग्रेस के लिये ऊपर के हाल में व्यवस्था थी। सम्राटों के कला विनोद के लिये उपयुक्त सुनहरी पच्चीकारी से जगमगाते हाल में शान्ति की भावना का वातावरण उपस्थित करने के लिये विशाल रंगमंच आसमानी पर्दों से मढ़ दिया गया था और उस पर शान्ति, करुणा और निरीहता का प्रतीक श्वेत कपोत पर फैलाये उड़ रहा था। आसमानी पर्दों पर संसार की जनता के प्रतिनिधित्व में सभी राष्ट्रों के झण्डे मौजूद थे। आठ भाषाओं फ्रेंच, अंग्रेजी, जर्मन, रूसी, चीनी, स्पेनिश, इटालियन और अरबी आदि में लिखा था—'शान्ति के लिये जनता की कांग्रेस Congress of the People for Peace.' झण्डे के नीचे कांग्रेस के प्रधानमंडल के लिये बैठने का स्थान था। प्रधानमंडल में डेढ़ सौ सदस्य संसार प्रसिद्ध वैज्ञानिक जूलियो क्यूरी और पंजाब की देहाती बहू दलजीत कौर भी थीं।

दलजीत कौर पंजाबी भाषा के अतिरिक्त और कुछ नहीं जानती। उसने अपने परिवार में केवल सुगृहणी होने की ही शिक्षा पाई हैं। वह अपने तीन बच्चों और घर को सम्भालती हैं परन्तु उसने पंजाब के देहातों में घूम-घूमकर विश्व शान्ति द्वारा देश के

मानवता की रक्षा का संदेश जनता को दिया है उसने विश्व शान्ति के लिये घोषणा पत्र पर साठ हजार से अधिक लोगों के हस्ताक्षर कराये हैं। कांग्रेस की दृष्टि में दलजीत की विद्या, धन और वंश के समान नहीं शांति के प्रति उसकी लगने का महत्त्व था। दलजीत का परिचय पाकर एक बार यह अनुभव हुए बिना नहीं रह सकता कि शान्ति के प्रति कर्त्तव्य निबाहने की शिक्षा की डिग्रियों और सामाजिक स्थिति की अपेक्षा कर्त्तव्य को पहचान लेना ही अधिक सहायक है।

कांग्रेस में जहाँ एक ओर दलजीत, इंगलैण्ड की खानों में काम करने वाले मजदूर या मुझ और चौबेजी जैसे शांति के प्रति बौद्धिक सहानुभूति रखने वाले लोग थे वहाँ संस्कृति और विज्ञान के वर्तमान जगत की ऐसी विभूतियाँ भी थीं जिनके नाम सदा आदर और श्रद्धा से सुने थे और जिन्हें देख पाने की बात कभी सोची भी न थी :—उदाहरणतः प्रो० जूलियो क्यूरी, मोशिये दः अर्बुरसियरे, इलिया एहरनबर्ग, सोप्रानोव, डीन आफ केंटरबरी, जनरल गबाल्दो, कलाकार फनार्ड लेजर, प्रसिद्ध अभिनेत्री मारिया डेला कोस्ता, डा० बर्नाल, उपन्यासकार बार्लेत्ता, मादाम सन्यातसेन, कुओमोजो, रूस के आर्क विशप और इजराइल के बड़े मुफ्ती आदि। प्रधान मंडल में दलजीत कौर के अतिरिक्त और भी भारतीय थे। शान्ति रक्षा कमेटी के प्रधान डा० किचलू, गाँधीवादी अर्थशास्त्र के समर्थक डा० कुमारप्पा और रमेशचन्द्र।

भारत में कुछ लोगों की धारणा है कि शान्तिरक्षा आन्दोलन कम्युनिस्टों का ही अखाड़ा है। दलजीत कम्युनिज्म से कितनी सहानुभूति रखती है, यह बात करने का अवसर नहीं मिला। उससे यह जरूर पूछा था कि विश्व शान्ति की समस्या के प्रति जिसे कि नगरों के अर्धशिक्षित लोग देश के बाहर की पराई झंझट समझते हैं, उसने देहात के किसान स्त्री पुरुषों में कैसे सहानुभूति पैदा कर ली। उसने मुझे संसार की शोषक श्रेणी द्वारा अन्तर्राष्ट्रीय क्षेत्र में पूँजी के साम्राज्यवाद पर कोई व्याख्यान नहीं दिया। केवल यह बताया कि सर्वसाधारण के लिये युद्ध के परिणाम क्या होते हैं। दो व्यक्तियों की लड़ाई को हम मूर्खता और पागलपन समझते हैं तो दो देशों की भयंकर लड़ाई को क्या समझेंगे। कौन स्त्री अपनी सन्तान के प्राणों पर आशंका देखना चाहती है और कौन माँ अपनी सन्तान को दूसरे के प्राण लेने के लिये जोखिम में डालना चाहेगी? उसने देहात की माताओं, बहुओं और बहनों को समझाया कि एटमबम से हिरोशिमा और नागासाकी में क्या हुआ और पूछा, क्या तुम चाहती हो कि ऐसी घटनायें संसार में फिर हों? यदि संसार के और देशों में ऐसे कांड होंगे तो तुम्हारे गाँव और देश में भी जरूर होंगे यदि तुम ऐसा महानाश और अत्याचार अपनी दूसरी बहनों के परिवारों पर नहीं देखना चाहती तो ऐसी माँग पर हस्ताक्षर करने में या अंगूठा लगाने में तुम्हें आपत्ति क्या है? पर्दे में रहने वाली या निरक्षर स्त्रियों से उसे उत्तर मिलता—हाय ऐसा जुल्म हम क्यों चाहेंगी। भगवान ऐसे जुल्म से सभी को बचाये पर हमारे मर्द काम से बाहर गये हैं। उनसे पूछकर ही दस्तखत करना या अंगूठा लगाना ठीक होगा।

दलजीत पूछती—बहन, अगर मर्दों के घर से बाहर रहने पर तुम्हारे गाँव पर बम पड़ने लगे या कोई आग लगा दे तो क्या आग बुझाने और बच्चों को बचाने के लिये भी मर्दों के लौट आने और उनसे पूछ लेने का इंतजार करोगी? गाँव की स्त्रियाँ आतुरता से एटमबम के निषेध की माँग पर हस्ताक्षर कर देतीं। दलजीत देहात की स्त्रियों को केवल

यही समझाती थी कि दूसरी माताओं, बहिनों के पेट की सन्तान भी वैसी ही है जैसी तुम्हारे पेट की। अगर यह दलजीत का कम्युनिज्म है तो क्या इससे भी लड़ना होगा?

डा० किचलू के विषय में स्वयं जानता हूँ कि १९१९ से रौलट कानून विरोधी आन्दोलन के समय से वे कांग्रेस के प्रमुख नेताओं में रहे हैं। यह भी नहीं कहा जा सकता कि उनकी प्रवृत्ति वामपक्ष की ही ओर रही हो। डा० कुमारप्पा का तो नाम ही गाँधीवाद के साथ सम्बद्ध है। उन्हें कम्युनिज्म के भौतिकवादी सिद्धान्तों में आस्था नहीं। यह बात उनके इस कांग्रेस में दिये भाषण से भी स्पष्ट थी परन्तु वे शान्ति चाहते हैं क्योंकि गाँधीवाद अहिंसा और शान्ति को लक्ष्य मानता है। अपने आदर्शों के अनुसार वह शान्ति द्वारा ही मानव जीवन के व्यक्तिगत और सामाजिक लक्ष्य को प्राप्त कर सकता है। भारतीय प्रतिनिधियों में गाँधीवादी ग्राम कार्यकर्ता श्री शाह, गुजराती के प्रमुख लेखक देसाई और कलाकार रावल और व्यापारी पटेल, मराठी की लेखिका मालती बिडेकर और इलाहाबाद यूनिवर्सिटी के अध्यापक मिश्र जी और बम्बई तथा मद्रास विधानसभाओं के विरोधी दलों के नेता यादव और आदित्यन को भी कम्युनिज्म से कोई सहानुभूति नहीं जान पड़ती थी। हमारे प्रतिनिधि मंडल में सबसे अधिक ध्यान आकर्षित करने वाला रूप था—सिर पर ऊँचा जूड़ा बाँधे और गेरुआ रेशमी वस्त्र और गुलाबी प्लाश का चोगा पहने, मोटे रुद्राक्ष की माला गले में लटकाये, हिन्दू सभा की उप-प्रधान श्रद्धा माता का। जीनपाल सार्त्र तो अपने साहित्य की कम्युनिस्ट-दर्शन विरोधी, रहस्यवादी और अंतर्मुखी प्रवृत्ति के ही लिये प्रसिद्ध हैं। वे भी इस कांग्रेस में न केवल सम्मिलित ही हुए, बल्कि उनके भाषण का कांग्रेस में विशेष महत्त्व था। मादाम बियांका से गाड़ी में काफ़ी बातचीत होती रही थी। वे ब्राजील के एक ऊँचे सरकारी कर्मचारी की पत्नी हैं। वे कम्युनिज्म की पोषक नहीं। उनका दृष्टिकोण केवल मानवता की रक्षा का है। कांग्रेस में आये जर्मनी और ब्रिटेन के बहुत से लोगों से भी चाय-काफ़ी पीते समय आन्तरिकता से बातचीत करने का अवसर मिला। हैम्बर्ग के डा० ब्रीज़े जनवादी-समाजवादी ही थे। इंगलैण्ड की नाट्यकार फ़िलिप्पा बरेल और उपन्यास लेखिका एडिथ पार्जिटा न केवल कम्युनिस्ट नहीं थीं बल्कि वे ब्रिटेन के शान्ति से सहानुभूति रखने वाले लेखकों की ओर से अपनी आँखों यह देखने के लिये आई थीं कि कम्युनिस्टों का खेल समझे जाने वाले शान्ति आन्दोलन का वास्तविक रूप और प्रयोजन क्या है।

कांग्रेस में पचासी देशों से आये दो हजार पाँच सौ प्रतिनिधि भिन्न-भिन्न भाषायें बोलते थे। ऐसी कोई भाषा नहीं थी जिसे सभी समझ सकते। किसी को भी अपनी भाषा छोड़ अन्य भाषा में बोलने के लिये विवश नहीं किया जा सकता था। उदाहरणतः दलजीत पंजाबी में, मालती बिडेकर मराठी में और आदित्यन तमिल में बोले। किसी के विचारों को नगण्य समझकर उपेक्षा भी नहीं की जा सकती थी। कांग्रेस में जो भी भाषण होता उसके एक साथ छः भाषाओं में सुने जा सकने का प्रबंध था। प्रत्येक कुर्सी के साथ एक हैडफोन था। हैडफोन के स्विच में फ्रेंच, रूसी, अंग्रेजी, चीनी, जर्मन और स्पेनिश के लिए संकेत बने थे। वक्ता चाहे जिस भाषा में बोल रहा हो, श्रोता मन चाही भाषा में भाषण सुन सकते थे। प्रत्येक व्याख्यान पहले लिखकर दे देने का नियम था। भाषण का अनुवाद तुरंत इन भाषाओं में कर लिया जाता और मंच के नीचे लगे माइक्रोफोनों से भाषण को भिन्न-भिन्न भाषाओं में एक साथ बोल दिया जाता। इस कठिन व्यवस्था में कभी कुछ

असंगति भी हो जाती। किसी भाषा के वक्ता के जरा जल्दी कर जाने पर या कुछ शिथिल हो जाने पर दूसरी भाषाओं में बात कुछ आगे-पीछे हो जाती। विशेषतः जब भाषण में कोई बात ताली बजाकर उत्साह प्रकट करने की आ जाती तो भिन्न-भिन्न भाषाओं को समझने वाले तालियाँ आगे-पीछे बजा देते।

विश्व शान्ति रक्षा कमेटी के मंत्री फ्रेंच लेखक जीन लाफिते ने कांग्रेस के लिये सभापति निर्वाचन करने का अनुरोध किया। सर्वसम्मति से प्रो० जूलियो क्यूरी सभापति चुने गये। सभापति ने कांग्रेस का अधिवेशन आरम्भ होने की घोषणा कर पहले वियाना के प्रमुख पादरी काक को अपनी बात कहने का अवसर दिया। पादरी काक ने आस्ट्रिया और वियाना की जनता की ओर से शान्ति के प्रयत्न के लिये संसार के कोने-कोने से आने वाले प्रतिनिधियों का स्वागत कर उनके उद्देश्य में सफलता की कामना की। साधारण ढंग के अनुसार कांग्रेस के लिये पहले से ही विषय निर्धारिणी कमेटी ने कोई प्रस्ताव तैयार नहीं कर लिये थे। प्रो० जूलियो क्यूरी ने 'शान्ति रक्षा विश्व समिति' **(World Council for Peace)** के सभापति के नाते अन्तर्राष्ट्रीय परिस्थिति, शान्ति के लिये प्रयत्नों की आवश्यकता और उसके लिये सम्भव कार्यक्रम के सम्बन्ध में एक रूपरेखा प्रस्तुत की। संक्षेप में प्रो० क्यूरी का भाषण इस प्रकार था :—

मुझे इस बात से विशेष प्रसन्नता है कि इस महान कांग्रेस में विश्वशान्ति चाहने वाले और अन्तर्राष्ट्रीय तनाव को दूर करने की कामना रखने वाले सभी लोगों को भाग ले सकने का अवसर है। ऐसे शुभ और महान कार्य के लिये मैं आपको बधाई और धन्यवाद देता हूँ। बहुत से लोग जो विश्व शान्ति चाहते हैं परन्तु इस उद्देश्य के लिए अपने-अपने ढंग से अलग-अलग रास्तों से यत्न कर रहे थे और विचारों के भेद के कारण परस्पर सहयोग न पा सकते थे, इस कांग्रेस में शान्ति के सांझे उद्देश्य से इकट्ठे हो सके हैं।

हमारा मानव समाज अभी तक दूसरे महायुद्ध में खोई अपनी चोटों का इलाज पूरी तरह नहीं कर पाया है कि आज इस समय भी हमारी पृथ्वी पर तीन युद्धों का विध्वंस फिर जारी है। राष्ट्रों में संहार के हथियारों को बढ़ाने की होड़ तेजी से चल रही है। इस होड़ से राष्ट्रों की आर्थिक स्थिति संकट में है। भयभीत राष्ट्र अपनी जनता की गिरती अवस्था की चिन्ता न कर अपनी संहार की शक्ति बढ़ाने में और उसके परिणाम स्वरूप युद्ध की आशंका बढ़ाने में लगे हुए हैं। आपस में अविश्वास के कारण एक दूसरे के विरुद्ध प्रचार और लांछनों के हथियारों से युद्ध का ही वातावरण बन गया है। भिन्न-भिन्न राष्ट्र न्याय और नैतिकता की रक्षा के नाम पर अपनी जनता को नरसंहार के लिए उत्तेजित कर रहे हैं। आपसी घृणा और वैमनस्य की इन भावना ने मानवता के लिए विकट संकट की परिस्थिति पैदा कर दी है। यह आशा की जा रही है कि युद्ध और संहार की बढ़ी हुई हमारी शक्ति ही इस परिस्थिति को सुलझा कर समाज की रक्षा कर सकेगी। यह भयंकर भ्रम है। युद्ध और संहार के मार्ग से कुछ भी सुलझ नहीं सकता उससे तो केवल नाश ही होगा।

हम लोग अपने जीवन में दो विश्वव्यापी महायुद्ध और चार स्थानीय युद्ध देख चुके हैं। पहले युद्ध में एक करोड़ सत्तर लाख आदमी मारे गये थे। हमने उन्नति की और दूसरे महायुद्ध में पाँच करोड़ मर्दों, स्त्रियों और बच्चों का संहार किया। अनुमान है कि इस युद्ध में समाज को पचासी हजार करोड़ रुपये की आर्थिक हानि हुई है। अब विज्ञान को

संहार के मार्ग पर और आगे बढ़ाया जा चुका है। हमारा यह अडिग विश्वास है कि मानव समाज के जीवन को सुख-समृद्धि और विकास का अवसर देने के लिए है; यही उसे करना चाहिए और वह करेगा भी। यह ठीक है कि विज्ञान से अधिक संहारक शस्त्रों का भी विकास किया गया है। यदि विज्ञान की यह अपरिमित शक्ति नरसंहार में विश्वास रखने वालों के हाथ में रहेगी तो तीसरे महायुद्ध के परिणाम क्या होंगे यह कल्पना कर लेना कठिन नहीं है।

पिछले युद्धों से नाश के अनुभव और भावी युद्ध के संहार की चेतावनी को ध्यान में रखकर मनुष्य समाज की रक्षा का एक ही उपाय हमें सूझता है कि भविष्य में युद्ध न हो। यह प्रयत्न कैसे किया जाना चाहिए? १९१८ से १९३९ तक भी प्रयत्न किये गये थे कि अब की युद्ध न हो परन्तु सफलता नहीं हो सकी। उस समय भी युद्ध में असहयोग से युद्ध का विरोध करने की (Pacifist) प्रवृत्ति और शान्ति की रक्षा के लिए राष्ट्र संघ (League of Nations) भी, शान्ति के लिए विश्व सभा (World Assembly for Peace) और दूसरे संगठन मौजूद थे। सोचना है कि यह सब प्रवृत्तियाँ और संगठन मौजूद होते हुए भी शान्ति की रक्षा क्यों नहीं हो सकी। इस संगठनों और प्रवृत्तियों की असफलता का कारण यही था कि वे जनता की शक्ति से नहीं चल रहे थे। इनका विश्वास था कि संसार के कुछेक व्यक्ति ही अपने राजनैतिक अधिकार और अपनी स्थिति से शान्ति की रक्षा कर सकते हैं। असफलता के इस अनुभव से शिक्षा लेकर १९४९ में शान्ति के लिए जनता की पहली कांग्रेस पैरिस में की गई थी। शान्ति के लिए जनता की कांग्रेस करने का कारण यह विश्वास था कि शान्ति की रक्षा सभी राष्ट्रों की जनता की सम्मिलित इच्छा और शक्ति से ही हो सकती है। युद्धों से जनता का ही संहार और ध्वंस होता है और जनता के सहयोग के बिना कोई युद्ध लड़ा भी नहीं जा सकता। जनता की इस चेतना से ही अनेक देशों में शान्ति के लिए राष्ट्रीय आन्दोलन आरम्भ हुए और शान्ति रक्षा के लिए विश्व संगठन की स्थापना हो सकती है।

मानव समाज के विकास के परिणाम-स्वरूप संसार के विभिन्न भागों में मनुष्यों ने अनेक प्रकार की राजनीतिक, आर्थिक और सामाजिक व्यवस्थाओं को अपनाया है। यदि हम इस प्रश्न पर विचार करें कि समाज के विकास के क्या नियम रहे हैं या भविष्य में विकास का क्या मार्ग होगा तो अपनी-अपनी विचारधारा के अनुसार हममें मतभेद होगा परन्तु यदि प्रश्न यह हो कि क्या मनुष्य समाज में मौजूद अनेक प्रकार की व्यवस्थाएँ जैसे वे इस समय हैं, एक साथ चल सकनी चाहिए या नहीं तो हमें उत्तर 'हाँ' में ही देना होगा यदि हम उत्तर से सहमत न हों तो परिणाम होगा कि सभी व्यवस्थाओं का यह अधिकार स्वीकार किया जाय कि वे अन्य व्यवस्थाओं को युद्ध द्वारा समाप्त कर अपनी ही व्यवस्था उन पर लागू कर ले। शान्ति रक्षा के लिए हमें यह मानना ही पड़ेगा कि प्रत्येक राष्ट्र को आत्मनिर्णय से अपनी व्यवस्था के अनुसार चलने का पूरा अधिकार है। किसी भी राष्ट्र की व्यवस्था को उसकी इच्छा के विरुद्ध बदलकर अपनी व्यवस्था उस पर लादने का यत्न उन्हें अपने अधीन करने की इच्छा और युद्ध की चुनौती ही है।

जब हम यह मान लें कि मौजूदा संसार में भिन्न-भिन्न व्यवस्थाओं को आत्मनिर्णय से अपने-अपने स्थान पर रहने का पूरा अधिकार है तो उनके स्वार्थों में होने वाले संघर्षों को हल करने का उपाय समझौते के मार्ग के सिवा और दूसरा रह ही नहीं जाता है। यदि हम

इस पारस्परिक न्याय के सिद्धान्त को स्वीकार करते हैं तो दूसरों पर अपनी व्यवस्था और अपना न्याय लादने की प्रवृत्ति के परिणाम-स्वरूप आज जो तीन युद्ध चल रहे हैं उन्हें समाप्त करना होगा। राष्ट्रों में युद्ध की तैयारी की होड़ को रोकना होगा और अन्तर्राष्ट्रीय क्षेत्र से वैमनस्य का वातावरण दूर कर समझौते की चेष्टा करनी होगी।

एटमबम और उससे भी बड़े हुए, हाइड्रोजन बम और रोगों के कीटाणुओं से बीमारी फैला देने वालों शस्त्र ध्वंस और विनाश के अंधे शस्त्र हैं। इन शस्त्रों के घातक प्रभाव के समय और सीमा का अनुमान कर लेना आसान नहीं। इस विषय में विशेषज्ञ डाक्टरों की राय है कि कृत्रिम उपायों से शक्ति बढ़ाये हुए कीटाणुओं से इतने प्रबल रूप में रोग उत्पन्न हो सकते हैं कि इस प्रकार फैलाये गये रोगों के केवल एक ही देश में सीमित न रहकर पूरी पृथ्वी पर फैल जाने की आशंका रहेगी और युद्ध समाप्त हो जाने के बाद भी मनुष्य मात्र बरसों तक उन रोगों का शिकार बने रहेंगे। राष्ट्रों द्वारा शस्त्र बढ़ाने की होड़ को रोकने या एटमबम जैसे मारात्मक और खर्चीले शस्त्रों पर रोक लगाने की पुकार केवल मानव की सहृदयता का ही परिणाम नहीं है बल्कि यह पुकार शस्त्रीकरण की होड़ के कारण राष्ट्रों पर पड़ने वाले असह्य बोझ का भी परिणाम है जिसके कारण राष्ट्रों की आर्थिक व्यवस्था की रीढ़ टूटी जा रही है।

कुछ लोगों को भय है कि यदि शस्त्र बढ़ाने की अन्तर्राष्ट्रीय होड़ बन्द हो जाय तो उनके देशों में बेकारी हो जायेगी। ऐसे लोगों से पूछा जा सकता है कि इन शस्त्रों का कोई उपयोग नहीं किया जाता तो यह मानव समाज के श्रम का कितना बड़ा अपव्यय है। इस शस्त्रीकरण के लिए समाज को भारी टैक्सों के रूप में और जीवन रक्षा के लिए आवश्यक वस्तुओं की पैदावार के स्थान के बदले ध्वंसक वस्तुओं की पैदावार कर समाज की उत्पादन की शक्ति को कितना अधिक बरबाद किया जा रहा है। शस्त्रों के बढ़ाने पर सीमा लगा देना न केवल राष्ट्रीय आर्थिक शक्ति के अपव्यय को रोकेगा बल्कि राष्ट्र आपसी विश्वास से सहयोग और सद्भावना की नीति पर व्यवहार करना भी आवश्यक समझेंगे।

अन्तर्राष्ट्रीय प्रतिद्वन्द्विता और वैमनस्य को घटाने के एक दूसरे साधन पर भी हमें ध्यान देना चाहिए। आपसी वैमनस्य का बहुत बड़ा कारण दूसरों को न जानना या आपसी गलतफहमी है। यदि राष्ट्रों को एक दूसरे की भावनाओं, संस्कृति, विचारों, कला, विज्ञान, साहित्य को जानने का अवसर हो तो वैमनस्य स्वयं ही दूर होने लगें और सद्भाव बढ़े। इसी उद्देश्य से शान्तिरक्षा विश्वसमिति ने लेखकों, इंजीनियरों, डाक्टरों और वैज्ञानिकों के अन्तर्राष्ट्रीय परिषद नियंत्रित किये जाने की व्यवस्था की है और अन्तर्राष्ट्रीय रूप से विख्यात ऐसे महापुरुषों जो मानवता के विकास के लिए काम कर गये हैं, उनकी पुण्य तिथियों को भी अन्तर्राष्ट्रीय रूप से मनाने का प्रस्ताव किया है। इस विषय में सन्देह का अवसर नहीं कि राष्ट्रों में विचारों और ज्ञान के स्वतंत्र लेन-देन से विज्ञान के विकास में अधिक लाभ होगा। संसार में अभी तक कोई ऐसा आविष्कार नहीं हुआ जिसमें अनेक राष्ट्रों के वैज्ञानिकों का सहयोग न हुआ हो और यदि ऐसा सहयोग असम्भव होता तो शायद कोई भी आविष्कार आज की उन्नत अवस्था में न होता।

जब हम अपने समाज की अन्तर्राष्ट्रीय स्थिति देखते हैं तो अनेक जगह युद्ध की आग को सुलगता और समाज को उसमें भस्म होता देखते हैं। इस आग के संसार भर में फैल जाने का आतंक हम पर छाया हुआ है। हमें याद आता है कि पिछले महायुद्ध के विनाश

के अनुभव से राष्ट्रों ने २६ जून १९४५ को भविष्य में युद्ध से बचने के लिए सान्फ्रांसिस्को में 'राष्ट्रसंघ के घोषणा पत्र (यूनाइटिड नेशंस चार्टर)' पर हस्ताक्षर किये थे। इस घोषणा पत्र से सभी राष्ट्रों ने बहुत आशायें बाँधी थीं। पर वे आशायें पूरी नहीं हुईं। इस निराशा का कारण क्या है? राष्ट्रसंघ की असफलता और निर्बलता का एक बड़ा कारण क्या यह नहीं कि अनेक राष्ट्र राष्ट्रसंघ में सम्मिलित ही नहीं। सब राष्ट्रों के परस्पर सहयोग और आत्मनिर्णय के अधिकार से सब व्यवस्थाओं के शान्तिपूर्वक एक साथ रह सकने की आशा तब तक कैसे पूरी हो सकती है जब तक कि पैंतालीस करोड़ चीनी जनता को राष्ट्रसंघ में उचित प्रतिनिधित्व देने से इनकार किया जाये? चीन को राष्ट्रसंघ में प्रतिनिधित्व देने से इनकार का कारण यह बताया जाता है कि उन्होंने राष्ट्रसंघ की स्थापना के पश्चात अपनी व्यवस्था में परिवर्तन कर लिया है लेकिन यह परिवर्तन तो चीन की जनता ने अपनी इच्छा से, आत्मनिर्णय के अधिकार से किया है। चीनी जनता ने उस अन्यायपूर्ण और अनैतिक व्यवस्था को बदल डाला है जिसे दूसरे राष्ट्रों की बड़ी से बड़ी सैनिक सहायता भी बचा नहीं सकी। हमें अमरीका के वैदेशिक प्रतिनिधि मि० जान फोस्टर डल्स की २५ जून १९५२ की घोषणा भुला नहीं देनी चाहिए। उन्होंने अमरीका की ओर से बहुत ही मार्के की बात कही थी कि राष्ट्रसंघ संसार के सभी राष्ट्रों द्वारा सहमत दो मुख्य सिद्धान्तों पर कायम है : एक तो यह कि सभी राष्ट्रों को दूसरे राष्ट्रों की जनता के मत का आदर करना चाहिए और दूसरी बात की वास्तविक सुरक्षा सब राष्ट्रों की सम्मिलित सुरक्षा से ही सम्भव है। आज चीन को राष्ट्रसंघ में स्थान न देने का अर्थ है कि या तो अमरीका अब अपनी इस घोषणा में विश्वास ही नहीं करता और करता है तो चीन की जनता के मत का आदर करने से पहले वह युद्ध द्वारा चीन में चांगकाई शेक की व्यवस्था को फिर स्थापित कर देना चाहता है।

वर्तमान अन्तर्राष्ट्रीय परिस्थिति में हमें भारतीय पार्लमेंट में पं० नेहरू द्वारा १२ जून १९५२ को दी गई चेतावनी को भी याद रखना चाहिए कि बहुत से राष्ट्र यह समझने लगे हैं कि विश्वशान्ति की रक्षा के लिए जिस राष्ट्रसंघ की स्थापना की गई थी वह वास्तव में युद्ध की तैयारियों का ही साधन बन रहा है। हमें पूरा भरोसा है कि यदि राष्ट्रसंघ अपनी घोषणाओं के अनुसार चले, यदि शान्ति के उद्देश्य में सहयोग देने के लिए तैयार सभी राष्ट्रों को संघ में उचित स्थान हो, यदि संसार का जनमत पर्याप्त रूप से सशक्त हो सके तो राष्ट्र संघ को शान्ति के उद्देश्य में पूरी सफलता हो सकेगी इसलिए आवश्यकता है कि संसार की शान्ति चाहने वाली जनता अपनी शक्ति से संसार के पाँचों बड़े राष्ट्रों से इस बात की जोरदार माँग करे कि वे मिलकर विचार विनिमय द्वारा ऐसी व्यवस्था करें कि समस्याओं के निपटारे में युद्ध का अवसर न रहकर केवल समझौते के साधन का ही उपयोग हो!

मेरे विचार में तीन मूल प्रश्नों पर विचार किया जाना उचित है—(१) सभी राष्ट्रों को पूर्ण आत्मनिर्णय की स्वतंत्रता और उनकी सुरक्षा, (२) वर्तमान में चालू युद्धों को समाप्त करने का यत्न और (३) अन्तर्राष्ट्रीय तनाव को मिटाने की चेष्टा। सम्भव है कुछ लोगों की राय में यह तीन बातें केवल आधारभूत सिद्धान्त ही जान पड़े और वे शान्ति अथवा युद्धों को रोकने के लिए ठोस और सामयिक समस्याओं पर विचार करना चाहें परन्तु मेरा विचार है कि हमें मूल आधार से ही चलना चाहिए। मूल आधारों में ही सामयिक

समस्याओं का हल खोजा जाना चाहिए। सबसे महत्त्वपूर्ण बात पाँच महान राष्ट्रों को पारस्परिक समझौते के विचार से एक जगह एकत्र कर सकना ही है। यह उचित न होगा कि हम स्वयं ही कोई सुझाव उन पर लाद दें। सुझाव स्वयं उनके प्रयत्नों से उत्पन्न होने चाहिए। हम तो मनुष्य मात्र की शान्ति की इच्छा ही उनके सामने रखना चाहते हैं।

हम जानते हैं कि भावी युद्ध के रूप में मानवता के सर्वनाश की घटा हमारे सिरों पर उमड़ी आ रही है परन्तु इस आतंक से हम निर्बल और साहसहीन नहीं हो जायेंगे बल्कि इस आतंक की चेतना से हमारे आत्मरक्षा के निश्चय और प्रयत्न और भी दृढ़ होंगे। हम केवल मिथ्या प्रचार द्वारा मनुष्यों में वैमनस्य और घृणा बढ़ाने का ही विरोध करते हैं। मेरा अनुरोध है कि शान्ति रक्षा के अपने दृढ़ विश्वास और निश्चय को लेकर जब हम अपने देशों को लौटें तो हमारा काम दूसरे राष्ट्रों के सम्बन्ध में गलतफहमियों को दूर करना और सद्भावनाओं को बढ़ाना होना चाहिए। गलतफहमी का अंधकार वैमनस्य और घृणा को बढ़ाता है सच्चाई के प्रकाश से भाईचारे और सद्भावना को प्रोत्साहन मिलता है।

प्रो० क्यूरी दुबले-पतले, गाल धंसे हुए व्यक्ति हैं। उनकी गम्भीर चुप सी मुद्रा से ही जान पड़ता है कि वे अपनी प्रयोगशाला में बैठे विज्ञान के गूढ़ तत्त्वों की खोज में डूबे रहते होंगे लेकिन विज्ञान का लक्ष्य तो मानव समाज का कल्याण है। वे विज्ञान में डूबे रहकर उसके लक्ष्य को कैसे भूल जांय जब विज्ञान के लक्ष्य को भुलाकर उसे मानवता के नाश के लिए उपयोग में लाया जा रहा हो तो वैज्ञानिक विज्ञान की शक्ति बढ़ा सकने के लिए ही चुपचाप प्रयोगशाला में कैसे बैठा रहे? उसकी सफलतायें उसे हत्यारा बनाये दे रही हैं। प्रो० क्यूरी का भाषण समाप्त होते ही कान्फ्रेंस का बड़ा हाल तालियों से गूँज उठा। मानवता के प्रति उनकी सद्भावना और उनके व्यक्तित्व के प्रति आदर के लिए लोग खड़े होकर बहुत देर तक तालियों से उनका अभिवादन करते रहे। उत्साह में तालियाँ ताल से बजने लगीं। इसके बाद भारतीय प्रतिनिधि मंडल के नेता डाक्टर सैफुद्दीन किचलू को भाषण के लिए पुकारा गया। भारतीय प्रतिनिधि मंडल के नेता को इस कांग्रेस में प्रधान के पश्चात् बोलने का अवसर दिये जाने से यह स्पष्ट हो जाता है कि शान्ति चाहने वाली जनता अन्तर्राष्ट्रीय क्षेत्र में भारत का स्थान कितना महत्त्वपूर्ण समझती है।

डा० किचलू ने अपना भाषण अंग्रेजी में ही पढ़ा :—भारतीय प्रतिनिधि मंडल की ओर से मैं विश्व शान्ति कांग्रेस का सप्रेम अभिवादन करता हूँ और विश्वास दिलाता हूँ कि संसार में शान्ति, अन्तर्राष्ट्रीय भ्रातृभाव और सद्भाव को बढ़ाने के लिए हमारा देश पूरा सहयोग देगा। हमें इस बात का गर्व है कि हमारे प्रतिनिधि मंडल में देश के सभी राजनैतिक दलों—सरकार चलाने वाली कांग्रेस पार्टी, गाँधीवादी दल, विरोधी दल, कम्युनिस्ट पार्टी और प्रजापार्टी, फारवर्ड ब्लाक, किसान-मजदूर पार्टी आदि के प्रतिनिधि मौजूद हैं। अनेक बातों पर मतभेद होने पर हम सब शान्ति के महत्त्व और स्थापना के लिए उचित प्रयत्नों में आपके साथ भी एक मत होंगे। हमारे मंडल में समाज के भिन्न-भिन्न क्षेत्रों से सम्पर्क रखने वाले स्त्री-पुरुष वकील, व्यापारी, अध्यापक, लेखक, कलाकार, पत्रकार, विधान सभा के सदस्य सभी तरह के लोग हैं। हम सभी यहाँ शान्ति के उद्देश्य से अनुप्राणित होकर आये हैं।

हमारे देश की जनता कोरिया में चलने वाले युद्ध और उसके कारण अन्तर्राष्ट्रीय क्षेत्र में युद्ध की चढ़ती आती घटाओं से विक्षिप्त है और हमारा विश्वास है कि संसार में ऐसा कोई भी व्यक्ति नहीं हो सकता जो कोरिया में होने वाले स्त्री-पुरुषों और बच्चों की लगातार हत्या से दुखी न हो। हमारे देश के सर्वसाधारण नागरिक और ग्रामों के किसान जब एटमबम और युद्ध में रोग फैलाकर जनता के संहार की बातें सुनते हैं तो संसार के सर्वनाश के आतंक से घबड़ा उठते हैं। उन्हें आशंका होती है कि यदि सर्वनाश की इस बाढ़ को रोका न जायेगा तो वे भी इसमें भस्म हुए बिना न रह सकेंगे। हम लोग बीमारी और महामारी के प्रभाव से परिचित हैं और विश्वास करते हैं कि मनुष्य अपने पूरे सामर्थ्य से इनसे बचने का यत्न करता है। जब हम देखते हैं कि कोरिया में मनुष्य विज्ञान की सहायता से दूसरे मनुष्यों में बीमारियाँ फैला रहा है तो मनुष्यता के नाश के भय से हमारे रोंगटे खड़े हो जाते हैं।

जो लोग दूसरे देशों पर अधिकार करने के लिए सैनिक और शस्त्र शक्ति का उपयोग करते हैं, उन्हें हमारे देश की जनता मानवता का शत्रु समझती है। ऐसे उद्देश्य से किये जाने वाले किसी भी युद्ध में सहायता के लिए हम अपने देश के जनबल और अपने देश की भूमि का प्रयोग न होने देंगे। हम लोग सभी देशों के लिए समता और आत्मनिर्णय के अधिकार के आधार पर भ्रातृभाव में विश्वास करते हैं। आज इस कांग्रेस में शान्ति की समस्या पर विचार के लिए मलाया, केनिया और ब्रिटेन के लोगों का अमेरिका और कोरिया के लोगों का एक साथ सम्मिलित होना और फ्रांस के प्रतिनिधियों द्वारा ट्यूनीशिया, मोरोक्को और फ्रेंच-अफ्रीका की स्वतंत्रता का प्रश्न उठाना संसार के भविष्य के लिए आशा और इस कांग्रेस के लिए गर्व की बात है। यदि हम इस कांग्रेस में कोरिया का युद्ध समाप्त करने के लिए कोई सर्वसम्मत सुझाव खोज सकें तो यह बहुत बड़ी और शायद साधारण कल्पना की पहुँच से दूर की सफलता होगी परन्तु शान्ति के लिए आप लोगों के दृढ़ निश्चय से यह सम्भव होना चाहिए। आपकी शक्ति जनता की शक्ति है। जनता की इच्छा और शक्ति से बड़ी कोई शक्ति नहीं। जनता की इच्छा और शक्ति से युद्धों को अवश्य रोका जा सकता है और इस काम को करना आवश्यक है क्योंकि इसके बिना मानवता की रक्षा सम्भव नहीं। हमारी शुभ कामना है कि यह कांग्रेस शान्तिरक्षा के अपने उद्देश्य में सफल हो।

कांग्रेस में संसार प्रसिद्ध फ्रेंच लेखक जीन पाल सार्त्र (Jean-Paul Sartre) की उपस्थिति की ओर सभी का ध्यान था। सार्त्र साहित्य में समष्टिवादी या समाजवादी विचारधारा के प्रतिकूल व्यक्तिवादी विचारधारा के प्रतीक माने जाते हैं। कम्युनिस्ट साहित्यिक आलोचकों ने उनकी प्रायः कटु आलोचनायें की हैं। सार्त्र भी अपने कम्युनिस्ट विरोध के लिये बहुत प्रसिद्ध हैं। इस कांग्रेस को कम्युनिस्टों का अखाड़ा समझने और इसका विरोध करने वाले लोगों ने वियाना में ठीक कांग्रेस के समय उनके एक कम्युनिस्ट विरोधी नाटक की योजना की थी। यह भी सुना कि सार्त्र कांग्रेस में स्वयं सहयोग देने आ रहे थे इसलिये वे इस नाटक को स्थगित करवा देना चाहते थे। संभव है, उन्हें शान्ति कांग्रेस में आने वाले कम्युनिस्टों की भावनाओं का खयाल रहा हो। कांग्रेस के अवसर पर जब शान्ति के लिये सभी के सहयोग का वातावरण होना चाहिये था, वे आपसी विरोध की बात को सामने न लाना चाहते हों। लेकिन नाटक के प्रबन्धकर्ताओं ने नाटक को

स्थगित करने की बात न मानी। वियाना के पत्रों में इस विषय में खूब चर्चा चल रही थी। सार्त्र के नाटक स्थगित करने के अनुरोध पर नाटक के प्रबन्धकर्ताओं ने आपत्ति की कि इससे उन्हें कई हजार पौण्ड की हानि हो जायेगी। सार्त्र आधा हर्जाना देने के लिये भी तैयार हो गये पर नाटक के प्रबन्धकर्ता माने नहीं। उन्हें उत्साहित करने वाले लोग भी मौजूद थे। सार्त्र ने खिन्न होकर अदालती कार्रवाई करने की भी धमकी दी। यह नाटक वियाना के अमरीकन भाग में हो रहा था। सार्त्र कुछ कर न सके। ऐसी अवस्था में नाटक हुआ ही। जनता सार्त्र की बात सुनने के लिये कौतूहल से उत्सुक थी।

सार्त्र जरा नाटे, दोहरे कद के कुछ संकोचशील से, हल्का पतला सा चश्मा लगाये व्यक्ति हैं। भाषण उनका भी लिखा हुआ था। उन्होंने फ्रेंच में पढ़ा और हम लोगों ने हैडफोन कान पर लगाकर अंग्रेजी में सुना :—'यहाँ बोलने के लिये अवसर देकर आपने मेरा आदर किया है। उसके लिये आभारी हूँ। मैं किसी के प्रतिनिधि के तौर पर नहीं, अपनी ही ओर से बोल रहा हूँ। मैं अपनी बात इसलिये कह रहा हूँ कि मेरी ही तरह के और भी दूसरे लोग जो यहाँ व्यक्तिगत स्थिति में ही मौजूद हैं, मेरी बातों से अपने विचारों के लिये आश्वासन पा सकें।'

'आधुनिक राजनीति और विचारधारा में कोई तत्त्व नहीं रह गया है इसलिये वे हमें संहार की ओर ले जा रही हैं। ऐसी अवस्था में अपने से सहमत न होने वाले लोगों को बात समझने का यत्न नहीं किया जाता उनका विश्वास नहीं किया जाता। विरोध को ही लक्ष्य मानकर हम परस्पर-विरोध करने लगते हैं। ऐसी अवस्था में पागलपन फैल जाता है। हम सोचने लगते हैं कि यदि हम शान्ति चाहते हैं तो हमें युद्ध के लिये तैयार रहना चाहिये। यह ढंग कितना अवास्तविक और तत्त्वहीन है। आज फ्रांस में या किसी भी देश में देखिये, आपको मनुष्य नहीं, दलों और पार्टियों के सदस्य ही दिखाई देंगे।'

'यह कांग्रेस शान्ति के लिये सबसे बड़ा काम यह कर रही है कि यहाँ मनुष्य आपस में मिल रहे हैं। यह राजनीति में चतुर वक्ताओं और शासकों का जमघट नहीं है बल्कि भिन्न-भिन्न जातियाँ और राष्ट्रों—फ्रांस, जर्मनी, चीन, ब्रिटेन, अमरीका, जापान और रूस के लोगों का सम्मेलन है। यह लोग भिन्न-भिन्न राष्ट्रों से आये हैं परन्तु वे भिन्न-भिन्न राष्ट्रों के मनुष्य हैं। उनमें अपने राष्ट्रीय जीवन की विशेषतायें जरूर हैं परन्तु उन विशेषताओं को अपनाये हुए वे भी हैं मनुष्य ही जो शान्ति रक्षा के लक्ष्य पर सहमत हैं। युद्ध के वातावरण में राष्ट्रों की मनुष्यता डूब जाती है केवल राष्ट्रीयता ही उभर आती है और एक राष्ट्र के लोग दूसरे राष्ट्र के लोगों को शिकार का जानवर मान लेते हैं। हमारी स्थिति में तत्त्व का अभाव यदि हमें संहार की ओर ले जाता है तो तत्त्व की अनुभूति रक्षा और विकास की ओर अवश्य ले जायेगी। मानवता का तत्त्व ही मनुष्यों को परस्पर मिलाता है। यदि हम मानवता के इस तत्त्व को समझ सकें तो हम यह भी समझ लेंगे कि राष्ट्रों के आपसी युद्ध कितनी बड़ी मूर्खता है।'

'यहाँ हम लोग कोई नई सत्ता खड़ी कर देने और राष्ट्रों को आज्ञायें देने के लिये इकट्ठे नहीं हुए हैं लेकिन यह भी सच है कि सभी राष्ट्रों की सत्ता वास्तव में राष्ट्रों की जनता या शासित लोगों पर ही निर्भर करती है। हम लोग यहाँ शान्ति के लिये अन्तर्राष्ट्रीय जनता के एक मत होने का आधार ढूँढ़ने के लिये इकट्ठे हुए हैं। यहाँ से लौटकर जब हम अपनी शान्ति की कामना प्रकट करेंगे तो वह हमारे राष्ट्र की जनता की और साथ ही

अन्तर्राष्ट्रीय जनता की भी इच्छा होगी। उसी समय यह देखा जायेगा कि राष्ट्रों की सरकारें जनता को निर्देश देती हैं या जनता अपने-अपने राष्ट्रों को। यह ठीक है कि हम राजदूतों का स्थान नहीं ले बैठे हैं परन्तु भविष्य में राजदूतों को जनता की इच्छानुसार ही चलना होगा। हमें अपनी-अपनी राष्ट्रीय सरकारों को समझाना पड़ेगा कि जब आप राजनीतिक पैंतरेबाजी से समस्याओं को सुलझाने का यत्न कर रहे हैं तो जनता ने आपसी विश्वास से सुलझाव खोज निकाला है और सबसे सरल और सफल राजनीति विश्वास की नीति है। यदि संयुक्त राष्ट्र संघ (U. N. O.) में अब भी ऐसे लोग हैं जो हमें समझाना चाहते हैं कि नैतिकता की रक्षा और अनैतिकता को दबाने के लिये तीसरे युद्ध की आवश्यकता है तो हमें अपने देशों में लौटकर उन्हें बताना होगा कि हम दूसरे राष्ट्रों के लोगों से मिलकर, उन्हें पहचान और समझ आये हैं और संसार की जनता इस बात में सहमत है कि आपसी संहार और युद्ध ही सबसे बड़ी अनैतिकता है और आपसी विश्वास द्वारा शान्ति और सहयोग ही सबसे बड़ी नैतिकता है।'

'सभी अवस्थाओं में युद्ध के विरोध को ही शान्ति के लिये प्रयत्न का साधारण नियम नहीं मान लिया जा सकता। हम आततायी द्वारा शस्त्रों की शक्ति से कायम की गई मरघट की शान्ति का समर्थन नहीं कर सकेंगे; जैसे कि हिटलर द्वारा फ्रांस पर अधिकार जमा लेने पर कुछ फ्रांसीसी इसीलिये हिटलर का विरोध करना अनुचित समझ रहे थे कि हिटलर ने फ्रांस में जर्मन राज की शान्ति तो स्थापित कर ही दी है। हम आतंक की शान्ति नहीं चाहते। ब्रिटेन द्वारा नये एटमबम का सफल परीक्षण करने पर कुछ प्रतिक्रियावादी पत्र पुकार उठे थे कि एक और बम की सफलता हमें शान्ति की आशा दिला रही है। हमें एटमबम के आतंक और दमन के नीचे सिर झुकाकर शान्ति स्वीकार नहीं। आज हमारे बीच ऐसे भी लोग उपस्थित हैं जो बरसों से अपनी स्वतंत्रता के लिये लड़ रहे हैं। हमें सचेत रहना चाहिये कि आज की परिस्थितियों में युद्ध और शान्ति दोनों के लिये सम्भावना है। शान्ति की रक्षा हो सकती है यदि हम उसके लिये उचित और आवश्यक प्रयत्न कर सकें। शान्ति केवल युद्ध के प्रयत्नों से असहयोग करके ही नहीं सुरक्षित रह सकती। इसके लिये युद्ध आरम्भ करने वाली परिस्थितियों का अन्तर्राष्ट्रीय रूप से विरोध आवश्यक है। आज संसार की जनता अपने प्रतिनिधियों के रूप में यहाँ उपस्थित है। यह केवल इसीलिये कि यहाँ शान्ति की बात हो रही है। यही शान्ति के लिये पहला कदम है।'

'संसार के समाजवादी और पूँजीवादी देशों में युद्ध आवश्यक क्यों समझा जा रहा है? क्या यह मान लिया जाय कि दोनों प्रणालियों का एक दूसरे में दखल दिये बिना अपने-अपने स्थानों और क्षेत्रों में चल सकना असम्भव है? या कोई भी प्रणाली दूसरी प्रणाली को नष्ट करके ही जीवित रह सकती है? ऐसा तो कोई नहीं कहता। समाजवादी देशों के प्रतिनिधि तो डंके की चोट पर कह रहे हैं कि वे शान्ति चाहते हैं और दोनों प्रणालियाँ अपनी-अपनी जगह रह सकती हैं। युद्ध की तैयारी से युद्ध को रोकने की बात कहने वाले, शस्त्रीकरण की होड़ चलाने वाले और एटमबम की धमकी देने वालों का क्या कहना है? क्या उनका दूसरे देशों पर आर्थिक दबाव न्याय संगत है।'

'वास्तविकता से इन्कार करने से क्या लाभ? आज चीन की पूरी जनता अपनी सरकार को स्वीकार कर रही है। यह सरकार चीन की आर्थिक स्थिति को चला रही है

और एक जबरदस्त सैनिक शक्ति है। इस सरकार का अपना क्षेत्र चीन के भीतर है और वह चीन की जनता का मामला है। उसे संयुक्त राष्ट्रसंघ स्वीकार नहीं कर रहा। उसकी दृष्टि में चीन की वास्तविक सरकार वे मुट्ठी भर आदमी हैं जो वाशिंगटन या फार्मोसा में पड़े हैं। यह अपने आपको धोखा देना है। यह भी आत्म-प्रवंचना ही है कि फ्रांस की सरकार वियतनाम में बाओदाई की सरकार को जबरदस्ती बनाये है जिसे वियतनाम में कोई नहीं चाहता और होचीमिन को स्वीकार करने के लिये तैयार नहीं।'

सार्त्र की इस स्पष्टवादिता पर हाल तालियों से गूँज उठा—'यदि हम इस प्रकार की अवास्तविकताओं का ही समर्थन करना चाहेंगे तो हमें युद्ध और दमन का सहारा लेना ही पड़ेगा। इसी प्रकार जर्मनी के टुकड़े बनाये रखना न तो जर्मन जनता के लिये सह्य है और न फ्रांस के लिये सुरक्षा का कारण। जब जर्मनी और फ्रांस की जनता अपने हितों को एक समझकर इस अन्याय का विरोध करेगी तभी दोनों देशों की जनता की वास्तविक एकता और शान्ति की नींव कायम हो सकेगी।'

'जब हम यह कहते हैं कि समाजवादी और पूँजीवादी प्रणालियों को अपने-अपने क्षेत्रों में रह सकना चाहिये तो यह अभिप्राय नहीं होता कि संसार के दो गुट बना दिये जायं और उनमें तनाव कायम रहे। दोनों के एक साथ बने रहने का अर्थ विरोध और तनाव नहीं होता। विरोध और तनाव के परिणाम से युद्ध हो जाता है। इस प्रकार की गुटबन्दी का परिणाम एशिया और अफ्रीका में क्या हो रहा है? यह तो एशिया और अफ्रीका के ही प्रतिनिधि बता सकेंगे। योरुप के विषय में कह सकता हूँ कि यहाँ के देशों की आर्थिक व्यवस्था दिन-दिन अमरीका की मोहताज होती जा रही है। इसकी प्रतिक्रिया में सर्वसाधारण गरीब और मजदूर जनता सोवियत और पूर्वी जनतंत्रों से सहायता की आशा करने लगी है। यह गुटबन्दी न केवल अन्तर्राष्ट्रीय क्षेत्र का ही प्रश्न है बल्कि स्वयं राष्ट्रों की अपनी सीमाओं में भी। यदि हम दोनों विचारधाराओं में से एक दूसरे को मिटा देने की प्रतिद्वन्द्विता और तनाव की बात दूर कर सकें तो यह देश दो संस्कृतियों और विचारधाराओं के उपयोगी प्रभावों का समन्वय क्षेत्र बन सकते हैं जो मानव समाज के कल्याण का कारण होगा। परन्तु इसके लिये यह आवश्यक है कि पश्चिमी योरुप के देशों को अटलांटिक सन्धि के अमरीकी आर्थिक दबाव से मुक्त कर केवल अमरीकी सिपाही न बनाकर आत्मनिर्णय का अवसर दिया जाय और पूर्वी-पश्चिमी योरुप के स्वाभाविक व्यापारिक सम्बन्ध फिर से कायम किये जायँ। यह कांग्रेस राष्ट्रों की सरकारों को अनिवार्य आज्ञायें तो नहीं दे सकती परन्तु जनमत के बल पर युद्ध न होने देने का निश्चय जरूर कर सकती है और राष्ट्रीय सरकारों को जनमत की दिशा दिखा सकती है।'

'हममें से कुछ लोग यहाँ अपनी पार्टियों के प्रतिनिधियों के रूप में आये हैं और कुछ लोग केवल अपनी व्यक्तिगत स्थिति में ही परन्तु यहाँ से अपने देशों को लौटाने के बाद हम सभी लोग इस विश्वजन कांग्रेस के प्रतिनिधि होकर लौटें। हमें भरोसा करना चाहिये कि यह कांग्रेस कुछ क्रियात्मक सुझावों को रूप दे सकेगी और देशों की सरकारें भी कांग्रेस के निर्णय की अवहेलना न कर सकेंगी। यह भरोसा रखते हुए भी हमें यह नहीं भूल जाना चाहिये कि अभी तक हम अपने-अपने देशों में भी प्रबल बहुमत को अपने साथ नहीं कर सके हैं। सभी देशों में ऐसे बहुत से लोग हैं जो शान्ति चाहते हैं परन्तु हमारे साथ नहीं हैं क्योंकि उन्हें यह भ्रम है कि यह कांग्रेस केवल एक राजनैतिक मोर्चा

ही है। यह भ्रम दूर कर देना आवश्यक है क्योंकि भ्रम ही आपसी भय और वैमनस्य और युद्ध की जड़ है। इस कांग्रेस का पहला लक्ष्य यही होना चाहिये कि हम अपने शान्ति के उद्देश्य को इतने स्पष्ट रूप में प्रकट कर सकें कि जो शान्ति प्रेमी लोग आज इस कांग्रेस में नहीं आये हैं वे एक प्रकार का पश्चाताप अनुभव करें कि शान्ति की इच्छा होते हुए भी वे शान्ति के प्रयत्न में क्यों सम्मिलित नहीं हो सके। ऐसे लोगों के हृदय का बहाव जनता को दो भागों में बाँटे रखने वाली खाई को भर देगा। प्रत्येक देश में शान्ति के लिये जनता की एकता संसार भर की जनता की एकता का निर्णय करेगी और हमारा आज का अल्पमत जनता का प्रबल बहुमत बनाकर अपने लक्ष्य को प्राप्त कर सकेगा।' हाल की सम्पूर्ण जनता सार्त्र के सन्देश के प्रति अभिवादन और समर्थन में खड़ी होकर बहुत देर तक तालियाँ बजाती रही।

कंजर्टहाज की ऊपर की मंजिल में सभा भवन के साथ ही एक बड़े से बंद बरामदे में बूफे (चाय-पानी की दुकान) का प्रबन्ध था। वियाना में विदेशियों द्वारा आर्थिक नियंत्रण होने के कारण आर्थिक स्थिति अच्छी नहीं है। बाहर से आये प्रतिनिधि खान-पान के मामले में लुट न जायें इसके लिये भी कांग्रेस ने व्यवस्था कर दी थी। प्रतिनिधियों और अतिथियों को भोजन और चाय पानी के लिये उचित मूल्य पर टिकट दे दिये गये थे। भोजन वियाना के खूब शानदार रेस्टोरां 'कुरसालोन' और कुछ निश्चित रेस्टोरां में, जहाँ कांग्रेस ने प्रबन्ध कर रखा था, टिकट देकर किया जा सकता था। भोजन आतिथ्य की दृष्टि से बहुत ही अच्छा और पुरतकल्लुफ था। चाय पानी के टिकट कंजर्टहाज के बूफे में भी चल सकते थे। वियाना में जल तो भारतीयों के अतिरिक्त किसी दूसरे को पीते देखा नहीं। प्रति व्यक्ति को दिन भर के लिये चार टिकट मिलते थे। यहाँ भी स्विटज़रलैण्ड की तरह चाय-काफी बहुत महंगी और बियर तथा वाइन ही सस्ती थी। एक टिकट में छोटा गिलास सोडा मिल सकता था। दो टिकटों में बियर का एक बड़ा गिलास या छोटा गिलास वाइन का मिलता। काफी या चाय के छोटे प्याले के लिये तीन टिकट देने होते थे। चाय या काफी ही पीने वाले भारतीय साथियों का एक टिकट व्यर्थ हो जाता था इसलिये दूसरी चीजों का उपयोग कर सकने वाले साथी इन बचे हुए टिकटों को व्यय करने में सहायता देते रहते थे।

यह बूफे कांग्रेस की 'टीका (Brief)' था। हर समय खचाखच भरा रहता। लगभग सवा सौ आदमियों के बैठने की जगह थी और उतने ही आदमी खड़े भी रहते। कांग्रेस भवन में तो गम्भीर या भावपूर्ण व्याख्यान होते रहते और वहाँ उन व्याख्यानों पर खुलकर विचार-विनिमय और टीका-टिप्पणी चलती। भिन्न-भिन्न देशों में चलने वाले शान्ति आन्दोलनों के विषय में बातचीत या सम्भव और उचित कार्यक्रम के विषय में तर्क होता। बूफे में इलियारा एहरनबर्ग, डीन आफकेंटरबरी, जेरुसलम के मुफ्ती, लुई आरागों, सार्त्र, पश्चिम जर्मनी और इटली से बिना पासपोर्ट आये उत्साही कार्यकर्ता और ब्रिटेन की खानों के मजदूर आपस में निस्संकोच मिलते। एक दूसरे से हस्ताक्षर लेने और अपने-अपने देश के शान्ति के बिल्ले बदलने की रस्म चलती रहती। कुछ लोग तो तरह-तरह के दस-दस बारह-बारह बिल्ले टांके फिरते। दो, तीन तो साधारण बात थी। यही हाल हस्ताक्षर इकट्ठे करने का था। सम्भव है, कुछ लोगों ने दो अढ़ाई हजार हस्ताक्षर इकट्ठे कर लिये हों। हस्ताक्षर इकट्ठे करने और फोटो लिये जाने में साड़ी और दाढ़ी की ओर आकर्षण

अधिक था। कुछ प्रसिद्ध लोगों के हस्ताक्षरों की तो माँग अधिक थी ही पर भारतीयों, चीनियों, जापानियों और अफ्रीका के लोगों के हस्ताक्षर ले ही लिये जाते शायद इसीलिये कि ऐसी शक्लें वियाना में पहले कभी देखी नहीं गई थीं। कई लोग तो यह भूल जाते कि हमारे हस्ताक्षर वे ले चुके हैं और दुबारा अपनी कापी सामने रख हस्ताक्षर के लिये मुँह ताकने लगते। उन्हें यह समझाना कठिन हो जाता कि एक बार हस्ताक्षर तो ले चुके हो क्योंकि उस जमघट में कई भाषायें चलती थी और बहुत से लोग अपनी ही भाषा जानते थे। संकेतों या दुभाषियों की सहायता से ही काम चलता था। एक दूसरे की भाषा न जानने और समझने पर भी इस विश्वास से कि एक ही उद्देश्य से पृथ्वी के कोने-कोने से हम सब लोग यहाँ इकट्ठे हुए हैं, एक दूसरे को देखते ही अभिवादन और आत्मीयता की मुस्कान चेहरों पर आ जाती। जिन लोगों में जाति भेद जितना अधिक था, वहाँ आत्मीयता का प्रदर्शन और उद्गार भी उतना ही अधिक होता। दलजीत कौर के शान्ति के समर्थन में हस्ताक्षर कराने के लिये गाँव-गाँव फिरने की बात सुन सभी लोग बहुत आदर से उससे हाथ मिला उसके हस्ताक्षर लेते। रूसी, चीनी, जर्मनी, फ्रेंच और अंग्रेज तथा अमरीकन स्त्रियाँ उसे आलिंगन में बाँध लेतीं और कुछ तो चूमे बिना न रहतीं।

उस समय कैरो में विमानों के अड्डे का जलपानगृह याद आ जाता जहाँ गोरे साम्राज्यवाद का प्रभाव इतना गहरा था कि काले चेहरे के बैरे भी गोरों के अतिरिक्त दूसरे लोगों की परवाह न करते थे। रंग को ही सौन्दर्य या बड़प्पन की कसौटी कैसे मान लिया जाय! शायद बरसों तक अंग्रेज की महिमा माने रहने के कारण हमने भारत में भी गोरे रंग की बहुत महिमा मान ली है, उसे ही रूप और सौंदर्य समझ लिया है। हमारे पत्रों में गोरे बन सकने की दवाइयों के विज्ञापन खूब छपते हैं। लोगों के साबुन मल-मलकर गोरा बन जाने की हास्यास्पद बातें भी सुनी हैं लेकिन यहाँ सब गोरे ही गोरे स्त्री-पुरुषों के समाज में, उन्हीं की भीड़ के ठेलमठेल में ऐसा नहीं जान पड़ा कि रूप ही बरस रहा हो बल्कि ऐसा ख्याल हुआ कि बिलकुल सफेद और काले की अपेक्षा बादामीपन या और कुछ गहरी झलक लिये त्वचा ही अधिक भली जंचती है, उसमें योरुपियनों के चेहरे पर दिखाई देने वाली झांई और चित्तियाँ सी नहीं झलक पातीं। इसीलिये योरुप में गोरा बनाने वाले साबुन के नहीं, बादामी झलक देने वाले पाउडर और दक्षिण योरुप के धूप के इलाकों की सैर के लिये, जहाँ चेहरा जरा भूरा हो जाय, विज्ञापन दिखाई देते हैं। खैर यहाँ सौंदर्य की मीमांसा का प्रसंग नहीं है; अभिप्राय यह है कि इस कांग्रेस के जमघट में चेहरे का गहरा रंग और जाति भेद तिरस्कार का नहीं, कुछ आकर्षण का ही कारण जान पड़ा क्योंकि यहाँ जातीय अहम्मन्यता का नहीं जातीय समता और सद्भावना का वातावरण था जो अन्तर्राष्ट्रीय शान्ति के लिये पहली शर्त है और उसका परिणाम भी होगा।

वियाना में बरफ पड़ रही थी। सूर्य तो कभी-कभी कुछ ही देर के लिये दिखाई दे जाता। हवा चलने से सड़क पर बहुत सर्दी मालूम होती लेकिन होटलों के कमरे, कंजर्टहाज, बूफे और कुरसालोन में सर्दी जरा भी मालूम न होती। बल्कि कुरसालोन में और बूफे में तो भीड़ अधिक हो जाने पर गरमी के मारे दम सा घुटने लगता। यह गरमी भी हम लोगों को ही अधिक मालूम होती थी, योरुपियनों को नहीं। या कुछ हद तक अंग्रेज भी गरमी की शिकायत करते थे। इस गरमी का कारण कमरों को भाप और गरम

पानी के नलों से गरम रखने का तरीका है। इंगलैण्ड में कमरों को इस तरह गरम करने का तरीका नहीं है केवल योरुप, अमरीका और रूस में ही है।

बूफे में अंग्रेज नाटक लेखिका मिस बरेल से बातचीत हुई। वे और पर्जिटा कांग्रेस में प्रतिनिधि बनकर नहीं दर्शक (observer) की ही स्थिति में आई थीं। इंग्लैण्ड के अधिकांश लेखकों को शान्ति के लक्ष्य से सहानुभूति होने पर भी सन्देह था कि यह कांग्रेस कम्युनिस्ट लोगों का अन्तर्राष्ट्रीय राजनैतिक मोर्चा ही है इसलिये उन्होंने अपनी ओर से कोई प्रतिनिधि न भेज स्थिति की परख के लिये दो दर्शकों, मिस बरेल और मिस पार्जिटा को भेजा था। मिस बरेल गम्भीर प्रकृति और विचारशील हैं। जूलियो क्यूरी और सार्त्र के भाषण के सम्बन्ध में बातचीत में उन्होंने कहा—'किसी देश या समाज द्वारा दूसरे देश या समाज पर आक्रमण या दबाव डाला जाना निश्चय ही बुरा है परन्तु विचारों का आक्रमण (ideological aggression) भी तो शान्ति भंग का कारण हो सकता है। माना कि समाजवादी रूस या पूर्वी प्रजातन्त्र पश्चिमी देशों या पूँजीवादी व्यवस्था पर सेना और शस्त्रों से आक्रमण नहीं कर रहे; लेकिन यह लोग पूँजीवादी देशों में अपनी विचारधारा का प्रचार कर उन्हें अपने प्रभाव में लाने की कोशिश तो करते ही हैं। यह भी तो एक प्रकार का आक्रमण ही है। ऐसे आक्रमण से भी शान्ति भंग होती है। ऐसे आक्रमण के लिये भी तो निषेध होना चाहिये?'

मिस बरेल के प्रश्न का तात्पर्य स्पष्ट ही था। उसका उत्तर न देना या टाल जाना अशान्ति अथवा राष्ट्रों में अविश्वास का कारण बने रहने देना होता इसलिये अपना विचार प्रकट किया—यदि तलवार के जोर से या दूसरे भौतिक दबाव से अपने विचारों और विश्वासों को दूसरों पर लादने का यत्न किया जाये तो यह निश्चय ही उनकी स्वतन्त्रता का अपहरण, अन्याय और आक्रमण होगा परन्तु किसी दबाव के बिना अपने विचारों का परिचय दूसरों को देना आक्रमण और अन्याय नहीं कहा जा सकता। यदि हम अपने विचार बदल जाने की आशंका से दूसरी विचारधाराओं का परिचय पाने से डरें तो इसमें हमारी अपनी ही हानि होगी। विचारों के विकास के लिये और विचारों की स्वतंत्रता के लिये भी भिन्न-भिन्न विचारधाराओं का परिचय और आपसी सम्पर्क उपयोगी ही होना चाहिये। विचारों की स्वतंत्रता का अर्थ ही यह है कि अनेक विचारधाराओं का परिचय पाने का और अपने अनुभव और तर्क के आधार पर विचारों को अपनाने का अवसर हो।

मिस बरेल ने विचारों की स्वतंत्रता और विकास के लिये भिन्न-भिन्न विचारधाराओं का सम्पर्क उपयोगी मानकर भी कहा कि राष्ट्रों और जातियों की अपनी-अपनी राष्ट्रीय संस्कृति, विचारधारा और व्यवस्था होती है। यह विचारधारा या व्यवस्था राष्ट्र की परम्परागत जातीय विशेषता भी होती है। अपनी राष्ट्रीय और जातीय भावना और अस्तित्व पर विदेशी प्रभाव नहीं सहा जा सकता। अपनी राष्ट्रीय भावना और संस्कृति पर ऐसा प्रभाव पड़ने भी न देना चाहिये। ऐसे विदेशी सांस्कृतिक प्रभाव को विचारों का आक्रमण ही कहा जायेगा। कम्युनिस्ट लोग ऐसा ही सांस्कृतिक आक्रमण अन्य समाजों पर कर रहे हैं। व्यक्तिगत स्वतंत्रता की विरोधी कम्युनिस्ट विचारधारा हम पश्चिमीय लोगों की राष्ट्रीय परम्परा, भावना, सामाजिक संस्कारों और संस्कृति के विरुद्ध है। वह हमें सह्य नहीं हो सकती।

इस सम्बन्ध में मेरा विचार था :—जो विचारधारा हमें तर्कसंगत न मालूम होने के कारण ग्राह्य नहीं, उसे यदि हम पर जबरन लादा जाय तो हम विरोध करेंगे परन्तु राष्ट्रों और जातियों की संस्कृति, विचारधारा और व्यवस्था को भूमि के भागों या भौगोलिक परिस्थितियों की तरह एक दूसरे से भिन्न और अपरिवर्तनीय नहीं माना जा सकता। किसी भी जाति या राष्ट्र की संस्कृति, विचारधारा और व्यवस्था सदा एक सी ही नहीं रही। ज्यों-ज्यों हमारे जीवन के भौतिक साधन बदलते हैं, निर्वाह का ढंग भी बदल जाता है। हम बदले हुए ढंग के अनुकूल अपनी संस्कृति, विचारधारा और व्यवस्था को स्वयं ही बदल लेते हैं। उदाहरणतः हमारा देश अब तक कृषि-प्रधान है। उसके अनुकूल ही हमारी संस्कृति, दर्शन और सामन्ती शासन की व्यवस्था भी थी। खैर, एक समय तो सभी देश कृषि-प्रधान थे परन्तु वे पैदावार के साधनों का रूप बदल लेने के कारण अपने उद्योग धन्धों का विकास कर सके और उन्होंने अपनी शासन व्यवस्था को भी प्रजातंत्रवादी बना लिया। अब यदि हमारा देश औद्योगीकरण की बात सोचे और प्रजातन्त्र व्यवस्था को अपनाये तो क्या इसे हम पश्चिम के प्रभाव से अपनी राष्ट्रीय विचारधारा और संस्कृति खो देना कहेंगे! और क्या यह उचित है कि हम औद्योगीकरण और प्रजातंत्रवाद को पश्चिम के विचारों का आक्रमण मान उसका विरोध करें।

नहीं ऐसे आवश्यक परिवर्तन को तो विकास ही कहा जायेगा—मिस बरेल ने मेरी बात का समर्थन किया और मैंने कहा—जीवन की औद्योगिक प्रणाली को अपनाने पर हमें इस प्रणाली की आनुसंगिक प्रजातंत्र शासन प्रणाली को भी अपनाना पड़ेगा। ऐसे ही इंगलैण्ड में भी—मैंने कुछ झिझक कर कहा—यदि मैं भूल नहीं कर रहा तो इंगलैण्ड में भी औद्योगिक प्रणाली आदि काल से ही नहीं चली आ रही और न वहाँ की प्रजातंत्रवादी व्यवस्था ही सृष्टि के आरम्भ से कायम है। वहाँ भी क्रामवेल के मैग्नाचार्टा से पहले एक-सत्तात्मक राज व्यवस्था ही थी। इंगलैण्ड के अनुभव से संसार के अनेक देशों ने प्रजातंत्र प्रणाली को अपनाया है। इंगलैण्ड ने भी दूसरे देशों में विकसित विचारधाराओं और व्यवस्थाओं के प्रभाव से अपनी विचारधारा और व्यवस्था उन्नत की है। उदाहरणतः ईसाइयत ने योरुप और इंगलैण्ड की संस्कृति के विकास में बहुत महत्त्वपूर्ण प्रभाव डाला होगा पर ईसाई मत तो योरुप और इंगलैण्ड में जेरुसलम से ही आया था। योरुप और इंगलैण्ड ने ईसाई मत स्वीकार किया परन्तु वे जेरुसलम के अधीन नहीं हो गये। क्या ईसाइयत को योरुप और इंगलैण्ड पर एशिया के विचारों का आक्रमण कहा जायेगा? अलबत्ता शस्त्रों के बल से कोई व्यवस्था दूसरों पर लादना अन्याय होगा जैसा कि नाजीवाद करना चाहता था।

परन्तु कम्युनिस्ट विचारधारा के पीछे तो रूस के शासन और शस्त्रों की शक्ति है, इस बात से कैसे इनकार किया जा सकता है। मिस बरेल ने पूछा—इसलिये कम्युनिस्ट विचारधारा शान्ति की समर्थक कैसे हो सकती है उससे तो अशान्ति की ही आशंका रहेगी।

यदि कम्युनिस्ट अपनी विचारधारा को रूस के शस्त्रों की शक्ति से हमारे देश पर लादना चाहें तो हम शायद विचारधारा की उपयोगिता की बात न सोचकर उसका विरोध ही करेंगे—मैंने कहा परन्तु प्रत्यक्ष अनुभव क्या है? आपके और हमारे देश में ही कम्युनिस्ट विचारों का प्रचार और समर्थन करने वाले लोग हैं। कम्युनिज्म का प्रचार करने

वाले रूस से नहीं आते, न वे लोग शस्त्रों का उपयोग करते हैं। कम्युनिस्ट और समाजवादी विचारों का जन्म भी रूस में नहीं हुआ। पहले इंगलैण्ड, फ्रांस में और बाद में जर्मनी में ही यह विचारधारा पनपी है। अलबत्ता रूस में उसका उपयोग सबसे पहले किया गया है। भारत में बहुत से लोग यह दावा करते हैं कि भारत में अपनी एक पुरानी समाजवादी विचारधारा मौजूद है, हमें रूस से कुछ लेने की आवश्यकता नहीं। मेरा विचार है जैसे पूँजीवादी प्रणाली को किसी एक देश की ठेकेदारी नहीं माना जा सकता, जैसे कि वह कहीं जल्दी और अधिक और कहीं कम, विकास कर सकी वैसे ही समाजवादी विचारधारा की भी बात है। समाजवाद आकाश से या केवल कुछ लोगों की इच्छा से ही नहीं पैदा हो गया है। वह तो पूँजीवाद से उत्पन्न समस्याओं का हल करने के लिये पूँजीवाद से ही पैदा होता है। ग्रेट ब्रिटेन में यातायात के साधनों, फौलाद के धंधे और चिकित्सा की व्यवस्था का समाजीकरण कर दिया गया है। यह क्या ग्रेट ब्रिटेन ने रूस की धमकी से ऐसा किया है? यह परिवर्तन ग्रेट ब्रिटेन की पूँजीवादी व्यक्तिगत स्वतन्त्रता की व्यवस्था के विरुद्ध है परन्तु पूँजीवाद की व्यक्तिगत स्वतन्त्रता ने इन क्षेत्रों में जो कठिनाइयाँ पैदा कर दी थीं उन्हीं के उपाय के लिये ग्रेट ब्रिटेन ने यह परिवर्तन स्वयं किये हैं। जहाँ पूँजीवाद है और उसके अन्तरविरोध प्रकट हो रहे हैं वहाँ समाजवाद भी पैदा हो रहा है। रूसी समाज में पूँजीवादी अन्तरविरोधों के कारण फूटने वाले घावों की मरहम पट्टी करने लायक साधन नहीं थे इसलिये वहाँ पूँजीवाद अपने अन्तरविरोधों के कारण जल्दी ही गिरकर समाजवाद को स्थान दे गया। ग्रेट ब्रिटेन के पास बहुत बड़े साम्राज्य के रूप में पूँजीवाद की गति के लिये अधिक क्षेत्र रहा है। पूँजीवादी अन्तरविरोधों का उपाय करने के लिये उसके पास दूसरों की अपेक्षा साधन भी अधिक हैं और वह दूसरों के अनुभव से लाभ भी उठा रहा है। इसलिये पूँजीवादी व्यवस्था को सम्भाले है। ब्रिटेन में पूँजीवाद को खतरा बाहर से आने वाले विचारों से नहीं स्वयं अपनी व्यवस्था में पैदा हो जाने वाली अड़चनों से ही है। इन अड़चनों को वह यातायात के साधनों, कुछ अन्य धन्धों, चिकित्सा और सामाजिक बीमे का समाजीकरण कर समाजवादी ढंग से ही दूर भी कर रहा है। इन स्कीमों को पूँजीवादी व्यवस्था का अंग नहीं कहा जा सकता।····

मिस बरेल ने कहा—यहाँ बड़ी गरमी है और प्यास मालूम हो रही है। एक मिनट बैठो—वे मेरा और अपना गिलास उठा काउण्टर की ओर और बियर लाने चली गईं। लौटकर उन्होंने कहा—अगर विचारों की स्वतन्त्रता और लेन-देन का सिद्धान्त मान लिया जाय तो ठीक है परन्तु समाजवादी देश क्या अपने यहाँ पूँजीवादी विचारधारा और दर्शन का प्रचार करने की स्वतन्त्रता देते हैं या देने के लिये तैयार हो जायेंगे?

बियर के लिये धन्यवाद दे मैंने स्वीकार किया कि समाजवादी देशों में जाने का मुझे अभी तक अवसर नहीं मिला पर विश्वास है कि वहाँ पूँजीवादी विचारधारा के पक्ष में प्रचार की स्वतन्त्रता नहीं है। मान लीजिये नहीं है, पर यह प्रश्न कि किसी देश में किसी विचारधारा के प्रचार की स्वतन्त्रता है या नहीं, उस देश का अपना निजी प्रश्न है; या उस देश की जनता और शासक वर्ग के बीच की बात है। मैं अनुभव करता हूँ कि भारत में कम्युनिज्म के प्रचार की पूरी स्वतन्त्रता नहीं है परन्तु यदि रूस और चीन इस बहाने हमारे देश पर आक्रमण कर दें तो मैं उनके विरुद्ध जरूर लडूँगा। दूसरी ओर बहुत से

भारतवासी कम्युनिज्म का प्रचार करना चाहते हैं इसलिये भारतीय सरकार रूस से बैर मान ले, यह भी बुद्धिमानी नहीं होगी। किस देश के लिये कौन व्यवस्था और प्रणाली उपयुक्त है, यह हमें उस देश की जनता पर ही छोड़ देना चाहिये। बात अन्तर्राष्ट्रीय शान्ति में बाधक क्यों हो और इस बहाने कोई भी राष्ट्र किसी दूसरे देश में सैनिक दखलन्दाजी करे तो वह अन्तर्राष्ट्रीय अन्याय है।

उस दिन संध्या समय वियाना में शान्ति कांग्रेस की ओर से जुलूस निकाला जाने वाला था। मैं जुलूस में साथियों के साथ ही रहना चाहता था इसलिये हम लोग उठ खड़े हुए। वियाना नगर की सड़कों और गलियों से परिचय था नहीं। बरफ, सर्दी और हवा तेज थी। कांग्रेस ने आस्ट्रिया के पार्लियामेंट भवन के पास एक लम्बा-चौड़ा मंच दूसरे देशों से आये प्रतिनिधियों के लिये बना दिया था। हम लोग उसी ओर चले। मंच पर जगह तो मिल सकती थी परन्तु भीड़ अधिक थी इसलिये बहुत से लोग मुख्य सड़क से पार्लियामेंट भवन की ड्योढ़ी में चढ़ती वृत्ताकार सड़कों पर ही खड़े हो गये और कुछ इन सड़कों की मुंडेरों पर। पार्लियामेंट का भवन बहुत सुन्दर सलेटी रंग के पत्थर का बना हुआ है। यूं तो लखनऊ में विधान सभा का भवन और दिल्ली में पार्लियामेंट की इमारतें भी बहुत शानदार हैं परन्तु आस्ट्रिया की पार्लियामेंट का भवन पिछली शताब्दी की भवन निर्माण कला का बहुत ही सुन्दर नमूना है। सामने बनी मूर्तियों के समूह का तो कहना ही क्या। वियाना भर में सुन्दर मूर्तियों की भरमार है। नगर की वृक्षाच्छादित प्रशस्त सड़कों और सुन्दर विशाल भवनों की अपनी ही छटा है। सड़कें इतनी चौड़ी हैं कि दोनों ओर दो-दो पैदल रास्तों के दोनों ओर वृक्ष लगे हैं और फिर सड़क के बीचोबीच भी वृक्ष हैं। पार्लियामेंट के सामने यूनानी पौराणिक कथाओं की न्याय की देवी की विशाल मूर्ति खड़ी है परन्तु वह न्याय कैसा था। जिसकी घोषणा करने के लिये यह मूर्ति खड़ी हो गई थी। वह न्याय पूरे मध्य और पूर्वी योरुप को आस्ट्रिया के सम्राटों के आगे सिर झुकाने के लिये विवश कर आस्ट्रिया को योरुप के वैभव और भोग विलास का केन्द्र बनाये था।

१३ दिसम्बर कांग्रेस की दूसरी बैठक प्रायः दस बजे के बाद ही आरम्भ हुई। प्रधानमंडल की ओर से बेल्जियम की पार्लियामेंट की सदस्या मादाम ईसाबेला ब्लम ने कार्रवाई आरम्भ होने की घोषणा की। मादाम ब्लम पिछले दिन भी मंच पर प्रबंध में विशेष रूप से भाग ले रही थीं। इस ओर ध्यान इसलिये गया कि हमारे यहाँ समाजवादी दल के लोग प्रायः ही शान्ति-आन्दोलन को अन्तर्राष्ट्रीय कम्युनिस्ट मोर्चा समझ सन्देह की दृष्टि से देखते हैं। मादाम ब्लम ने घोषणा की कि प्रधानमंडल ने कांग्रेस में विचार के लिये तीन विषय निश्चय किये हैं; प्रथम—सभी राष्ट्रों की स्वतन्त्रता और सुरक्षा का प्रश्न, दूसरा—इस समय चलते युद्धों और सबसे पहले कोरिया में युद्ध समाप्त करने का प्रयत्न और तीसरा—अन्तर्राष्ट्रीय तनाव को दूर करने और भविष्य में युद्ध न होने देकर स्थायी शान्ति के लिये चेष्टा। कांग्रेस में उपस्थित सभी प्रतिनिधियों, दर्शकों और अतिथियों को इस सभा में प्रकट किये गये विचारों के सम्बन्ध में अपने विचार पक्ष या विपक्ष में प्रकट करने का अधिकार है। प्रत्येक देश के प्रतिनिधि यह स्वयं ही निश्चय कर लें कि उनमें कितने लोगों को और कितने समय तक बोलना चाहिये। उस दिन के सभापति डा० किचलू निश्चित किये गये।

डा० किचलू ने सबसे पहले मोशिये यवेस फार्ज से जो पिछली फ्रांसीसी सरकार में मंत्री थे, राष्ट्रों की पूर्ण स्वतंत्रता और सुरक्षा का प्रश्न विचारार्थ उपस्थित करने का अनुरोध किया। मोशिये फार्ज ने कहा—हम भिन्न-भिन्न राष्ट्र पूर्ण रूप से स्वतंत्र हैं तो हमारा सबसे पहले अधिकार यही है कि हम भविष्य में किसी युद्ध में न फंसें और इस समय जो युद्ध चल रहे हैं उन्हें समाप्त कर सकें। यदि हम किसी राष्ट्र का अस्तित्व स्वीकार नहीं करते तो इसका यही अर्थ होता है कि हम उस राष्ट्र की स्वतंत्रता और आत्मरक्षा का भी अधिकार अस्वीकार कर देते हैं। आज सभी राष्ट्रों की जनता संकट की अवस्था में है क्योंकि उनकी राय की चिन्ता किये बिना उन्हें युद्ध में फंसा दिया जा सकता है और किसी भी राष्ट्र को कोई चेतावनी दिये बिना उस पर आक्रमण हो सकता है।

इस समय कुछ राष्ट्रों ने परस्पर सुरक्षा के लिये सहयोग के नाम पर जो संधियाँ की हैं या ऐसी जो संधियाँ कुछ राष्ट्रों पर कसी जा रही हैं उनका आधार सभी राष्ट्रों में परस्पर सहयोग से सबकी सुरक्षा नहीं है। ऐसी संधि का अर्थ संधि के दल में शामिल न किये जाने वाले राष्ट्रों के लिये निरन्तर आक्रमण की आशंका ही है और उसका प्रतिफल आक्रमण कर देने वाले राष्ट्रों की जनता के लिये भी, संधि दल में शामिल न किये गये राष्ट्रों के आक्रमण की आशंका के रूप में बनी रहेगी। ऐसी अन्तर्राष्ट्रीय परिस्थिति से शान्ति का आश्वासन नहीं बल्कि किसी भी समय युद्ध का विस्फोट हो जाने की आशंका ही पैदा होती है। इसी नीति पर चलने के कारण शान्ति की रक्षा के लिये संगठित किये गये संयुक्त राष्ट्रसंघ (यूनाइटिड नेशन्स) के झण्डे के नीचे कोरिया में अत्यन्त भयंकर नर-संहार चल रहा है। ऐसे दूसरे युद्ध का उदाहरण वियतनाम में मौजूद है। फ्रांस की प्रायः पूरी जनता इस युद्ध से असंतुष्ट और दुखी है। इसी नीति के कारण उपनिवेशों में भी आतंक और आपसी द्वेष का दौर-दौरा चल रहा है। उपनिवेशों के प्रश्न केवल आपसी बातचीत से ही सुलझ सकते हैं। उनके सुलझाने का उचित ढंग आपसी सुलह-सुलझाव ही होना चाहिये लेकिन आज उपनिवेशों के प्रश्न को दमन की तलवार से ही सुलझाया जा रहा है। मैं वियतनाम की जनता को यह विश्वास दिलाना चाहता हूँ कि उन पर होने वाला दमन फ्रांस की जनता की भावना नहीं है। यह फ्रांस की जनता के साथ धोखा है। फ्रांस की जनता मानवता और समता में विश्वास रखती है—मोशिये फार्ज के स्वर में खेद और ग्लानि का भाव स्पष्ट था। उनके प्रति और फ्रांस की जनता की भावना के विश्वास प्रकट करने के लिये कांग्रेस भवन तालियों से गूँज उठा!

मोशिये फार्ज ने कहा कि वर्तमान संकटपूर्ण अन्तर्राष्ट्रीय परिस्थिति का समाधान शान्ति के लिये पाँच महान राष्ट्रों के सहयोग से ही सम्भव है। इन पाँच राष्ट्रों की एक ऐसी पंचायत की जानी चाहिये जिसका उद्देश्य बातचीत द्वारा आपसी मन-मुटाव और विरोधों को दूर कर देने की प्रतिज्ञा हो। इस समझौते में समय लगेगा और कठिनाइयाँ भी आयेंगी पर वे कठिनाइयाँ नये युद्ध के परिणाम से उत्पन्न होने वाले संकटों से कहीं अधिक सह्य होंगी। पाँच राष्ट्रों की बात हम इसलिये कहते हैं कि इस समय पाँच राष्ट्र ही सबसे बड़ी सैनिक शक्ति सम्भाले हैं और सानफ्रांसिस्को की संधि में भी इन पाँच राष्ट्रों पर ही विश्व शान्ति की रक्षा का उत्तरदायित्व रखा गया था। संयुक्त राष्ट्रसंघ इस समय शान्ति रक्षा का उद्देश्य पूरा नहीं कर पा रहा तो जिन पाँच राष्ट्रों के कंधों पर संयुक्त राष्ट्रसंघ की स्थापना

का दायित्व दिया गया था, उन्हीं से इस समस्या पर फिर से विचार करने के लिये कहना पड़ेगा। विश्व शान्ति के बिना किसी भी राष्ट्र की स्वतंत्रता और सुरक्षा आशंकाहीन नहीं हो सकती।

मंच पर बैठे प्रधान मंडल में से कुछ व्यक्तियों की ओर तो उनकी ख्याति के विचार से और कुछ की ओर उदाहरणतः डा० कुमारप्पा और मिस्र के नारी समाज की प्रतिनिधि श्रीमती हादी की ओर से उनकी असाधारण वेशभूषा के कारण ध्यान चला जाता था परन्तु दर्शकों की आँखें चीन के स्वर्गीय प्रधान डा० सन्यातसेन की विधवा मादाम सन्यातसेन की ओर उनके रूप की सौम्यता और तेज के कारण ही स्थिर हो जाती थीं। मंच पर आते ही एक बार उन्होंने प्रो० क्यूरी, डा० किचलू और कुछ दूसरे लोगों से बहुत आत्मीयता से अभिवादन किया। उसके बाद वे प्रायः बुद्ध की समाधिस्थ मूर्ति के सामने निश्चल परन्तु जागृत बैठी थीं। उनके चेहरे से स्वस्थ आभा और काले केशों से सजीव शान्ति की स्फूर्ति बरस रही थी। डा० किचलू ने घोषणा की—मैं अब चीनी प्रतिनिधि मंडल की नेता मादाम सन्यातसेन से अपने विचार प्रकट करने के लिये अनुरोध करता हूँ।

श्रीमती सन्यातसेन के अपने स्थान से उठते ही भवन तालियों से गूँज उठा। मानो उनके व्यक्तित्व का सम्मोहन पूर्ण उपस्थिति पर छाया था। वे नये जागे जीवन के उत्साह से भरे चीन की भावना का प्रतिबिम्ब थीं। यह जानकर भी कि वे चीनी भाषा में बोलेंगी, उनकी आवाज सुन सकने के लिये पल भर के लिये कानों पर से हैंडफोन उतार लिया। उनके व्यक्तित्व और रूप के अनुरूप ही उनका स्वर भी था। कानों पर हैंडफोन लगाने पर उनके भाषण का दूसरा वाक्य अंग्रेजी में सुनाई दिया—'····और हमें विश्वास है कि इस कांग्रेस को संसार में शान्ति का राज चाहने वाले सभी लोगों का सहयोग मिल सकेगा।'

'जनता तो सदा ही शान्ति चाहती है परन्तु जनता के भाग्य का निपटारा करने का अधिकार सम्भाले कुछ लोग निजी स्वार्थों से अंधे होकर जनता को युद्धों में घसीटते रहे हैं। अब जनता युद्ध और शान्ति के प्रश्न को अपने हाथों में ले रही है। और अपनी इच्छा के विरुद्ध युद्ध के संहार में फंसाई जाने के लिये तैयार नहीं। आज सभी देशों में जनता वर्तमान समय में चलने वाले युद्धों और विशेषकर कोरिया में किये जाने वाले अन्याय और अमानवता के प्रति विरोध प्रकट कर रही है। जिन देशों में शासन की बागडोर युद्ध द्वारा अपना स्वार्थ पूरा करने की इच्छा करने वाले लोगों के हाथ में है, वहाँ की जनता भी यह अच्छी तरह समझ रही है कि युद्ध की तैयारी के लिये शस्त्र बढ़ाने की होड़ के कारण उनका श्रम केवल नाश के साधन तैयार करने में खप रहा है। उनकी शक्ति अपने लिये पेट भर भोजन, वस्त्र, शिक्षा और चिकित्सा प्राप्त करने में न लगकर इन जीवन उपयोगी वस्तुओं के संहार करने वाले साधन तैयार करने में ही लग रही है और उनका जीवन नित्य संकटमय होता जा रहा है।'

एशिया की जनता इस बात से दुखी और आतंकित है कि उनके महादेश में इस समय भी युद्ध की ज्वाला दहक रही है। एशिया की जनता एक स्वर से पुकार रही है कि यह युद्ध तुरन्त समाप्त होने चाहिये और भविष्य में युद्ध की आशंका भी समाप्त होनी चाहिये। एशिया और प्रशांत महासागर के प्रदेशों के एक अरब साठ करोड़ लोगों ने अपनी यह माँग पीकिंग की कांग्रेस में स्पष्ट शब्दों में संसार के सामने रख दी है। एशिया और अफ्रीका के देशों के लोग अपने-अपने देशों में आत्मनिर्णय के अधिकार से अपने

देश के प्राकृतिक साधनों से अपने जीवन की रक्षा और विकास का अवसर माँग रहे हैं परन्तु इन देशों की जनता के मानवी अधिकारों को अपने स्वार्थ के लिये दबा देने वाले लोग, उन्हें परवश बनाये रखने के लिये इन देशों को युद्ध और संहार द्वारा कुचल देना चाहते हैं और अपने अन्याय को कायम रखने के लिये निरन्तर युद्ध चलाते रहना चाहते हैं। इसी प्रकार पश्चिमी योरुप में ब्रिटेन, फ्रांस, इटली, इंगलैण्ड, स्वीडन, नार्वे और विशेषकर पश्चिमी जर्मनी पर भी उत्तरी अटलांटिक में धांधली करने वाले गुट की धमकियाँ युद्ध के काले बादलों के रूप में मंडरा रही हैं।

संसार की शान्ति चाहने वाली जनता इस समय अमरीका की जनता से विशेष आशायें करती है। अमरीका में भी कुछ लोग शान्ति के लिये यथासम्भव यत्न कर रहे हैं परन्तु अधिकांश ऐसे लोग हैं जो शान्ति चाहते हुए भी इस समस्या की ओर व्यक्तिगत रूप से ध्यान नहीं दे रहे। अमरीका के अधिकांश लोग अभी यह नहीं समझ पाए कि कोरिया या दूसरे देशों में अमरीकी सेना की दखलन्दाजी, जोर-जुल्म और बीमारी फैलाने वाले या दूसरे बमों का प्रयोग स्वयं अमरीका की जनता के भविष्य पर भी प्रभाव डालेगा। अधिकांश अमरीकन जनता अमरीका के प्रति संसार की जनता की भावना से हैरान और दुखी हैं। अमरीकन जनता हैरान है कि वे दूसरे देशों के लिये इतना कुछ कर रहे हैं इस पर भी दूसरे देश उनके प्रति कृतज्ञ क्यों नहीं। यह सच है कि अमरीका की जनता भारी करों का बोझ उठा रही है। यह भी सच है कि इन करों के कारण अमरीका की जनता अपनी आवश्यकतायें भी पूरी नहीं कर पा रही और अमरीका के नौनिहाल फौजी बाने में कसे जाकर तोपों के सामने भेजे जा रहे हैं। अमरीकन जनता का विश्वास है कि यह सब कुछ दूसरे देशों की भलाई के लिये ही किया जा रहा है। बहुत अच्छा हो कि अमरीका की जनता यह जान जाये कि उन पर लादे जाने वाले करों के बोझ, युद्ध के सामान के लिये खर्ची जाने वाली बहुत बड़ी धनराशि और उनके बेटों को फौजी वर्दी में कसकर बाहर भेजने का परिणाम क्या हो रहा है। अमरीका की जनता की इन कुर्बानियों से दूसरे देशों में खुशहाली नहीं मौत और बरबादी बरसाई जा रही है। अमरीका की जनता की इन कुर्बानियों से दूसरे देशों की जनता के लिये भोजन, वस्त्र, मकान और शिक्षा का उपाय नहीं हो रहा बल्कि इन चीजों की बरबादी ही हो रही है क्योंकि अमरीका की जनता का भाग्य युद्ध द्वारा संसार को लूट सकने की योजना बनाने वालों के हाथ में है। यह लोग अमरीकी जनता को समझाये हुए हैं कि दूसरे देशों की जनता अमरीका को युद्ध की धमकियाँ दे रही है। वास्तविकता यह है कि दूसरे देश मित्रता और शान्ति का हाथ अमरीका की ओर बढ़ा रहे हैं। अमरीका जिस प्रकार अपना धन शस्त्रों की तैयारी में खर्च कर रहा है, उसका परिणाम क्या होगा? जब दूसरे देश लड़ने के लिये उत्सुक नहीं तो अमरीका अपने रोज-रोज बढ़ते जाते शस्त्रों का क्या करेगा? इन शस्त्रों को खाया या ओढ़ा नहीं जा सकता। अमरीका की यह नीति दूसरे देशों को डराकर उन्हें भी अधिक शस्त्र बनाने और अपनी शक्ति संहार के उपायों के लिये खर्च करने में मजबूर कर रही है; और यह सब बरबादी अमरीकी जनता के नाम पर हो रही है।

'हाल में अमरीका ने अपने नये प्रधान का चुनाव किया है। अमरीका अपने देश में चाहे जिस व्यक्ति को अपना नेता चुने दूसरों को क्या मतलब। वे स्वतंत्र हैं परन्तु यह नेता कहता है कि एशिया के लोगों से लड़ने के लिये हमें एशिया के ही लोगों का उपयोग

करना है। इसका मतलब होता है कि एशिया वालों की जानें सस्ती हैं। इसका यह भी मतलब होता है कि यह नेता कोरिया, वियतनाम और मलाया में जारी संहार को जारी रखने की ऐसी योजनायें बना रहा है जिनसे अमरीका को तो हानि न हो पर एशिया के लोग मरते रहें। ऐसी बातों की उपेक्षा एशिया के लोग कैसे कर सकते हैं। आपको मालूम है कि पूरा एशिया कोरिया में और दूसरे देशों में चलने वाले युद्धों को तुरन्त समाप्त कर देने के लिये चिल्ला रहा है। दूसरी ओर अमरीका का नेता इन युद्धों को बढ़ाने के उपाय सोच रहा है। ऐसी अवस्था में अमरीका की जनता यह नहीं कह सकती कि उनकी कुरबानियों से जो युद्ध एशिया में चल रहा है उसके लिये एशिया वालों को उनका कृतज्ञ होना चाहिये या वे एशिया में होने वाले नर-संहार के लिये जिम्मेवार नहीं हैं। इन युद्धों को समाप्त कराना उनकी भी जिम्मेवारी है।'

'हम अमरीका की जनता को प्रेजीडेंट फ्रैंकलीन रूजवेल्ट की बात याद दिलाना चाहते हैं। रूजवेल्ट ने चेतावनी दी थी—'अमरीका को किसी दूसरे का तो भय नहीं। उसे यदि भय है तो केवल अपने आपसे!' यह बात आज और भी अधिक ठीक और सच हो गई है। इस चेतावनी को याद रखकर अमरीका की जनता को अपने देश के युद्ध फैलाने वाले लोगों से सावधान रहना चाहिये। अमरीका की विराट उत्पादन शक्ति जीवन के संहार का सामान तैयार करने में नहीं जीवन की रक्षा और विकास करने वाले साधनों को तैयार करने में लगानी चाहिये। उन्हें राष्ट्रों के परस्पर संहार की नहीं, परस्पर सहयोग की बात सोचनी चाहिये और सभी राष्ट्रों के लिये अपने-अपने देश में पूर्ण स्वतन्त्रता से अपनी-अपनी व्यवस्था के अनुसार रहने का सिद्धांत स्वीकार करना चाहिये। वर्तमान अन्तर्राष्ट्रीय तनाव को समाप्त कर शान्ति की रक्षा के लिये आवश्यक है कि हम इस समय जारी सभी युद्धों को, विशेषकर कोरिया, वियतनाम और मलाया में चलने वाले युद्धों को समाप्त करायें। मि० आइजन होवर ने अपने चुनाव के लिये अमरीका की जनता से वोट माँगते समय कोरिया का युद्ध समाप्त करा देने की प्रतिज्ञा की थी। आज वे इस युद्ध को लगातार जारी रखने का उपाय बता रहे हैं। अमरीका की जनता को उनसे वह प्रतिज्ञा पूरी करानी चाहिये।'

'हमारी माँग है कि संसार की पाँच महाशक्तियों में शान्ति रक्षा के लिये संधि की जाये। हमारी माँग है कि संयुक्त राष्ट्र संघ (U.N.O.) जिस उद्देश्य को लेकर स्थापित किया गया था, उसके लिये फिर से संयुक्त राष्ट्र संघ द्वारा आरम्भ में स्वीकार किये गये सिद्धान्त के अनुसार ही प्रयत्न आरम्भ किया जाये। हमारी माँग है कि विश्वव्यापी संहार करने वाले एटमबम आदि शस्त्रों, रोग के कीटाणु फैलाने और रासायनिक शस्त्रों के उपयोग को तुरन्त निषिद्ध ठहरा दिया जाये। हमारी माँग है कि कोई भी राष्ट्र दूसरे राष्ट्र के भीतरी मामलों में दखल न दे और न किसी दूसरे राष्ट्र की भूमि पर अपना अधिकार रखे। सब राष्ट्रों में पूर्ण समानता और स्वतन्त्रता का नाता हो।'

'हमारे लक्ष्य स्पष्ट है। संसार की अरबों जनता हमारे साथ है। शेष लोग भी शान्ति ही चाहते हैं परन्तु वे युद्ध की उमड़ती आशंकाओं से बेखबर हैं। हमें उनका भी सहयोग प्राप्त करना है। सम्भव है कि शान्ति चाहने वाले कुछ लोग हमारी कुछ बातों से सहमत न हों परन्तु जो भी लोग शान्ति चाहते हैं, हम उन्हें अपना सहयोग देने के लिये तैयार हैं और जब हम शान्ति चाहते हैं और उसके लिये सहयोग देना और लेना चाहते हैं तो

हमारे मतभेद अवश्य दूर हो जायेंगे क्योंकि हम मतभेद दूर करने का उपाय युद्ध को नहीं समझते।' मादाम सन्यातसेन के भाषण, उनके व्यक्तित्व और उनके देश के नवोत्थान के प्रति आदर से पूरे सभा भवन ने उठकर तालियों से उनका स्वागत किया। बहुत देर तक एक ताल से तालियाँ बजती रहीं।

१४ दिसम्बर, १९५२ से चाय, काफी की भाप और तम्बाकू के धुएँ से धुन्धले बूफे की यों काफी बड़ी परन्तु इतनी बड़ी कांग्रेस के लिये तंग जगह में काफी सनसनी और उत्साह था। इटली से एक खूब बड़ा प्रतिनिधि मण्डल उसी सुबह आ पहुँचा था। इटली से प्रायः दो सौ प्रतिनिधि कांग्रेस में सम्मिलित होना चाहते थे परन्तु सरकार ने उन्हें आस्ट्रिया जाने की अनुमति नहीं दी। सरकारी आज्ञा की परवाह न कर और सरकारी कोप का खतरा झेलकर इटली से एक सौ पचास प्रतिनिधि वियाना पहुँच ही गये। इन प्रतिनिधियों के सरकारी आज्ञा की अवहेलना कर या सरकारी कोप की परवाह न कर कांग्रेस में आने की बात सुनकर धारणा हुई कि ऐसे प्रतिनिधि कुछ अति उत्साही नौजवान ही होंगे। यह जानकर बहुत विस्मय हुआ कि इस प्रतिनिधि मंडल में कई बुजुर्ग उदाहरणतः भूतपूर्व मंत्री एलबर्टोसिआन्का इटालियन पार्लियामेंट के चार-पाँच सदस्य, कई प्रोफेसर, कई प्रसिद्ध इटालियन लेखक और कलाकार भी थे। इटली में शान्ति के लिये आन्दोलन कितना प्रबल है, इसका अनुमान इस बात से भी लगा कि इटली में राजसत्ता को पुनः स्थापित करने के आन्दोलन के समर्थक काउण्ट सेला द मोंतेलूस, डचेस उर्बेर्ता द मोद्रो ने और डचेज पोजो द कजानेलो भी सम्मिलित हुईं। इटालियन क्रिश्चियन डेमोक्रेटिक पार्टी के नेता रफाएल और सोशलिस्ट नेता कासादेई भी सम्मिलित थे।

आज जगत प्रसिद्ध सोवियत उपन्यासकार ईलिया एहरनबर्ग के भाषण के प्रति लोगों की विशेष उत्सुकता थी। एहरनबर्ग की अवस्था साठ के ऊपर जान पड़ती है। सिर पर केश कम ही हैं, और जो हैं वे फूले कांस के समान श्वेत। कंधे कुछ झुक गये हैं। कुछ गहरी सी और उठी हुई भौं के नीचे थकी सी आँखें अब भी पैनी जान पड़ती हैं। लाल हल्दी की गाँठ के से रंग के मोटे ऊनी कपड़े का ढीला सा सूट और हाथ प्रायः जेबों में। अब तक उन्हें चित्रों में पाइप पीते ही देखा था सिगरेट यहाँ होठों में प्रायः ही देखा। भाषण के लिये उनसे अनुरोध किया गया तो जनता ने खड़े होकर तालियों से हाल को गुंजा दिया। एहरनबर्ग कुछ देर तालियाँ समाप्त होने की प्रतीक्षा करते रहे। जनता शान्ति के प्रयत्न में ऐसे महारथी के सहयोग से उत्साहित थी और जान पड़ता था कि एहरनबर्ग शान्ति के लिये जनता के उत्साह से अपनी थकान भूल गये हैं। एहरनबर्ग सोवियत प्रतिनिधि मंडल के नेता थे। वे सोवियत दल की ओर से बोले—'इस कांग्रेस में केवल अपने मित्रों को ही नहीं बल्कि दूसरे विचार के लोगों और दलों के प्रतिनिधियों को देखकर ही हमें अधिक आशा और उत्साह अनुभव हो रहा है। इस अवसर पर हम उन्हें अपने विचारों की सच्चाई का विश्वास दिलाने का यत्न नहीं करेंगे और न उनके राजनैतिक और दार्शनिक विचारों की छानबीन करेंगे। यहाँ हमें यही सोचना है कि शान्ति चाहने वाले भिन्न-भिन्न विचारों के लोगों का सहयोग कैसे सम्भव हो सकता है। इस समय हम विचित्र अन्तर्राष्ट्रीय परिस्थिति से गुजर रहे हैं। अब तक हम यही सुनते आये थे कि अपनी स्वतन्त्रता की रक्षा के लिये कभी-कभी राष्ट्रों को आत्मबलिदान करना पड़ता है परन्तु आज की अन्तर्राष्ट्रीय राजनीति में उल्टी बात दिखाई देती है कि आत्मरक्षा के लिये राष्ट्रों को अपनी स्वतन्त्रता का ही बलिदान करना पड़ रहा है।'

'कुछ लोग स्थायी और व्यापक अन्तर्राष्ट्रीय शान्ति के लिये सब राष्ट्रों की एक विश्वव्यापी संयुक्त सरकार का सुझाव देते हैं। ऐसे अन्तर्राष्ट्रीय संगठन का रूप क्या होगा? शायद आप कहें, वही रूप जो संयुक्त राष्ट्रसंघ का है। वर्तमान अनुभव के आधार पर हम ऐसे संगठन पर कैसे विश्वास कर सकते हैं? कोरिया में जो संहार और बरबादी हो रही है उस पर संयुक्त राष्ट्रसंघ का ही तो झंडा लहरा रहा है ! अन्तर्राष्ट्रीय शान्ति और न्याय का आधार तो सभी राष्ट्रों का अपनी-अपनी सीमा में पूर्ण स्वतन्त्र होना और उनका स्वेच्छा से सहयोग ही हो सकता है।'

'कुछ लोग आपत्ति कर सकते हैं कि शान्ति के समर्थक शस्त्रों के सम्बन्ध में सभी राष्ट्रों पर प्रतिबन्ध लगाने की माँग कर रहे हैं। यह भी राष्ट्रों की पूर्ण स्वतन्त्रता पर एक प्रकार का प्रतिबन्ध ही होगा। परन्तु वे यह भूल जाते हैं कि परस्पर समझौते से राष्ट्रों द्वारा शस्त्र बढ़ाने की अपनी स्वतन्त्रता पर यह प्रतिबंध स्वयं लगा लेना छोटे-बड़े सभी राष्ट्रों को आक्रमण की आशंका से स्वतन्त्रता देगा। शस्त्र बढ़ाते जाने की स्वतन्त्रता की अपेक्षा आक्रमण की आशंका से स्वतन्त्रता का महत्त्व अधिक समझा जाना चाहिये। शस्त्र बढ़ाने का प्रयोजन ही आक्रमण से कुचले न जाना है। राष्ट्रों द्वारा स्वीकार किया गया यह समझौता ही स्थायी शान्ति की नींव बन सकता है।'

'शायद कुछ लोगों को आपत्ति हो कि पश्चिमी यूरोप, जर्मनी, जापान और दक्षिण अमरीका के मामलों से सोवियत के डेलीगेटों को क्या वास्ता? इस मामले से हमें वास्ता है क्योंकि अमरीका अपनी इस सशस्त्र गुटबन्दी का कारण सोवियत के आक्रमण की आशंका ही बताता है। इसी आक्रमण की आशंका में इंगलैण्ड की जनता को अपनी आवश्यकतायें भुला, सशस्त्र तैयारी के लिये नाक रगड़कर कर देना पड़ रहा है। फ्रांस और इटली के सुन्दर नगरों को विदेशी सेनाओं का अड्डा बनाया जा रहा है और दक्षिण अमरीका के प्रजातन्त्रों को न केवल अपना कच्चा माल अमरीका को देना पड़ रहा है बल्कि अपने जवानों को भी तोपों का निशाना बनने के लिये सेनाओं में भेजना पड़ रहा है लेकिन सोवियत आक्रमण की क्या तैयारी कर रहा है? सोवियत ने इस बीच बोलगा-डान नहर बनाकर अपनी नदियों को अधिक उपजाऊ और यात्रा के योग्य बना डाला है, रेगिस्तान से आने वाली आँधियों से अपनी फसलें बरबाद न होने देने के लिये उसने हजारों मील लम्बी जंगल की दीवारें खड़ी करनी शुरू की हैं। पूरे स्टैलिनग्राड नगर को नये सिरे से बना डाला है। क्या इन्हीं साधनों से हम फ्रांस और इटली के अंगूरों के खेत उजाड़ेंगे या रोम के प्राचीन सौंदर्य को नष्ट कर देंगे या इंगलैण्ड का सिर नीचा करने की कोशिश करेंगे और ब्राजील की काफी और चिली का शोरा बरबाद कर देंगे? हमारे आक्रमण का भय दिखाकर जब दूसरे देशों को पराधीन और अपमानित किया जाये तो हम कैसे चुप रह सकते हैं?'

'हम लोग रूसी संस्कृति के प्रतिनिधि हैं। हमारी संस्कृति का सम्बन्ध यूरोप भर की संस्कृति से रहा है। उस संस्कृति का अपमान और नाश हम चुपचाप कैसे देख सकते हैं। हमें यह देखकर दुख होता है कि रूसी हौवे के इस धोखे के विरुद्ध इंग्लैंड, फ्रांस, इटली, बेल्जियम, डेनमार्क और दक्षिण अमरीका को भी साझीदार बताया जा रहा है। और युद्ध का एक विश्वव्यापी मोर्चा बनाने के लिये इन राष्ट्रों की जनता को आर्थिक और सांस्कृतिक रूप से कुचला जा रहा है। हम इस स्थिति से दुखी अवश्य हैं परन्तु स्वयं

अन्याय का शिकार बने लोगों को हम अत्याचारी मान लेने के लिये तैयार नहीं हैं।'— एहरनबर्ग ने अनेक देशों के समाचार-पत्रों से उन देशों के भीतरी मामलों में अमरीका द्वारा की जाने वाली धांधली के उदाहरण दिये और कहा—'अमरीका के मुनाफाखोरों की सरकार दूसरे देशों में यह सब धांधली अमरीका की जनता के नाम पर कर रही है। हम यह मान लेने के लिये तैयार नहीं कि अमरीका की जनता ऐसे अन्याय और अत्याचार का समर्थन करेगी। और यदि अमरीका दुनिया भर का शासन करने की जिम्मेदारी अपने कंधों पर उठा ही लेना चाहे तो भी दुनिया भर की जनता उनकी गुलामी का बोझ उठा लेने के लिये तैयार नहीं।'

'अमरीका के शासकों ने इस बात का पूरा प्रयत्न किया है कि इस कांग्रेस में अमरीका से कोई व्यक्ति न आ सके। हमें प्रसन्नता है कि उनके प्रयत्नों के बावजूद अमरीका के प्रतिनिधि यहाँ मौजूद हैं और वे लौटकर अमरीका की जनता को विश्वास दिला सकेंगे कि यह कांग्रेस अमरीका के लोगों को कोई भौतिक या आध्यात्मिक हानि पहुँचाने के लिये नहीं हो रही बल्कि संसार को युद्ध से बचाने के लिये ही हो रही है। हमें विश्वास है कि शीघ्र ही अमरीका की जनता का भ्रम दूर हो जायेगा लेकिन फिलहाल योरुप की जनता अपने कर्त्तव्य की उपेक्षा नहीं कर सकती। मैं सोवियत जनता की ओर से अनुरोध करता हूँ कि यह कांग्रेस सभी राष्ट्रों के लिये अपने-अपने देशों में पूर्ण स्वतन्त्रता और अपने विचारों के अनुसार रह सकने का निर्बाध अधिकार स्वीकार करे। किसी भी देश के ऐसे अधिकार में दूसरे देश को दखलन्दाजी का अवसर न हो। हमें ईरान, बेल्जियम या गुआतेमाला की स्वतन्त्रता और जीवन के ढङ्ग का भी उतना ही आदर करना चाहिये जितना कि अमरीका के जीवन के ढङ्ग का। अनेक राष्ट्रों की जनता अपनी अलग-अलग विचारधाराएँ रखते हुए भी आपस में साहित्य और विज्ञान के विकास के आदान-प्रदान और आपसी व्यापार से सहयोग और सहायता ले दे सकती है परन्तु यह सहयोग और लेन-देन आपसी समता और सभी राष्ट्रों की पूर्ण स्वतन्त्रता की मान्यता के आधार पर ही सम्भव है। अन्तर्राष्ट्रीय शान्ति के लिये सभी बड़े-बड़े राष्ट्रों की आपसी सन्धि होना और किसी भी देश के विरुद्ध गुट या मोर्चाबन्दी को तोड़ देना जरूरी है। हमें संयुक्त राष्ट्रसंघ के आरम्भिक और मौलिक उद्देश्यों को ध्यान में रखकर फिर से शान्ति और आपसी मेल के लिये यत्न करना होगा....'

सुबह उठकर अपने कमरे की खिड़की का पर्दा हटाकर देखा तो सामने के मकानों की ढलवां छतों और नीचे सड़क पर भी बरफ बिछी दिखाई दी। हल्की बरफ के फाहे अब भी हवा में मंडरा-मंडराकर नीचे बैठते जा रहे थे। भाप के नलों से गरम किये गये कमरे में सर्दी तो क्या लगती पर बाहर निकलने पर भी पर्याप्त कपड़े पहने रहने पर कष्ट अनुभव न होता था। पिछली संध्या कुआमोजो का भी भाषण हो गया था। कांग्रेस आरम्भ होने से अब तक लगभग सत्तर भाषण हो चुके थे। इन भाषणों का तत्त्व यही था कि विश्वशान्ति के लिये सभी राष्ट्रों को अपने-अपने क्षेत्र में पूर्ण स्वतन्त्रता और आत्मनिर्णय का अधिकार होना चाहिये। सब देशों को अपनी-अपनी सीमा में अपनी विचारधारा के अनुसार जीवन की व्यवस्था चलाने का पूर्ण अधिकार होना चाहिये और दूसरों की व्यवस्था में दखलन्दाजी से बाज रहना चाहिये। पाँच बड़े राष्ट्रों को विश्वशान्ति के लिये परस्पर सन्धि कर युद्ध की सम्भावना दूर कर देनी चाहिये और सभी देशों को

समान अनुपात से अपने-अपने शस्त्रों में कमी करनी चाहिये। एटम और नेपालम बमों, युद्ध में रोग फैलाने वाले और रासायनिक शस्त्रों को अनैतिक और अनुचित ठहराकर उनका प्रयोग निषिद्ध माना जाना चाहिये। वर्तमान में चलने वाले कोरिया, वियतनाम और मलाया का नरसंहार तुरन्त समाप्त होना चाहिये। भाषणों का तत्त्व और लक्षण एक ही होने पर भी उनके तर्क में मौलिकता और अपनापन भी था। अब प्रतिनिधि प्रायः भाषण देने वालों के नाम से आकर्षित होकर ही भाषण सुनते थे वर्ना छोटी-छोटी मंडलियाँ बना बातचीत करते रहते। कांग्रेस की प्रबन्धक कमेटी यह भी जानती थी कि बाहर से आये लोगों को वियाना देखने की इच्छा होगी ही इसके लिये कुछ बसों और दुभाषिये पथ दर्शकों का प्रबन्ध कर दिया गया था।

दस बजे के लगभग बरफ पड़ना बन्द हो गया था। एक बस में शहर देखने चल दिये। बस की खिड़कियों के शीशों पर धुंध जम जाने के कारण भीतर से देख पाने में अड़चन अवश्य होती थी परन्तु बार-बार बाहर बरफ के कीचड़ में उतरना भी असुविधाजनक था। स्थान-स्थान पर बमों से ध्वंस हुए मकानों के खंडहर भी दिखाई दे जाते थे जैसे चमकती सुन्दर बत्तीसी में से दाँत टूट गये हों। आस्ट्रियन सम्राटों के पुराने महल, टाउन हाल और मूर्तियों से सजे कलाभवन देखते-देखते नगर के उपांत में पहुँच गये। उपांत से नीली दनाऊ (डैन्यूब) नगर को आलिंगन में लिये हुए बांह की तरह फैली हुई है। दनाऊ के नीलेपन की बहुत ख्याति है परन्तु दो बार जाकर देखने पर वह धुँधली ही दिखाई दी। सम्भव है, आकाश में छाये मेघों के प्रतिबिम्ब के कारण ही नदी धुँधली दिखाई देती हो। नगर देखने में सहायता देने वाले दुभाषिये ने परिहास से कहा—'दनाऊ कविता में ही नीली दिखाई देती है साधारण आँखों से तो कभी ही! पर ग्रीष्म में आकाश साफ होने पर नीलापन आता है तो खूब गहरी नीली हो जाती है।' वियाना की विनोदप्रिय जनता ने दनाऊ को खूब सजा-बजाकर रखा हुआ है। हमारे यहाँ नदी का तट मल त्यागने और पुण्य बटोरने का ही स्थान होता है इसलिये वह सदा मैला रहता है। दनाऊ के नगर की ओर के किनारे लगातार बगीचियाँ चली गई हैं। इनमें स्थान-स्थान पर बेंच तो पड़े ही हैं, प्रायः काठ के छोटे-छोटे मकान भी बने हैं। पैसे वाले लोग गरमियों में शनिवार व रविवार के दिन तट-लीला या जल-क्रीड़ा के लिये इनमें आ बसते हैं। नदी किनारे की सड़क पर, बीच और लिंडन के वृक्षों की कतारें हैं। फूलों की क्यारियाँ भी खूब हैं पर इस समय हिम की श्वेत चादर ओढ़े सो रही थीं। मन अनुमान करने लगता था कि गरमियों में अनेक रङ्गों की कैसी घटा हो जाती होगी?

वियाना के इस भाग में पीले रङ्ग की पाँच मंजिली इमारतों का एक बड़ा सा सिलसिला कार्लमार्क्स होफ के नाम से प्रसिद्ध है। इमारतों के आगे-पीछे घास के मैदान भी हैं। यह इमारतें मजदूरों के रहने का स्थान हैं। आस्ट्रिया में हिटलर का नाजी शासन कायम हो जाने से पहले जब १९२८-३० में वहाँ समाजवादी सरकार बन सकी थी तो मजदूरों के लिये मकानों की समस्या हल करने के लिये इमारतें बनाई गई थीं। इन इमारतों में मजदूरों के लिये छोटे-बड़े परिवारों की आवश्यकतानुसार एक या दो कमरे और रसोईघर के एक हजार फ्लैट बने हुए हैं। प्रत्येक कुछ घरों को साफ कपड़े धोने, नहाने और टेलीफोन आदि का भी प्रबन्ध है। समाजवादी सरकार ने इन फ्लैटों का किराया मजदूरों की आमदनी का एक प्रतिशत रखा था। हिटलर का नाजी शासन वियाना में

कायम हो जाने पर इन मकानों का किराया आठ-दस गुना बढ़ा दिया गया। १९३४ में मजदूरों ने किराया बढ़ती के विरोध में किराया देने से इन्कार कर दिया। उन्हें घरों से निकालने के लिये उन पर गोलियां चलाई गईं। उन गोलियों के निशान अब तक दीवारों पर बने हैं। बहुत से मजदूर इस प्रदर्शन में मारे गये। जब पूरे देश पर नाजी शासन छा रहा था मजदूरों की एक बस्ती उसके विरोध में कैसे सफल हो सकती थी? उन्हें दबा दिया गया। दूसरे महायुद्ध के बाद नाजी शासन समाप्त हो गया और वियाना का शासन मित्र राष्ट्रों के हाथ में आया। मजदूरों ने न्याय के लिये दुहाई दी। अब भी इन मकानों का किराया आरम्भिक किराये की अपेक्षा चौगुना है।

वियाना के एक उपेक्षित से मुहल्ले में, इस शताब्दी के, योरुप के सबसे महान संगीतज्ञ बीट ओवन का मकान भी देखा। इस मुहल्ले की उदासी और दरिद्रता देख इसे प्रासादों के नगर वियाना का ही भाग मान लेने को मन नहीं चाहता। इस मकान के दरवाजे पर एक हरी झाड़ी लटकी थी। वियाना में दरवाजे पर लटकी हरी झाड़ी शराबखाने का चिह्न है। बीट ओवन की पुण्य स्मृति अब शराब के व्यापारी के लिये विज्ञापन का साधन बन गई है।

वियाना प्रायः अंगूर के खेतों से घिरा हुआ है। दूसरे महायुद्ध के पहले नगर खास अच्छा औद्योगिक केन्द्र भी था और साथ ही चिकित्सा-विज्ञान, संस्कृति, कला और विनोद का केन्द्र भी। नगर के दक्षिण-पश्चिम के भाग का नाम ही ग्रीनजिंग या अंगूर बाग है। जिस मकान को देखिये दरवाजे पर हरी झाड़ी लटकी है। सामने छोटे से आँगन में काठ की बेंचें पड़ी हैं। गरमियों में संध्या समय युवा-स्त्री पुरुष यहाँ इकट्ठे हो जाते हैं और आधी रात तक पीते हुए गाते-बजाते रहते हैं।

योरुप के हिमालय एल्प्स का आँचल वियाना के उपांत तक फैला हुआ है। नगर के एक सुन्दर साफ सड़क इस आँचल की पहाड़ी पर चढ़ती चली गई है। सड़क के दोनों ओर कुछ दूर तक तो अंगूरों के बाग ही हैं और आगे संवारकर रखा हुआ जंगल है, जिसे उपवन कहना ही अधिक उचित होगा। नगर पर पड़ने वाली बरफ तो मकानों के जमघट और उसमें जलने वाली आँच भी गरमी के कारण बहुत देर तक टिक नहीं पाती परन्तु नगर के सिरहाने, तकिये की तरह उठी हुई और उपवन की हरी सोजनकारी से ढंकी पहाड़ी पर गिरी बरफ जमी रहती है। पहले किसी समय पहाड़ी की पीठ पर भगवान को रिझाने के लिये गिरजा बना दिया गया था। प्रकृति के ऐसे सुन्दर स्थल में शरीर रहित भगवान एकाधिपत्य जमाकर क्या संतोष पा लेते। गिरजे के साथ ही वियाना की मालिक श्रेणी के विनोद के लिये एक जलपानगृह भी बना लिया गया है। यहाँ चाय, काफी, बियर और शराब के दाम तो जरूर अधिक लगते हैं परन्तु जगह भी बहुत आराम की और सुन्दर है। बरफ गिरती या चिलचिलाती धूप होने पर भी काँचमढ़ी बड़ी-बड़ी खिड़कियों से नीचे बिछे पूरे वियाना का दृश्य देखा जा सकता है और वियाना से परे ऊँचे उठते जाते घाटों पर हरे-नीले पहाड़ी जंगलों और जंगलों से भी ऊपर नीले आकाश को सिर पर सम्भाले बर्फ की चोटियों की भी झांकी ली जा सकती है।

वियाना की भव्य सड़कें, इमारतें और रेस्टोरां, ओपेरा सब उसकी विगत महिमा की स्मृतियाँ हैं। पहले और दूसरे युद्धों के बाद आस्ट्रिया छंट-छंटाकर छोटा-सा देश रह गया था और इस समय तो पराधीन बना है। आर्थिक अवस्था अच्छी नहीं है। इस समय पूरे

आस्ट्रिया की आबादी पौने दो करोड़ है और उसमें से पचास लाख आबादी केवल वियाना की ही है। विदेशों से व्यापार प्रायः बन्द है बल्कि आस्ट्रिया को अपना कच्चा माल ही उस पर अधिकार जमाये देशों को सौंप देना पड़ता है। ऐसी अवस्था में पुराने ठाट-बाट निभाते रहना कठिन हो रहा है; यह वियाना की जनता खूब अनुभव करती है। जिन लोगों से भी बात हुई, आर्थिक दुर्दशा, भारी करों और दमन की ही कहानी सुनने को मिली। आस्ट्रिया का सिक्का शिलिंग कहलाता है। पौंड के अनुपात में शिलिंग का मूल्य बहुत कम है। मामूली क्लर्क या मजदूर औसत नौ सौ शिलिंग माहवार कमा लेता है। एक समय ढंग से भोजन करने में दस शिलिंग किसी भी मामूली होटल में लग सकते हैं। मोजार्ट होटल में जगह आराम की गरम और खूब स्वच्छ थी। रात में कमरे, बिस्तर का किराया और प्रातःकाल के नाश्ते के पचास शिलिंग लग जाते थे। नाश्ता भी कोई बहुत बढ़िया नहीं, मक्खन रोटी और एक प्याला काफी। लंदन में इस तरह के होटल का किराया इससे दूना तो जरूर होगा।

शान्ति कांग्रेस की एक स्वयंसेविका और उसके पति कोस्टन से परिचय हो गया था। साधारणतः पति-पत्नी दोनों ही कमाई कर अपने दोनों बच्चों को पालते थे परन्तु इस समय पत्नी काम न मिलने के कारण बेकार थी और कांग्रेस में स्वयंसेविका बनी हुई थी। पति एक रूसी सरकारी दुकान पर काम कर रहा था इसलिये उसे कुछ तनखाह, शायद हजार-बारह सौ शिलिंग मिल रहे थे। उनके आग्रह पर एक शाम उनके यहाँ गया। दोनों के घर से बाहर रहते समय पड़ोसिन ही पाँच वर्ष की लड़की और आठ वर्ष के लड़के को सम्भाले हुए थी। पड़ोसिन की सौजन्यता का कारण शायद कोस्टन पत्नी गेटा का कांग्रेस में स्वयंसेविका के तौर पर काम करना था। कमरे खासे बड़े और ऊँचे थे। शायद इसलिये कि बहुत से लोग नगर छोड़कर चले गये हैं और अच्छे मकान भी सस्ते मिल सकते हैं। गेटा ने आते ही कहा—'अरे कमरे तो बड़े-बड़े हैं। तुम्हें सर्दी लगेगी। हम दोनों में से कोई यहाँ था नहीं। पीछे आग कौन जलाता? बच्चे तो परवाह नहीं करते। मैं अभी आग जलाये देती हूँ। दिन भर आग जलाकर गरम रखने लायक हम लोगों के पास पैसे भी कहाँ हैं?'

'नहीं, ऐसी सर्दी कहाँ है?' गेटा का मन रखने के लिये मैंने कहा। आते समय ओवरकोट ड्योढ़ी में ही उतारकर लटका दिया था। योरुप में ऐसा ही कायदा है। चार-पाँच ही मिनट में सर्दी से फुरफुरी आने लगी। दोनों बच्चे कई घन्टे से उन्हीं कमरों में थे। बच्चे दोनों ही दुबले और बेरौनक जान पड़े। कोस्टन का शरीर लम्बा-चौड़ा तो था परन्तु दुर्बल। वैसा ही पत्नी का भी। सोचा शायद सिगरेट से ही कुछ गरमी आये। जेब से डिबिया निकाल पहले कोस्टन दम्पत्ति और उनकी पड़ोसिन सहेली की ओर बढ़ाई। धन्यवाद दे उन्होंने सिगरेट ले लिये। हम लोगों ने आधी-आधी सिगरेट पी होगी कि कोस्टन ने अपनी सिगरेट बुझाते हुए कहा—आधा खाना खाने के बाद पियेंगे। पत्नी ने भी समर्थन किया और उसने भी आधी सिगरेट बुझाकर रख ली। मन में चोट सी अनुभव हुई। पर यह कहकर कि 'पियो-पियो' मेरे पास और सिगरेट हैं, उनका अपमान करना भी अच्छा न लगा।

'नहीं आग जला ही दूँ बहुत सर्दी है।' गेटा उठी और एक टीन का कोयलों से भरा डिब्बा ला अंगीठी जला धौंकने लगी। इस बीच मैं इतना जड़ा गया कि अजाने में घुटने

बज जाते। आग की लौ निकलती देख अपनी कुर्सी अंगीठी के समीप ले गया। गेटा अंगीठी जलाते-जलाते हिटलर का शासन आस्ट्रिया में आरम्भ होने के समय यहूदियों पर होने वाले अत्याचारों की बात सुना रही थी। कोस्टन दम्पत्ति यहूदी हैं। दोनों के अधिकतर सम्बन्धी मारे जा चुके हैं। उनके मुख से उनकी आँखों के सामने उनके सम्बन्धियों के मार दिये जाने का वर्णन बड़ा करुणाजनक था। वे दोनों उस समय आठ और दस बरस के थे और अपनी माताओं के साथ स्विटजरलैण्ड भाग गये थे।

आग जल जाने के बाद कोस्टन और गेटा ने भोजन का प्रस्ताव किया। मुझे अभी इच्छा नहीं थी परन्तु उन्हें, खासकर बच्चों को भूख लग रही थी। एक छोटी मेज पर मोमजामे का टुकड़ा बिछाकर भोजन लगाया गया। कोस्टन ने मोटे अनाज की एक भूरे रंग की डबलरोटी से बड़े-बड़े टुकड़े काटे। एक टिकिया मार्जरीन (नकली मक्खन) भी रखा गया और दोनों बच्चों के लिये एक-एक अंडा। शीशे के पाँच गिलास और चाय भरी चायदानी और एक प्याले में कुछ शक्कर। कोस्टन और गेटा दोनों इजराइल में अनेक वर्ष रह आये हैं और अंग्रेजी बोल लेते हैं आपस में और बच्चों से जर्मन में ही बात करते थे जो मैं समझ नहीं पा रहा था। बच्चे बात-बात में जिद्द करते थे। आखिर लजाकर माँ को सफाई देनी पड़ी—कुछ दिन से जाड़े में इनकी सेहत ठीक नहीं रही इसीलिये कुछ चिड़चिड़े हो रहे हैं। पहले तो ऐसा नहीं करते थे। मैं हँस दिया—चिड़चिड़े कहाँ हैं? तुम दोनों दिन भर बाहर रहे हो। अब आये हो तो क्या वे इतना भी लाड़ तुमसे न करें!

कोस्टन और गेटा ने एक बार फिर खाने के लिये कहा। मैं टाल गया—'खा तो लेता परन्तु आज चीनी प्रतिनिधियों के यहाँ भोजन का निमंत्रण है। उस समय कुछ बातचीत भी होगी। समय हो रहा है। मुझे चलना चाहिये।' गेटा जल्दी से चाय रोटी समाप्त कर मुझे छोड़ने चल दी। रास्ते भर वह सुनाती रही कि वह एक दुकान पर हिसाब-किताब का काम करती थी पर अब दुकानों पर बिक्री ही नहीं तो काम कैसे मिले। कुछ दिन पहले वह पुस्तकों की एक दुकान पर थी। लोग जब खाना, कपड़ा और जूता नहीं निभा पाते तो पुस्तक कौन खरीदे। जूते की मरम्मत भी करवानी हो तो पैसे बचा पाने की प्रतीक्षा करनी पड़ती है। तब तक जूता ही घिस जाता है··· ।

हम बात करते सेंटजोसफ के विशाल गिर्जे के सामने से गुजर रहे थे, जिसे आस्ट्रिया के सम्राटों ने भगवान को प्रसन्न करने के लिये अपने समय में योरुप की सबसे ऊँची इमारत के रूप में बनवाया था। मैं गेटा की बात पर हुँकारा देते हुए सोच रहा था कि जिन लोगों के श्रम से यह गगनचुम्बी, भव्य गिरजा भगवान के प्रति आदर के लिये बना होगा, वे स्वयं कैसे छप्परों और ठट्‌ठरों में ऐसी रातें बिताते होंगे? और आज भी इस विशाल गिर्जे की छाया में ऐसे कष्टों से पीड़ित वियाना के जाने कितने लोग यहाँ आसपास दुबके पड़े होंगे। इच्छा होने पर भी जिन्हें पेट भरने और तन ढाँकने के लिये श्रम का अवसर नहीं क्योंकि आस्ट्रिया आज चार विदेशी शक्तियों के शोषण का शिकार बन गया है और कंजर्टहाज में गूँजने वाली तानें चुप हो गई हैं। हे भगवान तुमने वियाना की भक्ति का कुछ ख्याल नहीं किया।

अगले दिन इटली की पार्लियामेण्ट के सिनेटर कासादेइ ने चालू युद्धों को समाप्त करने के सम्बन्ध में विचार प्रकट किये :—'····जो लोग राष्ट्रों का शासन चलाने की जिम्मेवारी उठाये हैं और जो लोग इन युद्धों को चलाने की जिम्मेवारी सम्भाले हैं उनके

सामने हम संसार की जनता की माँग और विचार रख रहे हैं। हमारा प्रयत्न है कि हम युद्ध का अन्त कर सकने के लिये एक न्यायपूर्ण निष्पक्ष परन्तु ठोस प्रस्ताव तैयार कर सकें। इटली कोरिया के युद्ध में भाग नहीं ले रहा परन्तु इटली की जनता इस भयंकर युद्ध की उपेक्षा नहीं कर सकती क्योंकि हम जानते हैं कि युद्ध के कारण कोरिया की जनता पर क्या बीत रही है।···कोरिया के विषय में हम लोगों ने जो कुछ सुना और जाना है उससे भी मानव हृदय निरपेक्ष नहीं रह सकता।···हमें मानवता की संहारक बमबाजी और रक्तपात बन्द करना होगा। अभी कल ही हमने फिर तिरासी चीनी और कोरियन युद्ध बंदियों के कत्ल कर दिये जाने का समाचार सुना है। वे भी हमारे ही जैसे मनुष्य और हमारे ही भाई-बहन हैं।···और बारीकियाँ बाद में सुलझाई जाती रहेंगी इस समय हमारा लक्ष्य होना चाहिए कि युद्ध में दोनों ओर से चोट करना बन्द होकर सुलह की बात चलने लायक संधि हो जाय।'

बहुत से लोग बूफे में और आस-पास के कमरों में आपसी बातचीत कर रहे थे परन्तु यह घोषणा होते ही कोरिया का एक प्रतिनिधि हानसेर बोलने के लिए मंच पर आ रहा है, लोग भीतर दौड़ पड़े। हानसेर का दुबला शरीर परन्तु दृढ़ निश्चय की मुद्रा लिए चेहरा और तनी हुई गर्दन से किसी आतंक के सामने न झुकने की प्रतिज्ञा झलक रही थी। वैसे ही दृढ़ निश्चय के कड़कते स्वर में उन्होंने कहा—'मेरा देश शान्ति चाहता है। हमें शान्ति की आवश्यकता है परन्तु राष्ट्रीय दासता और अपमान के मोल पर नहीं। हम लोग विदेशी आक्रमण की बाढ़ के सामने अपने सिर कटा रहे हैं और उसका सामना अपने रक्त की धारा बहाकर कर रहे हैं। शान्ति का मूल्य हमसे अधिक कौन जानता है। संयुक्त राष्ट्रसंघ हमारी बात सुनने के लिए तैयार नहीं परन्तु हम संसार को अपनी बात सुनाना चाहते हैं और इस सत्य को प्रकट करना इस कांग्रेस के मंच से हमारा अधिकार और कर्त्तव्य है।'

'मैं इस समय आपके सामने अपनी बात कहने के लिए अपने बाल-बच्चों, परिवार और मित्रों को छोड़कर आया हूँ। सम्भव है कि जब मैं लौटूँ उनमें से बहुतों को न देख पाऊँ। यदि आप ऐसी परिस्थिति में होते तो आपकी क्या भावनायें होतीं? यदि आप क्षण भर के लिए आँखें बन्द कर मेरे देश की अवस्था की कल्पना कर सकें तो आप बमों का भयंकर विस्फोट सुन पाएँगे, झोपड़ियों और मकानों को धड़ाके से धुएं में उड़ता देखेंगे, गाँवों और गलियों में बच्चों और स्त्रियों की निश्चेष्ट लाशें और जख्मियों को तड़पते देखेंगे। कहिए मेरे देश की अवस्था कब तक ऐसी ही रहेगी।···क्या आप चाहते हैं कि हम राष्ट्रीय अपमान और दासता स्वीकार कर लें? यह हम नहीं कर सकेंगे। संयुक्त राष्ट्रसंघ सुलह की बात करता है परन्तु उसे टालता भी जा रहा है। सुलह की बातें होते-होते सन् १९५१ से लेकर अक्टूबर १९५२ तक कोरिया में सत्तानवें हजार व्यक्ति और मारे जा चुके हैं। सुलह का वह दिन कब आयेगा?'

'संसार के सभी देशों के प्रतिनिधियों से और विशेषकर अमरीका के प्रतिनिधियों से मैं कोरिया के बूढ़ों, स्त्रियों, माताओं और बच्चों की ओर से यह अपील करता हूँ कि कोरिया में होने वाले अमानवीय संहार को रोकना आप ही के बस की बात है। यदि आप भविष्य में विश्वशान्ति चाहते हैं तो पहले इस नरसंहार को रोकने में अपनी शक्ति लगाइये।'

पूरा सभा भवन अन्याय पीड़ित कोरिया के प्रति सहानुभूति से द्रवित जान पड़ता था। कोरिया के प्रतिनिधि के तुरंत पश्चात् अमरीका के प्रतिनिधि हेवार्ड के मंच पर आने

की बात सुन हाल की गरमी से भागने के लिये उत्सुक लोग ठिठक गये। हेवार्ड छरहरे शरीर का नौजवान। उसके चेहरे पर उत्तेजित भावों की झलक स्पष्ट थी। वह क्यों उत्तेजित है? क्या! अमरीका पर लगाये गये आरोप का प्रतिवाद करने के लिये! यदि वह आरोपों का प्रतिवाद करना चाहता है तो भी उसे बोलने का अधिकार है।

हेवार्ड बोला तो जान पड़ा उसकी उत्तेजना प्रतिवाद के लिये नहीं परिताप के ही कारण थी। हेवार्ड ने कहा—'....अमरीका की जनता अपनी स्वतंत्रता का मूल्य समझती है इसलिये वह दूसरों की स्वतंत्रता का भी आदर करती है। दूसरे देशों की स्वतंत्रता से अमरीका को कोई खतरा या हानि नहीं हो सकती।...अमरीका होड़ द्वारा उन्नति और विकास करने की स्वतंत्रता में विश्वास करता है इसलिये वर्तमान समय में दो विचारधाराओं की होड़ से भी अमरीका के भयभीत होने का कोई कारण नहीं। यदि अमरीका की विचारधारा और जीवन का ढंग अधिक समर्थ और प्रगतिशील है तो उसे किसी से प्रतिद्वन्द्विता और होड़ का कोई भय नहीं।'

'वियतनाम, मलाया और कोरिया के दुखद उदाहरण कुछ देशों की जनता के आत्मनिर्णय के अधिकार में अन्य देशों द्वारा सशस्त्र दखलन्दाजी का परिणाम है। ऐसी दखलन्दाजी का परिणाम केवल नागरिकों की बस्तियों का ध्वंस हो जाना और लाखों मनुष्यों की हत्या ही नहीं बल्कि विश्वव्यापी संहार भी होगा। इस समय यह बहस आवश्यक नहीं है कि कोरिया में युद्ध किसने आरम्भ किया? प्रश्न है कि इसे तुरन्त समाप्त कैसे किया जाय। कोरिया के युद्ध के प्रति स्वयं अमरीका की जनता में गहरा असंतोष है। इस युद्ध ने हमारे हजारों परिवारों को रुलाया है और अनेक विषमतायें हमारे सामने लाकर खड़ी कर दी हैं। हमारे जनरल एक ओर तो चीन और कोरियन युद्ध बंदियों की अपने देश लौटने न लौटने की इच्छा की स्वतंत्रता की रक्षा करना चाहते हैं दूसरी ओर वे ही कैम्पों में बंद इन बंदियों को गोली का शिकार बना देते हैं। हमें खेद है कि हमारी सेनाओं की ऐसी हरकतें संसार में अमरीका के प्रति अनादर की भावना उत्पन्न कर रही हैं।'

'आज यद्यपि अमरीका की जनता की भावना संगठित शान्ति आन्दोलन के रूप में प्रकट नहीं हो रही परन्तु अमरीका के सामाजिक जीवन के हर पहलू से पुकार उठ रही है कि हमारे नौजवानों को वापिस बुलाया जाय। इसलिये सबसे पहली बात है युद्ध को समाप्त कर देना। पहले युद्ध बंद हो जाने से ही उससे सम्बन्ध रखने वाली शेष समस्याओं के सुलझाव की भावना और परिस्थिति तैयार हो सकेगी। मनुष्यों की पुकार सुन सकने और समझ सकने के लिये पहले तोपों की गरज बन्द हो जानी चाहिये। इसलिये सभी की यह माँग है कि यह युद्ध एकदम बंद किया जाय... ।'

कैनाडा का एक नौजवान ईवान डशार्मे मंच पर आया। यह युवक अमरीकी सेना में कोरिया भेजा गया था और वहाँ से बुरी तरह जख्मी होकर लौटा था। उसने कहा—'मैं अपने देश की जनता के सामने दुहाई देता हूँ कि मानवता की पुकार सुनो और यह युद्ध बंद करो। मैं स्वयं हो आया हूँ। मेरी आयु केवल बीस ही वर्ष की है और मैं इस युद्ध के कारण आयु भर के लिये पंगु हो गया हूँ। मैं चाहता हूँ कि मैंने कोरिया में जो कुछ देखा है किसी को न देखना पड़े। बचपन में मैंने स्कूल में पढ़ा था कि हमारे पूर्वज अपने धर्म, अपनी भाषा और अपनी स्वतंत्रता के लिये लड़े थे इसलिये आज कोरिया को अपनी स्वतंत्रता के लिये लड़ते देख मैं उनका विरोध नहीं कर सकता। मैं उनसे सहानुभूति

अनुभव किये बिना नहीं रह सकता। पंगु हो जाने पर भी मैं मानवता और शान्ति की रक्षा के लिये, अपनी तरह दूसरों को निकम्मा और दुखी बना दिया जाने के विरुद्ध लड़ना अपना कर्त्तव्य समझता हूँ इसीलिये मैं इस कांग्रेस में सम्मिलित हुआ हूँ। मेरा आपसे संसार की जनता के प्रतिनिधियों से यही अनुरोध है कि इस युद्ध को तुरन्त समाप्त कराइये··· युद्ध में लगे जख्मों के प्रभाव से अब भी उसके लिये चल सकना कठिन था। उसे सहायता देकर मंच पर पहुँचाया गया था और वैसे ही मंच से उतारा गया। डशार्मे के मंच से उतरते ही एक कोरियन महिला ने आगे बढ़ उसे आलिंगन में ले उसके कष्ट के लिये समवेदना प्रकट की। इस दृश्य से किसके रोम न सिहर उठे होंगे।

कांग्रेस भवन और बूफे में कितनी ही भाषायें चलती थीं परन्तु स्वयं हिन्दी के अतिरिक्त अंग्रेजी ही जानने के कारण अंग्रेजी बोल सकने वालों या अंग्रेजों से ही बात-चीत में अधिक सुविधा रहती थी। कांग्रेस में कुछ अंग्रेज मजदूर भी आये हुए थे। बूफे में इन्हें कुछ गम्भीरता से बहस करते देखा। डेनिस ने सौजन्य से मुस्कराकर 'हलो' किया। वहीं बैठ गया और पूछा, 'क्या बहस चल रही है?'

लासन ने मुझे सम्बोधन किया—'आज क्या कांग्रेस में मानवता और शान्ति का ही वातावरण जान पड़ रहा है?' बात समझ में नहीं आई। मिसेज राबिन्सन बोली—'यह कैसे उचित समझा जाय कि जब कोरियनों पर बम गिरने की बात हो या उनके कत्ल करने का चर्चा हो तो आप सहानुभूति में 'शेम-शेम' (लानत-लानत) पुकारें और जब अमरीकन और ब्रिटिश नौजवानों के दल मटियामेट कर दिये जाने की बहादुरी बखानी जाय तो आप समर्थन और प्रशंसा में तालियाँ बजायें। यह क्या शान्ति और मानवता की बात है?' अंग्रेज साथियों के चेहरों पर क्रोध और असंतोष झलक रहा था।

कुछ देर पहले कांग्रेस भवन में एक कोरियन नवयुवती कोरियन युद्ध की अवस्था पर बोल रही थी। उसने सुनाया था कि अंग्रेज और अमरीकन सेना को किसी गाँव में कोरियन छापामारों के छिपे होने का सन्देह था। अमरीकन सेना ने गाँव घेर लिया परन्तु गाँव वालों ने छापामारों को भगा दिया। अमरीकन सिपाहियों ने गाँव के लोगों से छापामारों का पता पूछने के लिये उन्हें बाँध-बाँधकर मारा और उनके मकानों में आग लगा दी। एक स्त्री की गोद का बच्चा छीनकर उसी के सामने संगीन से बेध दिया गया। स्त्री बेहोश होकर गिर पड़ी परन्तु उसने भेद न दिया। अत्याचार की यह घटना सुन लोग 'शेम-शेम' पुकार उठे थे। कोरियन प्रतिनिधि आगे सुनाती गई कि कुछ ही देर बाद गाँव से भागे छापामार अपने साथियों को लेकर लौटे और उन्होंने अंग्रेज और अमरीकन सेना की टुकड़ी पर हमला कर दिया। इस समय अंग्रेज और अमरीकन भागने लगे परन्तु छापामारों ने गाँव को सब ओर से घेर लिया था। एक भी अंग्रेज या अमरीकन सिपाही जीता न बचा। गाँव वालों ने इन सिपाहियों को उन्हीं द्वारा लगाई आग में ही फेंक दिया। इस समय कांग्रेस भवन में तालियाँ बज उठी थीं। अंग्रेज साथियों को कांग्रेस के प्रतिनिधियों का यह व्यवहार अन्याय और पक्षपातपूर्ण जान पड़ा था। उनमें से एक ने फिर दोहराया—'कोरियनों के दुख दरद पर आँसू बहाने और अंग्रेज लड़कों के मारे जाने पर तालियाँ बजाने से शान्ति में सहायता नहीं मिल सकेगी।'

'साधारणतः किसी के भी मारे जाने पर ताली बजाना अभद्रता ही है।' मैंने कहा—'किसी पर भी अत्याचार होने की बात सुनकर सहानुभूति की भावना होनी चाहिये। जब

अत्याचार पीड़ित के प्रति सहानुभूति की भावना होती है तो प्रायः आततायी के प्रति क्रोध भी आ जाता है।'

'हाँ यह ठीक है, स्वाभाविक है' मिसेज राबिन्सन ने सिगरेट से राख झाड़ते हुए स्वीकार किया।

'जब अत्याचार करने के फल में आततायी को मार पड़ती देखते हैं तो यह सोचकर अच्छा भी लगता है कि अब वह अत्याचार नहीं करेगा। अगर कोरिया के लोग इंगलैण्ड में आकर अत्याचार करें उनकी प्रशंसा में कोई भला आदमी ताली नहीं बजायेगा और उनके पीटे जाने पर लोगों को संतोष तो होगा कि अत्याचारी पिट गया। ऐसी अवस्था में शायद आप भी ताली बजा दें।' मैंने कहा। एक अंग्रेज नौजवान ने आपत्ति की—'लेकिन जो अंग्रेज और अमरीकन नौजवान कोरिया में भेज दिये गये हैं उनका क्या कसूर! वे तो सिपाही हैं और हुक्म पूरा कर रहे हैं।'

'माना कि अंग्रेज और अमरीकन नौजवान अपनी इच्छा से कोरिया में हमला नहीं कर रहे परन्तु आप ही बताइये' मैंने पूछा—'यदि कोरियन उन पर आक्रमण करने के लिये भेजे गये नौजवानों को निर्दोष और भोले मानकर उन पर हथियार न चलायें तो अपनी रक्षा कैसे कर सकेंगे। ऐसे नौजवानों की जवानी की रक्षा उन्हें जनमत के बल से अत्याचार का साधन बनने से रोककर ही की जा सकती है, इसीलिये तो शान्ति-आन्दोलन किसी भी देश के सिपाहियों के विरुद्ध नहीं बल्कि शस्त्र बल से मनमानी कर सकने की नीति के विरुद्ध ही है।'

१६ दिसम्बर १९५२। संध्या समय फ्रेंच लेखकों ने कांग्रेस में आये सभी लेखकों को भोजन का निमंत्रण दिया था। भारतीय प्रतिनिधि मंडल से इस भोज में मुल्कराज आनन्द, सरदार गुरुबख्शसिंह, मालती बिडेकर, रमनलाल देसाई और मैं स्वयं था। सभी प्रतिनिधि मंडलों से निमंत्रित लेखकों की संख्या सौ से अधिक ही रही होगी। भोजन की व्यवस्था कुरसालोन के मुख्य भवन में ही थी। यह भवन केवल सौ आदमियों के लिए बहुत बड़ा होता और दूसरे प्रतिनिधियों के लिये जगह कम रह जाती इसलिये भवन का आधा भाग गमलों में लगे ऊँचे-ऊँचे पेड़ों से घेरकर अलग जगह बना दी गई थी। भोजन तो पुरतकल्लुफ था ही। अतिथियों को बैठाने के लिये ऐसी व्यवस्था की गई थी कि एक दूसरे की भाषा समझ सकें और बातचीत कर सकें। मेरा स्थान अंग्रेज उपन्यास लेखिका मिस पार्जिटा और अंग्रेजी नाटककार फिलिप्पा बरेल के बीच में था।

मिस बरेल से तो पहले ही परिचय और बातचीत हो चुकी थी। मुल्कराज आनन्द ने पार्जिटा से भी परिचय करा दिया। पश्चिमी शिष्टाचार के अनुसार मेल-मिलाप और भोजन के समय बातचीत का कोई प्रसंग बनाये रखना शालीनता समझी जाती है। बातचीत यथासम्भव बोझल भी न होनी चाहिये। बात मामूली जान पड़ती है परन्तु अभ्यास न होने पर आसान नहीं रहता। मिस पार्जिटा ने वियाना और लन्दन की जलवायु और मौसम की तुलना करने के बाद पूछा—'यहाँ वियाना का खान-पान कैसा लगता है?'—'हम लोगों को तो बुरा नहीं जंचता। इसमें कुछ मसाला रहने से हमारे अभ्यास में समा जाता है।' मैंने उत्तर दे पूछा—'आपकी क्या राय है? आपको तो मसाले शायद नहीं रुचते होंगे।'

'हाँ अच्छा ही है'—उन्होंने उत्तर दिया—'परन्तु मसाला जरूर कुछ ज्यादा ही लगता है और चिकनाई भी ज्यादा रहती है। लेकिन यहाँ भोजन में मांस की बहुतायत है। हमारे

यहाँ तो अभी तक मांस का राशन ही चलता है। सप्ताह भर में पाव भर से अधिक मांस एक व्यक्ति नहीं पा सकता।'

अभ्यास भी क्या चीज है? अंग्रेज को अपने यहाँ का भोजन इसलिये अधिक रुचता है कि उसमें मसाला और चिकनाई नहीं रहती। अस्तु, इसके बाद शान्ति कांग्रेस के सम्बन्ध में बातचीत चलती रही। मिस पार्जिटा और बरेल ब्रिटेन के शान्ति चाहने वाले लेखकों के संगठन की ओर से दर्शक के रूप में आई थीं। ब्रिटेन के लेखक यह निश्चय किये बिना कि शान्ति कांग्रेस सोवियत या कम्युनिस्टों का मोर्चा नहीं है, अपने प्रतिनिधि भेजकर उससे सहयोग प्रकट करने के लिये तैयार नहीं थे। बरेल तो शांति कांग्रेस की भावना से बहुत ही प्रभावित थी। पार्जिटा का भी यह विश्वास अवश्य था कि वियाना कांग्रेस किसी दल विशेष का मोर्चा नहीं। चाहें तो यह कहा जा सकता है कि कम्युनिस्टों ने कांग्रेस के आयोजन में विशेष तत्परता दिखाई है परन्तु यह नहीं कहा जा सकता कि दूसरी विचारधारा के लोगों को अपनी बात कहने का पूरा अवसर नहीं था या शांति कांग्रेस की बागडोर कम्युनिस्टों के हाथ में है या कम्युनिस्ट इसकी आड़ में अपना कोई दूसरा प्रयोजन पूरा कर रहे हैं।

समीप बैठे लोगों में आपसी बातचीत के साथ-साथ सार्वजनिक बात भी संक्षिप्त और मनोरंजक भाषणों के रूप में चल रही थी। गम्भीरता भी आ ही गई। लुई आरागों, ईलिया एहरनबर्ग, चीनी उपन्यास लेखक माओदुन, ब्राजिलियन लेखक और मुल्कराज आनन्द भी बोले। विषय था कि लेखक विश्वशान्ति के लिये क्या कर सकते हैं और उन्हें अपना कर्त्तव्य कैसे निबाहना चाहिये? सुझाव दिया गया कि भिन्न-भिन्न देशों के लेखकों में परस्पर-परिचय और सहयोग का अवसर लाने का यत्न होना चाहिये। चिली के लेखकों ने १९५३ की ग्रीष्म में लेखकों की एक अन्तर्राष्ट्रीय कांग्रेस चिली में की जाने के लिये निमंत्रण भी दे दिया। उसी समय आठ-दस लेखकों की एक छोटी सी कमेटी भी बना दी गई कि शांति के सम्बन्ध में लेखकों की ओर से एक संयुक्त घोषणा प्रकाशित की जा सके।

१७ दिसम्बर १९५२। कांग्रेस के सम्पर्क से वियाना में कुछ सार्वजनिक सभायें, साहित्यिक या वैज्ञानिक व्याख्यान और दो प्रदर्शनियाँ भी चल रही थीं। स्थानीय भाषा जर्मन होने के कारण व्याख्यान प्रायः जर्मन में ही होते थे इसलिये अपनी समझ के बाहर थे। एक प्रदर्शनी शान्ति के लिये प्रयत्नों के सम्बन्ध में हाफबुर्ग में हो रही थी और दूसरी प्रदर्शनी एहरर्बरसाल में, अमरीकी सेना द्वारा कोरिया में रोग फैलाने वाले बम फेंकने के प्रमाणों के संग्रह के रूप में की गई थी। प्रदर्शनी के नाम से प्रायः मनोरंजक संग्रह की ही आशा की जाती है। कोरिया और चीन में किये गये कीटाणु-युद्ध के प्रमाणों के इस संग्रह में मनोरंजन नहीं, भय और वितृष्णा ही मन में जागती थी। प्रमाणों के संग्रह को सुविधा से समझा सकने के लिये तीन भागों में बाँट दिया गया था। पहला भाग ऐतिहासिक तथ्यों के संग्रह का था। इस भाग में स्वयं अमरीका में प्रकाशित पुस्तकों, समाचार पत्रों के फोटो लेकर अमरीका में कीटाणु युद्ध की योजना आरम्भ होने का इतिहास दिया गया था। योजना का आरम्भ पर्लहारबर में जापानी बम गिरने के बाद हुआ था। उस समय अमरीकन युद्ध विभाग के लोगों ने आशंका अनुभव की थी कि यदि जापानी बममार पर्लहारबर तक आकर बम फेंक सकते हैं तो वे कीटाणुओं के बम भी फेंक सकेंगे।

अमरीका के सैनिक गुप्तचर विभाग के पास जर्मनी और जापान द्वारा रासायनिक और कीटाणु-बमों की तैयारी के समाचार पहुँच चुके थे। योजना का आरम्भ अमरीका ने अपने देश को कीटाणुओं के आक्रमण से बचाने के लिये ही किया था परन्तु इसके साथ ही कीटाणुओं को फैलाने के उपायों पर भी विचार किया गया और समय आने पर जब कोरिया के युद्ध में अमरीका की विराट सैनिक शक्ति मुँह की खाती जान पड़ी तो अमरीका ने अपने सैनिकों को खतरे में डाले बिना कोरियनों और चीनियों का ध्वंस कर सकने के लिये कीटाणु बमों का भी प्रयोग शुरू कर दिया।

ऐतिहासिक तथ्यों के भाग में कीटाणु शस्त्रों को युद्ध के लिये विशेष उपयोगी शक्ति बनाने की योजना के सम्बन्ध में अमरीका के वायु-सेना विभाग के प्रधान टामस के० फिशर के बयान और अमरीका के सैनिक विभाग की 'कीटाणु युद्ध समिति' के प्रधान ज्योर्ज डब्ल्यू मर्क की रिपोर्टें भी मौजूद हैं। अमरीकन यूनिवर्सिटियों के अनेक डाक्टरों को इस काम में लगाये जाने का ब्यौरा भी स्वयं अमरीकन पत्रों में प्रकाशित विवरणों के फोटो के रूप में मौजूद है। अमरीकन पत्र स्टार एण्ड स्ट्रिप्स के रविवार जनवरी २७, १९५२ के अंक का फोटो प्रदर्शनी में मौजूद है जिसमें बताया गया है कि विषैली गैस और कीटाणु फैलाने के शस्त्र बहुत ही कम खर्चीले और अपने आपको सुरक्षित रख शत्रु को पराजित करने के उपाय हैं। इस पत्र में यह बयान ब्रिगेडियर जनरल विलियम एम० क्रीसी का है जो अमरीका के युद्ध विभाग में रासायनिक खोज के अध्यक्ष थे।

दूसरे महायुद्ध के बाद मित्र राष्ट्रों ने कुछ जापानी विशेषज्ञों पर कीटाणु बम बनाने के लिये मुकद्दमे चलाये थे। इनमें से शीरा ईश्शी, जीरो वाकामात्सू और मसाजो कितानो मुख्य थे। इसी प्रकार के अपराध के लिये जर्मनी के डा० शखरीवर पर भी मुकद्दमा चलाया गया था। परन्तु १९५१ में अमरीकन युद्ध विभाग ने इन सब विशेषज्ञों को स्वयं अपने लिये कीटाणु युद्ध का सामान तैयार करने में लगा लिया। प्रदर्शनी में स्वयं अमरीकन पत्रों के उद्धरणों के फोटो मौजूद हैं जिनमें जनरल रिजवे के हुक्म से इन लोगों को कीटाणु युद्ध की योजना के लिये कोरिया भेजने के समाचार हैं (टेली प्रेस डिसपैच, रंगून, ५ दि० १९५१। रूटर डिसपैच ९ दि० १९५१। टाइम्स १० मार्च १९५२। न्यूयार्क 'डेली वर्कर' १३ मार्च १९५२।)

दूसरे विभाग में उन बमों के खोल और बमों के बीच से निकले सामान के चित्र मौजूद थे जिन्हें अमरीका की वायु सेना ने उत्तरी कोरिया और पूर्वी चीन की सीमा पर प्लेग, हैजा और दूसरी घातक बीमारियाँ फैलाने के लिये फेंका था। अमरीका द्वारा रोग के कीटाणु फैलाने के लिये जो प्रमाण कोरिया और चीन के लोगों ने प्रस्तुत किये हैं उनके विषय में तो सन्देह का अवसर होना अस्वाभाविक नहीं परन्तु प्रदर्शनी में मौजूद साक्षी से यह स्पष्ट है कि इस विषय में वैज्ञानिकों के एक अन्तर्राष्ट्रीय मंडल ने घटनास्थलों पर जाकर जांच की थी। इन लोगों ने जो कुछ स्वयं देखा, सुना और जाना है उसके आधार पर यह बयान दिया है—सन् १९५२ के आरम्भ से चीन और कोरिया की जनता और सरकारें अमरीका का सरकार द्वारा इन देशों में कीटाणु फेंककर रोग फैलाने के बारे में शिकायत कर रही थीं। इस विषय की जांच के लिये वैज्ञानिकों की एक अन्तर्राष्ट्रीय परिषद नियत की गई थी। परिषद घटनास्थल पर जाकर दो मास तक जांच-पड़ताल कर इन परिणामों पर पहुँचा है।—जांच-पड़ताल करने के लिये तथ्यों की बहुत बड़ी संख्या

मौजूद है और उनमें से बहुत से प्रमाण स्पष्ट और निर्विवाद हैं। इसमें सन्देह नहीं कि अमरीकन सेना ने कोरिया और चीन की सेनाओं के विरुद्ध युद्ध में कीटाणु बम फेंककर रोग फैलाने का यत्न किया है। बहुत से तरीके इस काम में लाये गये हैं जिनमें से कुछ व्यवहार पिछले युद्ध में जापानियों द्वारा उपयोग किये गये तरीकों के परिष्कृत रूप हैं। परिषद बहुत विचारपूर्वक संगत प्रमाणों से इस परिणाम पर पहुँचा है। इन परिणामों को परिषद अनिच्छा और दुख से ही स्वीकार कर रहा है क्योंकि परिषद ऐसे अमानवीय कामों पर, जिनकी निन्दा सम्पूर्ण मानव समाज करेगा, विश्वास नहीं करना चाहता था। परिषद संसार भर की जनता से अनुरोध करता है कि इस प्रकार के अमानवीय कामों के विरुद्ध जनमत का बल खड़ा करके विज्ञान को मानवता के विनाश से रोका जाये। इस घोषणा पर हस्ताक्षर करने वालों में स्वीडन के प्रसिद्ध डा० ऐंडर्सन, फ्रांस के वैज्ञानिक माल्तेर, ब्रिटेन के डा० जोसेफ नीडहम, इटली के डा० ओलिवो, ब्राजील के डा० पेसोआ और रूस के डा० जुकोव के हस्ताक्षर हैं।

इसी प्रकार घटनास्थल पर जाकर जांच करने वाले अन्तर्राष्ट्रीय जनवादी वकीलों के परिषद के हस्ताक्षरों की साक्षी भी मौजूद है। इस साक्षी पर प्रो० हेनरीख ब्रंडवीनर प्रो० अन्तर्राष्ट्रीय कानून, ग्राज यूनिवर्सिटी, (आस्ट्रिया) इटली के सुप्रीमकोर्ट के वाइसप्रेजीडेंट लुइगी कावालियेरी, इंग्लैण्ड के सालिसिटर जैक गास्टर, फ्रांस के कोर्ट आफ अपील के एडवोकेट मार्क जे क्वीयर, चीन के को पो तीन, बेल्जियम के मारिये लूइस मोएरेन, ब्राजील के लितेल्बा ब्रित्तो और पोलैण्ड के सुप्रीमकोर्ट के जज सोफिया यासिकोवस्की के हस्ताक्षर मौजूद हैं।

सबसे निर्विवाद साक्षी है—स्वयं अमरीकन उड़ाके सिपाहियों की। जिन्हें कीटाणु बम फेंकने के लिये भेजा गया था और उनके जहाज गिरा दिये जाने पर वे गिरफ्तार हो गये थे। इन सिपाहियों :—(1) के० एल० एनोक S. N. A 02069988 आयु 27 वर्ष, यंग टाउन ओहियो अमरीका, फर्स्ट लेफ्टीनेन्ट U. S. A. Airforce, (2) जान क्रिन S. N. 17993A आयु 29 वर्ष पासाडेना कैलीफोर्निया, अमरीका, (3) मार्विन एल० ब्राडन, S. N. R. A. 18397178, 3rd division, 7th Infantry Regiment Kings Company 3rd Platoon, (4) एफ० बी० ओनील S. N. A 01848575, आयु 24 वर्ष फेयर फाक्स, साउथ कारोलिना, अमरीका (5) पी० आर० क्रिस S. N. A 019070. मनमाउथ, इलियानोस, अमरीका के हाथों लिखे बयानों के फोटो भी मौजूद हैं जिनमें इन लोगों ने जापान और दक्षिण कोरिया में कीटाणु बम फेंकने का काम सिखाये जाने और कोरिया तथा चीन की सीमा पर बम फेंकने के लिये भेजे जाने की पूरी कहानी लिख दी है। इन लोगों के हस्तलिखित बयानों के अतिरिक्त अन्तर्राष्ट्रीय जांच परिषद के सामने दिये इनके बयानों के रिकार्ड भी आप उनकी ही आवाज में सुन सकते हैं। वियाना की प्रदर्शनी में इन अमरीकन उड़ाके सैनिकों के ही बयान देखे थे। साधारण सैनिकों से तो भय या प्रलोभन से जो चाहे कहला लिया जा सकता है लेकिन भारत लौटने पर १९५३ के आरंभ में अमरीकन वायु सेना के कोरिया में कैद हुए बहुत जिम्मेवार अफसरों कर्नल फ्रांक एच० स्कवाबल और मेजर राय एच० ब्ले के भी बयान पढ़े जिनमें उन्होंने कोरिया और चीन की सीमाओं पर विमानों से कीटाणु बम फेंकने की बात स्वीकार की है। मानवता की हत्या के प्रयत्न के यह सब प्रमाण मनुष्य समाज के लिए अभिमान की बात

तो नहीं हैं परन्तु इनका प्रकाश में आना भी तो आवश्यक है ताकि मनुष्य इनके विरुद्ध सजग होकर इन्हें रोकने का उपाय कर सके।

कांग्रेस के अधिवेशन के लिए प्रातः नौ बजे होटल मोजार्ट से चलना होता था। उससे एक घंटे पूर्व भारत से आये प्रतिनिधि आपस में विचार कर लेते थे कि आज किस विषय पर बात होगी और हम लोगों की ओर से कौन, क्या कहेगा। अभिप्राय यह नहीं था कि प्रतिनिधियों की बोलने की स्वतंत्रता पर प्रतिबन्ध लगाना बल्कि यह कि सब लोगों को बोलने का अवसर तो हो नहीं सकता था इसलिए प्रस्तावित विषय पर बोलने वाले सदस्य को सभी लोग अपनी-अपनी बात बता सकें और जहाँ तक सम्भव हो विचार में सभी लोगों का सहयोग हो जाय। भाषणों का सब भाषाओं में समय पर अनुवाद हो सकने के लिए उन्हें पहले से लिखकर दे देना तो आवश्यक था। प्रतिनिधियों के आपसी विचार-विनिमय से सबको मालूम भी रहता कि हमारी ओर से क्या कहा जा रहा है। भारत से चलते समय ही यह पता था कि भारतीय प्रतिनिधियों को कांग्रेस के बाद पूर्वी प्रजातंत्रों ने उनके देशों में आकर स्थिति देखने का निमंत्रण दिया है। अब मालूम हुआ कि सोवियत की शान्ति कमेटी ने भी हमें अपने देश में आने का निमंत्रण दिया है। प्रश्न था कि सोवियत का निमंत्रण स्वीकार किया जाय या दूसरे प्रजातंत्र देशों का? बहुत से साथी समयाभाव के कारण दोनों जगह जाने के पक्ष में नहीं थे। निश्चय सोवियत के ही पक्ष में हुआ।

अब कांग्रेस में तीसरे प्रस्ताव अर्थात् अन्तर्राष्ट्रीय तनाव को कम कर सकने के विषय पर विचार आरम्भ होना था। प्रस्ताव प्रसिद्ध ब्रिटिश वैज्ञानिक जे० डी० बरनाल ने रखा :—'''''अन्तर्राष्ट्रीय तनाव दूर करने के दो पहलू हैं। जिन लोगों को सार्वजनिक जीवन और कार्य का काफी अनुभव है वे तो यह आशा करते हैं कि यह कांग्रेस अन्तर्राष्ट्रीय महाशक्तियों में शान्ति के लिए एक वास्तविक समझौता करा सके। जिन लोगों को सार्वजनिक कामों का अनुभव नहीं, वे समझौते के रूप की बात न सोच सकने पर भी ऐसा प्रयत्न करना चाहते हैं कि कांग्रेस संसार की जनता में शान्ति की ऐसी अदम्य इच्छा जगा दे जिसके विरुद्ध जाने का साहस किसी को न हो सके। यह दोनों विचार न केवल परस्पर-विरोधी नहीं हैं बल्कि एक ही लक्ष्य के सहायक अंग हैं। पहले यह पहचानना आवश्यक है कि शान्ति के लिए आवश्यक परिस्थितियाँ क्या हैं? फिर हमें वैसी परिस्थितियाँ बनाने का यत्न करना चाहिए।'

'इस कांग्रेस में यह स्पष्ट हो चुका है कि जहाँ तक राष्ट्रों की स्वतंत्रता और आत्मनिर्णय के अधिकार का प्रश्न है, सिद्धान्त रूप से सभी लोग उसे स्वीकार करते हैं। इस बात पर भी सभी सहमत हैं कि राष्ट्रों की उत्पादक और आर्थिक शक्ति का नाश करने वाली शस्त्रों की होड़ समाप्त होनी चाहिए और एटम-बम, नेपालम-बम और रोग फैलाने वाले अथवा गैस आदि से व्यापक नरहत्या के शस्त्रों को भी निषिद्ध ठहरा दिया जाना चाहिए। इस विषय में जनता की माँग और उसका एक मत होना भी बड़ी बात है परन्तु यह हमारे काम का आरम्भ ही है। सबसे आवश्यक काम है इस लक्ष्य के मार्ग की रुकावटों को पहचानना और उन्हें दूर कर सकने का यत्न कर सकना। शान्ति आन्दोलन की सबसे बड़ी शक्ति है शान्ति के मार्ग का संसार के लिए कल्याणकारी होना और शान्ति के लिए जनता की इच्छा। शान्ति विरोधियों की सबसे बड़ी कमजोरी यह है कि युद्ध के

लिए अधिक से अधिक तैयारी करते जाने की नीति स्वयं उनके ही पांव काटने लगती है। लगातार शस्त्र बढ़ाते जाने और युद्ध के लिए तैयारी हमारी आर्थिक स्थिति का दिवाला निकाले दे रही है। अन्तर्राष्ट्रीय आर्थिक तनातनी का परिणाम भी हम जीवन की आवश्यक चीजों के मंहगे होते जाने में और उपनिवेशों या औद्योगिक रूप से कम विकसित देशों से कच्चा माल खिंचता जाने के रूप में देख रहे हैं और इसके परिणाम में इन देशों की अवस्था असह्य हो जाने के कारण वे लोग ऐसी अवस्था से छुटकारा पाने के लिए छटपटा रहे हैं।'

'ऐसी अवस्था में बढ़ते हुए अन्तर्राष्ट्रीय तनाव को रोकने के लिए हम लोगों का व्यक्तिगत कर्त्तव्य यह है कि हम अफवाहों में विश्वास न करें और दूसरों के किसी काम से उत्तेजित होकर ऐसा व्यवहार न करें जिससे तनाव बढ़ने का कारण हो। कुछ प्रश्नों पर घोर मतभेद होने पर भी हमें इस बात में सहमत रहना चाहिए कि मतभेद को दूर करने का उपाय शान्ति से विचार परिवर्तन ही है। जीवन रक्षा के साधनों को बढ़ाने का प्रयत्न शान्ति का मार्ग है। इस विषय में सोवियत, चीन और पूर्वी प्रजातंत्र क्या कर रहे हैं, यह जानकर दूसरे देशों की जनता न केवल अपने जीवन की समस्याओं को हल करने का उपाय सीखेगी बल्कि यह भी समझ सकेगी कि ये देश शान्ति के मार्ग की ओर कैसे बढ़ रहे हैं। आपकी सद्भाव बढ़ाने के लिए आवश्यक है कि दो विचारधाराओं के बीच जो लोहे की दीवार खड़ी कर दी गई है उसे हटाने का यत्न किया जाय।'

'मेरा सुझाव है कि शान्ति प्रेमी लोग संसार के सभी देशों में अपनी-अपनी पार्लियामेंटों में ऐसे ही लोगों के चुनने का यत्न करें जो अपनी सरकारों के शान्ति की नीति के अनुसार चलाने की प्रतिज्ञा करें। जहाँ चुनाव हो चुके हैं या चुनाव शीघ्र होने का अवसर नहीं है, वहाँ शान्ति प्रेमियों को प्रतिनिधि मंडल में ले जाकर, सभायें करके या पत्रों द्वारा अपनी पार्लियामेंटों के मेम्बरों को शान्ति की नीति के अनुसार चलने के लिए प्रेरित करना चाहिए ताकि सभी देशों की सरकारें विश्व शान्ति को अपना लक्ष्य मानें। सर्वसाधारण जनता में शान्ति की इच्छा होते हुए भी एक निराशा छाई हुई है कि शान्ति स्थापित कर सकना उनके बस की बात नहीं। हमें यह निराशा दूर कर सार्वजनिक शक्ति को शान्ति का रक्षक और समर्थक बनाना है। हमारे इसी काम पर विश्वशान्ति की सफलता निर्भर करती है। प्रजातंत्र के युग में सभी देशों की सरकारें अपनी-अपनी प्रजा की प्रतिनिधि होने का दावा करती हैं। ऐसी अवस्था में यदि विश्व जनता शान्ति के लिए सतर्क और सजग हो जाती है तो अपनी सरकारों को भी शान्ति रक्षा का साधन बना सकेगी।'

प्रो० बर्नाल के पश्चात बेल्जियम की एमिली कावनेल और प्रसिद्ध सोवियत लेखक अलेकजान्डर कोर्नीचक आदि ने भी इसी विषय पर विचार प्रकट किये। ईरान के मुख्य मुल्ला हयातुल्ला ने भी इस प्रस्ताव का समर्थन कर कहा—'कोरिया, वियतनाम और मलाया में जो नृशंस क्रूरतायें हो रही हैं उनके प्रति खेद प्रकट करने के लिए मैं कांग्रेस में आने के समय से उपवास व्रत कर रहा हूँ और कांग्रेस की समाप्ति तक यह उपवास जारी रखूँगा।' मौलाना की बात से यह स्पष्ट था कि ईश्वर की चिन्ता न करने वाले घोर कम्युनिस्टों से लेकर सम्पूर्ण संसार को भगवान की ही लीला मानने वाले मौलाना तक दर्शन और विचारधारा का भेद रखते हुए भी विश्वशान्ति के लिए क्रियात्मक कार्य में एक मत और सहयोगी हो सकते हैं।

विश्वशान्ति के लिए प्रयत्न के सम्बन्ध में तीन मुख्य प्रश्न :—(१) सभी राष्ट्रों की अपने क्षेत्रों में अपनी-अपनी विचारधारा और व्यवस्था के अनुसार अपनी समस्याओं को सुलझाने, पूर्ण स्वतन्त्रता और दूसरे देशों का उसमें हस्तक्षेप से दूर रहकर, उन देशों की जनता को अपनी समस्यायें सुलझाने के लिए छोड़ देना, (२) सामयिक युद्धों को समाप्त करने के लिए शस्त्र प्रयोग को तुरन्त बन्द कर समस्याओं को विचार-विनिमय से सुलझाने का यत्न करना, शस्त्रों की होड़ को रोककर सभी देशों को निशस्त्रीकरण की नीति स्वीकार कराना और एटम तथा दूसरे सार्वजनिक संहार करने वाले शस्त्रों को निषिद्ध ठहराना और (३) अन्तर्राष्ट्रीय क्षेत्र में तनाव को दूर कर पारस्परिक सहयोग और सहायता का वातावरण तैयार कर भविष्य में युद्ध न होने देने की चेष्टा करना। सामने आ जाने पर कांग्रेस के प्रतिनिधियों को उनकी अपनी रुचि के अनुसार तीन परिषदों में बाँट दिया गया कि वे एक-एक विषयों पर एक सर्वसम्मत प्रस्ताव तैयार कर सकें। भारतीय प्रतिनिधियों में से श्री० आचार्य, हाजरा बेगम और मुझे भी सभी देशों की अपने क्षेत्र में पूर्ण स्वतंत्रता के प्रश्न पर विचार करने वाली समिति में ही रखा गया था। दूसरे लोगों को अन्य समितियों में। कंजर्टहाज में कांग्रेस के मुख्य भवन के साथ ही कई प्रसिद्ध संगीतकारों के नाम पर अन्य भवन भी थे। हमारी समिति की बैठक मोजार्ट हाल में हो रही थी।

१७ दिसम्बर की संध्या वियाना के जनवादी युवकों ने दूसरे देशों के प्रतिनिधियों को मेल और परिचय के लिये निमंत्रण दिया था। युवक न होने पर भी कुछ साथियों के अनुरोध से दुभाषिया क्लारा शिंडाल के साथ वहाँ गया। हम लोग कुछ विलम्ब से पहुँचे थे। सीढ़ियों से ही कोलाहल सा सुनायी दिया। ऊपर जाकर देखा कि निमंत्रित लोग कई कमरों में भरे हुए थे। किसी कमरे में गाना और किसी कमरे में नाच हो रहा था। ऐसी संगति जिसमें जर्मन, फ्रेंच, नीग्रो, चीनी, अंग्रेज, अमरीकन, भारतीय, पाकिस्तानी, पोल, रूसी और फिनलैण्ड तक के लोग एक साथ हों, किसी भाषा का गाना और नाच सबके लिये अनुकूल हो सकता था? परन्तु समय के अनुरूप गाना चल ही रहा था। गीत के शब्द किस भाषा के थे, मालूम नहीं; शायद शब्द थे ही नहीं, केवल भाव था। बिना शब्दों के भाव कैसे प्रकट हो सकता है? शायद वैसे ही जैसे पक्षियों के गाने में शब्द नहीं स्वर और भाव ही रहता है। शब्द भाव की सूक्ष्मताओं और भेदों को ही प्रकट करते हैं। जब भाव व्यापक होकर हृदय को घेर लेता है तो उसकी घोषणा के लिये स्वर ही पर्याप्त हो जाता है। स्वर जो भी होता सभी लोग उसमें ताली और चुटकी बजाकर सहयोग देते और फिर नाच शुरू हो जाता। सब लोग बाँहों में बाँहें डाले ताल सुर से गोल बाँधकर घूम रहे थे। एक चक्कर के भीतर दूसरा चक्कर और उसके भीतर तीसरा। जो भी सुर कोई आरम्भ कर देता, दूसरे उसका साथ देने लगते। ये लोग किसी को अलग खड़ा होकर अकेला अनुभव करने देने के लिये तैयार न थे। इस चक्कर में मालती बिडेकर जैसी सम्भ्रान्त लेखिका और संकोचशील गृहणी दलजीत कौर को भी नाचना पड़ा। इस शब्दहीन स्वर संगीत और नृत्य की भाव-भंगियों का एक ही व्यापक भाव था। 'हम सब युवा, मानव मात्र की सभी जातियों के भविष्य, भूगोल और परम्पराओं की सीमाओं से बँटे होकर भी एक हैं। हमारे भेद और वैमनस्य हमें नाश और आपदा में डालते हैं और हमारा भ्रातृभाव और सौहार्द्र हमें निर्भय और सबल बनाता है। इसलिये हम सब मानवता के नाते एक दूसरे से प्रेम करते हैं और एक अटूट एकता में बँध गये हैं।' उस समय मुझे

फिर कैरो में विमानों के अड्डे का दृश्य याद आ रहा था जहाँ भिन्न-भिन्न जातियों के लोगों में दुराव और घृणा ही आत्मसम्मान का व्यवहार था, जो पारस्परिक द्वेष और वैमनस्य को ही गौरव की वस्तु समझता है।

१८ दिसम्बर प्रातःकाल के अधिवेशन में पाब्लोनेरुदा ने अड़तालीस देशों के एक सौ तीन लेखकों की ओर से संयुक्त घोषणा पढ़कर सुनाई। घोषणा का भावार्थ इस प्रकार है :— 'कलम की शक्ति में विश्वास करने वाले हम सब लोग स्वयं भी और मानव समाज की ओर से सामयिक परिस्थिति के साक्षी हैं। हम विश्वशान्ति में दृढ़ विश्वास करते हैं। यह निश्चय करते हैं कि अपनी कलम की शक्ति को अपने व्यसिक सामर्थ्य और निर्णय के अनुसार विश्वशान्ति की स्थापना के लिये उपयोग करेंगे। दर्शन, राजनीति और साहित्य के क्षेत्र में मतभेद होते हुए भी हम लोग गुप्त या प्रकट रूप में युद्ध की तैयारियों के लिये साहित्य के प्रयोग का एक स्वर से विरोध करते हैं। हम लोग एकमत होकर युद्धों का शिकार बनाई जाने वाली जनता के प्रति सहानुभूति प्रकट करते हैं और मानवता में दृढ़ विश्वास से शान्ति के लिये प्रयत्न करने का निश्चय करते हैं। हमें पूर्ण विश्वास है कि हमारे इस प्रस्ताव को सम्पूर्ण संसार के लेखकों का समर्थन प्राप्त होगा।'

कांग्रेस भवन में सामयिक युद्धों को, विशेषकर कोरिया का युद्ध तुरंत समाप्त करने के सम्बन्ध में भाषण होते रहे परन्तु साथ के बड़े कमरों में राष्ट्रों की स्वतंत्रता और अन्तर्राष्ट्रीय तनाव को मिटाने के प्रश्न पर समितियों की बैठकें भी चलती रहीं।

१९ दिसम्बर कांग्रेस का अन्तिम दिन था और कांग्रेस के प्रधान मंडल का इरादा था कि उस दिन इन तीनों पुस्तकों पर सर्वसम्मति से एक निर्णय कर लिया जाये। कांग्रेस के प्रबन्धकों ने ऐसा इन्तज़ाम किया था कि २० दिसम्बर के प्रायः सभी प्रतिनिधि वियाना से चले जा सकें। हमारे प्रतिनिधि मंडल के अधिकांश लोगों को मास्को जाना था। अभी यह निश्चित पता नहीं था कि हम लोग २० को ही रवाना हो जायेंगे या एक आध दिन बाद? मोजार्ट होटल में हम लोगों का प्रबन्ध २० दिसम्बर सुबह ११ बजे तक का ही था।

पहले भी कह चुका हूँ कि वियाना संगीत और कला का पुराना केन्द्र रहा है। महायुद्ध में नगर का जीवन बहुत कुछ विशृंखल हो गया है पर अब भी दूर-दूर देशों से लोग वियाना में ओपेरा (नाट्य संगीत) देखने आते हैं। दिसम्बर प्रायः ओपेरा का समय समझा जाता है। शौकीन लोग दिसम्बर में वियाना के ओपेरा देखते हैं। जब जनवरी में बरफ़ कड़ी पड़ जाती है तो बरफ़ के 'खेलो' स्कीइंग वगैरा के लिये साल्सबुर्ग या स्विटजरलैण्ड चले जाते हैं। वियाना आकर ओपेरा देखे बिना चले जाने से मन में कलख रह जाती। यह भी खयाल था कि सोवियत जाने पर वहाँ नाटक, ओपेरा और बैले देखने का अवसर मिलेगा तो उसकी तुलना क्या अपने यहाँ की रासलीला और नौटंकी से करेंगे?

अपने दल में से कई लोग ओपेरा देखने के लिये उत्सुक थे। सभी कामों में सहायक आस्ट्रियन दुभाषिये साथी मैनफ्रेड नूरंबर्गर से ओपेरा के टिकटों का प्रबन्ध करने का अनुरोध किया गया। मालूम हुआ कि कुछ दिन पहले से प्रबन्ध न करने पर सहसा टिकट मिल जाना कठिन ही है। ऊँची जगहें प्रायः बाहर से आने वाले लोग पहले से ही खरीद रखते हैं। इस समय 'मोजार्ट' में जो ओपेरा चल रहा था उसकी ख्याति भी विशेष थी।

बहुत दौड़-धूप करने पर या ओपेरा टिकटों के एक दलाल की मार्फत पचास शिलिंग (१० रु०) में मझले दर्जे के टिकट मिल सके।

ओपेरा का भवन काफी बड़ा था। संगीत के लिये रंगमंच पर लाउडस्पीकर इस ढंग से लगे थे कि आवाज आ ही जाती थी। पात्रों के चेहरे और भावभंगी दूर से स्पष्ट देख सकने के लिये प्रायः लोग ओपेरा ग्लासिस (छोटी दूरबीनें) लिये रहते हैं। यह दूरबीनें रंगशाला में कोट रखने की जगह पर ही पाँच शिलिंग में किराये पर मिल जाती हैं। सो वह भी लीं। इतनी तैय्यारी के बाद भी, शायद पहली बार ही ओपेरा देखने के कारण, कुछ रस नहीं आया। रस आ सकने में बाधायें भी अनेक थीं। पहले तो जर्मन भाषा न समझना और फिर पश्चिमी संगीत की कुछ भी जानकारी न होना। कथावस्तु भी आधुनिक जीवन से नहीं पश्चिमी पौराणिक गाथा से ही थी जिसमें परियों और जादू का भी काफी प्रसंग था। यह सब कुछ समझ न सकने पर भी रंगमंच की साज-सज्जा, दृश्यों की बनावट और परिवर्तन और पात्रों के हाव-भाव में पूर्णता का अनुमान अवश्य होता था। दृश्यों के अन्त में दूसरे दर्शकों द्वारा प्रशंसा से तालियाँ बजा देने से भी पात्रों की सफलता का अनुमान किया जा सकता था लेकिन इतनी बात पर कब तक रीझे रहते। मन आधे से पहले ही ऊबने लगा। समीप बैठी गीता मलिक से धीमे से पूछा—'आपको तो पश्चिमी संगीत का ज्ञान होगा? अपने तो कुछ पल्ले पड़ नहीं रहा।' उनके भी पल्ले विशेष कुछ नहीं पड़ रहा था पर राय यही हुई कि पचास-साठ शिलिंग जेब से दिये हैं तो उतनी देर ओपेरा की कुर्सी पर तो बैठ ही लिया जाय।

मिसेज मलिक बंगाली हैं। हिन्दुस्तानी उतनी ही जानती हैं जितनी कुली या टाँगे, टैक्सी वाले से बोल सकने के लिये आवश्यक होती है। अपना बंगला का उच्चारण ऐसा है कि परिणाम में बात समझा सकने की अपेक्षा परिहास ही हो जाता है इसलिये अंग्रेजी में ही बात कर रहे थे। मिसेज मलिक के दूसरी ओर एक महिला बैठी थीं। उनके कान में अंग्रेजी की भनक पड़ी तो उनकी भी बतियाने की इच्छा उबल पड़ी। उन्होंने मलिक को सम्बोधन कर कहा—'ओफ, कितना सुन्दर! कैसा अपूर्व ओपेरा है। वास्तव में ही वियाना के ओपेरा की तुलना नहीं है। आपका क्या ख्याल है? मैं तो वाशिंगटन से यह दूसरी बार वियाना का ओपेरा देखने के लिये ही आई हूँ।'

मिसेज मलिक वियाना के ओपेरा की रसानुभूति में अपनी असमर्थता क्यों प्रकट करती? उन्होंने भी प्रशंसा में योग दिया। अमरीकन महिला ने उत्साहित हो मलिक की प्रशंसा की—'आप कितनी अच्छी अंग्रेजी बोलती हैं लेकिन पोशाक से तो अंग्रेज नहीं मालूम होतीं।'

'मैं हिन्दुस्तानी हूँ' मिसेज मलिक ने उनके अनुमान में सहायता दी। अमरीकन महिला ने और भी प्रशंसा की, 'How interesting। मेरा भी कुछ ऐसा ही अनुमान था। भारत तो एक महान देश है। हिन्दुस्तान में तो अंग्रेजी ही बोली जाती है न?'

मलिक ने उत्तर दिया—'हाँ, परन्तु कुछ ही लोग अंग्रेजी बोलते हैं। हमारी अपनी अनेक प्रादेशिक भाषायें हैं। अंग्रेजी राज में शासन प्रबन्ध और ऊँचे दर्जे की शिक्षा अंग्रेजी में होने के कारण अन्तरप्रान्तीय भाषा प्रायः अंग्रेजी ही बन गई थी परन्तु अब उसका स्थान धीरे-धीरे हिन्दी ले रही है।'

'Oh that is really very interesting' अमरीकन महिला बोली, ''मेरा खयाल है, आप भी ओपेरा देखने ही वियाना आयी हैं।''

'केवल ओपेरा देखने के लिये ही तो नहीं' मलिक ने उत्तर दिया, 'वैसे ओपेरा तो यहाँ का अद्‌भुत है ही पर यहाँ शान्ति कांग्रेस हो रही है। हम कई लोग हिन्दुस्तान से उसी के लिये आये हैं।'

'शान्ति कांग्रेस?' अमरीकन महिला ने कुछ विस्मय प्रकट किया, 'पर वह शान्ति कांग्रेस तो, मैंने पत्र में पढ़ा है कि कम्युनिस्ट कर रहे हैं।'

'हो सकता है कांग्रेस में कुछ कम्युनिस्ट भी हों लेकिन उसमें केवल कम्युनिस्ट लोग ही नहीं हैं। जहाँ तक समझ आता है, सभी तरह के लोग हैं?'

'That is very interesting. क्या कांग्रेस में काफी लोग आये हैं?'

'हम लोग तो केवल तीस-इकतीस आदमी आये हैं। हमारे लिये आस्ट्रिया बहुत दूर है न लेकिन कांग्रेस में तो अढ़ाई हजार प्रतिनिधि आये हैं।'

'सचमुच! क्या भारत में भी कम्युनिस्ट है?' महिला ने कौतूहल प्रकट किया।

''मेरा ख्याल है कि कुछ है जरूर क्योंकि पार्लियामेंट में ही चालीस के लगभग कम्युनिस्ट मेम्बर हैं। उन्हें चुनने वाले कम्युनिस्ट ही होंगे या कम्युनिस्टों का प्रभाव इतना होगा?''

विराम के पन्द्रह मिनट अभी समाप्त नहीं हुए थे परन्तु इसके बाद अमरीकन महिला ने श्रीमती मलिक से और बात नहीं की। हो सकता है कि मलिक को ओपेरा की शौकीन मान अमरीकन महिला ने उन्हें सभ्य और बात करने योग्य समझा हो परन्तु फिर उनके देश में भी कम्युनिस्टों की व्याधि होने की बात जान छूत के भय से परे हट गई हो। जो भी हो समझ में न आने वाले परन्तु बहुत सुन्दर आस्ट्रियन ओपेरा के व्यवधान में अपने लिये इतना विष्कम्भक (comic interlude) हो ही गया।

कांग्रेस द्वारा विचार के लिये प्रस्तावित तीनों कार्यक्रमों को तीन भागों में बंटी कांग्रेस ने भली प्रकार छानबीन और परख कर अलग-अलग तीनों समितियों में सर्वसम्मति से पास कर लिया था। प्रधान मंडल ने इन तीनों प्रस्तावों को मिलाकर एक घोषणा या अपील संसार की जनता के नाम और एक घोषणा पाँच मुख्य राष्ट्रीय शक्तियों के प्रतिनिधि को दे दिया। इस अपील के विषय में प्रत्येक प्रतिनिधि को अपना मत प्रकट करने का अवसर देने के लिये सभी देशों के प्रतिनिधियों की अलग-अलग बैठकें हुईं जिसमें वे स्वतंत्रतापूर्वक अपना मत या विरोध प्रकट कर सकते थे। लक्ष्य यही था कि कोई भी प्रस्ताव सर्वसम्मति के बिना, केवल बहुमत से पास न किया जाये। इस काम में कई घंटे लग जाना स्वाभाविक ही था। जिस समय यह घोषणायें कांग्रेस के पूर्ण और संयुक्त अधिवेशन में आईं इन पर प्रत्येक प्रतिनिधि के हस्ताक्षर हो चुके थे। इस समय कांग्रेस भवन खचाखच भरा हुआ था।

संसार की जनता के नाम विश्वशान्ति कांग्रेस की घोषणा का भावार्थ यों है :—

'शान्ति रक्षा विश्व समिति (World Council of Peace) ने जनता की यह कांग्रेस इसलिये आयोजित की है कि अनेक आन्दोलनों, संगठनों और विचारधाराओं के लोगों में अनेक प्रश्नों पर मतभेद रहते हुए भी युद्धों की सम्भावना को रोकने और विश्वशान्ति की रक्षा के लिये संसार की सम्पूर्ण जनता का सहयोग हो सके।'

'इस कांग्रेस में पूरी स्वतंत्रता से किये गये विचार परिवर्तन से यह स्पष्ट है कि संसार की जनता जोर-जबर या बल प्रयोग की नीति से संसार में होने वाले संहार और नाश को देखकर और भविष्य में इस नीति से होने वाले संहार और नाश की आशंका देखकर इस नीति को समाप्त कर देना चाहती है। हमारा विश्वास है कि ऐसा कोई मतभेद या झगड़ा नहीं जिसे आपसी बातचीत से सुलझाया न जा सके। इस समय संसार की शान्ति पाँच महाशक्तियों ग्रेट ब्रिटेन, अमरीका, सोवियत समाजवादी संघ, चीनी प्रजातंत्र और फ्रांस पर निर्भर करती है। हम इन पाँचों शक्तियों से माँग करते हैं कि वे एक ऐसी सम्मिलित संधि के लिये, जिससे अंतर्राष्ट्रीय शान्ति की रक्षा हो सके, तुरन्त आपसी बातचीत आरम्भ कर दें। इन पाँच शक्तियों पर बहुत बड़ा उत्तरदायित्व है। संसार की जनता इनसे इस उत्तरदायित्व को पूरा करने की माँग करती है और शान्ति के उद्देश्य की पूर्ति के लिये इन राष्ट्रों को अपना पूर्ण सहयोग अर्पण करती है। जनता की माँग है कि कोरिया में युद्ध तुरंत ही बन्द कर दिया जाये। जब तक नगर और गाँव उजाड़े जाते रहेंगे और लड़ने वाले लोग नाश के लिये उतावले रहेंगे, समझौते की बात सम्भव नहीं हो सकेगी। आक्रमण बन्द हो जाने पर ही लड़ने वाले समझौते की बात करने लायक अवस्था में होंगे। हमें भरोसा है कि सद्भावना रखने वाला प्रत्येक मनुष्य इस निष्पक्ष, न्यायोचित और मानवीय सुझाव का समर्थन करेगा। हमारी यह माँग है कि वियतनाम, लाओस, कम्बोडिया और मलाया में भी शान्ति स्थापित की जाय और बिना किसी शर्त के सभी देशों के लोगों के लिये आत्मनिर्णय और स्वतंत्रता का अधिकार स्वीकार किया जाये। हमारा यह भी तकाज़ा है कि ट्यूनिशिया और मोरोक्को के लोगों की स्वतंत्रता की उचित और स्वाभाविक इच्छा का दमन भी तुरंत समाप्त किया जाये।'

'विश्वशान्ति के लिये जनता की यह कांग्रेस घोषणा करती है कि सभी लोगों को स्वतंत्रता और आत्मनिर्णय और अपने देश में अपने निर्णयानुसार व्यवस्था बनाने या जीवन का क्रम चलाने का पूरा अधिकार होना चाहिये। किसी भी दूसरे राष्ट्र का किसी भी कारण से अन्य देश के भीतरी मामले में हस्तक्षेप न्याय नहीं। सभी राष्ट्रों की स्वतंत्रता की रक्षा के लिये अन्तर्राष्ट्रीय शान्ति पहली शर्त है। यह कांग्रेस रंग और जाति भेद का विरोध करती है। हम ऐसे व्यवहार को मानवता का अपमान और आपसी वैमनस्य और युद्ध का कारण समझते हैं।'

'हमारा यह विश्वास है कि ऐसी सामरिक संधियाँ जिनसे सबल राष्ट्र निर्बल राष्ट्रों पर जबरन शर्तें लगाये या किसी देश की भूमि पर अन्य देश की सेना का रहना ऐसे देश को अनिच्छा से भी युद्ध में फंसा देने का कारण हो सकता है। हमारी माँग है कि ऐसे देशों को जो किसी दलबन्दी में न बंधना चाहें या अपनी भूमि में विदेशी सेनायें न रखना चाहें, किसी भी प्रकार के आक्रमण या जबरदस्ती की छिपी या खुली धमकी नहीं दी जा सकनी चाहिये।'

'हमें आशंका है कि पिछले युद्ध की चिनगारियाँ योरुप और एशिया में फिर से भभक सकती हैं। हमारा विश्वास है कि जापान और जर्मनी की समस्या का सुलझाव आपसी बातचीत से अवश्य हो सकता है और वैसे ही किया भी जाना चाहिये। हमारी माँग है कि जर्मनी को तुरन्त फिर से एक संयुक्त राष्ट्र बनाकर और प्रजातंत्र अधिकार देकर, ताकि वहाँ नाज़ीवाद और युद्ध में विश्वास का वह ढंग फिर न पैदा हो सके

जिसका फल पूरा योरुप भोग चुका है, उसके साथ शान्तिरक्षा की एक ऐसी संधि की जानी चाहिए जिसमें किसी भी देश के विरुद्ध सामरिक सहयोग की शर्तें न हों। हम जापान के साथ भी ऐसी ही संधि की माँग करते हैं जिससे जापान पर विदेशी अधिकार समाप्त होकर उस देश को शान्तिमय अन्तर्राष्ट्रीय परिवार का समान अंग बनने का अवसर मिले। इसी प्रकार आस्ट्रिया के साथ भी उसे विदेशी बन्धन से मुक्त कर देने की संधि की जानी चाहिये।'

'इस कांग्रेस ने अनेक देशों के ऐसे प्रसिद्ध विशेषज्ञों के विवरण सुने हैं जिन्होंने स्वयं कोरिया और चीन में जाकर कीटाणु युद्ध के सम्बन्ध में जांच पड़ताल की है। इन विवरणों से दुख और खेद अनुभव कर यह कांग्रेस जोरदार माँग करती है कि कीटाणु-युद्ध तुरंत बन्द किया जाय और सभी राष्ट्र सन् १९२५ के कीटाणु शस्त्रों का प्रयोग न करने के लिये जिनीवा में की गई संधि को मानें। विज्ञान के आविष्कारों का उपयोग लाखों निरीह मनुष्यों का संहार करने के लिये नहीं होना चाहिये। इसके साथ ही कांग्रेस एटमबम और रासायनिक शस्त्रों तथा व्यापक संहार करने वाले दूसरे शस्त्रों के भी पूर्ण निषेध की माँग करती है। यह कांग्रेस उन लोगों से सहमत नहीं जो यह विश्वास करते हैं कि कोई देश शस्त्रों की संख्या बढ़ाकर अपनी सुरक्षा कर सकता है। हमें पूर्ण निश्चय है कि शस्त्र बढ़ाने की होड़ छोटे और बड़े सभी राष्ट्रों के लिये आशंका की स्थिति उत्पन्न कर रही है। हम विश्व जनता की इच्छा के अनुसार यह माँग करते हैं कि तुरंत ही एक उचित, न्यायपूर्ण निशस्त्रीकरण के लिये, जिसमें किसी भी राष्ट्र के साथ ज्यादती न हो, अन्तर्राष्ट्रीय सम्मेलन आरम्भ किया जाय। हमें भरोसा है कि संयुक्त अन्तर्राष्ट्रीय नियंत्रण द्वारा सभी देशों में समान अनुपात में धीरे-धीरे शस्त्रों की संख्या कम करने में सफलता अवश्य होगी। यह कांग्रेस जनता के ऐसे प्रतिनिधियों की इच्छा और प्रस्ताव का समर्थन करती है जो सभी देशों में शीघ्र ही सांस्कृतिक और व्यापारिक सम्बन्ध पुनः आरम्भ करने की माँग करते हैं। देशों के आपसी व्यापार, कला तथा साहित्य के विकास और विज्ञान की खोज के विनिमय में रुकावटें मनुष्य मात्र के विकास के मार्ग में बाधक बन रही हैं।'

'हमारा विश्वास है कि संयुक्त राष्ट्रसंघ की घोषणा के अनुसार सभी राष्ट्रों के लिये समान रूप से शान्ति, सुरक्षा और स्वतंत्रता का अधिकार माना गया है परन्तु व्यवहार इस घोषणा के भाव और प्रयोजन के विरुद्ध हो रहा है। कांग्रेस का अनुरोध है कि चीनी जनतंत्र राष्ट्र को संयुक्त राष्ट्रसंघ में उसका उचित और अधिकारपूर्ण स्थान दिया जाय और अन्य चौदह राष्ट्रों को भी संघ में उनका उचित और अधिकारपूर्ण स्थान दिया जाय। अन्त में कांग्रेस फिर यह माँग करती है कि संयुक्त राष्ट्रसंघ से जो निराशा हो रही है उसे दूर कर इस संघ को सभी राष्ट्रों में सद्भावना और शान्ति स्थापित करने का साधन बनाया जाये। जनता व्यवस्थाओं और आदर्शों के मतभेद होने पर भी शान्ति चाहती है। युद्ध से सभी लोग घृणा करते हैं। जनता में इन बात का भी सामर्थ्य है कि वह आशंकाओं के मंडराते बादलों को दूर कर संसार को शान्तिपूर्ण भविष्य का आश्वासन दे सके। यह कांग्रेस सम्पूर्ण संसार की जनता से आग्रह करती है कि आपसी लेनदेन और सुलह-समझाव की भावना को बढ़ाने के लिये अपनी पूरी शक्ति लगाकर मनुष्यमात्र के शान्ति से जीवित रह सकने के अधिकार की रक्षा की जाय।'

शान्ति कांग्रेस की पाँच मुख्य राष्ट्रों के नाम घोषणा का भावार्थ यों है :—'संसार प्रतिदिन अधिकाधिक और स्पष्ट रूप से अनुभव कर रहा है कि अन्तर्राष्ट्रीय उलझनों के सुलझाव के लिये शस्त्र शक्ति और युद्धों का उपयोग नहीं किया जाना चाहिये। पाँच महाशक्तियों के नाम एक शान्ति संधि करने की माँग पर छः अरब से अधिक व्यक्ति अपने हस्ताक्षर कर चुके हैं। अनेक महत्त्वपूर्ण संगठनों और विचारधाराओं के प्रतिनिधि भी इस बात का समर्थन कर चुके हैं कि अन्तर्राष्ट्रीय समस्याओं को सुलझाने के लिये शस्त्र-शक्ति के बजाय आपसी बातचीत का ही उपयोग किया जाना चाहिये। जनता की यह शान्ति कांग्रेस अपने १२ दिसम्बर १९५२ के अधिवेशन में पाँच मुख्य शक्तियों अमरीका, समाजवादी सोवियत संघ, चीनी प्रजातंत्र संघ, ग्रेट ब्रिटेन और फ्रांस से सादर यह आग्रह करती है कि वे तुरन्त ही एक ऐसी शान्ति संधि का आयोजन करें जिस पर विश्वशान्ति निर्भर करती है। पाँच मुख्य शक्तियों का आपसी समझौता और शान्ति के लिये संधि निश्चय ही संसार को भावी युद्ध की आशंका से बचाकर शान्ति की स्थापना कर सकती है। पाँचों मुख्य शक्तियों से यह विश्व जनता की माँग है।'

यह दोनों घोषणायें मंच से पढ़ी जाने के बाद और श्रोताओं द्वारा इन्हें सात भाषाओं में सुन लेने पर सूचना दी गयी कि इन घोषणाओं पर सभी देशों के सब प्रतिनिधियों के हस्ताक्षर हो चुके हैं परन्तु उन्हें फिर एक बार सभी प्रतिनिधियों के सामने पुनः सम्मिलित विचार और मत के लिये रखा जा रहा है। यदि किसी भी प्रतिनिधि को इसमें कोई भी आपत्ति या मतभेद हो तो वह पूर्ण स्वतन्त्रता से अपने विचार अथवा अपना मतभेद यहाँ मंच पर आकर अथवा अपने ही स्थान पर खड़े होकर प्रकट कर सकता है। प्रायः दो मिनट प्रतीक्षा की गई कि सम्भव है कोई व्यक्ति मतभेद प्रकट करे। इसके बाद मंच से घोषणा की गई यदि प्रतिनिधि इन घोषणाओं को स्वीकार करते हैं तो अपना समर्थन प्रकट करने के लिये अपने-अपने स्थानों पर खड़े हो जांय। भवन में उपस्थित सम्पूर्ण जनता एक साथ खड़ी हो गई। प्रधान मंडल की ओर से घोषणा की गई कि विश्व जनता की शान्ति कांग्रेस ने इन घोषणाओं को सर्वसम्मति से स्वीकार कर लिया है।

प्रधान मंडल की इस घोषणा से हर्ष और उत्साह से तालियों का जो नाद हुआ है तो कान बहरे ही हो गये। तालियों का वह शोर जनता के मत और इच्छा के साम्य से बंध गये ताल में परिवर्तित हो गया और उनके साथ ही सभी के गले में 'वीव ला पे! वीव ला पे!!' (शान्ति जिन्दाबाद! शान्ति जिन्दाबाद!!) का राग एक स्वर से उठने लगा। अपने आप ही प्रतिनिधियों ने एक दूसरे के हाथ थाम लिये और कुर्सियों की कतारों में बंधे 'वीव ला पे! वीव ला पे!!' की लय पर नाच उठे। चीनी, जापानी, अफ्रीकी, कोरियन, अमरीकन, स्पेनिश, इटालियन, ब्रिटिश, मलायी-भारतीय, वियतनामी सभी 'वीव ला पे' की उमंगों से नाच रहे थे। ऐसा जान पड़ता था अपने-अपने राष्ट्रों और जातीय अस्तित्व का गौरव लिये भी मनुष्यमात्र के जीवन की भावना एक ही है। अनेक रूप, रंगों-पोशाकों और बोलियाँ बोलने वाले मानव का खून एक ही है और वह सहयोग के बल पर ही अपनी मानवता को अजर-अमर और निर्भय बना सकता है। युगों-युगों से राष्ट्रीय प्रतिद्वन्द्विताओं और वैमनस्यों से झुलसाई और सुखायी जाती रही मानवता की बाढ़ सब प्रतिबन्धों को तोड़कर मानवता के सागर की अदमनीय लहर का रूप ले रही थी।

सभी राष्ट्रों की सम्मिलित जनता की इस कांग्रेस को यदि मानवता का प्रतिनिधि माना जाय तो उसका भविष्य कितना आशापूर्ण है? मानवता के भविष्य के उज्ज्वल आकाश में यदि कहीं से भी मानवता का नाश करने वाले वैमनस्य की घटा के चिह्न दिखाई दें तो उसे दूर करने के लिये हमें क्या नहीं निछावर कर देना चाहिये?

२० दिसम्बर के दिन होटल मोजार्ट छोड़कर मास्को के लिये चल देने की बात थी। भारतीय प्रतिनिधि मंडल को सोवियत शान्ति सभा ने मास्को आने का निमंत्रण दिया था परन्तु मालूम हुआ कि सोवियत की सीमा में हमारे प्रवेश कर सकने के लिये अनुमति या परवाना राहदारी (वीसा) नहीं पहुँचे थे इसलिये दो दिन और प्रतीक्षा करनी होगी। चीनी, कोरियन, जापानी और आस्ट्रेलियन प्रतिनिधि भी मास्को जा रहे थे। सम्भव है कि इतने आदमियों के लिये वियाना से मास्को की लम्बी यात्रा का सुविधाजनक प्रबन्ध कर सकने के लिये भी कुछ और समय आवश्यक था। वियाना ऐसी जगह नहीं जहाँ आदमी जल्दी ही ऊबने लगे। बहुत सी जगहें देखने के लिये थीं। श्वाइनबुर्ग का पुराना महल भी देखने गये। महल अपनी विशदता और भव्यता के कारण देखने योग्य तो होते हैं ही। श्वाइनबुर्ग तो हैप्सबर्ग साम्राज्य के सम्राटों का विश्राम, क्रीड़ा और विनोदस्थल था। महल की विशदता, विस्तार और कलात्मकता सभी साम्राज्य की शक्ति और समृद्धि के अनुकूल है। श्वाइनबुर्ग के अतिरिक्त और भी कई पुराने महल वियाना में मौजूद हैं। यदि सब महलों का क्षेत्रफल और उनमें रह सकने की जगह या उस पर आई लागत का अनुमान किया जाये तो शायद वियाना जैसे बड़े नगर के एक चौथाई से कम न आंका जायेगा; अर्थात् राज परिवार के लिये उतनी ही जगह की आवश्यकता थी जितनी कि उनकी प्रजा के बारह या तेरह लाख व्यक्तियों को मिलाकर रही होगी। यदि हैप्सबर्ग की प्रतिद्वन्द्वी साम्राज्यवादी शक्तियों ने उन्हें टक्कर मारकर गिरा न दिया होता तो भी क्या ऐसी व्यवस्था सदा के लिये निभती रह सकती थी?

ऐसी व्यवस्था का श्रेय या दोष केवल हैप्सबर्ग को ही तो नहीं दिया जा सकता। वियाना जाने से कुछ ही दिन पहले जयपुर, जोधपुर और बीकानेर गया था। स्थानीय पुराने और नये राजमहलों को देख पाने का भी अवसर हुआ। हैप्सबर्ग का वंश तो एक विशाल और औद्योगिक रूप से विकसित साम्राज्य का स्वामी था परन्तु हमारे जयपुर, जोधपुर, बीकानेर और उदयपुर के राजा, राठौर और राणा कितने-कितने बड़े साम्राज्यों के स्वामी थे? उन्हीं के पुराने और नये महलों को देख लीजिये। आधे में पूरी राजधानी और आधे में राजवंश का घर! इतने ही से भी तो उन्हें संतोष नहीं था। पुराने से ऊबकर या अपनी प्रतिष्ठा की प्रतिद्वन्द्विता में नये महल भी बनते ही जा रहे थे। महाराज जोधपुर से बातचीत के समय उन्होंने अपनी रियासत के राजस्थान में मिला दिये जाने और उन्हें केवल सात लाख रुपये वार्षिक खर्च बाँध दिया जाने के कारण उन पर आ गई आर्थिक विपत्ति की चर्चा करते हुए कुछ ही बरस पहले अपने नये बने महल की बाबत कहा था—'····हमारे लिये जो आमदनी भारत सरकार ने निश्चित कर दी है, उसमें तो उस महल की और मरम्मत भी ठीक से होती रहना सम्भव नहीं।' महाराज की इस विपत्ति के प्रति सहानुभूति अनुभव कर भी यह ध्यान आये बिना नहीं रह सकता कि जनता द्वारा पैदा किये जाने वाले धन का कितना अंश महाराज की सुविधा के लिये व्यय होता होगा? जोधपुर रियासत में जाकर यह कोई भी देख सकता है कि प्रजा का बहुत बड़ा

अंश कठिनाई से दिन-रात में एक बार नमक से रोटी खा सके तो अपने आपको धन्य माने।

जोधपुर, जयपुर, बीकानेर में रक्त बहाने वाली कोई क्रान्ति नहीं हुई। सामन्तवाद को अव्यावहारिक समझने वाली पूँजीवादी कांग्रेसी सरकार ने शान्ति पूर्वक नये न्याय की व्यवस्था कर दी है। इस न्याय के अनुसार अब सामन्तवादी प्रभु तो अपने पुरखों की सम्पत्ति रियासत को अपनी सम्पत्ति नहीं मान सकता परन्तु जयपुर की प्रजा के बिड़ला जैसे और अन्य रियासतों के सेठ लोग भी साधनों के स्वामित्व के अधिकार से अपने व्यवसाय व निर्वाह के लिये लाखों व्यक्तियों को अपना मजदूर या नौकर बनाकर रख सकते हैं। कांग्रेस राज के न्याय की नैतिकता के अनुसार भूमि के स्वामित्व की वंश परम्परा के अधिकार से दूसरों पर शासन करना, उनका श्रम हथिया लेना अन्याय है क्योंकि ऐसे सामन्तवादी बंधन में पूँजीवाद को पनपने की स्वतन्त्रता नहीं हो सकती थी। परन्तु इस राज की नैतिकता में साधनों के स्वामित्व के अधिकार से दूसरों पर शासन करना या उनके श्रम का फल हथिया लेना अन्याय नहीं है। वियाना में भी ब्रिटेन, अमरीका और फ्रांस नाज़ीवाद को नाश करने का दावा कर ऐसे ही न्याय की स्थापना कर रहे हैं।

युद्ध के बाद से आस्ट्रिया और वियाना नगर भी चार राष्ट्रों अमरीका, ब्रिटेन, सोवियत संघ और फ्रांस के अधिकार में बँटा हुआ है। यों वियाना में आस्ट्रिया की अपनी सरकार है परन्तु इस सरकार को इन राष्ट्रों के निर्देश के अनुसार ही चलना पड़ता है। नगर का नियन्त्रण बारी-बारी से एक-एक मास के लिये प्रत्येक राष्ट्र के हाथ में आता रहता है। युद्ध से पहले तक आस्ट्रिया अच्छा औद्योगिक देश था। अब मित्र राष्ट्रों द्वारा लगाई गई शर्तों के अनुसार वह विदेश में बेचने लायक माल तैयार नहीं कर सकता। उसे अपना माल कच्ची हालत में ही, उदाहरणतः धातुओं को पदार्थ बना सकने लायक अवस्था तक लाकर ही मित्र राष्ट्रों के हवाले कर देना पड़ता है। दाम भी आस्ट्रिया स्वयं निश्चित नहीं कर सकता इसलिये बहुत से उद्योग-धन्धे प्रायः बन्द हो गये हैं। बाहर से आने वाले यात्री को नगर में घूमने पर भिन्न-भिन्न भागों में भिन्न वर्दी के कुछ सिपाही नजर आ जाने के अतिरिक्त और भेद नहीं जान पड़ता परन्तु नगर के निवासी अवश्य भेद अनुभव करते हैं। यों प्रत्येक राष्ट्र ने अपने विभागों में सार्वजनिक सुविधा की कुछ व्यवस्थायें की हुई हैं। उदाहरणतः आवश्यक सूचना देने के स्थान, वाचनालय इत्यादि परन्तु रूसी क्षेत्र में साधारण स्थिति के लोग भी कुछ अधिक संतुष्ट जान पड़े। रूसी क्षेत्र में कुछ सरकारी दुकानें, 'काफ हाज' हैं जिनमें भोजन तथा दूसरी आवश्यक वस्तुएँ दूसरी दुकानों की अपेक्षा काफी सस्ती मिल जाती है। मूल्य में ३३% तक का भी अन्तर रहता है। इन दुकानों पर आवश्यक वस्तुयें ही मिलती हैं शौक की नहीं। इसके अतिरिक्त बच्चों की निशुल्क शिक्षा आदि का प्रबन्ध भी इस भाग में अधिक सुविधा का है।

वियाना में प्राइवेट-थियेटर या कैब्रे की भी कमी नहीं है। प्राइवेट-थियेटर में भीतर जाने के लिये दाम देना पड़ता है। ये प्राइवेट-थियेटर या कैब्रे क्लब के रूप में काम करते हैं। भीतर जाने के टिकट का कानूनी अर्थ क्लब की सदस्यता का शुल्क होता है। ये जगहें क्लब इसलिये कहलाती हैं कि वहाँ ऐसे बहुत से काम होते हैं जिन्हें सार्वजनिक थियेटर में कानूनन नहीं किया जा सकता या करने पर झगड़ा फसाद की आशंका रहती

है। दर्शकों की संख्या अधिक नहीं रहती। थियेटर देखते समय शराब की बिक्री भी होती रहती है और अकेलेपन की कलख दूर करने के लिये संगति भी वहीं मिल जाती है। प्राइवेट-थियेटर में नाट्य या संगीत का जो नमूना देखा वह बहुत उत्कृष्ट नहीं जंचा। मुख्य प्रयोजन स्वच्छन्दता से बैठकर पीना, ऐसे ढंग और व्यवहार देख सकना जिन्हें सर्वसाधारण नहीं देख सकते या देखें तो घबरा जायें और रात गुजारने का साथी ढूँढ़ लेना ही रहता है। यह व्यभिचार की उच्छृङ्खलता को साधनों के पर्दों से कला और विनोद का रूप दे देने का ढंग है। जान पड़ता है कि इस प्रकार के मनोविनोद में पुरुष ही आनन्द पाता है क्योंकि खर्च का बोझ उसके कंधे रहता है। नारी सुख दे सकने का मूल्य लेती जान पड़ती है। पता लेने पर यह भी मालूम हुआ कि नारी भी अपने साधनों के अनुसार यहाँ आनन्द मोल ले सकती है परन्तु वैसी नारियों का अनुपात अधिक नहीं है क्योंकि साधनों का स्वामित्व प्रधानतः पुरुष के ही हाथ में है। साधन सम्पन्न होने पर नारी भद्र समाज का अङ्ग भी तो रहती है। साधनों और धन का प्रयोजन आदर पाना भी होता है। अपने लिये भद्रता के आदर की रक्षा करने के लिये हमारे समाज की परम्परा के अनुसार नारी को अधिक संकोचशील होना पड़ता है। जब भद्रता की रक्षा करना सम्भव ही नहीं रहता तो वह संकोच को लात मार देती है।

कांग्रेस के आरम्भ में, बारह या तेरह दिसम्बर को ही नेताजी सुभाष बोस की पत्नी श्रीमती एमिलि शेंकल बोस से परिचय हो गया था। श्रीमती शेंकल ने ही भारतीय प्रतिनिधियों का पता लेकर अपना परिचय दिया था। उनका परिचय पा हम लोगों के मन में भावुकता और आदर उमड़ आया। वे भी हम लोगों से मिलकर प्रसन्न हुईं। वे अंग्रेजी खूब मजे में बोलती हैं। पहली बार जिस समय उनसे परिचय हुआ हम लोग कांग्रेस भवन की सीढ़ियाँ चढ़ रहे थे। कार्यवाही आरम्भ होने में दो या तीन मिनट का ही समय शेष था इसलिये मन भर बातचीत कर सकने का अवसर न था। हम लोगों ने निवेदन किया कि मध्याह्न में कांग्रेस की कार्यवाही से अवकाश के समय बूफे में वे मिलें तो हम लोग बहुत सी बातचीत करना चाहेंगे।

'मैं बूफे में कैसे आ सकती हूँ?' श्रीमती एमिलि बोस ने उत्तर दिया, 'ये टिकट तो मैं किसी से माँगकर लाई हूँ। मैं कांग्रेस की डेलीगेट थोड़ी ही हूँ।'

हमने कुछ संकोच से प्रस्ताव किया कि उनके मकान का पता मिल जाये तो हम लोग वहीं उनके दर्शन को पहुँच सकेंगे। इस पर उन्होंने उत्तर दिया कि दिन भर तो वे कांग्रेस में नीचे टेलीफोन विभाग में ही रहती हैं। हम लोग जब चाहें उनसे मिल सकते हैं।

अनुमान किया कि श्रीमती बोस शान्ति कांग्रेस में डेलीगेट नहीं हैं। वे स्वयं सेविका बनकर टेलीफोन विभाग में काम कर रही हैं। हम लोगों ने शान्ति के उद्देश्य के प्रति उनके सेवाभाव की सराहना की। उन्होंने हमारा भ्रम निवारण करने के लिये उत्तर दिया— 'मैं नगर के टेलीफोन में काम करती हूँ यहाँ मेरी ड्यूटी लगा दी गई है। इसमें मेरे चाहने न चाहने का कोई सवाल नहीं।' फिर मिलने की बात कह हम लोग सीढ़ियाँ चढ़ने लगे। चौबेजी वकील आदमी, पुलिस की बुद्धि से चलने वाले बोले, 'क्या नेताजी की पत्नी की स्थिति की महिला के लिये, डेलीगेट हुए बिना डेलीगेट का टिकट माँगकर भीतर आना शोभाजनक है?'

—'क्यों, तुम्हारा मतलब क्या?'—चौबे जी से प्रश्न किया; और उन्होंने उत्तर दिया—'जाने कौन हैं? क्या सबूत?'

इसके बाद कांग्रेस भवन की ड्योढ़ी में श्रीमती बोस से सामना हुआ तो पेप्सू के ताराचन्द जी गुप्त साथ थे। नेताजी की पत्नी को साक्षात सामने देख गुप्त जी की आँखें आदर और श्रद्धा से भीग गईं। उन्होंने अपनी लड़की अनीता बोस से भी परिचय कराया। बिटिया की आयु नौ-दस वर्ष रही होगी। तीन बार मुझे नेताजी से बातचीत का और एक बार साथ यात्रा करने का अवसर मिला है। बिटिया का चेहरा नेताजी से बहुत कुछ मिलता हुआ जान पड़ा। इसकी चर्चा अपने साथियों से भी की। श्रीमती बोस ने हाल-चाल पूछने के बाद प्रश्न किया—'कहिये, शान्ति का विस्फोट कैसा हो रहा है?' इतने कम समय के परिचय में इस परिहास या विद्रूप की व्यंजना को ठीक-ठीक भांप लेना कुछ कठिन ही था इसलिये केवल मुस्कराकर ही रह गये।

साथी ताराचन्द ने श्रीमती बोस से कुछ बात करने के लिये, अत्यन्त आदर से जरा एक ओर चलने का अनुरोध किया। भीड़ से हटकर उन्होंने द्रवित स्वर में प्रश्न किया—'नेताजी के विषय में आपका क्या ख्याल है?'

'मेरा तो विश्वास है कि वे जीवित हैं।'

उनके उत्तर से जिज्ञासा और बढ़ी। प्रश्न किया—'आपके विचार में वे कहाँ होंगे?'

'क्यों, वहीं! तुम लोगों के राज में।'

कुछ न समझ ताराचन्द ने बात स्पष्ट करने के लिये पूछा—'आपका मतलब है, सोवियत में?'

'हाँ और क्या!' श्रीमती बोस ने दृढ़ता से उत्तर दिया।

कुछ सहमते हुए ताराचन्द जी ने प्रश्न किया—'आपका विचार भारत में आने का है?'

'नहीं, मैं यहाँ मजे में हूँ' श्रीमती बोस ने बात समाप्त कर दी।

श्रीमती बोस की इन सब बातों में कुछ समन्वय न कर सकने के कारण यह नहीं समझ पाये कि इनसे बात करें तो क्या और कैसे इसलिये मिलने का उत्साह नहीं हुआ परन्तु ताराचन्द और मिश्र जी नेताजी और उनकी पत्नी के प्रति भक्ति के कर्त्तव्य से यह उचित समझते थे कि वियाना से चल देने से पहले श्रीमती बोस को सब भारतीय प्रतिनिधियों की ओर से होटल मोजार्ट में आमंत्रित कर उनका आदर किया जाय और आत्मीयता से बातचीत का भी अवसर मिले। इस अभिप्राय से निमंत्रण देने के लिये उनके पास पहुँचे।

'मैं यह सब चकल्लस पसन्द नहीं करती' श्रीमती बोस ने हमें उत्तर दिया।

कांग्रेस के साथ ही कुरसालोन में कांग्रेस द्वारा की गई खान-पान की व्यवस्था भी समाप्त हो गई थी। वियाना में घूम-घामकर भोजन करने पर देखा कि सभी जगह कुरसालोन की नफासत और शान नहीं है। 'जीफर बावर' औसत दर्जे का रेस्टोरां समझा जाता है। उसे बम्बई के मामूली ईरानी रेस्टोरां की प्रतिलिपि ही समझिये। उससे सस्ते रेस्टोरां भी हैं जहाँ बारह-चौदह आने में सूप और रोटी लेकर पेट भर लिया जा सकता है। वियाना के लोग भोजन के विषय में अंग्रेजों की तरह कट्टर नहीं। हंगरी और बुल्गेरिया का भी काफी प्रभाव जान पड़ता है। गुलाश तो प्रायः अपने यहाँ के कोरमे जैसा

ही होता है। कुछ रेस्टोरां में मेज पर लाल मिर्च भी मौजूद देखी। अपने यहाँ की तरह वियाना में भी सस्ते और मंहगे बाजार हैं जहाँ एक ही चीज कुछ सस्ती-मंहगी खरीदी जा सकती है। सौदा बेचने का काम स्त्रियाँ ही करती दिखायी दीं। भाव करने का रिवाज प्रायः नहीं ही दिखाई दिया।

योरुप में होटल, रेस्टोरां के खर्च का एक विशेष भाग बख्शीश (टिप) बन जाती है। बख्शीश या टिप लेने-देने के ढङ्ग से देने और लेने वाले के श्रेणी या स्तर का सम्बन्ध स्पष्ट हो जाता है। जिनीवा या ज्यूरिच में पाँच फ्रांक (पांच रुपये) का खान-पान होने के बाद वेटर बिल सामने रखते समय निस्संकोच कह देगा—पचास सू (आठ आने) सर्विस के। गाहक इससे भी अधिक देना चाहे तो उसकी इच्छा पर कमी नहीं हो सकती। जो लोग बख्शीश देना नहीं चाहते; वे स्वयं ही काउण्टर से आवश्यक चीज ले लेते हैं। वियाना में वेटर इस अधिकार से बात नहीं करता परन्तु बख्शीश की आशा अवश्य करता है। बख्शीश न देने पर गाहक वेटर की नजर में गिर जाता है, व्यवहार में कुछ रुखाई भी आ जाती है।

वियाना में बख्शीश इस हद तक नागरिक जीवन का अङ्ग बनी हुई है कि डाकखाने में टिकट खरीदने पर यदि फिरती में कम ही खरीद हो और पैसा उठा लेने में आपको कुछ देर हो जाय तो डाकखाने का आदमी मुस्कराकर धन्यवाद दे वह पैसे स्वयं समेट ले सकता है। हम लोग मोजार्ट होटल में कई दिन के लिये ठहरे थे। आपस में समझ लिया था कि टिप देकर आदर पाने की होड़ न करना ही ठीक है। जाते समय एक साथ उचित टिप दे दी जायेगी। हम लोगों की यह समझदारी मोजार्ट होटल के चाकर समुदाय को भली नहीं लगी। साथी मैनफ्रेड से जो प्रायः मित्र का ही स्थान ले चुका था, मालूम हुआ कि होटल में हमारे टिप न देने से हमारे प्रति आदर की भावना मिट गई थी। मैनफ्रेड की मार्फत आश्वासन दिया कि चलते समय टिप का ध्यान रखा जायेगा। किया भी यही कि होटल छोड़ते समय प्रति व्यक्ति दस रुपये के हिसाब से एक साथ बख्शीश मुंशी को दे दी परन्तु इतने से भी खोया हुआ आदर वापस नहीं पा सके। शायद चाकर समुदाय को हमारे बख्शीश दे देने की बात मालूम ही नहीं हो सकती थी क्योंकि अपने सूटकेस हमें लारी पर स्वयं ही लादने पड़े थे।

●

लोहे की दीवार के उस ओर

मास्को की राह में

२३ दिसम्बर १९५२ प्रायः नौ बजे हम लोग मोजार्ट होटल से एक बस में वियाना के पूर्वी स्टेशन की ओर चले। अवसर से आकाश साफ था। सड़कों पर बिछी हल्की-हल्की बरफ के कण सूर्य की किरणों में दानेदार चीनी की तरह चमक रहे थे। भारत में पहुँचने वाले प्रचार के अनुसार लोहे की दीवारों से घिरे मास्को की ओर चल देना हम लोगों के लिए एक सुदूर कल्पना के समान ही था। पर अब हम लोग सोवियत शान्ति सभा के निमंत्रण पर सचमुच मास्को की ओर चल रहे थे। हमारा उत्साह और आह्लाद प्रकट भी हो रहा था। नौजवानों ने ऊँचे स्वर में तान छेड़ दी—'चली रे चली, मेरी नाव चली रे! मेरी नाव मास्को को चली।' पंजाबी, बंगाली, मराठी, गुजराती, मद्रासी सब एक साथ यही गा रहे थे। किसी को ख्याल आया तो यह गीत छोड़कर 'जन गण मन अधिनायक जय हे, भारत भाग्य विधाता' शुरू हो गया। स्टेशन होटल से चार-पाँच मील रहा होगा। रास्ते भर कोई न कोई गीत चलता ही रहा। वियाना का यह स्टेशन नगर के सोवियत भाग में है। स्टेशन पर आस्ट्रिया के झंडे के साथ ही हंसिया-हथौड़ा और कोने पर तारा बना सोवियत का लाल झंडा भी फहरा रहा था। स्टेशन की पुरानी इमारत युद्ध के समय बरबाद हो चुकी थी और काम चलाने के लिए एक बारक सी खड़ी कर दी गई थी।

स्टेशन पर पहुँचते ही हम लोग सोवियत शान्ति सभा के अतिथि बन गये। लम्बी ट्रेन में चीनी, कोरियन, रूसी और हम लोगों के लिए अलग-अलग डिब्बे बाँट दिये गये। गाड़ी में योरुप में चलने वाली गाड़ियों की तरह लगातार बरामदा था। किसी भी डिब्बे से गाड़ी के ओर-छोर तक जाया जा सकता था। गाड़ियाँ दो-दो व्यक्तियों के लिए छोटे-छोटे डिब्बों में बँटी हुई थीं ताकि रात को सो सकने में भी असुविधा न हो। हमारे वियाना के दुभाषिये साथी मैनफ्रेड और क्लारा शिंडल स्टेशन तक छोड़ने के लिए आये थे। उन लोगों से इतनी आत्मीयता हो गई थी कि विदाई अखर रही थी।

गाड़ी चलने में अभी कुछ मिनट शेष थे। सामने की लाइनों पर कुछ लोग सफाई और दूसरा काम कर रहे थे। ऊपर से नीचे तक एक में मिले, मजदूरों के नीले रंग के कुर्ता-पाजामा पहने रहने पर भी यह साफ जान पड़ता था कि उनमें एक मजदूर स्त्री थी। हाजरा बेगम ने आगे बढ़कर उससे बात करनी चाही। भाषा का व्यवधान बीच में होने पर भी वह इतना समझ गई कि हम लोग भारतीय हैं और शान्ति कांग्रेस में भाग लेने आये थे कि भविष्य में युद्ध न हो। स्त्री के आँसू बह चले। युद्ध में उसका पति मोर्चे पर मारा गया था और नगर में बम गिरने पर उसके दोनों बच्चे मर गये थे। उनकी याद में बिसूरती रहने के लिए वह प्रौढ़ा अभी जिन्दा ही थी। भर्राये हुए गले से उसने कहा—

'भगवान तुम्हारा भला करे। भगवान अब और युद्ध न होने दें तभी कल्याण है।' युद्ध न होने देने या अपने बच्चों के कल्याण के लिए तो उसने पहले भी भगवान की कई बार प्रार्थना की ही होगी। भगवान की प्रेरणाओं के चरितार्थ हो सकने और मनुष्य के अनुभव से उत्पन्न कल्याणकारी भावनाओं के पूरा हो सकने के लिए मनुष्य के ही प्रयत्न की आवश्यकता होती है। खैर, उसकी इस प्रार्थना की भी वही भावना थी जो शान्ति कांग्रेस में इकट्ठे हुए दो हजार पाँच सौ प्रतिनिधियों की थी।

साढ़े ग्यारह बजे के लगभग गाड़ी वियाना स्टेशन से चली। वियाना नगर का आँचल अंगूरों की खेतियों, दो मंजिली बस्तियों और छोटे-मोटे कारखानों से घिरा है। गाँव अधिक दिखायी नहीं दिये। जान पड़ता था कि युद्ध के कारण उजड़ गई बस्तियाँ अभी फिर से बस नहीं पाईं। खेती की भूमि प्रायः बरफ के टुकड़ों और कोहरे से ढंकी हुई थी। वृक्षों के पत्ते हेमन्त और बरफ के कारण झड़े हुए थे। सूर्य की किरणें कोहरे को बेंधने का यत्न कर रही थीं। परन्तु बादल आड़ बन जाते थे। योरुप में सर्दी का मौसम बेरौनकी और असुविधा का होता है और गरमी बहार का। हमारी गाड़ी स्पेशल ट्रेन थी इसलिए छोटे-मोटे स्टेशनों पर नहीं ठहर रही थी। घंटे भर बाद गाड़ी रुकी। कुछ फौजी अफसर गाड़ी में चढ़ आये। पासपोर्ट देखे गये और उन पर हमारे आस्ट्रिया की सीमा पार करने की मोहर लगा दी गई।

दस मिनट बाद ही गाड़ी फिर खड़ी हो गई। दूसरी तरह की टोपी वर्दी पहने अफसरों ने फिर पासपोर्टों और प्रवेश-पत्रों की माँग की। हम हंगरी की सीमा में प्रवेश कर रहे थे परन्तु हंगरी में प्रवेश के लिए अनुमति पत्र नहीं लिये थे। नियमानुसार अफसरों ने गाड़ी को आगे बढ़ने देने से या भारतीय प्रतिनिधि मंडल को हंगरी में प्रवेश करने देने से इनकार कर दिया। उनसे तर्क और अनुरोध किया गया कि हम लोग हंगरी में ठहरेंगे नहीं, रूस जा रहे हैं। हंगरी से आये प्रतिनिधि भी इसी ट्रेन से लौट रहे थे। यह पता चलने पर कि हम लोग शान्ति कांग्रेस से आ रहे हैं, उनकी कड़ाई में कुछ ढील आ गई। अमरीकन और फ्रांसीसी सीमा में शान्ति कांग्रेस की बात सुनने पर पासपोर्ट और वीसा देखने वाले अफसर होठ दबाकर एक नजर से घूर लेते थे। वहाँ शान्ति कांग्रेस से सम्पर्क संदेह का कारण था और यहाँ संदेह निवारण का। ठीक नहीं कह सकते कि अफसरों ने टेलीफोन पर हंगरी की राजधानी बुडापेस्ट से बात की या जो हो, एक घंटे बाद उन्होंने हमें आगे बढ़ने की इजाजत दे दी। यह लोहे की दीवार के भीतर चौकसी का पहला अनुभव था। किसी दूसरे देश की सीमा में यों प्रवेश कर लेना शायद सम्भव न होता। सूचना मिली कि हमारी गाड़ी लगभग आधी रात को बुडापेस्ट पहुँचेगी। बुडापेस्ट में स्थानीय शान्ति सभा के लोग कांग्रेस से लौटने वाले प्रतिनिधियों से मिलने के लिए स्टेशन पर आयेंगे।

हंगोरियन लोग हंगरी को वेंगरी उच्चारण करते हैं। हंगरी की सीमा में प्रवेश करने के बाद आकाश कुछ साफ होने लगा। रेल लाइन के दोनों ओर के दृश्य में भी अन्तर आया। स्टेशनों पर हंगरी के झंडे के साथ ही हंसिये-हथौड़े का लाल झंडा भी दिखाई देता था। काम चलाने के लिए जल्दी में खड़े कर लिए गये काठ के मकान काफी संख्या में दीखने लगे। बिजली के तारों के जाल फैलते दिखाई दिये। तारों के नीचे खम्भे प्रायः शहतीरों और बल्लियों के होने से अनुमान हो सकता था कि युद्ध के बाद, साधनों की

कमी के कारण काम न रोकने के लिये काम-चालू व्यवस्था है। खेतों की सीमा की मेड़ें मिट गई थीं और खेत दृष्टि की पहुँच से परे फैलते जा रहे थे। कहीं-कहीं ट्रैक्टर भी दिखाई दे रहे थे। पश्चिमी और पूर्वी योरुप की पोशाक में भी अन्तर था, पुरुषों के प्रायः घुटनों तक ऊँचे बूट और स्त्रियों की पोशाक में रंगों की गहराई और अधिकता।

बुडापेस्ट स्टेशन प्रकाश से चकाचौंध हो रहा था। बड़े-बड़े कपड़ों पर शान्ति की माँग और शान्ति की विजय के नारे लगे हुए थे। हंगरी के नेताओं और लेनिन-स्टेलिन के पूरे आकार के चित्र भी दूर से ही दिखाई दिये। स्टेशन पर खड़े लोग गीत गा रहे थे। शान्ति के गीत के अतिरिक्त और कौन गीत उस समय हो सकता था? परन्तु गाने के उत्साह से स्पष्ट था कि वे शान्ति के लिये करुणा की भीख नहीं माँग रहे बल्कि शान्ति स्थापना के लिये दृढ़ निश्चय की घोषणा कर रहे हैं। बहुत से लोग फूलों के गुलदस्ते लिये थे। हम लोगों के गाड़ी से उतरते ही शान्ति के नारे लगने लगे। गुलदस्ते भेंट किये गये और बिना किसी पूर्व परिचय और सम्बन्ध के गले मिलना हुआ। उसमें कुछ अस्वाभाविकता या झेंप भी नहीं जान पड़ी क्योंकि शान्ति की कामना और उसके लिये प्रयत्न में एकता का सम्बन्ध ही उस समय सबसे गहरा संबंध जान पड़ रहा था। हंगरी की समाजवादी सरकार के एक मंत्री और दूसरे कई लोग आये हुए थे। उन्होंने भारतीय प्रतिनिधि मंडल के नेता डा० किचलू, चीनी प्रतिनिधियों के नेता और रूसी मंडल के नेता का स्वागत किया। भाषणों का अनुवाद रूसी, चीनी और अंग्रेजी में किया जा रहा था। उसके बाद डा० किचलू बोले। चीनी मंडल की ओर से भी शान्ति आंदोलन में सहयोग के लिये पूर्ण आश्वासन दिया गया। इसके बाद स्टेशन के विश्राम (वेटिंग रूम) में चाय पार्टी हुई। बुडापेस्ट स्टेशन के हाल बहुत भव्य हैं। प्रायः सभी जगह मार्क्स, लेनिन, स्तालिन और हंगरी के समाजवादी नेताओं के बड़े-बड़े चित्र और समाजवादी कार्यक्रम की घोषणा के नारे लगे हुए थे।

सुबह उठने पर गाड़ी कोहरे से भरे वातावरण को चीरती और लाइन किनारे के स्टेशनों की उपेक्षा कर चलती ही जा रही थी। वियाना से चलते समय गाड़ी में रेस्टोरां की गाड़ी भी थी परन्तु रात में शायद बुडापेस्ट में वह कट गई थी। सुबह की चाय के अभ्यासियों को तलब हुई और उन्होंने पूछ-ताछ शुरू की, गाड़ी खड़ी कब होगी या चाय कब मिल सकेगी। उत्तर मिला कि अब गाड़ी सोवियत संघ की सीमा पर ही रुकेगी। प्रायः दस बजे गाड़ी चुप नदी के किनारे रुकी। मामूली सा स्टेशन, चाय नहीं थी।

हंगरी की पुलिस ने औपचारिक कार्रवाई कर गाड़ी को नदी पार जाने की अनुमति दे दी। नदी के दूसरे किनारे की चौकी पर लाल सेना के छः-सात सैनिक मौजूद थे। नदी किनारे सीमा पर कांटेदार तार वार भी लगे हुए थे। गाड़ी के इस सीमा में आते ही कुछ साथी सोवियत देश में प्रवेश कर लेने के उत्साह से किलक उठे। सभी गाड़ी के बरामदे में खड़े थे। किसी ने तान छेड़ दी—'सोवियत देश, किसानों मजदूरों का देश!'

सोवियत सीमा में पहला रेल स्टेशन 'चुप' है। स्टेशन पर खड़ी गाड़ी की खिड़की से चुप मामूली कस्बा ही जान पड़ा। कस्बे में सबसे ऊँचे मकान, दो गिरजों की चोटियाँ ही थीं। कच्ची-पक्की दोनों ही तरह की सड़कें दिखाई दीं। कस्बे से कुछ लोग एक-एक दो-दो कर, उतावली में स्टेशन की ओर चले आ रहे थे। शायद हम लोगों के पहुँचने का समाचार पा हमारा ही स्वागत करने आ रहे थे। हम लोग काफी देर गाड़ी में प्रतीक्षा

करते रहे कि चाय के सम्बन्ध में कुछ समाचार मिले। स्टेशन के प्लेटफार्म पर संगीन लगी राइफलें लिये कुछ सैनिक खड़े थे। दो-एक अफसर भी सामने से टहल जाते थे। अफसरों के सामने आने पर सिपाहियों को तनकर सलाम करते देख समझा कि सैनिक अदब-कायदा सोवियत देश में भी है। इस बीच दो रूसी अफसर आये; 'युक्रेनियन' कहना ही अधिक ठीक होगा, सोवियत संघ का पश्चिम दक्षिण भाग 'युक्रेनियन' प्रजातंत्र है। उन्होंने पूछा—'आप लोगों के पास कोई डिप्लोमैटिक (राजदूत कार्य सम्बन्धी) पत्र है या नहीं?' हम लोगों के इनकार करने पर उन्होंने पूछा, 'आपके सामान में कोई कर योग्य वस्तु तो नहीं?' उत्तर दिया केवल निजी व्यवहार की वस्तुएँ हैं।

इस बीच हमें वियाना से लिवा लाने वाले रूसी साथियों ने आकर नाश्ते के लिये बुलाया। स्टेशन के प्लेटफार्म पर चुप के चालीस-पचास स्त्री-पुरुष इकट्ठे हो गये थे। उन्होंने हमसे हाथ मिलाकर स्वागत किया। बैंड बजने लगा। नाश्ते की तैयारी स्टेशन के जलपान गृह में ही थी। यहाँ पहली बार रूसी ढंग से गिलासों में चाय सामने आयी। मेरा ध्यान विशेषकर गया कमरे में लगे बड़े-बड़े तैल चित्रों की ओर। इनमें से एक चित्र बरफ से ढंके गाँव का बहुत ही भव्य था। और भी कई चित्र थे। भारत या योरुप में स्टेशनों पर सदा व्यापारिक विज्ञापनों के ही चित्र देखे थे। सोवियत की सीमा के इस छोटे से स्टेशन पर ये चित्र बिक्री के विज्ञापन के लिये नहीं सौन्दर्य के कलात्मक संतोष के लिये ही थे। कुछेक देर बाद संगीत का एकाध रिकार्ड भी बज जाता था। यह केवल हमारे स्वागत के लिये ही नहीं था। सोवियत सीमा में प्रवेश करने के बाद स्टेशनों पर प्रायः ही रेडियो या ग्रामोफोन से संगीत चलता देखा।

नाश्ते से उठने पर मालूम हुआ कि हमारी गाड़ी बदल दी गयी है अर्थात् हम लोगों का सामान मास्को जाने वाली दूसरी स्पेशल ट्रेन में रख दिया गया है। हम जाकर देख लें कि कोई चीज रह तो नहीं गई और सबकी तो सभी चीजें ठीक से पहुँच गई थीं अलबत्ता मेरी टोपी नहीं थी। एक बार छोड़ी हुई गाड़ी में जाकर भी देखा। मेरे लिये उस टोपी की चाहे जितनी कद्र रही हो, रूप-रंग से वह किसी दूसरे के लिये आकर्षक नहीं हो सकती थी। सम्भवतः वह गाड़ी बदलने वालों से कहीं गिर गई। अस्तु; नयी गाड़ी में मुझे और चौबे जी को सैकण्ड क्लास का ही डिब्बा मिला परन्तु उसमें अपने यहाँ के फर्स्ट क्लास से किसी भी तरह कम सुविधा न थी। सबसे बड़ी बात यह कि पूरी गाड़ी हीटरों से खूब गरम थी। वर्ना जैसी हवा बाहर चल रही थी, नाक-कान का कुछ अंश चुप स्टेशन पर ही रह जाता। गाड़ी में भोजन की व्यवस्था तो थी ही इसके साथ ही प्रत्येक गाड़ी के बरामदे में, जिसमें दस-बारह डिब्बे थे, कोने में चाय का भी प्रबंध था। एक बहुत हंसमुख नौजवान प्रायः जब चाहें, घंटी का बटन दबाते ही चाय का गिलास, नींबू का टुकड़ा और मिस्री जैसी चीनी की दो टुकड़ियाँ ला देने के लिये तैयार था।

चुप स्टेशन पर चाय के रूसी ढंग का परिचय मिला और रूस की सीमा में रहने तक ऐसे ही चाय मिलती रही। रूस में चाय शीशे के गिलासों में पी जाती है। गिलास एक दस्ता लगे सांचे से में रखा रहता है। चाय बनाने का ढंग भी कुछ दूसरा है। एक चायदानी में खूब गाढ़ी चाय बना ली जाती है। इस चाय में से प्रायः छटांक भर चाय का पानी गिलास में डाल गिलास को खौलते हुए पानी से भर दिया जाता है। चाय का रंग हल्का नारंगी सा रहता है। अलग तशतरी में नींबू के कतले और दो टुकड़ियाँ चीनी की।

सोवियत के लोग ऐसी चाय दिन में कई-कई बार पीते रहते हैं। चाय पिलाने वाले तावारिश (कामरेड) हमारी गाड़ी के कंडक्टर गार्ड और सफैया भी थे। किसी स्टेशन पर गाड़ी खड़ी होती देख वे तुरंत चमचमाते बटन लगा वर्दी का कोट और टोपी पहन लाल-हरी झंडी ले प्लेटफार्म पर उतर जाता। दो-चार घंटे बाद, जब गाड़ी में जली हुई दियासलाइयाँ या चीनी से लिपटे कागज फैल जाते और राखदानियाँ भर जातीं तो तावारिश बिजली का (झाड़ू) बैक्कम क्लीनर ले पूरी गाड़ी साफ कर डालते। रूस में यात्रा कर आने वाले कुछ लोगों की यात्राओं के वर्णनों में गाड़ियों और स्टेशनों के बहुत गन्दे होने की बातें पढ़ी थीं पर देखा कुछ और ही। रेल की रेस्टोरांकार में भी मेजें, प्लेटें और खाना परोसने वालों के कपड़े सब बगुले के परों की तरह उजले थे।

चुप स्टेशन से गाड़ी दो बजे चली। रेल-लाइन के दोनों ओर पंजाब की नदियों या गंगा-यमुना के प्रदेश की तरह सपाट मैदान थे। मैदान प्रायः मेड़ों के बिना मीलों तक फैले खेतों के रूप में थे। बीच-बीच में गाँव भी दिखाई दे जाते। प्रत्येक गाँव में मामूली कच्चे-पक्के मकानों के बीच से गिरजे का ऊँचा स्तूप खड़ा जरूर दिखायी देता। सोवियत रूस के धर्म विरोधी दमन की सुनी बातें याद आई कि वहाँ सब गिरजे-मसजिदें और सेनागाग धरातल कर दिये गये हैं। पिछले युद्ध में यहाँ ध्वंस का ताण्डव सबसे प्रचण्ड रूप में हुआ था। कहीं-कहीं ध्वंस के चिह्न अब भी दिखायी दे जाते थे; उदाहरणतः गिरे या जले हुए मकान या टूटी और जली हुई मोटरों या लारियों के ढाँचे। कई स्थानों पर नयी छोटी-छोटी बस्तियों को देखने से ही पता चल जाता था कि पुराने ध्वंस को हटाकर सब कुछ नये सिरे से बनाया गया है। इन बस्तियों में प्रायः एक बड़ा सा पक्का मकान और आसपास काठ के ही मकान दिखाई देते थे। ये संयुक्त खेती की बस्तियाँ थीं। बीच का बड़ा पक्का मकान बस्ती का स्कूल, संयुक्त खेती का दफ्तर और क्लब था।

गाड़ी उत्तर-पूर्व की ओर चली जा रही थी। संध्या समय जान पड़ा कि हम सपाट भूमि छोड़ कुछ पहाड़ी से प्रदेश में जा रहे हैं। बरफ पड़ने लगी थी। गाड़ी के शीशों पर बार-बार कोहरा जम जाने से बाहर का दृश्य स्पष्ट नहीं दिखायी दे सकता था। प्रायः आठ बजे बाहर बादल और बरफ बन्द होकर चाँदनी छिटक आई। खिड़की के शीशे को साफ कर देखा तो दृश्य बहुत सुन्दर था। जान पड़ता था, चांदी के धरातल पर लोहे या ताम्बे से बना दिये गये उपवनों के बीच से चले जा रहे हैं। वृक्षों की टहनियों पर भी बरफ लदी दिखाई देती थी। गाड़ी के भीतर सेंटीग्रेड थर्मामीटर के हिसाब से २०° की (हमारे यानि के ५२°) सुखद गरमी थी। मजे में बर्थ पर पसरे हुए कोट के बटन खोले बाहर शून्य से नीचे बरफ के दृश्य को देख रहे थे। कल्पना को कोई कठिनाई न थी। सोवियत रूस के सम्बन्ध में पढ़ी बातें याद आ रही थीं। पिछले युद्ध की बातें, नाजियों का आक्रमण, सोवियत के छापामार सैनिकों का वर्दी पर सफेद चोले पहनकर रात और दिन इस बरफ में छिपे रहना। सोवियत जनता ने आस्ट्रिया, हंगरी और योरुप के दूसरे देशों की प्रजा की तरह नाजियों के सामने हथियार क्यों नहीं डाल दिये? इन योरुपीय देशों की जनता को शायद अपनी स्वतंत्रता खो देने का उतना भय नहीं था जितना कि सोवियत प्रजा को। सोवियत देश की जनता के पास ऐसी क्या चीज थी जिसके मोह में नाजियों के भयंकर टैंक और तोपें और अपने लाखों साथियों की मौत भी उन्हें कुछ न जंची?…सोवियत में स्विटज़रलैण्ड की तरह गाँवों में भी तिमंजिले-चौमंजिले समृद्ध मकान तो नहीं हैं। हों भी

कैसे। स्विट्ज़रलैण्ड कब से औद्योगिक समृद्धि के मार्ग पर आगे बढ़ा हुआ है। पिछले डेढ़ सौ वर्ष से उसने कभी ध्वंस नहीं सहा। सोवियत की समाजवादी औद्योगिक संस्कृति अभी पैंतीस वर्ष की ही तो हुई है। तिस बीच एक बार सब कुछ चौपट होकर नये से निर्माण करना··· ।

दूसरे दिन नाश्ते के समय गाड़ी में अठारह घंटे बीत चुके थे। रेल की लाइन के दोनों ओर जहाँ तक भी दृष्टि जाती, अछूती बरफ के गद्दे बिछे थे। कहीं-कहीं बरफ से ढंके गाँव और फार्म। अब इस दृश्य में नयापन न रहा था। अभी गाड़ी में तीस घंटे और बिताने थे। विचार हुआ कि इसी गाड़ी में यात्रा करने वाले दूसरे लोगों से बातचीत कर कुछ समझने-समझाने के अवसर से लाभ उठाया जाये। सोवियत के प्रसिद्ध युवा ताजिकी कवि तुरसनजादे भी वियाना कांग्रेस में गये थे और इसी गाड़ी से मास्को लौट रहे थे। उनसे बात करने के लिये समय माँगा। वे प्रसन्नता से तैयार भी हो गये। तुरसनजादे अंग्रेजी नहीं जानते। गाड़ी में वियाना से क्रेमा पालोवा भी आ रही थीं और सोवियत शान्ति सभा की ओर से हम लोगों के साथ थीं। पालोवा ने दुभाषिये का काम शुरू किया।

तुरसनजादे दोहरे बदन के और ताजिकियों के कद के विचार से कुछ नाटे व्यक्ति हैं। चेहरा प्रायः कम बोलने वाले व्यक्ति जैसा, खूब भरा हुआ। रंग पंजाबियों जैसा लाल गंदमी। विस्मय में खुली हुई सी आँखें। आधुनिक योरुपीय ढंग की पोशाक और सिर पर रूसी टोपी। पोशाक की ओर से बेपरवाह। उनसे बात आरम्भ करने के लिये किसी ने अनुरोध किया—'पहले आप हमें स्वयं ही अपना परिचय दे डालिये तो आपकी कविता की भावना, शैली और विचारधारा को समझने में हमें सुविधा होगी।'

'बहुत अच्छा' तुरसनज़ादे ने नया सिगरेट सुलगाते हुए निस्संकोच कामकाजी ढंग से बात शुरू की। दक्षिणी ताजिकिस्तान में गिस्सार, जिसे एशिया में बुखारा कहते हैं, के समीप खार्तक में उनका जन्म सन् १९११ में हुआ था। उनके पिता लकड़ी का काम करते थे। लकड़ी के काम से मतलब लकड़ी का व्यापार नहीं। लकड़ी से चीज़ें बनाने का काम अर्थात् बढ़ई। हमने उन्हें बताया कि हिन्दुस्तान में भी बढ़ई को तरखान कहते हैं। "हाँ, हाँ! वही-वही तरखान और तुरसान एक ही बात है केवल उच्चारण का भेद है।" कवि अपना माँ बाप का दिया नाम छोड़कर अपना परिचय बढ़ई के बेटे के रूप में ही गौरव समझता है। इसका कारण समझ पाना कठिन नहीं। कवि को अपने बचपन की बातें याद हैं कि १९१५ में एक भयंकर दुर्भिक्ष ताजिकिस्तान में पड़ा था। उस समय उसकी आयु पाँच वर्ष की थी। इस दुर्भिक्ष में लोगों के भूख से तड़पने और मरने की बात उन्हें याद है। इसी समय के आस-पास उनके पिता की मृत्यु हो गई। उस अकाल के समय चालू किये गये एक अनाथालय में उन्होंने तीन बरस मौलवी के छड़ी के इशारे पर कुरान रटते हुए गुजारे। १९१७ में रूस में हुई समाजवादी क्रान्ति की लहर १९२० में बुखारा में भी पहुँच गई। तुरसनजादे को अब अनाथालय में दस्तकारी की शिक्षा दी जाने लगी।

१९२३ में ताजिकिस्तान में पहले पत्र का प्रकाशन आरम्भ हुआ था। तुरसनजादे की रुचि लिखने-पढ़ने की ओर थी। वे इस पत्र के 'काम्सोमोल' (नवयुवक) विभाग में काम करने लगे। कवि ने बताया उस समय तक ताजिकिस्तान में कोई छापाखाना नहीं था।

ज़ार की सरकार ताजिकिस्तान में शिक्षा या पत्रों की आवश्यकता ही नहीं समझती थी और न उस समय तक ताजिकिस्तान की प्रजा ही ऐसी आवश्यकता अनुभव करती थी। उस समय ताजिकिस्तान की पन्द्रह लाख जनसंख्या के लिये एक ही स्कूल था। पढ़े लिखे आदमियों की संख्या दो सौ में एक थी। खैर; अब तो ताजिकिस्तान में अपनी यूनिवर्सिटी है। पन्द्रह कालिज हैं। निरक्षर व्यक्ति ढूँढ़ने से भी शायद नहीं ही मिल सकेगा।

ताजिकिस्तान में पहला पत्र ताजिकी क्रान्तिकारियों और रूस की समाजवादी सरकार के सहयोग से चालू हुआ था। तब ताजिकिस्तान में रेल भी न थी। इस पत्र के लिये दुशाम्बे, जिसे अब स्टैलिनावाद कहा जाता है, से टाइप के अक्षर ऊटों पर लादकर लाये गये थे। साधारणतः ताजिकिस्तान की भाषा फारसी है। इस पत्र के लिये अरबी अक्षरों का उपयोग इसलिये करना पड़ा कि दुशाम्बे में अरबी के ही अक्षर मिल सकते थे जिनमें फारसी अक्षरों से काफ़ी समता रहती है। रूसी समाजवादी सरकार ने रूसी भाषा या रूसी लिपि ताजिकिस्तान पर नहीं लादी। इसकी तुलना में भारत की प्रान्तीय भाषाओं की अनेक लिपियाँ होते हुए भी और उत्तर भारत में एक साथ देवनागरी और फारसी दो-दो लिपियाँ होते हुए भी अंग्रेज पादरियों ने भारत की असभ्य समझी जाने वाली जातियों को अंग्रेजी अक्षरों में ही साक्षरता का ज्ञान देना उचित समझा। हिन्दुस्तानी में जो इंजीले छापी गईं उनकी लिपि रोमन होती थी। निरक्षर सैनिकों को भी रोमन लिपि से ही साक्षर बनाने का यत्न किया गया। भारतीय सेनाओं के लिये जो फौजी अखबार (सरकारी पत्र) जारी किया गया वह भी हिन्दुस्तानी भाषा और रोमन लिपि में था और अब भी है। वह शायद इसलिये कि अपनी संस्कृति का अभिमान करने वाले हमारे प्रधानमंत्री एक समय भारत के लिये अंग्रेजी लिपि अपना ली जाने के ही समर्थक थे इसलिये परम्परा के चलते रहने में उन्हें आपत्ति नहीं।

तुरसनजादे इस पत्र में अपनी भावनाओं को छंद के रूप में लिखने लगे। पाठकों ने तो उनकी प्रतिभा को सराहा परन्तु उन्हें स्वयं अपने काम में कठिनाई अनुभव होती थी क्योंकि उनकी नयी भावनायें पुराने छन्दों की परिपाटी से मेल नहीं खाती थीं या वे अपनी बात उस परिपाटी और शैली में संतोष से न कह पाते थे। कवि ने कहा कि फारसी की प्राचीन और परम्परागत शैली ने चाँद को देखकर उत्पन्न हुई भावनाओं को प्रकट करने के लिये या रूपवती के रूप की लहरों में आत्मसात हो जाने के लिये और फूल और बुलबुल से दो-दो बातें कर लेने योग्य शैली अपनायी थी। उस प्रयोजन को पूरा करने के लिये वह शैली और माध्यम अनुकूल थे परन्तु जीवन के साधनों और अवसर के लिये बिलखने वाले लोगों की भावना की अभिव्यक्ति लिये, सामूहिक शक्ति से जीवन की बाधाओं को जीतने के लिये और दृढ़ निश्चय की हुँकार प्रकट करने के लिये वह परम्परागत शैली और माध्यम अनुकूल नहीं बैठते थे। कवि अपनी भाषा का माधुर्य, अपनी जाति की परम्परा और वातावरण को छोड़ने के लिये तैयार न था और बात भी नये जीवन, समाज की नयी भावनाओं के अनुकूल कहना चाहता था। उसने और उसके साथियों ने रूसी कवियों और लेखकों का अध्ययन शुरू किया। उन्होंने मायकोवस्की के प्रभाव का विशेष उल्लेख किया। अपने साहित्य के परम्परागत आधार को बनाये रख नयी प्रेरणाओं के अनुकूल माध्यम बनाने के लिये उन्होंने अपनी बात गजल, मस्नवी और मखम्मस में कहनी शुरू की। तुरसनजादे रूसी खूब अच्छी तरह पढ़ और बोल लेते हैं परन्तु कविता

फारसी में ही कहते हैं, इन्हें यही स्वाभाविक जान पड़ता है। उनके सभी कविताओं का अनुवाद रूसी भाषा में और कुछ का अंग्रेजी में भी हो चुका है। वह इसलिये कि रूसी लोग उनकी कविता पसन्द करते हैं।

तुरसनजादे एक सांस्कृतिक प्रतिनिधि मंडल में कुछ दिन के लिये भारत आये थे। लौटकर उन्होंने एक कविता भारत को सम्बोधन कर लिखी थी। हम लोगों के अनुरोध पर कवि ने इस फारसी कविता के कुछ अंश स्मृति से सुनाये।

'आप क्या कभी प्रेम के विषय पर कविता नहीं लिखते?' हमारे एक साथी ने पूछा, 'क्यों नहीं? मैंने बहुत-सी प्रेम कविताएँ लिखी हैं। प्रेम या जीवन की चाह तो स्वाभाविक वस्तु है।' हम लोगों के अनुरोध करने पर कवि ने अपना एक शेर सुनाया जिसमें फूल और तितली का प्रेम सम्बन्धी उपालम्भ था और दूसरी एक गजल जिसमें टीले के ऊपर सड़क से विदेश चले जाते प्रेमी को टीले के आँचल के खेत में नीचे खड़ी प्रेमिका अपने विरह की वेदना की बात याद दिला, वफा का तकाजा कर रही थी।

साहित्य के अतिरिक्त आधुनिक ताजिक जीवन के बारे में भी कवि से बातें होती रहीं। अपने देश की समृद्धि के लिये कवि को गौरव था। पिछले तीस वर्ष में ताजिकिस्तान का रूप ही बदल गया है। इस समय पहाड़ी इलाकों के छोटे-छोटे खेतों को छोड़कर खेती प्रायः ट्रैक्टरों से ही होती है। ताजिकिस्तान की आबादी प्रायः मुसलमान है। क्रान्ति से पहले काजियों और मुल्लाओं के राज में स्त्रियों के लिये पर्दे और नकाब (परंजा) का बहुत सख्त नियम था। अब शायद कोई बुढ़िया ही परंजा करती हो। एक साथी ने जिज्ञासा की—'परदा सरकारी अनुशासन से दूर कर दिया गया या स्त्रियों ने स्वयं उसे छोड़ दिया?' तुरसनजादे ने बताया कि परदे के सम्बन्ध में सरकारी अनुशासन का उपयोग नहीं किया गया। ऐसा उचित भी न होता। ढूँढ़ने पर अब भी अपनी इच्छा से परंजा पहनने वाली कोई बुढ़िया मिल ही जायेगी। स्त्रियाँ प्रायः मिली-जुली एशियाई और योरुपियन पोशाक पहनने लगी हैं। ऐसा परिवर्तन उनके जीवन का ढंग बदल जाने के कारण आवश्यक था। अब स्त्रियाँ पढ़ाने-लिखाने; कल-कारखाने ट्रैक्टर, खेती, डाक्टरी और इंजीनियरिंग वगैरा के सभी काम करती हैं। ये काम परदे और परंजे में नहीं हो सकते। साहित्य में ताजिकी स्त्रियों के स्थान के विषय में उन्होंने बताया कि नयी पीढ़ी की स्त्रियाँ लिखती-पढ़ती हैं तो साहित्य में रुचि होने से साहित्य निर्माण में भी भाग लेती हैं। पुरानी पीढ़ी में यह उनके लिये कठिन था। परन्तु पुरानी पीढ़ी की भी एक स्त्री-कवि सोरोफोन यूसोफोवा हमारे यहाँ हैं। उसकी आयु सत्तर वर्ष की है परन्तु वह बहुत अच्छी कवित्त कहती है। उसकी कविता में लोग रस लेते हैं और वह प्रकाशित भी होती है।

मालती बिडेकर ने पूछा कि आधुनिक ताजिकी नारी गृहस्थ की बहू बनने की महत्वाकांक्षा रखती हैं या सामाजिक श्रम में पुरुष के समान भाग ले पुरुष की होड़ करना चाहती हैं? कवि ने उत्तर दिया कि आधुनिक ताजिक युवती बहू बनना तो पसन्द करती ही हैं परन्तु साथ ही वह अपने व्यक्तित्व और सामाजिक स्थान को भी नहीं छोड़ना चाहती। बहू बन जाने से वह घर के भीतर बन्द नहीं हो जाती। वह चाहे तो केवल घरबार की देख-रेख और बच्चों को पालने का ही काम कर सकती हैं परन्तु इससे उसे संतोष नहीं होता। इसमें वह अपने व्यक्तित्व की हेठी समझती हैं। उत्पादन में नारी का

सहयोग आर्थिक दृष्टि से समाज के लिये तो उपयोगी है ही परन्तु नारी के व्यक्तित्व के विकास के लिये भी सहायक है।

किसी साथी ने निस्संकोच पूछ लिया कि कवि की पत्नी क्या करती हैं? कुछ मुस्कराकर तुरसनजादे बोले—'वह तो केवल घरबार की देखभाल और बच्चों को पालती है।' हमारी आँखों में विस्मय देख कवि ने बताया, 'कारण यह है कि उसका पांव खराब हो गया है। वह पहले बालरीना (बैले, मूक नाट्य की नर्तकी) थीं। लेकिन पांव खराब हो जाने से विवश हैं।'

दो अढ़ाई घण्टे की बातचीत में तुरसनजादे से ऐसा परिचय हो गया कि जब जहाँ कहीं हममें से किसी से भी आमना-सामना हो जाता, मुस्कराहट से अभिनन्दन किये बिना न रहते। यों तुरसनजादे का सोवियत में महत्वपूर्ण स्थान है। वे सोवियत की स्तालिन पुरस्कार समिति के सदस्य हैं।

दोपहर में रेस्टोरां कार में भोजन के बाद कोरियन प्रतिनिधि मंडल के लेखकों से परिचय और बातचीत के लिये पालोवा से अनुरोध किया। कुछ लोग उसी गाड़ी में जाते हुए सोवियत के सिनेमा-डाइरेक्टर से बात करना चाहते थे। तीन-चार रूसी साथी अंग्रेजी खूब बोल लेते थे। उनमें से एक ने सिनेमा में रुचि रखने वाले साथियों के लिये और एक कोरियन साथी ने हम लोगों के लिये दुभाषिये का काम शुरू किया। कोरियन साथियों से बातचीत में स्वाभाविक ही पहली बात यही उठी कि उनके जिन्दगी-मौत के इस संघर्ष के समय उनके सामाजिक और वैयक्तिक जीवन में साहित्य का क्या स्थान है? कोरियन साथी का ढङ्ग किसी चतुर वक्ता का नहीं था। उनके चुपचाप रहते ढङ्ग से ही सिर पर लदी गहरी चिन्ताओं के बोझ का अनुमान हो सकता था। यह प्रश्न उन्हें कुछ विचित्र-सा लगा—'क्यों? हमारे आधुनिक जीवन में जैसा संघर्ष है, जैसी हमारी भावनायें हैं वैसा ही साहित्य हमारे समाज में बन रहा है। साहित्य जीवन की अभिव्यक्ति है। चेतन मनुष्य के जीवन की सभी तरह की अवस्थाओं में साहित्य उत्पन्न होगा। हाँ सामन्तवादी समाज में साहित्य का जैसा परम्परागत रूप रहा है, अब हमारे साहित्य का रूप वैसा नहीं है। हमारा साहित्य अपने समाज का जीवन ढालने के लिये आत्मनिर्णय का अधिकार पाने के लक्ष्य और भावनाओं को प्रकट करता है और हमारे समाज को उस लक्ष्य की ओर बढ़ने की प्रेरणा देने का भी साधन है।' कोरियन साथी ने बहुत धीमे-धीमे अपनी बात कही।

परिचय पूछने पर मालूम हुआ कि यह साथी स्वयं उपन्यास लेखक थे। किसी ने पूछा—'आपके साहित्यिकों में कुछ ऐसे भी व्यक्ति हैं जिन्हें युद्ध का व्यक्तिगत अनुभव हो?' साथी ने हामी भरी और दो-तीन नाम बताये। एक कवि का नाम बताया जो युद्ध के मोर्चे पर खेत रहा है। एक उपन्यास लेखक जो सेनाओं के साथ मोर्चे पर रहा है। अपने विषय में उन्होंने बताया कि वे स्वयं भी मोर्चे पर रहे हैं और लिखते भी हैं। मन में वियाना में माओदुंग से हुई अपूर्ण बात खटक रही थी। प्रश्न किया—'इस विषय में तो विवाद नहीं कि कला जनता की उन्नति और विकास के लिये ही होनी चाहिये परन्तु कला के कुछ ऐसे रूप या स्तर भी हो सकते हैं जिनका परिचय वर्तमान परिस्थितियों में सर्वसाधारण जनता के लिये सम्भव नहीं। उदाहरणतः लम्बी विदेशी दासता के कारण मानसिक विकास के अवसर से रहित या आर्थिक शोषण के लिये प्रायः पशु का सा जीवन बिताने के लिये बाध्य रखी गई जनता कला के सूक्ष्म तत्त्वों का रस नहीं ले

सकती। क्या वर्तमान परिस्थिति में कलाकार केवल सर्वसाधारण के लिये सुबोध माध्यमों में ही सीमित रहकर जनता की बड़ी संख्या के लिये सभी अगम्य कला के स्तरों की उपेक्षा कर दे।'

'कला का जो मानदण्ड या स्तर जनता के प्रति अपना उद्देश्य पूरा नहीं कर सकता उसकी कोई उपयोगिता है ही नहीं।' कोरियन साथी ने उत्तर दिया।

'कला की समझ या उससे पाया जाने वाला आनन्द अभ्यासगम्य होता है।' मैंने कहा,—'ऐसा भी हो सकता है कि आज जनता का अधिकांश कला के किसी स्तर को न समझ पाये और कुछ समय बाद अवसर मिलने पर जनता की समझ का स्तर कला की ऐसी वस्तुओं का रस लेने योग्य हो जाये। ऐसी अवस्था में जनगण की आधुनिक समस्याओं की उपेक्षा न करके भी सार्वजनिक हित की दृष्टि से ही, भविष्य के लिये कला के ऐसे ऊँचे स्तरों की रक्षा और विकास करते रहना उचित है। ऐसी अवस्था में हमें कला के सरल जनप्रिय और ऊँचे अभ्यासगम्य स्तर दोनों की ओर ध्यान देते रहना चाहिये।'

कोरियन साथी ने उत्तर दिया—'हमें तो नहीं जान पड़ता कि अभिजात वर्ग और निम्न वर्ग के लिये कला के ऐसे दो स्तर या रूप हैं। हमारा तो ऐसा अनुभव नहीं कि जनता कला के किसी स्तर को समझ न पाये। उदाहरणतः साहित्य में ऐसा उदाहरण तभी मिल सकता है जब भाषा सर्वसाधारण की पहुँच के बाहर हो। जनता भाव को तो अवश्य समझ सकती है भाषा की गुत्थी को समझ सके या न समझ सके। कलाकार क्लिष्ट भाषा का प्रयोग करता ही इसलिये है कि वह केवल अपनी बात विशिष्ट वर्ग को ही समझाना चाहता है। कला का निखार शब्दों में नहीं उनसे अभिव्यक्त होने वाले भावों या उससे उत्पन्न होने वाली अनुभूतियों में ही होता है। ऐसी अवस्था में क्लिष्ट भाषा का मोह छोड़कर भाव की ही चिन्ता क्यों न की जाय। और यह बात कैसे क्रियात्मक मान ली जाय कि कलाकार आज जनता की भावों और जीवन की समस्याओं की अवहेलना कर एक काल्पनिक भविष्य के लिये कला की रचना करता रहे। ऐसे कलाकार का जीवन और उसकी कल्पना सामयिक यथार्थ की कसौटी पर स्वयं ही अयथार्थ हो जायेगी।'

वियाना में यही बात माओदुंग से जैसे हुई थी, बात मेरे गले से न उतरी थी परन्तु इस कर्मठ व्यक्ति का अनुभव ही उसकी युक्ति थी। हममें से किसी ने पूछा—'कोरिया में भारतीय साहित्य के विषय में क्या धारणा है?'

उत्तर मिला कि कोरियन भाषा में भारतीय साहित्य का अनुवाद बहुत कम ही हुआ है। स्वयं उन्होंने रवि बाबू की गीतांजलि और एकाध दूसरी पुस्तक देखी थी। मैंने रवि बाबू के साहित्य के ही विषय में उनकी भावना जाननी चाही। उन्होंने बताया कि बीस-पच्चीस वर्ष पूर्व कोरिया के युवक रवीन्द्र के साहित्य में बहुत रस पाते थे। इसके दो कारण थे; एक तो किसी एशिया निवासी का संसारमान्य साहित्यिक माना जाना उनके आत्माभिमान को संतोष देता था, दूसरे उस समय जापान के विकट दमन में किसी प्रकार के राजनैतिक विचारों को व्यक्त कर सकने का या सामूहिक जीवन की माँग को प्रकट करने का अवसर न था। ऐसे समय स्थूल जगत की उपेक्षा कर, यथार्थ को भुलाकर भाव में डुबा देने वाली रवि बाबू की कविता से उन्हें संतोष होता था। अब वह बात नहीं रही। अब कोरिया के पाठक यथार्थ को भुलाने की बात नहीं, जीवन के यथार्थ को सुलझाने की बात चाहते हैं।

उनकी बात से सहमत होकर भी मैंने पूछा—"रविबाबू के साहित्य ने या वैसे ही दूसरे साहित्य ने एक समय कोरिया के लोगों को संतोष दिया है; इस अनुभव से इतना तो मानना ही पड़ेगा कि उस कला या साहित्य में भी सुख संतोष का तत्त्व मौजूद है।"

"वह सुख अपने विश्वास के बल पर बनाया हुआ सुख है।" साथी ने उत्तर दिया, "जैसे काँच का महल बनाकर हम उसमें अपने आपको सुरक्षित मानकर खुश हो लें। यदि लोग हमारे इस काँच के महल पर पत्थर न मारें तो इस महल में शायद कुछ दिन विनोद में बीत सके परन्तु काँच के महल पर पत्थर मारने वाले तो मौजूद हैं, इस तथ्य को क्यों भुला दिया जाये?" बातचीत की समाप्ति पर हम लोगों ने भविष्य में कोरिया और भारत में सांस्कृतिक सम्पर्क स्थापित करने के लिए भी कुछ बात हुई अर्थात् कोरिया के आधुनिक साहित्य के कुछ अनुवाद हम लोगों को मिलें और कुछ भारतीय साहित्य भी उन्हें भेजा जाय।

ज्यों-ज्यों हम मास्को की ओर जा रहे थे, सर्दी और बरफ बढ़ती जा रही थी। लाइन के दोनों ओर क्षितिज तक बरफ ही बरफ दिखाई दे रही थी परन्तु अब गाड़ी के भीतर कुछ परेशानी गरमी से ही जान पड़ती थी। कुछ साथी ताजी हवा के लिये खिड़की का कुछ भाग खोल देते। इससे रूसी साथियों को उलझन होती। वे हैरान थे कि यह भारतीय साथी भी क्या हैं? ये सर्दी सह नहीं पाते गरमी से भी घबराते हैं और दिन भर पानी पिया करते हैं। चाय या बियर से इनकी प्यास ही नहीं बुझती। कोई नगर या गाँव दिखाई दे जाने पर गिरजे की सलीब भी जरूर दिखाई दे जाती। इतनी बार गिरजाघरों के शिखर देख लेने पर सैय्यद जिलानी बोल उठा—"या अल्लाह, अब भी सीलोन से अमरीका की आवाज यही कहती है कि कम्युनिस्टों ने रूस में गिरजा, मस्जिद, मंदिर कुछ नहीं छोड़ा। वे सब मजहबों के दुश्मन हैं!" पटेल फल व्यवसायी व्यक्ति हैं। उन्होंने होठ नाक की ओर उठाकर उत्तर दिया—"यहाँ से देखकर क्या कह सकते हो?...इमारतें गिरजों की हैं पर उनमें अब बच्चों के स्कूल और अजायबघर बना दिये गये हैं।"

दूर से गिरजे की इमारत देख उसे गिरजा समझ लेना उचित न था परन्तु पटेल साहब का दूर से बैठे यह अनुमान कर लेना कि इन इमारतों में अब भगवान का वास नहीं केवल बच्चों के स्कूल बना दिये गये हैं; कैसे उचित था। ऐसे ही ज्ञान और तर्क के बल पर रूस के सम्बन्ध में बहुत सी जानकारी हमें पूँजीवादी प्रकाशनों से मिलती रहती है। दूसरे दिन प्रायः बारह बजे ही हमें सम्भल जाने की चेतावनी दे दी गई कि एक घंटे बाद गाड़ी मास्को स्टेशन पर पहुँच जायेगी। मास्को के समीप बरफ और भी गहरी जान पड़ रही थी। लाइन से कुछ ही दूर काँटेदार तार और कई जगह सशस्त्र संतरी भी खड़े दिखायी दिये। एकाध जगह विमान मार तोपें होने का भी संदेह हुआ परन्तु यदि कल्पना उर्वरी हो तो इन काँटेदार तारों को बलात श्रम के कारागार (कंसंट्रेशन कैम्प) क्यों न समझ लिया जायें?

मास्को

मास्को स्टेशन पर लेनिन की चेतावनी में उंगली उठाये धातु की विशाल मूर्ति नवागन्तुक को याद दिला देती है कि वह नयी संस्कृति और नयी व्यवस्था के नगर में प्रवेश कर रहा है। कालीनों और तैल चित्रों से सजा प्रतीक्षा-स्थान (वेटिंग रूम) खूब गरम है।

स्टेशन से बाहर निकलते ही मास्को की बर्फानी कोहरे से भरी हवा। सड़क के विस्तार से यह नहीं जान पड़ता कि किसी बड़े और गुंजान नगर में प्रवेश कर रहे हैं। लगा कि सीमेंट किये चौड़े मैदान में से मोटरों पर भागे जा रहे हैं। मैदान के दोनों ओर ऊँची-ऊँची इमारतें दिखाई देती हैं। बहुत-सी मोटरें, बसें और ट्राली बसें भी साथ-साथ दौड़ती और सामने से भी आती दिखाई देती हैं। मैदान से चौड़े चौराहों पर लाल बत्ती के संकेत पर रुक जाना पड़ता है तो मानना पड़ता है कि सड़क पर ही जा रहे हैं। सड़क के दोनों ओर इमारतों के साथ लगे चौड़े पैदल रास्तों के साथ-साथ बनी क्यारियाँ बरफ से भरी थीं। इनमें पत्ते झड़े वृक्ष उदास से खड़े थे। गर्मियों में यहाँ फूल और घास रहती होगी। वृक्षों की छाया पैदल रास्तों पर पड़ती होगी। सड़क के दोनों ओर की इमारतें प्रायः छः-सात मंजिली हैं। बहुत चौड़ी सड़क और लगातार इतनी ऊँची इमारतों के सिलसिले से दबदबा सा अनुभव होता है परन्तु इमारतों को अलग-अलग देखने से वे भव्य जान पड़ती हैं। बाजार की सड़क की चौड़ाई इतनी है कि अपने शहरों की तरह दोनों ओर की दुकानों पर आँखें नहीं दौड़ाई जा सकतीं, न दूसरी ओर जाते व्यक्ति को पहचान कर पुकार लिया जा सकता है।

हम लोगों के ठहरने का प्रबन्ध 'गत्सीनित्सा सोवियतस्काया' (सोवियत होटल) में किया गया था। होटल में प्रवेश करने पर वह होटल की अपेक्षा महल ही जान पड़ा। फर्श या तो संगमरमर के हैं या वैसे जान पड़ते हैं। यात्रियों के आकर बैठने और पूछताछ करने की जगह 'स्वागतकक्ष' (रिसेप्शन हाल) में नये ढंग के नियोन लाइट के झाड़-फानूस लटके हुए, बड़े-बड़े तैल चित्र, पर्दे और मेज़पोश, मखमल या प्लश के मेजों पर पानी भरे कट ग्लास या तराशे हुए बिल्लौर के जान पड़ते हैं। होटल की गैलरी, सीढ़ियों और चलने-फिरने की सभी जगहों पर कालीन और कालीनों पर सफेद कपड़े की पट्टियाँ। बाहर की बरफ और कीचड़ में से आने वालों के जूतों से यह पट्टियाँ मैली हो जाने पर नित्य ही बदल दी जाती हैं। होटल में काम करने वाले स्त्री-पुरुषों की पोशाकें बहुत साफ और इस्त्री की हुईं।

होटल के कमरे भी स्वागतकक्ष के ही ढंग के, कालीनों, तैल चित्रों और फानूसों से सजे हुए हैं। प्रत्येक कमरे में बैठने के लिए सोफा, सोफा कुर्सियाँ, लिखने के लिये मेज-कुर्सी, दो पलंग। ऊपर लटके फानूस की रोशनी चकाचौंध मालूम हो तो कमरे के कोने में रखा एक बड़ा छायादार लैम्प जलाया जा सकता है। यह भी भला न लगे तो लिखने की मेज पर लैम्प है। यदि लेटकर पढ़ना हो तो पलंगों के बीच में बेड-लैम्प। मैं और चौबेजी तीसरी मंजिल पर ३२४ नम्बर के कमरे में। चौथी मंजिल भी थी और मि० दर के कमरे का नम्बर ४०० से कुछ ऊपर ही था। कमरे कितने थे; याद नहीं। प्रत्येक कमरे के साथ गुसलखाना। चौबीसों घंटे चलते गरम और ठंडे पानी के नल। नहाने के लिये प्रति व्यक्ति तीन तौलिये और हजामत करने या मुँह हाथ धोने के लिये तीन और छोटे तौलिये। यह छोटे तौलिये प्रतिदिन बदल दिये जाते थे। हमारा ही कमरा विशेष सुन्दर या सजा हुआ न था। महिला अतिथियों के लिये जो कमरे दिये गये, उनमें पलंगों और बैठने की जगह को अलग करने के लिये साटिन के भारी-भारी परदे लगे थे। कुछ कमरे अकेले-अकेले व्यक्ति के लिये थे और कुछ कमरों को कमरा न कहकर पूरा सूट या फ्लैट कहना ही उचित होगा। कमरे का फर्नीचर या रंग भी सबका एक सा नहीं है। कोई बिलकुल सफेद है, तो

कोई गुलाबी और कोई बादामी। प्रत्येक कमरे में टेलीफोन और छोटा सा रेडियो। यह एक ही खास होटल या मास्को का सबसे अच्छा होटल नहीं था। डा० कुमारप्पा प्रायः सात मास पहले भी मास्को हो आये थे। उस बार वे दूसरे ही होटल में ठहरे थे। उन्होंने बताया वह होटल गस्तीनित्सा सोवियतस्काया से उन्नीस नहीं, शायद बीस ही रहा हो।

होटल का भोजनालय (डाइनिंग हाल) भी बहुत बड़ा है। लगभग ढाई-तीन सौ आदमी एक साथ खाना खा सकते हैं। एक ओर छोटे से मंच पर बैंड से धुनें बजती रहती हैं। रात नौ-दस बजे से सुबह तीन बजे तक लोग सुविधानुसार भोजन करते रहते हैं। ऐसे ही सुबह नाश्ता और दोपहर के भोजन के भी समय हैं। पीना-खाना दोनों चलते रहते हैं। मन होने पर स्त्री-पुरुष उठकर बैंड की धुन पर नाचने भी लगते हैं। भोजन परोसने वालों की पोशाकें जरूर एक सी हैं। इसके अतिरिक्त पोशाक का कोई बन्धन डिनर सूट की तरह का नहीं है। कोई सूट पहने है तो कोई बंद गले के कोट के साथ बिर्जिस और घुटनों तक के बूट। भोजनालय के साथ ही स्त्री-पुरुषों के लिये कमरे हैं। जहाँ वे भीतर आने से पहले हाथ-मुँह धोकर कंघी-पट्टी कर सकते हैं। यहाँ साबुन, तौलिये और इत्रफुलेल मौजूद रहते हैं। इसके लिये कुछ दाम देने पड़ते होंगे। मालूम नहीं कितना क्योंकि हाथ-मुँह धोने के अतिरिक्त इन चीजों का व्यवहार वहाँ नहीं किया।

खाना खाने की मेजें छोटी और बड़ी भी हैं। चाहे बहुत से लोग साथ बैठें चाहे दो-दो चार-चार। मेजों पर बर्तन बहुत सुन्दर। प्रत्येक व्यक्ति के सामने चार गिलास फ्रुक्टोस (नींबू या नारंगी के रस जैसी चीज) बियर, वाइन और वोडका पीने के लिये अलग-अलग, शैम्पेन के लिये अलग ढंग के गिलास। भोजन में दो-तीन तरह का मांस, दो तरह की मछली, सब्जियाँ, सलाद, मक्खन, पनीर, दो-तीन तरह की रोटी, फल, आइसक्रीम सब कुछ रहता है। चाहने पर तुरन्त ही दही, दूध या अंडे मिल सकते हैं। भोजन की मात्रा देखकर कुछ विस्मय ही होता है। इस ब्यौरेवार चर्चा का अभिप्राय यह है कि सोवियत में केवल काम चलाने का खयाल नहीं, सौंदर्य और सजावट की प्रवृत्ति योरुप के दूसरे देशों की अपेक्षा कुछ अधिक ही दिखाई दी।

हमारे साथ वियाना से आने वाले और मास्को स्टेशन पर स्वागत करने वाले लोगों ने होटल में पहुँचा कर प्रस्ताव किया कि लम्बी यात्रा के बाद हम कुछ आराम कर लें। हमें निमंत्रण देने वाले शान्तिसभा के लोग हमसे अगले दिन मिलेंगे। तभी हमारे मास्को और सोवियत देश को देख और समझ सकने के बारे में बातचीत और कार्यक्रम बन सकेगा।

२७ दिसम्बर १९५२ हमें मास्को शान्तिसभा के दफ्तर में ले जाने के लिये होटल के बाहर कई मोटरें खड़ी थीं। शान्तिसभा का दफ्तर प्रसिद्ध क्रान्तिकारी लेखक और विचारक क्रोपोटकिन के नाम पर बनी सड़क क्रोपोटकिनस्काया पर दस नम्बर की इमारत में है। तीसरी मंजिल के एक कमरे में पहुँचने पर सोवियत शान्तिसभा के कुछ लोगों को प्रतीक्षा करते पाया। इनमें ही उजली चाँदी के से श्वेत केश, सफाचट चेहरा कवि तिखोनोव भी थे। सिर के केश जरूर चाँदी की तरह श्वेत थे परतु दोहरे शरीर, स्वस्थ चेहरे और आँखों की चमक से तिखानोव बाक्सिग के अच्छे खासे पहलवान मान लिए जा सकते हैं। तिखानोव सोवियत शान्तिसभा के प्रधान हैं। उन्होंने दूसरे सदस्यों से हमारा परिचय कराया और बोले ?—

"सोवियत शांतिसभा की ओर से हम आप लोगों का स्वागत करते हैं। मास्को में सर्दी है। दिन-रात बरफ पड़ रही है। घरों के बाहर सब कुछ बरफ की चादर ओढ़े है। रूस में सर्दी की ऋतु में ऐसा जान पड़ता है कि प्रकृति भी बरफ की चादर ओढ़ सो गयी है। परन्तु हमारे हृदयों में काफी गरमी है। हमारे स्नेह की ऊष्णता आपको मास्को की सर्दी में असुविधा अनुभव नहीं करने देगी। आप लोगों ने वियाना शान्ति कांग्रेस में भाग लेकर शान्ति के लिये जो प्रयत्न किया है, उसके लिये हम लोग आपको बधाई और धन्यवाद देते हैं। सोवियत जनता शान्ति चाहती है। हम युद्धों से घृणा करते हैं। शान्ति के लिये हम सभी सम्भव प्रयत्न कर रहे हैं और करते रहेंगे।"

"भारत और सोवियत संघ में शत्रुता का कोई कभी भी कारण नहीं रहा न कभी हमारे देश आपस में लड़े ही हैं। हम एक दूसरे की मित्रता का भरोसा कर सकते हैं। आप लोगों के सोवियत में पधारने से हमारी वह पुरानी मित्रता और भी दृढ़ हो रही है। आपके लिये हमारे सब द्वार खुले हैं। हमारे देश में आप जो चाहिये, देखिये। आपस में अच्छी तरह समझ सकना ही मित्रता का आधार है। हम चाहते हैं कि आप लोग हमारे देश में काफी समय तक रहकर हमें देख और समझ सकें। आप अपने भ्रमण का कार्यक्रम स्वयं बनाइये। हमारा अनुरोध है कि आप में से प्रत्येक व्यक्ति हमें आदेश दे कि किन क्षेत्रों और समस्याओं में आपकी रुचि है। हम यथाशक्ति आपके लिये सुविधा का प्रबन्ध करने का यत्न करेंगे।"

मेजों पर चाय, चाकलेट, फल लेमनेड वगैरा आ गये। वह सोवियत में साधारण प्रथा जान पड़ती है कि कहीं भी मिलने या बातचीत के लिये जाने पर प्रायः चाय, चाकलेट, फल मेज पर आ जाते थे। सोवियत में खाने-पीने की चीजों की प्रचुरता जान पड़ती है। लोगों को खिलाने-खाने का शौक भी खूब है। यह उनके शरीर के आकार और स्वास्थ्य भी गवाही देते हैं।

डा० किचलू ने हम लोगों की ओर से स्वागत के लिये धन्यवाद दिया। वियाना से मास्को तक के रास्ते में बहत्तर घंटे तक हम यही सोचते आये थे कि सोवियत में क्या देखेंगे? प्रत्येक व्यक्ति ने अपनी-अपनी माँगें पेश करनी शुरू कीं। बहुमत से सोवियत में ठहरने का समय तो तीन सप्ताह ही निश्चय हुआ परन्तु देखने की इच्छा बहुत कुछ थी। गुजराती के प्रसिद्ध लेखक श्री० देसाई ने लेनिन की समाधि, सांस्कृतिक संस्थाओं, रंगमंच, ओपेरा और बैले देखने तथा सोवियत लेखकों से मिलने की इच्छा प्रकट की। इलाहाबाद यूनिवर्सिटी के मिश्रजी यूनिवर्सिटी देखना और प्रोफेसरों और शिक्षा-संस्थानों के लोगों से मिलना चाहते थे। पत्रकार गुप्ता सोवियत में पत्र प्रकाशन की व्यवस्था देखना चाहते थे। बम्बई विधान सभा के श्री यादव मिलों और मिल-मजदूरों की अवस्था और उनके मजदूरी आदि की व्यवस्था के सम्बन्ध में जानना चाहते थे। श्री० शाह सोवियत गाँवों की अवस्था देखना और टाल्सटाय की समाधि के दर्शन करना चाहते थे। कुछ लोग संयुक्त-कृषि की योजना और एशियाई प्रजातंत्रों का रंग-ढंग देखना चाहते थे। मालती बिडेकर और हाजरा बेगम बच्चों के स्कूल और नर्सरी देखना चाहती थीं। कुछ लोग सोवियत द्वारा डान नदी को उठाकर वोल्गा नदी में डाल देने का इंजीनियरिंग का अद्भुत चमत्कार देखना चाहते थे। कुछ की रुचि चित्रशालाओं, पुस्तकालयों और नागरिक जीवन का परिचय पाने की थी। एक सज्जन ने हो सके तो कामरेड स्तालिन के ही दर्शनों की

इच्छा प्रकट कर दी। एक के बाद एक लांग पेश हो रही थी। मन में ख्याल आ रहा था कि हमें निमंत्रण देकर इन लोगों को पछताना तो नहीं पड़ेगा? डा० किचलू ने भी कुछ झेंप कर क्षमा-सी माँगते हुए कहा—'हम लोगों का कौतूहल इतना अधिक है कि हमारी माँगों का अन्त नहीं।'

तिखानोव मुस्कराते हुए फिर खड़े हुए—'आप लोगों ने जो कुछ देखने की इच्छा प्रकट की है वह अधिक नहीं। उसके लिये प्रबन्ध करना हमारे लिये कुछ भी कठिन नहीं। अलबत्ता आप लोगों ने इसके लिये समय बहुत कम रखा है। सुविधायें हम प्रस्तुत करेंगे श्रम आपका होगा। कामरेड स्तालिन से मुलाकात के सम्बन्ध में पूछताछ किये बिना कोई आश्वासन दे देना ठीक न होगा।' उन्होंने शान्ति सभा के सदस्यों की ओर संकेत कर डा० बुटरोव से परिचय करा दिया कि अब यही आप लोगों के पथ दर्शक और सहायक रहेंगे। डा० बुटरोव आयु में अधिक नहीं जान पड़े परन्तु पिछले युद्ध में मोर्चों पर मौजूद रहने वालों में और साथ ही सोवियत के जाने माने वैज्ञानिकों में हैं। बातचीत और स्वभाव में औला-मौला और हंसोड़ ही लगते हैं लेकिन प्रबन्ध के विषय में बहुत कड़े।

मैट्रो

उस संध्या मैट्रो देखने के लिये गये। मैट्रो का अर्थ है मास्को नगर के नीचे सुरंगों में चलने वाली बिजली की रेलगाड़ी। मैट्रो की प्रशंसा इससे पहले भी पढ़ी और सुनी थी, चित्र भी देखे थे इसलिये उत्सुकता भी बहुत थी। संध्या का अंधेरा हो चुका था। अंधेरा तो मास्को में जनवरी मास में चार-साढ़े-चार बजे ही हो जाता है। एक मकान के सामने जाकर गाड़ी रुकी। मकान के ऊँचे शिखर पर बिजली की लाल नालियों से खूब बड़ा अक्षर बना हुआ था। M मैट्रो का संकेत चिह्न है। दिन के कोहरे में भी यह M आग की रेखाओं की तरह चमकता रहता है। यह नोवोस्कोवोस्काया मैट्रो स्टेशन था। खूब खुले मंडप जैसा कमरा, जैसे किसी कला संग्रहालय का गुम्बद हो। संगमरमर की मूर्तियाँ। यूनानी पौराणिक गाथाओं की नग्न मूर्तियाँ नहीं लेनिन-स्तालिन की मूर्तियों के अतिरिक्त कुछ दूसरे नवयुवकों की मूर्तियाँ। संगमरमर की दीवारों पर पच्चीकारी (फ्रेस्को) में समाजवादी क्रान्ति के कुछ दृश्य।

सामने दो खूब चौड़े जीने नीचे उतर गये हैं। इनमें से एक जीने की सीढ़ियाँ स्वयं ही नीचे की ओर जा रही थीं और दूसरा ऊपर की ओर चढ़ता आ रहा था। जीने की पहली सीढ़ी पर कदम रखते ही मालूम होता है जीना झटके से अपनी ओर खींच रहा है। उसके बाद खड़े रहने पर भी जीना सीढ़ी-सीढ़ी नीचे उतरता जाता है। यदि जल्दी है तो इस चलते हुए जीने पर भी अपनी साधारण गति से उतरते भी जाइये। साधारण चाल से चलने पर भी चाल की रफ्तार तीन-चार गुनी हो जायेगी। भय का कोई कारण न होने पर भी नये आदमी को बिना किसी प्रयत्न के नीचे फिसलते जाने में गिरने की सी धड़कन होती है। मास्को के लोगों को ऐसा अनुभव न होता होगा। छोटे-छोटे लड़के, लड़कियाँ भी कूद-कूदकर विनोद से एस्केलेटर (चालू सीढ़ी) पर चढ़ जाते हैं, उंगली पकड़कर चलने वाले बच्चे भी घबराते नजर नहीं आते। युवक प्रेमी जोड़े बगलों में हाथ डाले रहस्यवार्ता करते ऊपर या नीचे चले जाते हैं। लंदन, न्यूयार्क और पेरिस के लोगों को भी इसमें आशंका या वैचित्र्य अनुभव नहीं होगा। लंदन में भी सुरंग रेले हैं। तहखानों में बने स्टेशनों के प्लेटफार्मों पर पहुँचने के लिये एस्केलेटर भी हैं। हाँ, वे कुछ अधिक

गड़गड़ाहट जरूर करते हैं। मास्को के एस्केलेटर अच्छे मालूम होते हैं शायद इसलिये कि अभी नये-नये बने हैं।

एस्केलेटर से उतरते समय सुरंगों की मेहराबों की दीवारों और छतों पर भी चित्रकला के उत्कृष्ट नमूने हैं। अधिकांश में क्रान्ति के ही दृश्य हैं परन्तु बहुत ही सजीव। संगमरमर के नक्काशीदार फर्श। छतों के झाड़-फानूस लटके हुए। मानो किसी सम्राट के सभा भवन में पहुँच गये हों लेकिन है यह मास्को की सुरंग रेल का प्लेटफार्म ही; जहाँ से प्रति एक-दो मिनट में साफ सुथरी, गद्देदार, भीतर से गरम गाड़ियाँ बड़ी तेजी से आती-जाती रहती हैं। इन गाड़ियों में सवार होने वाले लोग प्रायः ही मजदूर या क्लर्क होते हैं। जिन्हें अपने रहने की जगह से कामकाज के लिये शहर के दूसरे दूर के भागों में जाना पड़ता है। मैट्रो सुरंग-रेल की बनावट मास्को के नीचे एक चक्कर के रूप में है जो नगर के अनेक भागों को एक दूसरे से मिलाता जाता है। कोस्मोलस्काया स्टेशन केन्द्र में है। इस केन्द्र से चक्कर के अनेक भागों को पहिये की करणों की तरह सीधी गाड़ियाँ जाती हैं। चक्कर से परे भी नगर के दूरवर्ती भागों को लाइनें चली गई हैं। दूर जाने वाली लाइनें चक्कर की सुरंग के नीचे से गुजरती हैं। चक्करदार सुरंग की गहराई पृथ्वी तल से प्रायः डेढ़ सौ फुट है और उसके नीचे जाने वाली लाइनों की ढाई सौ फुट। सुरंगों में सभी जगह खुली हवा पहुँचने की व्यवस्था है। अभी तक मास्को के नीचे प्रायः पचास मील सुरंगों में गाड़ियाँ चल पाई हैं। शेष जल्दी-जल्दी बनती जा रही हैं। एक बार मैट्रो के किसी भी स्टेशन में भीतर जाने के लिये आधा रूबल का टिकट लेना पड़ता है। इस टिकट से आप चाहे जितनी दूर जा सकते हैं। यदि किसी भी स्टेशन से बाहर न निकलें तो वापस भी लौट सकते हैं।

नोवोस्कोवोस्काया से सुरंग-रेल में ही चलकर दो-तीन स्टेशन छोड़ कोस्मोलस्काया पहुँच गये। इस स्टेशन पर भी वैसा ही प्रकाश और सफाई थी। कोई एक स्टेशन देख लेने पर केवल उसी स्टेशन के सौन्दर्य, सुरंग-रेल के चलने के ढंग और उपयोगिता का ही अनुमान हो सकता है अन्य स्टेशनों की रूपरेखा और कला सौन्दर्य का नहीं। कोस्मोलस्काया स्टेशन का रंग दूसरा ही है, कुछ हल्का गुलाबी सा। यहाँ मूर्तियाँ नहीं हैं। दीवारों और छतों पर एशिया की बैजन्टाइन कला के बहुत सुन्दर नमूने रंग-बिरंगे कीमती पत्थरों को जोड़कर बनाये गये हैं। यहाँ से कुछ दूर एक और स्टेशन पर जाकर देखा पूरा स्टेशन आसमानी रंग के चिकने चमकीले पत्थरों का बना हुआ है मानो पूरी इमारत समुद्र की लहरों से बनी हुई है। एक स्टेशन पर उत्पादक श्रम में लगे किसानों और मजदूरों की मूर्तियाँ हैं तो दूसरे स्टेशन पर देश रक्षा के लिये लड़ने वाले स्थल और जहाजी सैनिकों की; कहीं लेखकों और कलाकारों की। मैट्रो के सभी स्टेशन एक दूसरे से भिन्न-भिन्न रंगों और रूपरेखाओं में भिन्न प्रकार की भावनाओं और कला के प्रतीक के रूप में मास्को नगर की नीवों के नीचे फैले हुए हैं। मास्को को अपनी इस कला निधि के लिए गर्व है और उचित गर्व है।

मैट्रो सुरंग-रेल मास्को की पचास लाख जनसंख्या के लिये कम समय में और कम खर्च में एक स्थान से दूसरे स्थान पर पहुँच सकने की सुविधा के लिये बनायी गई है परन्तु यातायात की नागरिक आवश्यकता को पूरा करने के साथ उसमें कला सौन्दर्य और सुरुचि के लिये विशेष स्थान रखा गया है। यदि न्यूयार्क और लंदन की सुरंग रेलों की तरह मास्को की मैट्रो को व्यावसायिक लाभ के लिये ही बनाया गया होता तो यह स्टेशन

शायद एक चौथाई से भी कम लागत में बन जाते। व्यावसायिक दृष्टि से वही बुद्धिमानी भी समझी जाती परन्तु सोवियत की जनता शायद अपनी आवश्यकताओं को सौन्दर्य और कलापूर्ण ढंग से पूरा करना चाहती है। समाजवादी व्यवस्था ने उन्हें नीरस नहीं बल्कि प्रचुर साधन देकर अधिक रसिक बना दिया है।

डाइनेमो स्टैडियम

हम लोगों ने सोवियत की सांस्कृतिक संस्थाओं के परिचय और ऐसे स्थानों को देख पाने के लिये अनुरोध किया था। उसी प्रसंग में डा० बुटरोव और क्रेमापालोबा हमें डाइनेमो स्टैडियम दिखाने के लिये ले गये। इसे मास्को में व्यायाम सम्बन्धी खेलकूद की सबसे बड़ी रंगशाला समझिये। सोवियत विचारधारा के अनुसार स्वास्थ्य सुधार और शारीरिक बल की वृद्धि भी संस्कृति का आवश्यक पहलू है। इस सम्बन्ध में उचित भोजन से लेकर व्यायाम तक सभी बातों की ओर उनका ध्यान बहुत अधिक है। रंगशाला के प्रबंधक ने गर्व से बताया कि इस स्थान का नाम चुनने के लिये गोर्की से अनुरोध किया गया था। उन्होंने 'डाइनेमो स्टैडियम' नाम सुझाया। डाइनेमो बिजली की शक्ति उत्पन्न करने वाले यंत्र को कहते हैं। इस व्यायामशाला को डाइनेमो नाम देते समय गोर्की की यही भावना और आशा रही होगी कि यह स्थान सोवियत समाज के लिये शक्ति के स्फुरण का केन्द्र बनेगा।

डाइनेमो स्टैडियम का द्वार किसी भी नये ढंग की छोटी-सी इमारत का सा ही दिखाई देता है। द्वार के साथ शुरू में कुछ कमरे हैं जिनमें यहाँ के काम का लेखा-जोखा रखा जाना है या खिलाड़ी कपड़ा वगैरा बदल सकते हैं। दफ्तर से एक सुरंग में जाने पर बहुत बड़े प्रांगण के बीच द्वार खुलता है। प्रांगण या मैदान दर्शकों के लिये जीनों की तरह बनी बैठने की जगहों से घिरा हुआ है। बीच में फुटबाल, बालीबाल, हाकी वगैरा के लिये मैदान छोड़ दिया गया है। इस मैदान की सबसे बड़ी विशेषता यह है कि इसके चारों ओर पैंसठ हजार दर्शकों के बैठकर देखने की जगह है। मालूम नहीं संसार के दूसरे देशों में इतनी बड़ी कोई दूसरी रंगशाला या स्टैडियम है या नहीं परन्तु सोवियत में यह अवश्य सबसे बड़ी रंगशाला नहीं है। डाइनेमौ स्टैडियम के प्रबंधक से पूछने पर कि क्या यही सबसे बड़ा स्टैडियम नहीं है? उसने स्वीकार किया—"नहीं इससे बड़ा स्टैडियम लेनिनग्राड में 'स्पार्टाक-स्टैडियम' है जिसमें पचासी हजार व्यक्ति एक साथ खेल देखने के लिये बैठ सकते हैं।" यह दो तो सबसे बड़े स्टैडियम हैं परन्तु सोवियत भर में केवल दो ही स्टैडियम नहीं हैं दूसरे नगरों में भी वहाँ की जनसंख्या के हिसाब से स्टैडियम हैं जिनकी संख्या आठ सौ है। यह संख्या ही खेलकूद द्वारा व्यायाम और शारीरिक सुधार की ओर सोवियत के दृष्टिकोण की झलक दे देती है।

यह स्टैडियम केवल खेल या तमाशा कर दर्शकों से पैसा बटोरने के लिये नहीं हैं। हमारे देश में जहाँ कहीं ऐसी रंगशालायें हैं वे कोई खास मैच होने पर या विदेश से खिलाड़ियों का कोई दल आ जाने पर जाग उठती हैं, वर्ना वहाँ गायें-भैंसें चरा करती हैं। सोवियत के यह स्टैडियम बारहों मास, प्रतिदिन चालू रहते हैं। हजारों दर्शकों को आकर्षित करने वाले मैच तो कभी-कभी ही होते होंगे परन्तु वहाँ व्यायाम और खेलों की शिक्षा नित्य दी जाती है। इस प्रकार की शिक्षा के लिये कोई शुल्क नहीं देना पड़ता। शिक्षा देने वाले भी अधिकांश में शौक से ही आते हैं। स्टैडियम केवल प्रबंधकों को वेतन

देता है। हमारे देश में या अन्य पूँजीवादी देशों में व्यायाम के प्रयोजन से खेलकूद के लिये क्लब का मेम्बर बन जाना साधारण मध्यम श्रेणी के बूते की भी बात नहीं। सर्वसाधारण नागरिकों या किसान-मजदूर की तो बात ही सोचना व्यर्थ है। इन रंगशालाओं में दी जाने वाली शिक्षा कैसी होगी; उनका क्षेत्र कितना है? यह अनुमान परिणाम से ही किया जा सकता है:—सोवियत में पाँच सौ इक्कीस खेलों की प्रतियोगितायें चालू हैं। सत्तर खेलों में उनके खिलाड़ी संसार में सर्वप्रथम माने गये हैं।

खेलों और व्यायाम को इतना महत्त्व देते हुए भी यह बात जरूर विस्मय की है कि सोवियत में पेशेवर खिलाड़ी या खिलाड़ी-सांड पालने की प्रथा नहीं हैं। हमारे यहाँ और अन्य पूँजीवादी देशों में सभी खेलों के प्रमुख खिलाड़ी पेशेवर खिलाड़ी ही होते हैं। जिन्हें कोई राजा-रईस या क्लब खेल का करतब दिखाने भर के लिये नौकर रख लेती है। इनका काम केवल खेल का अभ्यास कर समय-समय पर करतब दिखा देना ही होता है। सोवियत में ऐसी बात नहीं है। वहाँ के सभी खिलाड़ी समाज के सामान्य सदस्य हैं जो समाज के प्रति अपने आर्थिक और सामाजिक कर्तव्य को भी पूरा करते हैं और अपने जीवन निर्वाह के लिये आत्मनिर्भर हैं। उन्हें राजा-रईसों या क्लबों की मोहताजी करने की आवश्यकता नहीं। विशेष प्रतियोगिता में भाग लेने के लिये उन्हें अभ्यास के लिये वेतन सहित अवकाश मिल जाता है। अपनी औद्योगिक संस्थाओं से वे दूसरी तरह की सहायता भी पाते हैं क्योंकि इनकी यह योग्यता उनकी संस्थाओं के लिये सम्मान का कारण समझी जाती है।

रंगशाला में जगह-जगह सोवियत नेताओं के विशाल चित्र हैं। परन्तु उन चित्रों से अधिक ध्यान आकर्षित हुआ लाल रंग पर मोटे सफेद अक्षरों में लिखे सुभाषित की ओर। यह स्तालिन के शब्द हैं "संसार में शान्ति की रक्षा हो सकती है यदि जनता शान्ति रक्षा का काम अपने हाथ में ले ले!" यह बात स्तालिन ने क्यों कही होगी? क्या किसी भी राष्ट्र की सरकार शान्ति और युद्ध के प्रश्न पर अपनी जनता का हस्तक्षेप पसन्द करती है? क्या यह मान लिया जाये कि सोवियत शासन के नेता अंतर्राष्ट्रीय राजनीति के निर्णय का अधिकार अपनी जनता को सौंप देना चाहते हैं? बहुत सोचकर यही जान पड़ता है कि शान्ति के लिये सोवियत जनता की पुकार के उत्तर में ही स्तालिन ने यह शब्द कहे होंगे कि यदि संसार की जनता शांति चाहती है तो जनता को अपनी सरकारों पर ही भरोसा न करके यह काम स्वयं अपने ही हाथ में लेना चाहिए और इसी स्तालिन के लिये पूँजीवादी जगत के, प्रजातंत्र का ढिंढोरा पीटने वाले नेताओं का कहना था कि वह सबसे निर्मम तानाशाह था जिसके शासन में जनता को अपने मन की बात कहने की स्वतंत्रता नहीं थी।

जोया स्कूल

दोपहर बाद मास्को का एक स्कूल देखने गये। यह लड़कियों का हाई स्कूल था और नाम, जोया स्कूल। छोटा सा फाटक और सादी सी लाल ईंट की इमारत। एक प्रौढ़ा चपरासिन ने आगे बढ़कर फाटक खोल दिया। ड्योढ़ी के स्प्रिंगदार दरवाजों के भीतर जाकर देखा कि छत नीची होने पर भी हाल काफी बड़ा था। यह विद्यार्थियों के कोट और बर्फ में पहनने के जूते रखने की जगह थी। हाल के भीतर बड़े-बड़े गमलों में रखे

गरम देशों के पेड़ों की ओर ध्यान गया। मास्को में और सोवियत के दूसरे नगरों में भी कमरों के भीतर पेड़ रखकर सजावट का शौक बहुत है। इस स्कूल में भी शौक की चीजों की कमी न थी। हाल के बीचोंबीच पत्थर की मूर्ति में जोया, नाजी अत्याचार के सामने सिर न झुकाने की प्रतिज्ञा में मुट्ठी बाँधे, दृढ़ निश्चय से खड़ी थी।

बहुत से परदेसियों और वे भी मास्को के लिये असाधारण रंग के लोगों के झुंड को स्कूल में आया देख हाल में से जाती हुई १२-१३ वर्ष की कुछ लड़कियाँ कौतूहल में ठिठक हमें देखने लगी थीं। हमारे कुछ साथी नाजी आक्रमण के विरुद्ध सोवियत के आत्मरक्षा के युद्ध में जोया की वीरता और बलिदान की कहानी से परिचित थे और कुछ अपरिचित। उन्हें विस्मय था कि एक १६-१७ वर्ष की लड़की की मूर्ति का क्या महत्व हो सकता है और क्यों कोई स्कूल उसकी स्मृति अपने नाम के साथ जोड़कर गर्व अनुभव कर रहा है! अपने साथियों को संक्षेप में जोया का इतिहास बता रहे थे। वह लड़कियाँ जोया की मूर्ति को लक्ष्य कर चलती हमारी बातचीत से प्रसंग का अभिप्राय समझ गईं। अपने देश की एक लड़की की कीर्ति इतने दूर देश तक पहुँच सकने के गर्व से उनके चेहरे और आँखें चमक उठीं।

बाहर से बहुत सादी दिखाई देने वाली ईंट की मरम्मत भीतर के खूब गरम और प्रकाश से जगमग थी। इस स्कूल में लड़कियों की संख्या १५७० और अध्यापकों की संख्या ६१ है। लड़कियों की संख्या अधिक होने से स्कूल दिन में दो बार लगता है। सुबह ८।। बजे से १ तक और फिर संध्या २।। बजे से ७ तक। अभी तक मास्को में स्कूलों के लिये इमारतें काफी नहीं हैं। यह स्कूल मास्को के तिमिराजेव भाग में है। नगर ऐसे पच्चीस भागों में बँटा हुआ है। समाजवादी क्रान्ति से पहले इस भाग में केवल एक प्राइमरी स्कूल था। अब यहाँ बीस हाई-स्कूल हैं। पूरे मास्को नगर में छः सौ अठारह हाई स्कूल हैं। इस पंचवर्षीय योजना में मास्को में स्कूलों के लिये चार सौ नयी इमारतें बनायी जाने की बात है। मास्को या सोवियत में शिक्षा के लिये दी गई सुविधाओं की तुलना दूसरे देशों से करना तो असंगत है ही परन्तु यह भी ध्यान में रखना आवश्यक है कि ग्रेट ब्रिटेन, फ्रांस, अमरीका में मौजूद स्कूलों की संख्या और शिक्षा के लिये सुविधायें एक शताब्दी से अधिक समय के विकास का परिणाम हैं और सोवियत में केवल पिछले तीस वर्ष के विकास का।

छोटी कक्षाओं में एक अध्यापक प्रायः चालीस विद्यार्थियों को और ऊँची कक्षाओं में तैंतीस की देखभाल करता है। प्रत्येक स्कूल का अपना डाक्टर, अपना डेंटिस्ट और दो नर्सें होती हैं। इस स्कूल के पुस्तकालय में सैंतीस हजार पुस्तकें हैं। मास्को में वर्ष के अधिकांश समय इतनी सर्दी होती है कि खुले आकाश के नीचे कपड़े उतारकर व्यायाम नहीं किया जा सकता। स्कूल में खूब बड़े-बड़े हाल छोटी और बड़ी लड़कियों के लिये खेलकूद और व्यायाम के लिये हैं। बरफ पड़ रही थी। बिना ओवरकोट, हैट और बरफ में चलने वाले जूतों के बाहर खड़े होना कठिन ही था। तब यहाँ लड़कियाँ सफेद बनियान और नीली निकरें पहने ड्रिल कर रही थीं। उनकी छोटी-छोटी, भरी-भरी गदबदी बाँहों, पिंडलियों और चमकते चेहरों से इनके स्वास्थ्य और पौष्टिक भोजन का अनुमान हो सकता था। पौष्टिक भोजन या स्वास्थ्य की कमी के कारण दयनीय शरीर एक भी नहीं दिखायी दिया।

सोवियत में बच्चे सात वर्ष की आयु में किंडरगार्टन पूरा कर स्कूल जाना आरम्भ करते हैं। पहली से चौथी कक्षा तक भाषा, अंकगणित, सुलेख, आलेख्य (ड्राइंग) संगीत और व्यायाम की शिक्षा दी जाती है। रूस के अतिरिक्त सोवियत के अन्य राष्ट्रों में पहली कक्षा से ही अपनी मातृभाषा के साथ ही रूसी भाषा की भी शिक्षा दी जाती है। परीक्षायें पाँचवीं कक्षा से आरम्भ होती हैं। पाँचवीं कक्षा से देशी-विदेशी साहित्य, अंकगणित, बीजगणित, रेखागणित, इतिहास, भूगोल आदि की शिक्षा दी जाती है। छठी कक्षा से विज्ञान आरम्भ हो जाता है। सातवीं से दसवीं तक, जन्तुविज्ञान, शरीरविज्ञान, मनोविज्ञान, दर्शन, इतिहास और संसार का भूगोल जर्मन और लैटिन पढ़ाये जाते हैं।

सोवियत स्कूलों में लड़कियों को हमारे देश की तरह डोमेस्टिक-साइंस या पारिवारिक-विज्ञान उदाहरणतः सीना-पिरोना और पूरी, अचार बनाना नहीं सिखाया जाता। उनका विचार है कि यह काम लड़कियाँ परिवार में स्वयं ही सीख सकती हैं। शायद इसी शिक्षा का परिणाम है कि मालती बिडेकर के लड़कियों से यह प्रश्न करने पर कि दसवीं परीक्षा पास कर वे क्या करेंगी? लड़कियों ने डाक्टर, इंजीनियर, अध्यापक, चित्रकार और वकील बनने की ही महत्त्वाकांक्षा प्रकट की। मालती भैन ने याद भी दिलाया—“क्यों; विवाह करके मजे में घरबार नहीं चलाना चाहतीं?”—लड़कियाँ विद्रूप से हँसकर “ना! ना!!” चिल्ला उठीं। जोया हाई स्कूल लड़कियों के लिये है। इसका अर्थ स्पष्ट ही है कि सोवियत में लड़के-लड़कियों की समशिक्षा नहीं है? इस बात की ओर ध्यान विशेष रूप से गया और पूछा कि इसका कारण क्या है? स्कूल के मुख्याध्यापक से बातचीत करके संतोष हुआ तो शिक्षा विभाग के उपमंत्री के यहाँ जाकर सोवियत में शिक्षा की व्यवस्था के सम्बंध में बातचीत के सिलसिले में भी इस प्रश्न पर बात की। सोवियत में इस समय दोनों ही ढंग चालू हैं अर्थात् लड़के-लड़कियों की सहशिक्षा और पृथक शिक्षा भी। गाँवों और छोटे-छोटे नगरों में सहशिक्षा ही है; कारण है पृथक-पृथक स्कूलों के लिये इमारतों और अध्यापकों की कमी। बड़े-बड़े नगरों में पृथक शिक्षा की व्यवस्था कर दी गई। सात वर्ष की आयु तक लड़के-लड़कियों की शिक्षा एक साथ होती है। हाई स्कूल की शिक्षा, सात से सत्रह तक की आयु तक पृथक-पृथक और फिर यूनिवर्सिटी में भी सहशिक्षा ही है।

साधारणतः लड़के-लड़कियों के स्वाभाविक विकास के लिये सहशिक्षा को उपयोगी समझा जाता है और उन्हें पृथक-पृथक रखने की प्रतिक्रियावादी प्रणाली। सोवियत शिक्षा विभाग का कहना है कि युवकों-युवतियों के लिये विकास का स्वाभाविक मार्ग क्या है; यह अनुभव के आधार पर ही समझा जा सकता है। उनकी धारणा है कि साधारणतः सहशिक्षा ही उपयोगी है परन्तु किशोर अवस्था में लड़के-लड़कियों के शारीरिक और मानसिक विकास की प्रक्रिया इतनी भिन्न होती है कि उनका अति सामीप्य दोनों के ही स्वाभाविक विकास में बाधक होता है। किशोर अवस्था में लड़के-लड़कियों के शारीरिक और मानसिक विकास की भिन्नता और उनकी मानसिक डावांडोल स्थिति केवल विश्वास की बात नहीं बल्कि मनुष्य शरीर की प्रक्रिया के वास्तविक तथ्य हैं; उनकी उपेक्षा नहीं की जा सकती। किशोर अवस्था से पूर्व और उसके बाद, जब अपेक्षाकृत पक्वता और स्थिरता आ जाती है, उनकी संगति एक दूसरे के विकास में सहायक हो सकती है। एक

तरह से सहशिक्षा और पृथक शिक्षा दोनों ही चालू हैं। यह अनुभव बतायेगा कि कौन प्रणाली अधिक उचित है।

सोवियत स्कूलों में किसी भी प्रकार की धार्मिक या साम्प्रदायिक शिक्षा नहीं दी जाती है। स्कूल सब राष्ट्र के हैं। सोवियत में कोई राज धर्म नहीं है। शासन व्यवस्था किस सम्प्रदाय के धर्म की शिक्षा दे और किस सम्प्रदाय के धर्म की उपेक्षा करे? इसके साथ ही वैज्ञानिक शिक्षा द्वारा मिथ्याविश्वास और संस्कार न बैठने देने का भी यत्न किया जाता है। साधारणतः धार्मिक शिक्षा के साथ नैतिक शिक्षा का गठजोड़ समझ लिया जाता है। ऐसी अवस्था में धार्मिक शिक्षा के अभाव में नैतिक शिक्षा के अभाव की भी धारणा हो जाती है। सोवियत में साम्प्रदायिक धार्मिकता अर्थात् ईश्वर विश्वास और परलोक सम्बन्धी धारणाओं को और आचार सम्बन्धी नैतिकता अर्थात् व्यक्ति और समाज के आचार सम्बन्धी नैतिकता को पृथक-पृथक समझा जाता है और ऐसी शिक्षा को विशेष महत्त्व दिया जाता है। आचार सम्बन्धी नैतिकता को पृथक विषय न बनाकर उसे सोवियत के विधान, दर्शन, साहित्य आदि सभी के अन्तर्गत रखा जाता है। वही तो शिक्षा का ध्येय है।

शिक्षा का ढङ्ग और विषय बहुत कुछ जैसे ही हैं वैसे सभ्य देशों के आदर्श स्कूलों में हो सकते हैं परन्तु कुछ विशेष बात भी है। उदाहरणतः इस स्कूल को दूसरे स्कूलों की तुलना में अच्छा या बुरा स्कूल नहीं कहा जा सकता। असल बात यह है कि मास्को में साधारण और अच्छे स्कूलों का भेद है ही नहीं। जैसे हमारे देश में 'कनवेंट' के स्कूल या बड़ी फीसें लेने वाले बड़े आदमियों के स्कूल और इंगलैंड में 'ईटन' और 'हैरो' के पब्लिक स्कूल हैं, वैसे असाधारण स्कूल सोवियत में कहीं नहीं है। सोवियत व्यवस्था यह नहीं सह सकती कि कुछ आदमियों की सन्तानों के लिये बढ़िया स्कूल और अध्यापक हों और शेष समाज की सन्तान को साधारण जनता कहकर उनकी उपेक्षा कर दी जाये! समाज में भिन्न-भिन्न स्तर के स्कूलों का होना न केवल समाज में श्रेणियों के भिन्न-भिन्न स्तर होने का परिणाम है बल्कि शिक्षा की व्यवस्था में यह भेद दो तरह की श्रेणियाँ, शासक और शासित बनाये रखने की व्यवस्था और साधन भी हैं। यह उस परम्परा का अवशेष है जो यह विश्वास करती थी कि कुछ लोग वंश अधिकार से ही शासन करने के लिये और शेष समाज उनकी दासता के लिये पैदा होता है।

जोया स्कूल तिमिराजेव मुहल्ले की लड़कियों के लिये है। नगर के इस भाग की सभी लड़कियों के लिये इसी स्कूल में पढ़ना अनिवार्य है। या इस भाग की लड़कियों को पढ़ाना इस स्कूल का कर्त्तव्य है। यदि स्कूल की सीमा में कोई लड़का या लड़की चलने-फिरने के अयोग्य होने के कारण स्कूल पहुँच सकने में असमर्थ है तो अध्यापकों को उसके घर में जाकर उसे पढ़ा आना होगा। जोया स्कूल के अध्यापकों को ऐसी दो लड़कियों के घर जाकर पढ़ाना पड़ता है। इसके लिये लड़कियों के परिवार को विशेष फीस नहीं देनी पड़ती। सोवियत व्यवस्था देश के सभी बच्चों के लिये उचित शिक्षा देना भी अपनी जिम्मेवारी मानती है।

'बोलशोई थियेटर'

हम लोगों की इच्छा सोवियत के प्रसिद्ध बैले, ओपेरा और नाटक देखने की भी थी। उस संध्या हमारे लिये बोलशोई थियेटर में बैले के टिकट खरीद लिये गये थे। अंधियारे

आकाश के नीचे बोलशोई थियेटर की इमारत विद्युत के प्रकाशवान स्तूप की भाँति खड़ी थी। नीचे सड़क पर इतना प्रकाश था कि कोई पिन या बटन टूटकर गिर जाने पर ढूँढ़ लेने में कठिनाई न होती।

थियेटर हाल की ड्योढ़ी के सामने एक के बाद एक कई टैक्सियाँ आकर रुक रही थीं। दिल्ली और बम्बई की तरह मास्को और सोवियत के दूसरे नगरों में टैक्सी अपने रंग से पहचानी जा सकती है। गहरे हरे रंग की मोटर की छत पर काली धारियाँ पड़ी रहती हैं। मास्को की टैक्सी वियाना और लन्दन की टैक्सी की तरह बेरौनक सी नहीं जान पड़ती। दो मिनट के लिये बोलशोई की ड्योढ़ी के सामने ठिठका खड़ा रहा यह देखने के लिये कि नाटक देखने के लिये आने वाले लोग कौन हैं? टैक्सियों से उतरने वाले लोग दूसरी भीड़ से कुछ भी भिन्न नहीं जान पड़े; न उन्हें अपने लिये भीड़ में रास्ता बन जाने की आशा करते पाया। इनमें से कुछ के कन्धों पर कई तरह के बिल्ले भी लगे हुए थे जैसे कि अपने यहाँ फ़ौजी अफसरों के कन्धों पर होते हैं। दुभाषिया साथी गेनरीटा से उनके सम्बन्ध में प्रश्न किया। उसने बिल्लों की पहचान से उनमें से कुछ को रेल के कारखानों या रेल की लाइनों पर काम करने वाला बतलाया। कुछ फ़ौजी अफसर थे, कुछ अन्य विभागों में काम करने वाले। भीड़ में उनके बिल्लों का कुछ प्रभाव दिखाई न पड़ता था। थियेटर के भीतर बड़ा हाल प्रतीक्षा करने के लिये और बाद में ओवरकोट और बूट जमा कराने के लिये लम्बे-लम्बे स्टाल।

बैले का विषय स्वान लेक (हंस झील) की कहानी थी। यवनिका उठती। झील और जंगलों का प्राकृतिक दृश्य इतने मोहक और यथार्थ रूप में सामने आया कि यह जानते हुए भी कि हम हिमाच्छादित पर्वतों की उपत्यका में नहीं घूम रहे, थियेटर हाल में बैठे हैं मन में तरावट सी आ गई। स्वप्न लोक का सा दृश्य जान पड़ा। मालूम था कि यह सब पर्दों की बनावट का खेल है परन्तु उन पर्दों की बनावट में आँखों को यही जान पड़ता था कि रंगमंच में सामने की ओर चलने लगे तो बिना रुकावट के मील दो मील चले जा सकते हैं।

सौ सवा सौ व्यक्तियों के आरकेस्ट्रा के स्वर से हाल गूँज उठा। मंच पर नर्तकियाँ आईं। नर्तकियों का रूप उनके शरीर की गठन और पांव के अंगूठे की नोक पर सधा हुआ। उनका नृत्य, यह जानते हुए भी कि परियाँ केवल काल्पनिक वस्तुयें होती हैं, आँखों के सामने परियों का समूह देख ही रहे थे। एक राजकुमार परी राजकुमारी पर मोहित हो जाता है। राजकुमारी भी उसकी ओर आकर्षित होती है। अन्य परियाँ प्रेमियों की प्रसन्नता में सहयोग देती हैं। एक दैत्य राजकुमार से ईर्ष्या करता है और राजकुमारी का अपहरण करने के लिये उसे और उनकी सहेलियों को अपने जादू से हंस बना देता है। रंगमंच पर लहराती हुई झील के लहराते हुए जल पर हंसों का तैरना, सुन्दर वृक्षों और लताओं से छाये हुए तट पर व्याकुल हंसों का गोल बाँधकर उड़ना, विरही राजकुमार को अपनी प्रेमिका के लिये बन-बन भटकना; एक बनवासी वृद्ध द्वारा दैत्य के जादू का भेद राजकुमार पर प्रकट होना; राजकुमार का दैत्य से युद्ध; दैत्य का परास्त होना और जादू का टूटना और हंसों का कोमलांगी युवतियों के रूप में फिर नाचने लगना, यही बैले की कहानी थी। परियों और दैत्यों की कहानियों को मैं व्यक्तिगत रूप से सदा बच्चों के विनोद की ही चीज समझता रहा हूँ परन्तु अद्‌भुत दृश्य और हृदयग्राही संगीत के साथ

दृष्टि के इस चमत्कार की उपेक्षा कर देना सम्भव न था। और एक बात जो बार-बार मन में आ रही थी वह यह कि हमने सुन रखा था कि सोवियत में सम्पूर्ण कला केवल कम्युनिज्म के प्रचार का ही साधन बना दी गई है। 'स्वान लेक' बैले को देखकर यदि कोई कटु आलोचना की जा सकती है तो यही कि उसमें सिद्धान्त और बर्क का कोई सूक्ष्म तत्त्व खोजने पर भी न था। वह संगीत कानों को मोहित करने के लिये, वह नृत्य दर्शक के शरीर को थिरका देने के लिये और वह सौंदर्य आँखों को अपलक बना देने के लिये ही था।

स्वान लेक बैले में प्रत्येक अंक के बाद कुछ मिनट के लिये यवनिका गिर जाती थी। उस समय रंगमंच को न देखकर हाल को भी देखा जा सकता था और बाहर निकलकर दर्शकों के व्यवहार को भी। बोलशोई थियेटर एक सौ पचहत्तर वर्ष पुराना है। किसी समय यह महामहिमामय सम्राट जार और उसके सामन्तवर्ग के विनोद की ही जगह थी। अब भी थियेटर का हाल सुनहरी पच्चीकारी से सजा हुआ है। हाल प्रायः वृत्ताकार है। रंगमंच के सामने दर्शकों के लिये कुर्सियाँ लगी हैं, फिर एक के ऊपर एक छः गैलरियाँ भी वृत्ताकार बनी हैं। बीच-बीच में कई बार पीछे घूमकर देखने की कोशिश की कि कुछ जगहें खाली हैं या नहीं। खाली जगहें नहीं दिखायी दीं। दर्शक अपनी सुविधा और शौक के अनुसार महंगा या सस्ता टिकट लेकर बैले या नाटक देख सकते हैं। ऊँचे दाम की जगहों, पहले और दूसरे दरजे में बैठे लोगों की पोशाक या व्यवहार को देखकर यह अनुमान नहीं हुआ कि वे किसी विशेष स्तर के लोग हैं। गर्दन और पीठ अकड़ाये बिना मजे में उनके बैठने के ढंग से यह स्पष्ट था कि अपने आपको सम्मान की ऐंठ में दिखाने की परेशानी उन्हें नहीं है। कुछ लोग कोट न पहनकर केवल कढ़ी हुई कमीजें ही पहने थे। जान पड़ता था कि वे देहात से आये किसान हैं। यवनिका गिरी रहने के समय उनका जेब से सेव या कोई दूसरी चीज निकालकर खाने लगने से भी यही अनुमान होता था कि ये जनता के भाग्य-विधाता, गम्भीर श्रेणी के लोग नहीं बल्कि मनमौजी किसान-मजदूर ही हैं। किसान-मजदूर होने के कारण ही या बढ़िया सूट, कालर-टाई न पहने रहने के कारण वे पहले-दूसरे दरजे में बैठने के अधिकार के अवसर से वंचित नहीं कर दिये जा सकते।

लंदन और वियाना के थियेटर या सिनेमा की तरह सोवियत में थियेटर या सिनेमाओं में पहले-दूसरे दरजे की सुविधा और सम्मान की जगहें 'ड्रैस-सरकल' नहीं कहलातीं। हमारे यहाँ सामन्ती संस्कृति के अवशेष जयपुर में सिनेमाहाल में पहली श्रेणी को 'नोबल्स सर्कल' (ठाकुरों का स्थान) नाम दिया गया है, यानि उच्चवंश की जगह। पूँजीवादी देशों में वंश से अधिक सम्मान पूँजी का है। पोशाक पूँजी की प्रतीक मान ली गई है परन्तु सोवियत में इन जगहों पर विशेष प्रकार की पोशाक पहनने वाली और सर्वसाधारण जनता की छूत से घबराने वाली श्रेणी का ही अधिकार नहीं समझा जाता। सभी लोगों को समान अधिकार है कि वे दाम देकर सुविधा और आराम की जगह बैठ सकते हैं। सोवियत में किसान-मजदूर श्रेणी के लोग भी इन जगहों के दाम दे सकते हैं, यह आँखों देख लेने पर संदेह का अवसर नहीं रह जाता। भिन्न-भिन्न मजदूर और कृषक संघ भी अपने आदमियों के लिये इन थियेटरों के टिकट काफी संख्या में खरीद लेते हैं।

थियेटर या बैले में यवनिका गिरी रहने के समय बहुत से दर्शक कुछ खाने-पीने के लिये थियेटर के बड़े भोजनालय में चले जाते हैं। बहुत से लोग ड्योढ़ी के बड़े हाल से

जोड़े-जोड़े बनाकर चहल-कदमी करने लगते हैं। खासतौर पर सिगरेट सिगार पीने के लिये क्योंकि सोवियत सिनेमा, थियेटर हाल में तम्बाकू पीने की मनाही रहती है। एक ही हाल में दो-तीन सौ जोड़े चहल-कदमी आरम्भ कर दें तो अवश्य ही परस्पर असुविधा होगी। वे एक दूसरे से टकराकर एक दूसरे का मार्ग रोके बिना नहीं रह सकेंगे। परन्तु सोवियत के इन स्थानों में इतने लोग चहल-कदमी करके कमर और टांगों की जड़ता भी दूर कर लेते हैं और कोई अड़चन भी अनुभव नहीं होती। इसका शायद अनुभव से सीखा हुआ तरीका यह है कि जोड़े एक दूसरे के पीछे हो लेते हैं और सभी लोग एक ही दिशा में मन चाहे समय तक चक्कर लगाते रहते हैं। इससे सभी लोगों का घूमना भी हो जाता है और असुविधा भी किसी को नहीं होती। सम्भव है, पूँजीवादी देशों की भद्र श्रेणी के लोगों को यह चहल-कदमी कैदियों की परेड सी जान पड़े। वे इसे व्यक्तिगत स्वतन्त्रता के अभाव का ज्वलन्त उदाहरण मान लें और कोई कल्पना का धनी लेखक लिख डाले कि सोवियत में व्यक्तिगत इच्छा से टहलने का भी अवसर नहीं परन्तु सोवियत के लोग अपनी व्यक्तिगत सुविधा की रक्षा का एक मात्र उपाय दूसरों की व्यक्तिगत सुविधा को अवसर देकर चलना ही समझते हैं। जोड़ियों की इस चहल-कदमी की लैनडोरी में चुस्त सूट, मखमल के गाऊन, रेलवे के बिल्ले, लाल सेना की वर्दी, किसानों के कढ़े हुए कुर्ते और मजदूरों के काम करते समय पहनने के नीले चोले। कपड़ों के सभी नमूने देखे जा सकते हैं। प्रेमियों का कोई जोड़ा एक दूसरे के कान में रहस्य की बात कहता हुआ चल रहा है तो कहीं नवयुवकों और नवयुवतियों की जोड़ियाँ अट्टहास के कारण पेट को हाथ से दबाये चले जा रहे हैं।

हमारे देश की ही तरह इंगलैंड या दूसरे पूँजीवादी देशों में भी नाटक, बैले और ओपेरा देखना सर्वसाधारण के बस की बात नहीं। केवल अच्छी आर्थिक स्थिति के लोग ही यह संतोष पा सकते हैं। सर्वसाधारण के लिये तो केवल सिनेमा ही एक मात्र विनोद का सस्ता साधन है। सोवियत में ऐसी बात नहीं। ऊँचे स्तर के सांस्कृतिक विनोद में भाग लेने वालों की संख्या का अनुमान सोवियत के पाँच दस ओपेरा, बैले और थियेटरों में जाये बिना नहीं हो सकता। एक संध्या 'लुडमिला और रूसलन' का ओपेरा देखा। अवसरवश यही ओपेरा वियाना में देखा था। उसे मास्को में देख समझा कि उत्तम और अति उत्तम में क्या अन्तर होता है। दूसरी संध्या हम लोग सोवियत-संगीत और लोक-नृत्य का कुछ परिचय पाने के लिये चाइकोवस्की संगीतशाला में गये। ऐसे संगीत का रस लेने के लिये भी भवन को ठसाठस भरा देखकर कुछ विस्मय हुआ। कार्यक्रम की समाप्ति पर शाला के मैनेजर से पूछा कि क्या सर्वसाधारणतः लोग इतनी संख्या में संगीत का रस लेने के लिये सदा ही आ जाते हैं? मैनेजर ने स्वीकार किया कि आज से नये वर्ष की बारह दिन की छुट्टियाँ आरम्भ हो रही हैं इसलिये भीड़ कुछ अधिक है परन्तु पिछले तीन दिनों में बिके टिकटों की संख्या भी तीस हजार से कुछ अधिक थी।

यह भी मालूम हुआ कि चाइकोवस्की संगीतशाला सर्वसाधारण को संगीत की शिक्षा देने का भी केन्द्र है। यहाँ शिक्षा के लिये भी संगीत का कार्यक्रम चलता है। प्रसिद्ध कलाकारों का कार्यक्रम होने पर जगह की कमी अनुभव होती है। उस समय पहले उन्हीं लोगों को टिकट दिये जाते हैं जो संगीत के अध्ययन में अनुराग होने के कारण इन कार्यक्रमों में नियमित रूप से आते हैं। संगीत का नियमित अध्ययन करने वालों को कुछ

रियायत पर छः माही या वार्षिक टिकट भी दे दिये जाते हैं। १९५२ में नियमित अध्ययन के लिये अपना स्थान सुरक्षित करा लेने वालों की संख्या दस हजार थी। सम्भव है, सोवियत संस्कृति को केवल मशीन का सा जीवन मान लेने वालों को सोवियत में संगीत के प्रति अनुराग की इस बात से कुछ विस्मय हो।

सोवियत में कला के क्षेत्र में वैचित्र्य और विभिन्नता के लिये कितना क्षेत्र और अवसर है; इस बात का अनुमान मास्को में कठपुतलियों की नाट्यशाला को देखकर हो सकता है। हमारे देश के देहातों में या ऐसे मुहल्लों में जहाँ अशिक्षित या पिछड़ी हुई जनता रहती है, अब भी कभी-कभी राजा मानसिंह, अमरसिंह राठौड़ या नल-दमयन्ती की कहानी कठपुतली के नाच के रूप में होती है। परन्तु यह कला, जो कि सभ्य समाज की नाट्य कला का आदिम रूप थी; आज अत्यन्त उपेक्षित और दयनीय अवस्था में है और प्रायः दम तोड़ रही है। सोवियत में उसका परिष्कार करके उसके लिये आधुनिकतम सुविधायें दी गई हैं। इस माध्यम से केवल गाथायें ही नहीं, आधुनिक जीवन के नाटक भी होते हैं। कठपुतलियों की इस नाट्यशाला के साथ ही कठपुतलियों के विषय और इतिहास का अध्ययन करने के लिये एक संग्रहालय भी है जहाँ योरुप, एशिया और अफ्रीका के अनेक देशों की कठपुतलियों के नमूने जमा हैं। कठपुतलियों के इस समारोह में नल-दमयन्ती, रावण और हनुमान के रूप भी मौजूद हैं।

इंगलैण्ड और अमरीका में स्टीरियो सिनेमा (थ्री डाइमैन्शन फिल्म) संभावित आविष्कारों के क्षेत्रों की ही बात है। इन देशों में परीक्षण के तौर पर स्टीरियो फिल्म दिखलाई जाती है तो उसके लिये दर्शकों को विशेष प्रकार के चश्मे लगाने पड़ते हैं। मास्को में स्टीरियो फिल्म का विशेष सिनेमा हाल मौजूद है जहाँ चश्मे नहीं लगाने पड़ते। यह फिल्म देखते समय परदे पर चलते हुए चित्र ही नहीं दिखाई देते बल्कि घटनाओं को प्राकृतिक परिस्थितियों में होते देखते सा लगता है। पात्रों और दृश्यों का केवल सामने का भाग ही नहीं, उनका दायां-बायां और उनके पीछे का स्थान भी दिखायी पड़ता है। पात्र और जीव-जन्तु अधर में दर्शकों की ओर उड़ते चले आते या उनसे दूर भागते भी दिखाई देते हैं। सोवियत के वैज्ञानिक अभी इस आविष्कार को पूर्ण नहीं समझते। वे खोज द्वारा इसके और विकास का यत्न कर रहे हैं। स्टीरियो सिनेमा में पर्दा कपड़े का नहीं शीशे के कई हजार लैसों को जोड़कर बनाया गया है। इस एक पर्दे की लागत पाँच लाख साठ हजार रुबल है। व्यावसायिक दृष्टि से इतनी लागत का पर्दा उद्योग की ऐसी अविकसित अवस्था में बना डालना, जब कि स्टीरियो सिनेमा अभी परीक्षण की स्थिति में हो, मूर्खता समझी जायेगी; क्योंकि व्यवसायी सिनेमा भवन या सिनेमा का परदा मुनाफा कमाने के लिये ही बनते हैं। सोवियत सरकार की दृष्टि में पाँच लाख साठ हजार रुबल का परदा बना देना मूर्खता नहीं है क्योंकि इससे सिनेमा विज्ञान के क्षेत्र में खोज और आविष्कार की राह खुलती है।

सोवियत संस्कृति मानव समाज की भौतिक समृद्धि अपना लक्ष्य मानती हैं। भौतिकवादी होने के कारण उनका यह विश्वास है कि समाज की मानसिक और बौद्धिक प्रगति भी भौतिक साधनों से ही सम्भव है। सोवियत संस्कृति मनुष्य-समाज की मानसिक और बौद्धिक आवश्यकताओं को कम महत्त्व नहीं देती। उसके राष्ट्र निर्माण के कार्यक्रम में जहाँ गल्ले और कपड़े की पैदावार के बढ़ाने और यातायात के साधनों का विकास

करने की बड़ी-बड़ी योजनायें बनी हैं वहाँ सांस्कृतिक पक्ष की भी उपेक्षा नहीं की गई। सोवियत समाज में कला के माध्यम संगीत, नृत्य, सिनेमा और रङ्गमंच आदि राष्ट्रीय महत्त्व की दृष्टि से गौण विषय नहीं समझे जाते। इन सांस्कृतिक वस्तुओं को न तो समाज के अपने सीमित साधनों के अनुसार पूर्ण होने के लिये छोड़ दिया गया है और न इन्हें व्यवसाय-चतुर लोगों के लिये मुनाफा कमाने का साधन बन जाने दिया गया है। जैसे पूँजीवादी देशों में सार्वजनिक स्वास्थ्य से सम्बन्ध रखने वाले विषय, नगरों की सफाई, रोशनी और पानी की व्यवस्था सरकार की जिम्मेदारी समझे जाते हैं उसी प्रकार सोवियत में समाज के मानसिक स्वास्थ्य से सम्बन्ध रखने वाले माध्यम संगीत, नृत्य, सिनेमा और रङ्गमंच भी सरकार की ही जिम्मेवारी है। अभिप्राय यह नहीं कि सरकार गीतों के स्वर और नृत्य की तालें निश्चित कर देती है या नाटकों एवं फिल्मों के लिये विषय निर्धारित कर देती है। इसका अर्थ है कि इन वस्तुओं के विकास के लिये कलाकारों की समितियों के लिये साधन जुटाना और कला की इन कृतियों को जनता के लिये प्राप्य हो सकने के साधन प्रस्तुत करना।

मास्को का बाजार

नगरों के सौंदर्य की कोई सर्वसम्मत कसौटी बता देना कठिन है। ऊँची सुन्दर इमारतों का क्रम नगर की सुन्दरता बढ़ाता है परन्तु उनकी एकरूपता से विरति भी होने लगती है। इमारतों के एक दूसरे से बिलकुल भिन्न होने या छोटे-बड़े का अन्तर बहुत अधिक होने से भी विरूप असंगति सी जान पड़ती हैं। ऐसे ही भीड़ का अधिक होना नगर को असह्य बना सकता है और सूनापन उदासी पैदा करने लगता है। इन सब बातों का उचित अनुपात हमारे अभ्यास पर निर्भर करता है। भीड़ से भरी तंग सड़कों के आदी नागरिकों को मास्को की बहुत ही चौड़ी सड़कों बहुत ही ऊँची इमारतों से दबदबा सा अनुभव हो सकता है। सड़कों पर मोटरों की संख्या लंदन से भी अधिक ही जान पड़ती है और उनकी तेजी से जान पड़ता है कि उन्हें नगर से भाग जाने की जल्दी है।

आधुनिक नगरों की शोभा का समय सूर्यास्त के बाद होता है, जब इमारतें बिजली के प्रकाश से जगमगा उठती हैं। इस दृष्टि से मास्को कलकत्ता, बम्बई या योरुप के बड़े नगरों जिनीवा, वियाना, ज्यूरिच, लन्दन किसी से कम नहीं, कुछ अंशों में अधिक ही जान पड़ता है। पूँजीवादी व्यवस्था के अनुमार व्यापारिक होड़ की प्रणाली पर चलने वाले नगरों की शोभा व्यापारिक प्रतिद्वन्द्विता पर ही निर्भर करती है। व्यापारी ग्राहक को खींचने के लिये आकर्षक उपायों का सहारा लेता है। किसी दवाई का नाम बिजली की रंग-बिरंगी रोशनी में बड़े-बड़े अक्षरों में लिखा होगा, कहीं दांत के मंजन के विज्ञापन के लिये किसी युवती की सफेद दांत दिखाती हुई हँसी, कहीं बिजली के भड़कीले प्रकाश से चकाचौंध करते मोटरों, जूतों, कपड़ों और दूसरी वस्तुओं के चित्र ही पूँजीवादी प्रणाली के नगरों की शोभा हैं। मास्को में ऐसी व्यावसायिक होड़ नहीं दिखाई देती। परन्तु रंग-बिरंगी बिजली की कमी नहीं और वह लोगों को यह या वह चीज खरीदने की प्रेरणा देने के लिये नहीं बल्कि सौन्दर्य के प्रयोजन से ही लगाई गई है। पूँजीवादी नगरों की सजावट का प्रयोजन मुख्यतः विज्ञापन होता है इसलिये यदि वह शोभा की उपेक्षा करके विज्ञापन ही करें तो उसे असफल नहीं कहा जा सकता सोवियत के नगरों में सजावट का मुख्य प्रयोजन ही शोभा है। दोनों प्रणालियाँ अपने-अपने लक्ष्य में सफल हैं। बिजली के प्रचुर प्रकाश का

विज्ञापन और शोभा के इन दो भिन्न ढंगों से प्रयोग उतना ही अन्तर पैदा कर देता है जितना कि सब्जी मंडी में भिन्न-भिन्न सौदे के व्यापारियों के गा-गाकर अपने सौदे की पुकारें लगाने में और संगीत के लिये की जाने वाली संगीत सभा में हो सकता है।

मास्को की चौड़ी सड़कों से प्रसार का जो आतंक मन पर पड़ता है वह पैदल पटरियों पर दुकानों के समीप चलने से स्वयं ही दूर हो जाता है। पैदल पटरियों पर भीड़ प्रायः लंदन, वियाना जैसी ही रहती है। हाँ, लोगों के शरीर पर कपड़े अधिक और कुछ वजनी भी रहते हैं। स्त्रियाँ भी खूब मोटे कोट और घुटनों तक बूट पहने दिखाई देती हैं। योरुप और इंगलैण्ड की नारी का हलका-फुलका तितलीपन मास्को के बाजार में बहुत कम दिखाई देता है। वस्त्र या पहनावा सबका एक सा ही हो सो बात भी नहीं। वस्त्रों में ढङ्ग के अलावा मूल्यों का अन्तर भी दिखाई देता है। परन्तु पोशाक के मूल्य के आधार पर बड़प्पन या आदर का भाव दिखाई नहीं देता। रुई भरे हुये कपड़े का कोट और घुटनों तक नमदे के बूट पहने व्यक्ति ताजा इस्त्री किये सूट और सफेद कालर लगाये भद्र पुरुषों के कन्धे से कन्धा भिड़ाकर निस्संकोच चलते दिखाई देते हैं। दुकानें छोटी और बड़ी दोनों तरह की हैं। परन्तु छोटे और बड़े आदमियों की दुकानें अलग-अलग नहीं हैं। छोटी दुकानें प्रायः शौक की वस्तुओं या कम खपत की चीजों, जेवरात या इत्र-फुलेल की हैं और बड़ी दुकानें अधिक खपत की चीजों उदाहरणतः रसद या कपड़े और दूसरी आवश्यक वस्तुओं की। पोशाकें प्रायः सिली-सिलाई तैयार मिलती हैं लेकिन मन पसंद कपड़ा खरीद कर भी सिला लिया जा सकता है। इन दुकानों में किसी भी हैसियत या पोशाक के व्यक्ति किसी भी समय देखे जा सकते हैं।

सौदों के दाम उन पर लिखे रहते हैं। लिखे दाम अधिक जान पड़ने पर भाव-तोल करके दाम घटाने की आशा नहीं की जा सकती। दाम कम कर देना दुकानदार के बस का नहीं। कोई दुकानदार दुकान का मालिक नहीं। दुकानें सब राज्य या राष्ट्र की हैं। दुकानदार वेतन पाने वाले कर्मचारी हैं। वे ग्राहक को फंसाने के लिये सौदे की प्रशंसा में अतिशयोक्ति नहीं करते। दुकानदार ग्राहक से उपेक्षा का व्यवहार भी नहीं करते क्योंकि उसकी दुकान जैसी और सैकड़ों दुकानें बाजार में हैं। ग्राहकों की नाराजगी से उसकी दुकान की आमदनी कम होने पर उसके बोनस या भत्ते में अन्तर पड़ सकता है। दुकानों पर प्रायः स्त्रियाँ ही काम करती हैं।

मास्को में हमारे देश या योरुप की साधारण दुकानों से लेकर योरुप की बड़ी से बड़ी दुकानों से भी बड़ी दुकानें मौजूद हैं। मास्को की सबसे बड़ी दुकान 'बोलशोई मुस्तार्ग' लन्दन की सबसे बड़ी दुकान 'सैल्फरिज' से तिगुनी बड़ी होगी। सुबह या शाम किसी भी समय इस दुकान में जाने पर वैसी ही भीड़ दिखाई देती है जैसी हमारे देश के तीर्थ स्थानों में पुण्य स्नान पर्व के समय नदी के घाट पर होती है। टोपी, कपड़े, बर्तन भांड़े और किताबों के काउन्टर से लेकर फाउनटेन पैन और कैमरा बेचने वाले काउन्टरों पर भी सभी जगह क्यू दिखाई देते हैं। दुकानों में नितान्त आवश्यक वस्तुओं के लिये ही नहीं, रेडियो, टेलीविजन, रेफरीजरेटर तक के लिये ग्राहकों की कमी दिखाई नहीं देती। जैसे लंदन और वियाना की सुन्दर दुकानों में दुकानदार ग्राहक की प्रतीक्षा में आँखें पसारे दिखाई देते हैं, वैसे ही मास्को की दुकानों में नहीं दिखाई देते। मास्को के नागरिकों की यह क्रय और खपत की शक्ति यात्री को अचम्भे में डाले बिना नहीं रह सकती। पहले

यही अनुमान होता है कि ग्राहकों की भीड़ का कारण दुकानों का कम होना ही होगा परन्तु बाजारों में घूमने पर दुकानें भी कम दिखायी नहीं देतीं।

सोवियत में रूबल का सिक्का चलता है। सरकारी दर के अनुसार एक पौंड या सवा-तेरह रुपये में ग्यारह रूबल मिलने चाहिए। मास्को में वस्तुओं के दाम देखकर भी कुछ आतंक सा अनुभव होता है; इन दामों में लोग सौदे कैसे ख़रीदते होंगे? सोवियत नागरिकों के रूबल ख़र्च करने की शक्ति उनकी रूबल कमा सकने की शक्ति के अनुपात से ही नापी-जोखी जा सकती है। इसके लिए सोवियत में मजदूरी और वेतन के दरों को समझने की आवश्यकता है। उसमें कुछ समय लगता है परन्तु नवागंतुक मास्को के नागरिकों को धड़ल्ले से खरीदारी करते तो देखता ही है। सोवियत के नागरिक रूबलों के लिये परेशान नहीं जान पड़ते बल्कि ऐसा जान पड़ता है कि उनकी जेबें रूबलों के बोझ से पटी रहती हैं। दो-तीन घटनाओं से नागरिकों की जेबों में रूबलों की प्रचुरता का अनुमान शीघ्र ही हो गया।

सोवियत के साथियों से किसी भी वस्तु के मूल्य का प्रसंग आने पर सौ या डेढ़ सौ रूबल की वस्तु को वे सदा सस्ता ही बताते थे। मास्को में सोने के दांत लगाये लोग काफी अधिक दिखाई दिये। तान्या का भी एक दांत सोने का था। बातचीत में उससे पूछा कि मास्को में सोने के दांत लगाने का चलन कुछ अधिक दिखाई देता है। इसका क्या कारण है। तान्या ने बताया कि अन्य कृत्रिम दांतों की अपेक्षा सोने के दांत में सुविधा रहती है। उसे सफाई के लिये निकालना नहीं पड़ता। इतना तो पहले ही मालूम था! इसलिये पूछा कि सोने के दांत सर्वसाधारण के लिये महंगे भी तो पड़ते होंगे। ''नहीं तो!'' —तान्या ने उत्तर दिया—''सौ-एक रूबल में एक दांत बन जाता है; महंगा तो नहीं पड़ता।'' उसे यह कैसे समझाया जाता कि सौ रूबल क्या कम होते हैं?

दूसरे एक अवसर पर गीता मलिक कुछ बढ़िया जनाने रूमाल खरीद लायी थीं। रूमाल तो बढ़िया थे परन्तु मूल्य, प्रति रूमाल नौ रूबल, हम लोगों को अधिक ही जंच रहा था। जिस समय गीता मलिक यह रूमाल हमें दिखा रही थीं, हमारे कमरे में झाड़-बुहार और सफाई करने वाली लड़की क्लारा पीने का जल लिये आ पहुँची। गीता मलिक थोड़ी बहुत रूसी बोल लेती हैं। नये खरीद रूमाल क्लारा को दिखाकर गीता मलिक ने पूछा यह रूमाल कैसे हैं। ''बहुत अच्छे हैं''—क्लारा ने मुस्कराकर सराहा और पूछा—''नौ रूबल में लायी हो न? मुझे भी बहुत पसन्द हैं''—अपनी जेब में हाथ डालते हुए उसने कहा—''मेरे पास भी ऐसा ही रूमाल है''—और उसने नौ रूबल का बढ़िया रूमाल निकालकर गीता मलिक की नाक के सामने कर दिया। मास्को में वस्तुओं के मूल्य बाहर से आने वाले लोगों को ही अधिक मालूम होते हैं सोवियत के लोगों को नहीं! इसका कारण रूबल और दूसरे देशों के सिक्कों में सोवियत सरकार द्वारा विनिमय का मनमाना दर निश्चय कर देना है।

हम कुछ साथी दुकानों का रंगरूप देखने के लिये एक के बाद एक भीड़ से भरी दुकानों में घूम रहे थे। मास्को की कीमतें हमारे अनुमान से निश्चय ही बहुत अधिक थीं। कोई खास चीज खरीदने का विचार तो था नहीं, यों ही कोई अद्भुत वस्तु दिखाई दे जाती तो बात दूसरी थी। विशेषकर गाँधीवाद में निष्ठा रखने वाले हमारे साथी श्री० शाह तो घरेलू धन्धे या हाथ से बनी चीज के अतिरिक्त कोई वस्तु व्यवहार ही न करना चाहते

थे। अपनी इसी निष्ठा के कारण श्री० शाह मास्को की बरफानी सर्दी में भी अपने केश रहित सिर पर खद्दर की हल्की-फुल्की गाँधी टोपी ही रखे हुए थे।

हम लोगों के साथ आयी भारतीय महिलायें दुकान में हाथ से कढ़े हुए ब्लाउज देखकर कारीगरी की प्रशंसा में आँखें फैला रही थीं और उनके दाम दो सौ-तीन सौ रूबल सुनकर विस्मय से दांतों तले उंगली दबा रही थीं। श्री० शाह ग्रामीण धन्धों और हाथ के उद्योगों के संगठन और प्रोत्साहन का काम करते हैं शायद इसलिये वे भी हाथ की दस्तकारी देखने के लिये भीड़ में उचके खड़े थे। सहसा श्री० शाह को अपनी जेब में पराया हाथ जाता अनुभव हुआ। चौंक कर उन्होंने अपनी जेब की सुध ली और पाया कि जेब खाली होने के बजाय भर गई है। यह रूबलों के नोट थे।

उनकी जेब में रूबलों के नोट भर देने वाली प्रौढ़ा भी सामने झेंपी हुई सी खड़ी थीं। वह कभी संकोच से अपने सिर पर हाथ रखतीं और कभी श्री० शाह की सफेद खद्दर की टोपी की ओर संकेत करतीं। दोनों ही परेशान थे और देखने वाले भी हैरान। आखिर दुभाषिये रूसी साथी अलेक ने बीच बचाव किया। प्रौढ़ा की बात सुन उसने श्री० शाह को अंग्रेजी में समझाया कि यह महिला कहती है कि आप बुरा न मानिये, इन रूबलों से रोयेंदार खाल की टोपी अपने लिये खरीद लीजिये। जो हल्की सूती टोपी आपके सिर पर है इससे आप सर्दी खाकर जरूर बीमार हो जायेंगे।

मि० शाह ने दुभाषिये की मारफत प्रौढ़ा को धन्यवाद देकर समझाया कि रोयेंदार खाल की टोपी तो मास्को पहुँचते ही शान्ति-सभा के मित्रों ने उन्हें भेंट कर दी थी। वे अपने नियम का पालन करने के लिये ही खद्दर की टोपी पहने हुए हैं। शाह साहब ने धन्यवाद पूर्वक प्रौढ़ा के रूबल लौटा दिये। वेशभूषा या व्यवहार से यह प्रौढ़ा साधारण स्त्री ही जंच रही थी। सोवियत में दयालु रानियों, बेगमों और मिल मालकिनों की तो कल्पना भी नहीं की जा सकती। यह मास्को की साधारण नागरिक स्त्री थी और किसी की भी सहायता के लिये डेढ़-दो सौ रूबल जेब से निकाल देना उसके लिये कोई बड़ी बात न थी। यह घटना सोवियत नागरिकों की उदारता के साथ-साथ सोवियत नागरिक की रूबल पा सकने की स्थिति पर भी प्रकाश डाल सकती है क्योंकि हृदय उदार होने पर भी उदार व्यवहार कर सकने के लिये साधनों की आवश्यकता होती ही है।

सोवियत की दुकानों में भीड़ के अतिरिक्त भी खरीददारी करना कुछ झंझट का ही काम है। सौदे के दाम मालूम कर खजांची के यहाँ दाम जमाकर रसीद ली जाती है। फिर वह रसीद बिक्री करने वाली को देकर सामान लिया जाता है। अपरिचित व्यक्ति को एक बार दाम मालूम करने के लिये क्यू में खड़ा होना पड़ता है दूसरी बार रसीद देकर सौदा लेने के लिये। चाय-पानी की दुकानें कुछ तो साधारण हैं और कुछ सम्राटों के भोजनालयों के योग्य, जहाँ भीतर ही फव्वारे और फुलवाड़ी भी लगी है। झाड़-फानूस और तैल-चित्र तो साधारण चाय-पानी की दुकान पर भी रहते हैं। हम दो एक साथी चाय-पानी की साधारण दुकान पर गये तो दाम ज्यादा मालूम नहीं हुए। बड़े और शानदार भोजनालयों में अंतर दाम का नहीं शायद भोजनों के अधिक प्रकार का मिल सकने का ही है। दाम तो सभी जगह एक से हैं। चौबेजी मास्को में एक बक्स खरीदना चाहते थे। दाम पूछने पर बयासी रूबल और पचास कोपेक बताये गये। उस समय खरीद नहीं सके। कुछ दिन बाद बिलीसी में वैसा ही बक्स दिखाई देने पर दाम पूछे तो वही 'बयासी रूबल और

पचास कोपेक'। मास्को और बिलीसी का अंतर इतना ही है जितना दिल्ली और मद्रास का।

सोवियत में बख्शीश भी चलती है या नहीं, यह विवादास्पद विषय है। सोवियत के लोग यह नहीं मानेंगे कि उनके यहाँ बख्शीश का चलन है। एक बार सन्देह हुआ कि बख्शीश दी जा सकती है। दूसरी बार बख्शीश देने पर धन्यवाद पूर्वक इनकार भी सुनने को मिला। बख्शीश के बारे में सन्देह का अवसर होना भी मामूली बात नहीं! योरुप और इंगलैण्ड में तो बख्शीश उतनी ही आवश्यक है जितना की वस्तु का दाम चुकाना। मास्को में, योरुप और इंगलैण्ड के बाजारों और गलियों के कोनों पर या चाय-पानी की दूकानों पर निरर्थक या 'विशेष प्रयोजन' से मुस्कराती हुई लड़कियां या स्त्रियां भी नहीं दिखायी देतीं। नारी का शरीर वहाँ बिक्री या किराये की वस्तु नहीं हैं। न कहीं भिखारी ही दिखाई देते हैं। मास्को में भिखारियों की बात चलने पर डा० कुमारप्पा ने बताया कि वे जब पिछली बार अप्रैल मास में लेनिनग्राद गये थे तो उन्हें एक बूढ़ा भिखारी पैदल-पटरी पर हाथ पसारे, चुपचाप बैठा दिखाई दिया था। आते-जाते लोग उसके हाथ पर पाँच-दस कोपेक रख देते थे। उन्होंने उसके विषय में पूछताछ की तो मालूम हुआ कि उस बूढ़े को वृद्धावस्था की वृत्ति मिलती है। भोजन, वस्त्र और रहने की जगह की कठिनाई उसे नहीं है परन्तु उसकी मानसिक अवस्था ऐसी है कि मांगे बिना रह नहीं सकता। वह हाथ पसार कर चुप बैठ जाता है तो लोग उसकी हथेली पर कुछ रख जाते हैं। हम लोगों को भिखारी कहीं दिखाई नहीं दिये लेकिन डा० कुमारप्पा की बात से यह समझ में आया कि भिखारियों का अस्तित्व उन्हें मारपीट कर बाजार से भगाकर नहीं मिटा दिया गया; भीख मांगने की आवश्यकता न रहने देकर ही किया गया है। यही कारण वेश्याओं के अभाव का भी जान पड़ता है।

धार्मिक स्वतंत्रता

२८ दिसम्बर। घने बरफानी कोहरे को भेदने के परिश्रम से सूर्य की किरणें थककर निस्तेज हो रही थीं। कभी तो वे कोहरे में ही उलझकर रह जातीं और कभी बरफ से ढकी धरती को छू जातीं तो हीरे की कनियां बिखर गई जान पड़तीं। हम लोग स्तालिन-संग्रहालय देखने जा रहे थे। चौड़ाई के विचार से तो मास्को की सभी सड़कें एक ही सी हैं। सड़कों को अधिकांश में किनारे की इमारतों से ही पहचाना जा सकता है या स्मारक मूर्तियों से। होटल से लाल-चौरस (रेड स्क्वायर) जाते समय हम प्रायः नित्य इसी सड़क से जाते थे। रेल-लाइन का पुल पार कर बहुत बड़े चौक में दाईं ओर एक ऊंचे स्तूप पर गोर्की की विशाल मूर्ति खड़ी है। गोर्की की स्मृति में इस सड़क का नाम ही गोर्की-मार्ग है। कुछ दूर और आगे जाने पर बाईं ओर कवि पुश्किन का चौक है। यहाँ उतनी ही बड़ी पुश्किन की मूर्ति है। इन मूर्तियों के सामने से गुजरते समय सदा यही सोच लेते कि फिर किसी दिन यहाँ ठहर कर अच्छी तरह से देखेंगे। नित्य का रास्ता होने से खड़े होकर देखने की बात याद ही नहीं रही।

पुश्किन की मूर्ति के नीचे धूप में कुछ रंग बिरंगी सी जमीन दिखाई दी। गैनरीटा ने बताया कि यह फूलों की क्यारियाँ हैं। उस बरफ में फूलों की बात सुनकर विस्मय हुआ। गैनरीटा ने विश्वास दिलाया—"...फूल ही हैं और ऐसे फूल जो बरफ में भी बने रहते हैं! महान साहित्यकार की पुण्य स्मृति में।"—कला और संस्कृति के प्रति उदासीन और

निरपेक्ष बताये जाने वाले इस सोवियत देश में सबसे बड़े राजमार्ग और चौक कलाकारों के नाम पर ही हैं। वियाना में गत शताब्दी के सबसे बड़े संगीतज्ञ 'बीटओवन' का मकान अब मद्य-शाला बना हुआ है। सोवियत में टाल्सटाय का देहात का मकान तो टाल्सटाय द्वारा प्रयोग में लाये गये सामान सहित ऐतिहासिक स्मारक बना दिया गया है और वहाँ टाल्सटाय के साहित्य की खोज का कार्य निरन्तर चल रहा है। मास्को नगर में टाल्सटाय जिस मकान में रहते थे, उसे भी उनकी स्मृति में स्मारक के रूप में सुरक्षित रखा गया है और अब उसमें सोवियत के लेखक-संघ का दफ्तर है।

संग्रहालय की ओर जाते समय एक बहुत बड़े गिरजाघर के समीप से गुजरे। मिस्टर आदित्यन ने गिरजाघर के विषय में प्रश्न किया कि यह पुरातत्व की स्मृति के रूप में ही सुरक्षित है या यहाँ अब भी उपासना होती है? उपासना के संगीत की गूंज तो सुनाई दे ही रही थी, तब याद आया कि रविवार है और ईसाई लोगों की प्रार्थना का दिन। कुछ साथियों को अनीश्वरवादी, धर्मद्रोही बताये जाने वाले सोवियत राज्य में भगवान की प्रार्थना देखने का कौतूहल हुआ। मोटरें रोक ली गईं।

'एलोह्नस्काया' का गिरजा बनावट से ही बहुत पुराना, डेढ़-दो शताब्दी पुराना जान पड़ता है। दुभाषिये से यह भी मालूम हुआ कि श्रद्धालु लोगों में इस गिरजाघर की बहुत मानता है। गिरजे के द्वार तक जाकर देखा कि भीतर जाना सम्भव न था। लोग इस तरह भरे हुए थे कि उनका हिल पाना तक कठिन था दूसरे लोगों के भीतर आने की तो बात ही क्या। बहुत से लोग भीतर जाने का अवसर न पाकर, भक्ति भाव से बाहर सीढ़ियों पर ही हाथ बांधे खड़े थे। हम लोगों को निराश होते देख डाक्टर बुटरोव ने अपने पीछे आने का संकेत किया और गिरजे के पिछवाड़े की ओर ले गये। इस दरवाजे को खुलवा कर जैसे-तैसे हम लोगों को भीतर ढकेला गया। यहाँ भी बड़ी कठिनाई से दीवार से चिपक पंजों के बल खड़े होकर ही कुछ देखा जा सकता था। गिरजा ठसाठस भरा था शायद इसलिये कि भक्त लोग वर्ष भर उपासना की बात भूलकर भी वर्ष के सभी रविवार उपासना के बिना न चले जाने देना चाहते थे। वर्ष के अन्तिम रविवार गिरजा में आ इकट्ठे हुए थे। पूजा ईसाई धर्म की ग्रीक कैथोलिक प्रणाली के अनुसार धूप-दीप से हो रही थी। मरियम, मसीह और अन्य देवात्माओं की मूर्तियों के सामने बहुत-सी मोमबत्तियां जल रही थीं। अगर तगर का धुआं भी उठ रहा था। धर्मपिता एक मोटी पुस्तक में से दुर्बोध भाषा में उपासना पढ़ रहे थे, जैसे अपने यहाँ पंडित लोग मंत्रोच्चारण करते हैं। कभी वे घुटने टेकते, कभी आंखों पर हाथ रखते और कभी हाथों को चूमते। भक्त लोग भी इस प्रक्रिया को दोहराते जा रहे थे।

भक्त स्त्री-पुरुषों की संख्या बारह चौदह-सौ से कम न रही होगी परन्तु सभी अधेड़ उम्र के। बाहर आने पर रूसी साथियों से गिरजे में नवयुवकों की अनुपस्थिति के विषय में प्रश्न किया। उत्तर मिला कि गिरजे में जाने और उपासना करने के लिये लोगों को बाधित नहीं किया जा सकता। जिन लोगों को उपासना और गिरजे में जाने से संतोष होता है, उन्हें रोका भी नहीं जा सकता; क्योंकि यह उनकी व्यक्तिगत स्वतंत्रता का मामला है।

सोवियत में धार्मिक स्वतंत्रता की बात चलने पर मालूम हुआ कि सोवियत राजसत्ता किसी भी धर्म को स्वीकार नहीं करती। सोवियत में धार्मिक स्वतंत्रता का अर्थ है कि

व्यक्ति चाहे जिस धर्म में विश्वास रख सकता है और चाहे किसी भी धर्म में विश्वास न रखे। कोई धर्म या सम्प्रदाय दूसरे लोगों को अपना विश्वास स्वीकार करने के लिये विवश नहीं कर सकता। स्कूलों में किसी प्रकार की साम्प्रदायिक शिक्षा नहीं दी जा सकती। यदि किसी सम्प्रदाय के लोग साम्प्रदायिक अध्ययन का प्रबन्ध करना चाहें तो उसके लिये कोई रोक भी नहीं है। इस प्रकार का साहित्य प्रकाशित करने के लिये सरकार आर्थिक सहायता भी दे देती है। तीर्थ स्थानों की यात्रा करना चाहने वालों के लिये भी सुविधा का प्रबन्ध कर दिया जाता है। इन सब बातों के प्रबन्ध के लिये सरकार की ओर से एक ''धार्मिक समिति'' (कौंसिल आफ रिलीजन्स) नियत है और उसके प्रधान मिस्टर कास्टोव हैं।

सोवियत में धार्मिक या साम्प्रदायिक स्वतंत्रता का व्यवहार अपनी आंखों देखकर और नये सोवियत विधान में धार्मिक और साम्प्रदायिक स्वतंत्रता को स्थान दिये जाने की बात से यह धारणा भी हो सकती है कि सोवियत के लोग अब अपनी पुरानी धर्म और साम्प्रदायिकता विरोधी नीति की भूल पहचान कर पछता रहे हैं और धार्मिकता या ईश्वर परायणता को प्रोत्साहन देना चाहते हैं। स्थिति वास्तव में यह है कि सोवियत की नई पीढ़ी के लोग ईश्वर सम्बन्धी धारणाओं को केवल मिथ्या विश्वास और विज्ञान से असंगत मानकर उनसे विरक्ति अनुभव करते हैं। साम्प्रदायिकता अथवा अंधविश्वास से आपत्ति के दो कारण हो सकते हैं:—एक तो उसका विज्ञानसम्मत विचारधारा के विरुद्ध होना और दूसरा उसका शोषण की व्यवस्था का समर्थक होना। सोवियत समाज वैज्ञानिक शिक्षा के प्रसार द्वारा साम्प्रदायिकता से अंधविश्वास के जड़ पकड़ने की आशंका को दूर कर चुका है और उत्पादन के साधनों का समाजीकरण करके शोषण के लिये अवसर को मिटा चुका है। सोवियत में साम्प्रदायिकता या अध्यात्म के सांप के दांत उखड़ चुके हैं इसलिये वह भय का कारण नहीं। यदि लोगों को साम्प्रदायिक उपासना से मानसिक शान्ति प्राप्त होती है तो वे उसमें बाधा डालने का कोई कारण नहीं समझते क्योंकि उनकी यह व्यक्तिगत स्वतंत्रता अब सामाजिक हित के मार्ग में बाधक नहीं हो सकती।

स्तालिन संग्रहालय

एक बहुत बड़ी इमारत के द्वार के ऊपर छिपी हुई रोशनियों से पड़ते प्रकाश से कोहरे और धुन्ध में भी चमकता हुआ स्तालिन का बहुत बड़ा चित्र दिखाई देता रहता है। यह इमारत स्तालिन संग्रहालय है; मतलब है कामरेड स्तालिन की वर्ष गांठ के अवसरों पर भिन्न-भिन्न देशों से जो उपहार आते रहे हैं उन्हें यहाँ एकत्र कर दिया गया है। ये उपहार अब संग्रहालय के रूप में सोवियत की सम्पत्ति हैं।

सरसरी नजर से ही स्तालिन संग्रहालय को देख लेने के लिये कम से कम तीन घन्टे का समय चाहिये। संग्रहालय में चालीस भिन्न-भिन्न राष्ट्रों की जनता द्वारा भेजे गये अनेक उपहार हैं। उनमें अधिकांश कला की बहुत उत्कृष्ट और बहुमूल्य वस्तुयें हैं। यदि यह सब वस्तुयें का० स्तालिन की व्यक्तिगत सम्पत्ति होतीं तो वह निश्चय ही अरबपति हो सकता था। नित्य जीवन की सभी वस्तुएँ कला के उत्कृष्ट नमूनों के रूप में यहाँ मौजूद हैं। इस संग्रह को निश्चय ही संसार का अनुपम कला संग्रह कहा जा सकता है। धातु, पत्थर, बिल्लौर आदि की स्तालिन की मूर्तियां सैकड़ों मुद्राओं में यहाँ मौजूद हैं। सैकड़ों कालीन बहुत बड़े और छोटे आकार के, जिनमें स्तालिन के चित्र बुने हुए हैं, मौजूद हैं। मोटर के

कारखानों द्वारा भेजी गई बड़ी और छोटी मोटरें मौजूद हैं। खिलौनों के आकार में मोटरें, ट्रक, रेल के इन्जन, हवाई जहाज और क्रेन आदि मौजूद हैं।

सोवियत के भिन्न-भिन्न राज्यों की बात जाने दीजिये। चेकोस्लोवाकिया, बुल्गेरिया, हंगरी, रोमानियां, पोलैन्ड आदि के अनेक नगरों ने अपनी-अपनी गर्व की वस्तुयें स्तालिन को उपहार में भेजी हैं। इनमें ड्राइंग रूम के फर्नीचर से लेकर खाना पकाने के बर्तन, पहनने के कपड़े, शौक की वस्तुयें सभी कुछ मौजूद हैं। स्तालिन ने इन वस्तुओं का उपयोग कभी नहीं किया परन्तु भेजने वाले उनके प्रति कितना व्यक्तिगत ममत्व अनुभव करते होंगे! बियर बनाने वाले एक गांव ने बियर का एक-एक पीपा, बढ़िया नक्काशी के खिलौने के रूप में भेजा है। उस पर लिखा है—"जो बियर बनाता है दरिया दिल होता है।" चीनी के बर्तन बनाने वालों ने चीनी के बर्तन, चाकू बनाने वालों ने चाकू और घोड़े के नाल बनाने वालों ने उत्कृष्ट जोड़े, बांसुरी बनाने वाले ने बांसुरी और सारंगी बनाने वालों ने सारंगी। सभी वस्तुओं के कारीगरों ने अपनी कला के उत्कृष्टतम नमूने स्तालिन के लिये उपहार में भेज दिये हैं।

एक बहुत बड़ा हाल चीन से आए हुये उपहारों से भरा हुआ है। उसमें स्तालिन के रेशम और ऊन से बनाये गये अनेक चित्र हैं और चीन की कला के हाथी दांत, बिल्लौर और सब्जे में बने उत्कृष्टतम नमूने मौजूद हैं। इनमें सबसे आकर्षक चित्र मुझे वह लगा जिसमें चीनी कलाकार स्तालिन के प्रति आत्मीयता के भाव में यह भी भूल गया कि स्तालिन चीनी नहीं था। उसने स्तालिन के नख-शिख को चीनी रूप देकर ही सन्तोष पाया है।

एक हाल में स्तालिन के जन्म दिवस पर आये बधाई के पत्रों में से चुने हुए पत्रों का संग्रह है। इन पत्रों की संख्या दस लाख है। कुछ पत्र लेखकों के व्यक्तित्व के कारण चुने गये होंगे, हो सकता है कुछ में ऐतिहासिक महत्त्व की बातें हों, कुछ पत्र कलात्मक कृतियां हो सकते हैं परन्तु कुछ पत्र ऐसे भी हैं जो अज्ञात नाम जनता की स्तालिन के प्रति भावनाओं के प्रतीक हैं। इनमें से एक पत्र युक्रेन से आठ वर्ष के बालक का है। इस लड़के ने स्तालिन के जन्म दिवस पर अपने पिता का युद्ध के मोर्चे से आया हुआ पत्र अपने पत्र के साथ भेजा है। लड़के के पिता ने यह पत्र जख्मी हो जाने पर मोर्चे के अस्पताल से लिखा था। पिता ने पुत्र को सांत्वना दी थी '...अपने देश के लिये प्राण दे रहा हूँ इसलिये मुझे संतोष है। इस समय मुझे तुम्हारी याद आ रही है। मुझे तुम्हारे भविष्य की चिन्ता है। पर चिन्ता की बात नहीं। मुझे पूरा भरोसा है कि मेरे बाद कामरेड स्तालिन तुम्हारी उचित देखभाल अवश्य करेंगे।' लड़के ने अपने पत्र में स्तालिन को धन्यवाद दिया है—'चाचा यद्यपि मुझे तुम्हें देखने का अवसर नहीं मिला परन्तु तुम पिताजी की लिखी बात पूरी कर रहे हो और मैं तुम्हारे जन्म दिवस पर बधाई देता हूँ।' दूसरा पत्र एशियाई सोवियत की एक पांचवीं कक्षा की लड़की का है। उसने इस पत्र के साथ उपहार में अपना परीक्षाफल भेजा है। वह सभी विषयों में अपनी कक्षा में प्रथम आई है। पत्र में लड़की ने लिखा है कि—'यह परीक्षाफल मेरी सबसे मूल्यवान और अभिमान की वस्तु है। तुम्हारे जन्मदिन पर अपनी सबसे प्यारी वस्तु उपहार में भेज रही हूँ। तुम्हें संतोष होगा कि मैं तुम्हारे आदेश के अनुसार अपने आपको योग्य बना रही हूँ।' चेकोस्लोवाकिया की एक बालिका ने एक कागज पर हृदय की आकृति बनाकर केवल

इतना लिखा है—'अत्यन्त प्यारे महान कामरेड, मैं तुम्हें उपहार में अपना हृदय देना चाहती हूँ।'

स्तालिन के जीवन की कहानी और समाजवादी क्रान्ति का इतिहास अभिन्न रूप से गुथे हुए हैं। सोवियत राष्ट्र संघ की सीमाओं के बाहर भी साम्राज्यवाद और नाजीवाद के विरुद्ध संघर्ष में स्तालिन का प्रभाव बहुत महत्त्वपूर्ण रहा है। पूँजीवादी और नाजीवादी शक्तियां स्तालिन को अपने विरोध का प्रतीक मानकर उससे द्वेष करती रही हैं। उसी प्रकार साम्राज्यवाद और नाजीवाद की विरोधी शक्तियां स्तालिन से प्रेरणा और उत्साह पाती रही हैं। स्तालिन संग्रहालय भी अन्तर्राष्ट्रीय रूप से व्याप्त इस संघर्ष के इतिहास की सामग्री से भरा हुआ है। फ्रांस, जर्मनी, इटली आदि देशों से स्तालिन के जन्म दिवस पर आये उपहार उन देशों में नाजीवाद से मुक्ति के लिये संघर्ष की स्मृति के चिह्नों के रूप में ही है। ऐसी ऐतिहासिक स्मृतियों की संख्या बहुत बड़ी है।

सबसे छोटा या संक्षिप्त उपहार भारत वर्ष का ही है। भारत की सरकार की ओर से तो स्तालिन के जन्म दिवस की सत्तरवीं वर्ष गांठ पर कोई उपहार भेजना आवश्यक समझा ही नहीं गया। ब्रिटिश कौमनवैल्थ की ओर से जो एक तलवार ब्रिटेन के तत्कालीन प्रधानमन्त्री चर्चिल ने भेंट की थी, पंडित नेहरू उसमें अपना भी प्रतिनिधित्व समझकर संतुष्ट हो गये। अलबत्ता कानपुर मजदूर सभा ने एक खद्दर का लाल झण्डा अवश्य भेजा था। दूसरी वस्तु दक्षिण, सम्भवतः आन्ध्र से किसी व्यक्ति द्वारा भेजा गया एक चावल का दाना है जिस पर स्तालिन की सत्तरवीं वर्ष गांठ के अवसर पर बधाई का सन्देश लिखा हुआ है। यह दोनों ही वस्तुयें बड़े यत्न से कांचमढ़ी आलमारी में सुरक्षित हैं। स्तालिन की वर्षगांठ पर भेजे जाने वाले उपहारों की चर्चा समय-समय पर संसार के अनेक पत्रों में होती रही है। उस चर्चा को पढ़कर कुछ लोगों की यही धारणा रही है कि इन उपहारों से स्तालिन बहुत अमीर आदमी बन गये हैं। इस संग्रहालय का प्रबन्ध स्तालिन के रिश्तेदार अथवा मित्रों के हाथ में नहीं सोवियत सरकार द्वारा नियत डाइरेक्टर के हाथ में है। जैसे दूसरे संग्रहालयों; टालस्टाय स्मृति संग्रहालय आदि के लिये डाइरेक्टर नियत हैं; वैसे ही यहाँ भी।

डाइरेक्टर से बातचीत में हम लोग पूछ बैठे—'क्या का० स्तालिन इन सब उपहारों को देख चुके हैं?' उनके चेहरे पर मुस्कराहट आ गई 'कैसे सम्भव हो सकता है? यह उपहार तो एक भावना के प्रतीक हैं। का० स्तालिन ने उन्हें सीधा यहीं भेज देने का आदेश दिया है। यहीं उनका हिसाब-किताब रखा जाता है।' संग्रहालय में एक रजिस्टर भी है जिसमें दर्शक संग्रहालय को देखने के बाद कुछ लिख आते हैं। हम लोगों ने भी यह पंक्तियां हिन्दी में ही लिख दीं—'वियाना विश्वशान्ति कांग्रेस में भाग लेने वाले हम भारतीय प्रतिनिधि इस संग्रहालय को देखकर बहुत सन्तुष्ट और उत्साहित हुए हैं। यह संग्रहालय कामरेड स्तालिन के प्रति सोवियत राष्ट्रसंघ की जनता और संसार के दूसरे देशों की जनता के आदर और प्रेम का ज्वलंत प्रतीक हैं। हम लोग भी कामरेड स्तालिन के महान व्यक्तित्व और उनके जीवन के महान उद्देश्य के प्रति अपने देश की जनता की श्रद्धा और आदर समर्पित करते हैं। इस संग्रहालय में बिताया हुआ समय हमारे जीवन की चिरस्थाई स्मृति रहेगी। हम इस संस्था के संचालकों के प्रति आभारी हैं। हम का० स्तालिन के व्यक्तित्व के प्रति अपना आदर और सोवियत जनता के प्रति

अपना भ्रातृभाव प्रकट करते हैं।' सभी साथियों ने इसके नीचे अपने-अपने हस्ताक्षर कर दिये।

सोवियत की आर्थिक योजनाएँ

हमारे अनुरोध से डाक्टर चरकासोव ने सोवियत की निर्माण योजनाओं की संक्षिप्त व्याख्या कर देना स्वीकार कर लिया था। डाक्टर चरकासोव औद्योगिक विज्ञान के विशेषज्ञ और सोवियत की महान योजनाओं को बनाने वालों में से हैं। उनकी वैज्ञानिक सेवाओं के लिये उन्हें स्तालिन पुरस्कार द्वारा सम्मानित किया गया है। डाक्टर चरकासोव ने बताया कि—

सोवियत देश में भूमि, खानें, रेलें, मिलें, जंगल, बैङ्क, यातायात के साधन इत्यादि उत्पादन के सभी साधन सम्पूर्ण जनता की सम्मिलित सम्पत्ति हैं इसलिये जनता की प्रतिनिधि सरकार उत्पादन के साधनों के विकास और पैदावार को बढ़ाने के लिये जो भी योजना बनाती हैं उसमें देश भर के सम्पूर्ण साधनों और सम्पूर्ण जनता की श्रमशक्ति का अनुकूल सहयोग प्राप्त होता है। ऐसी अवस्था में विज्ञान की शक्ति हाथ में होने पर हमारे लिये कुछ भी असाध्य नहीं रह जाता।

समाजवादी क्रान्ति से पूर्व हमारा देश केवल प्राकृतिक साधनों पर ही निर्भर करता था। प्रकृति ने अपनी व्यवस्था मनुष्य की सुविधाओं के विचार से नहीं बनाई है। अनेक अवस्थाओं में प्रकृति मनुष्य को जीवित रहने की सुविधायें भी नहीं देती। विज्ञान का प्रयोजन ही यह है कि प्राकृतिक शक्तियों को लगाम लगाकर मनुष्य समाज की सुविधा या आवश्यकता के अनुकूल उनसे काम लेना या प्रकृति को बदल देना।

डाक्टर ने सोवियत राष्ट्रसंघ के एक बड़े मानचित्र पर दिखाकर समझाया कि उनके देश के अनेक भागों में प्राकृतिक परिस्थितियां मनुष्य के निर्वाह में कैसी-कैसी बाधायें उपस्थित करती हैं। मानचित्र को चार समानान्तर रेखाओं से बांटकर उन्होंने बताया कि यदि प्रकृति पर निर्भर किया जाये तो एक भाग में जल और ऊष्णता की कमी होने के कारण वनस्पतियों और अन्न का उत्पन्न होना और मनुष्य का निर्वाह कठिन है। दूसरे भाग में जल की कमी तो नहीं परन्तु ऊष्णता नहीं। यहाँ मनुष्य का निर्वाह तो हो सकता है पर कठिनाई से। तीसरे भाग में अवस्थायें मनुष्यों के निर्वाह के लिये सुविधाजनक हैं। चौथे भाग में ऊष्णता तो है पर जल नहीं। हमारा काम ऊष्णता और जल का समन्वय कर परिस्थितियों को मनुष्य के निर्वाह योग्य बनाना है। हम जल की अधिकता वाले भागों से अतिरिक्त जल को हटाकर उन स्थानों में पहुँचा रहे हैं जहाँ उसकी आवश्यकता है। कुछ प्रदेश जल की अधिकता के कारण दलदल बनकर अनउपजाऊ हो जाते हैं।

कुछ प्रदेश जल की कमी के कारण असह्य रूप से ठण्डे हो जाते हैं। कुछ प्रदेश जल की कमी के कारण असह्य रूप से गरम हो जाते हैं। कुछ प्रदेश जल की कमी के कारण ही सपाट रेगिस्तान बने हुए हैं। वहाँ जल पहुँचाने पर उपयोगी वस्तुओं की पैदावार तो हो सकती है परन्तु रेगिस्तान की गरम हवाएं हमारी फसलों को बरबाद कर देती हैं! रेगिस्तान की यह गरम हवाएं सपाट बरफानी इलाकों से ही आती हैं। हमने बीच में पड़ने वाले अधिक जल के दलदल वाले भागों से जल खींचकर वहाँ जंगल खड़े कर सकने योग्य स्थिति बना दी है। यह जंगल बरफानी हवाओं को रोकेंगे और आगे गरम आंधियां पैदा होने के कारण को भी मिटा देंगे। नहरें बनाकर हमने अपने देश की प्राकृतिक स्थिति

को बदल दिया है। समाजवादी क्रान्ति से पहले इस देश में केवल चालीस लाख हैक्टर खेती की जमीन की और दस लाख हैक्टर चारागाह जमीन की सिंचाई हो सकती थी। १९५० तक की हमारी योजनाओं से पचहत्तर लाख हैक्टर खेती की जमीन की और साठ लाख हैक्टर चारागाह जमीन की सिंचाई होने लगी थी। हमारी बड़ी-बड़ी योजनायें इसके बाद ही पूरी हुई हैं। नई वोलगाडान और आमू नदी की नहरों की योजनाओं से प्रायः ढाई करोड़ हैक्टर जमीन की सिंचाई हो सकती है। इन नहरों से इस समय की अपेक्षा छः गुनी बिजली और पैदा हो सकेगी।

भूमि से यथेष्ट पैदावार कर सकने के मार्ग की रुकावटों को हटाकर हमने अपने देश में अन्न संकट की सम्भावना को बिलकुल दूर कर दिया है। पिछले दो वर्षों में (१९५० से ५२) हमने अनाज की पैदावार में ४८%, रुई पैदावार में ४६% और चीनी की पैदावार में ३१% बढ़ती कर ली थी। इस बीच हमारे साधनों का विकास और अधिक हुआ है। और १९५५ तक हम लोग आज की अपेक्षा अनाज में ५०%, रुई, चीनी में ६०%, आलू में ४५%, पशुओं के चारे में १००%, तम्बाकू में ६०%, चाय में ७५% और तरकारियों में तिगुनी या चौगुनी मात्रा में बढ़ती कर सकेंगे। इसी प्रकार हम अपने पशुओं की संख्या में भी बढ़ती कर रहे हैं। १९५५ में इस देश में पहले की अपेक्षा मांस की पैदावार ९०%, दूध की ५०% और अण्डों की पांच गुनी हो सकेगी।

हमने अपने औद्योगिक क्षेत्रों में भी विकास की योजनाओं द्वारा पैदावार बढ़ाने में सफलता प्राप्त की है। कृषि की पैदावार बढ़ाने के लिये प्राकृतिक अड़चनें दूर करने के साथ ही हमने कृषि को यंत्रों से करने की प्रणाली अपनाई है। बहुत से काम जो मनुष्य के हाथों की शक्ति से असाध्य थे, मशीन द्वारा सुविधा से हो रहे हैं और कृषि के काम से बचे हुए लोगों को औद्योगिक उत्पादन के काम में लगाया जा सका है। जो काम मशीन की शक्ति से हो सकता है उसमें मनुष्य के श्रम की आवश्यकता मशीन को चलाने के लिये ही होनी चाहिये। हम अपनी पैदावार को निस्सीम रूप से बढ़ा सकते हैं क्योंकि हमारी समाजवादी व्यवस्था में उत्पादन की शक्ति बढ़ जाने से बेकारी की समस्या उठ ही नहीं सकती—कारण यह है कि हम मुनाफा कमाने के लिये उत्पादन नहीं करते बल्कि जनता की आवश्यकताएं पूरी करने के लिये करते हैं। जनता कितनी और कितने प्रकार की वस्तुओं का उपयोग कर सकती है—इसकी क्या सीमा? पैदावार की शक्ति को बढ़ा सकने पर हम अपने श्रमिकों के लिये अधिक विश्राम का अवसर देते हैं। पैदावार की शक्ति बढ़ाने का एक प्रयोजन श्रमिकों को कठिन श्रम से बचाना और विश्राम का अवसर देना भी तो है। १९४० में ही हम क्रान्ति से पूर्व की अपेक्षा बहुत आगे बढ़ चुके थे। युद्ध ने हमें बहुत हानि पहुँचाई और हम अपनी योजनाओं में आठ-नौ वर्ष पीछे पिछड़ गये। फिर भी पिछले वर्ष १९५२ में १९४० की अपेक्षा लोहे की पैदावार में ७०%, फौलाद में ९०%, कोयले में ८०%, तेल में ५०% और नई मशीनों में पहले से तिगुनी बढ़ती कर चुके हैं।

१९४६ तक हमारी शक्ति मुख्यतः पैदावार के साधनों को बनाने में ही लग रही थी। अब हम व्यक्तिगत उपयोग में आने वाली वस्तुओं की पैदावार की ओर ध्यान दे रहे हैं। १९५५ तक हम इन वस्तुओं की पैदावार १९४० की अपेक्षा तिगुनी कर लेंगे अर्थात् १९५० की अपेक्षा भी सत्तर प्रतिशत बढ़ती अवश्य होगी लेकिन अब भी हमारा ध्यान

पैदावार के साधनों को बढ़ाने की ओर रहना चाहिये और हम इन साधनों में भी १९५० की अपेक्षा १९५५ तक ८०% की बढ़ती और करना चाहते हैं।

डाक्टर चरकासोव ने इस बात पर जोर दिया कि हमारी सफलता का कारण यह है कि हम अपनी सम्पूर्ण शक्ति समाज की आवश्यकताओं की पूर्ति में लगा रहे हैं समाज की आवश्यकताओं की पूर्ति के साधनों के नाश में नहीं। हमारी केवल एक मांग है कि हमें अपने लक्ष्य की पूर्ति के लिये शान्ति पूर्वक प्रयत्न करने दिया जाये तो हम दूसरे देशों को भी अपने उदाहरण से प्राकृतिक कठिनाइयों को दूर करने का उपाय बता सकते हैं।

होटल की ओर लौटते समय मन में विचार आ रहा था कि सोवियत के लोगों को केवल पैदावार बढ़ाने की चिन्ता है? पैदावार की खपत के लिये दूसरे देशों में बाजार ढूंढ़ने की चिन्ता नहीं। वरना उन्हें अपनी पैदावार की शक्ति और मानव शक्ति का अच्छा खासा भाग दूसरे देशों पर कब्जा करने के लिये युद्ध के साधन जुटाने में व्यय करना पड़ता। सोवियत देश में आने से पहले प्रायः यह भी सुना था कि सोवियत सम्पूर्ण पृथ्वी पर छा जाने के लिये एक संसार व्यापी आक्रमण की तैयारी चुपचाप कर रहा है। इस सम्बन्ध में प्रश्न पूछना तो उचित नहीं था परन्तु यदि सोवियत अपनी शक्ति का अधिक भाग युद्ध की तैयारी में व्यय कर रहा है तो पैदावार की इस सब बढ़ती के लिये श्रम शक्ति कहाँ से आती है? हैं तो यह लोग भी मनुष्य ही, या समाजवाद कोई ऐसा जादू है जिसकी उत्पादक शक्ति का अन्दाज पूँजीवादी देशों के लोग लगा ही नहीं सकते?

लेनिन पुस्तकालय

यदि किसी समाज की सांस्कृतिक या बौद्धिक प्रकृति के झुकाव का अनुमान अध्ययन में रुचि से किया जा सकता है तो समाज के पुस्तकालय इस विषय के अच्छे मापदण्ड हो सकते हैं। इसी विचार से लेनिन पुस्तकालय देखने गये। मास्को में पुस्तकालय तो अनेक हैं पर लेनिन पुस्तकालय सबसे बड़ा है। पुस्तकालय की इमारत अठारह मंजिल की है। याद नहीं पड़ता किसी एक लेखक ने इस पुस्तकालय को 'पुस्तकों का हिमालय' कहा है। इस पुस्तकालय को देख अनुमान हुआ कि संसार में इससे बड़ा दूसरा पुस्तकालय न होगा परन्तु डा० कुमारप्पा ने बताया कि न्यूयार्क का सार्वजनिक पुस्तकालय इमारत और पुस्तकों की संख्या के हिसाब से लेनिन पुस्तकालय से कुछ बड़ा ही है। डाक्टर साहब का भी कहना है कि पाठकों की संख्या के विचार से लेनिन पुस्तकालय ही बड़ा ठहरता है। इस पुस्तकालय में वर्ष भर में पाठकों की संख्या सत्रह लाख तक पहुँचती है और नब्बे लाख पुस्तकें इस पुस्तकालय में पढ़ी जाती हैं। न्यूयार्क के पुस्तकालय का उपयोग इससे केवल एक तिहाई ही होता है।

लेनिन पुस्तकालय मे लगभग एक हजार सात सौ व्यक्ति एक साथ अध्ययन कर सकते हैं। पुस्तकालय में अनेक हाल हैं और सब हाल पाठकों से भरे रहते हैं। पुस्तकालय प्रातः सात से रात एक बजे तक चालू रहता है। रात में पुस्तकालय इतनी देर तक चालू रखने का कारण पूछने पर पुस्तकाध्यक्ष क्लीवेवस्की ने बताया कि पुस्तकालय में आधी रात तक अध्ययन करने वालों की संख्या बहुत काफी है। मास्को में ऐसे लोगों की बहुत बड़ी संख्या है जिन्हें दिन में कारखानों, मिलों और दफ्तरों में काम करना पड़ता है। वे केवल रात में ही स्वाध्याय के लिए समय बचा सकते हैं। पुस्तकालय का तो प्रयोजन ही सर्वसाधारण को विकास के लिए स्वाध्याय का अवसर देना है।

पुस्तकालय में अनेक भाषाओं में पुस्तकें हैं। अस्सी भाषाएँ तो स्वयं सोवियत संघ में ही चालू हैं। विदेशी भाषाओं में से सबसे अधिक पुस्तकों की संख्या अंग्रेजी में है। भारतीय भाषाओं में बहुत कम पुस्तकें हैं। भारतीय भाषाओं की पुस्तकों का संग्रह मास्को की अपेक्षा लेनिनग्राद में अधिक अच्छा है। सोवियत संघ में प्रकाशित प्रत्येक पुस्तक की प्रति यहाँ स्वयं पहुँच जाती है। इसके अतिरिक्त दस लाख रूबल प्रतिवर्ष विदेशों में प्रकाशित पुस्तकों के लिए खर्च किये जाते हैं। पुस्तकालय में पाँच लाख पुस्तकें प्रतिवर्ष बढ़ जाती हैं।

लेनिन पुस्तकालय में एक हजार पाँच सौ कर्मचारी और सहायक हैं। यह संख्या इसलिए पर्याप्त है कि पुस्तकों को अलग-अलग कमरों में लाने ले जाने का अधिकांश काम यंत्रों से ही होता है। आवश्यक पुस्तक का नाम-नम्बर लिखकर ट्यूब में रख उस विभाग का नम्बर दबा दिया जाता है। पुर्जा हवा के दबाव से उचित स्थान पर पहुँच जाता है। पुस्तक भेजने वाला पुस्तकों को लगातार चलते लिफ्ट में रख देता है और पुस्तकें कई मंजिलें लाँघकर नीचे पहुँच जाती हैं। भिन्न-भिन्न कमरों से आने-जाने वाली पुस्तकें इतनी अधिक होती हैं कि उनके लिए बिजली की छोटी-छोटी रेलगाड़ियाँ बनीं हुई हैं जो पुस्तकों को एक स्थान से दूसरे स्थान तक ढोती रहती हैं।

पुस्तकालय में काम करने वालों का वेतन उनके काम के अनुसार है। कम से कम वेतन छः सौ रूबल और अधिक से अधिक बाइस सौ रूबल है। कार्यकर्त्ताओं में स्त्रियों की संख्या ही अधिक दिखलाई दी। एक कमरे में पुस्तकालय के तीस सम्मान प्राप्त कार्यकर्त्ताओं के चित्र लगे हुए थे। इनमें से उन्तीस स्त्रियाँ थीं, पुरुष केवल एक ही।

इस पुस्तकालय में भी बच्चों की उपेक्षा नहीं की गई है। बच्चों की आयु के अनुसार दो हाल उन्हीं के लिए नियत हैं। ये हाल दूसरे हालों की अपेक्षा फूलों और पौधों के गमलों तथा चित्रों से खूब सजे हुए हैं। फर्नीचर भी बच्चों की आयु के अनुकूल ही हैं। पुस्तकों की सूची के कार्डों पर पुस्तकों को चित्रों द्वारा अंकित किया गया है। छोटे बच्चों के कमरे में एक महिला निरीक्षक भी मौजूद रहती है। उसका काम बच्चों की समझ में कोई बात न आने पर उसे समझा देने से लेकर शायद उनके नाक-मुँह साफ कर देना भी है। इस समय बच्चे अधिक नहीं थे क्योंकि यह उनके स्कूल जाने का समय था। केवल वही बच्चे मौजूद थे जो शाम के समय स्कूलों में जाते हैं। सुना हुआ था कि सोवियत में विदेशी यात्रियों को दिखाने के लिए भी बहुत कुछ टीम टाम बाँध दी जाती है। इन बच्चों से बातचीत कर यह जानना चाहा कि वे पहली बार पुस्तकालय में आये हैं अथवा प्रायः आते रहते हैं। बच्चों ने निः संकोच स्वीकार किया कि धूप निकली हो और खेलने वाले साथी मिलें तो वे खेलना ही अधिक पसन्द करते हैं। जब खेलने का अवसर न हो तो पुस्तकालय में आ जाते हैं। बच्चों की पोशाक से उनके सामाजिक स्तर का अनुमान न कर सकने के कारण उन्हीं से उनके माता-पिता के विषय में पूछा। एक अध्यापक का पुत्र था। दो लड़कियों में से एक रेलवे में काम करने वाले परिवार की, दूसरे मोमार (राजगर) की बेटी थी। चौथे लड़के ने बताया कि वह युद्ध में वीरगति प्राप्त सिपाही की सन्तान है।

पुस्तकाध्यक्ष से पूछने पर पता लगा कि पुस्तकालय में सभी तरह के लोग स्वाध्याय को आते हैं। बौद्धिक संतोष के लिए अध्ययन करने वाले भी आते हैं; इतिहास,

अर्थशास्त्र, साहित्य और विज्ञान का गहन अध्ययन करने वाले भी आते हैं परन्तु सबसे अधिक संख्या ऐसे लोगों की रहती है जो किसी न किसी काम से जीविका तो कमा रहे हैं परन्तु आगे अध्ययन कर उन्नति करना चाहते हैं। पुस्तकालय में आने वाले सभी पाठकों के लिखने की आवश्यक सामग्री कागज, पेंसिल आदि पुस्तकालय से ही दी जाती है।

पुस्तकालय के हस्तलिखित विभाग, बहुमूल्य पुस्तकों के विभाग, कलात्मक संग्रह आदि में घूमते-घूमते लगभग तीन घण्टे बीत चुके थे। हम लोगों के लौटने के लिये तैयार होने पर मिस्टर क्लीवेवस्की ने असन्तोष प्रकट किया कि हम लोगों ने पुस्तकालय देखने के लिये बहुत कम समय रक्खा था इसलिये हम उसका बहुत ही कम भाग देख पाये।

प्रवदा प्रेस

अन्तर्राष्ट्रीय जगत में सोवियत की राजनीति और 'प्रवदा' लगभग-समानार्थक माने जाते हैं। प्रवदा सोवियत की नीति निश्चित करने वाले बहुमत अर्थात कम्युनिस्ट पार्टी का मुख-पत्र है। इस पत्र की स्थापना लेनिन ने की थी। 'इस्क्रा' सोवियत के मजदूर संघों के केन्द्रीय संगठन का मुख-पत्र और इजवेस्तिया सरकार का पत्र है। प्रवदा सरकार का प्रतिनिधित्व नहीं करता। वह कम्युनिस्ट पार्टी के दृष्टिकोण से नीति सम्बन्धी सुझाव दे सकता है और सरकारी नीति और व्यवहार की आलोचना या समर्थन भी कर सकता है।

प्रवदा का प्रकाशन मास्को और अन्य बारह सोवियत नगरों से एक साथ होता है। इसकी दैनिक खपत की औसत पैंतालीस लाख प्रतियाँ है। इसी से उसके प्रभाव का अनुमान किया जा सकता है। इस्क्रा और इजवेस्तिया की प्रतियां इतनी अधिक संख्या में तो नहीं खपतीं परन्तु उनके पाठकों की संख्या भी लाखों में है। यह ठीक है कि अन्तर्राष्ट्रीय जगत सोवियत राजनीति के सम्बन्ध में प्रवदा, इस्क्रा और इजवेस्तिया की प्रवृत्तियों से अनुमान लगता है परन्तु इन तीनों पत्रों की नीति सरकारी निर्देश या इनके सम्पादकों और संचालकों के मस्तिष्क की ही सूझ पर निर्भर नहीं करती। इन तीनों पत्रों को सोवियत समाज की तीन मुख्य शक्तियों सरकार, कम्युनिस्ट पार्टी और संगठित मजदूर वर्ग का प्रतिनिधि कहा जा सकता है। यह तीनों अपना-अपना दृष्टिकोण अपने मुख-पत्रों द्वारा प्रकट करती रहती हैं। सोवियत की सामाजिक व्यवस्था चोटी से नींव की ओर निर्धारित नहीं होती बल्कि उसका नियमन नींव से आरम्भ होकर ऊपर की ओर जाता है। सोवियत के पत्रों द्वारा राष्ट्र की नीति निर्धारित होने में भी नींव से चोटी की ओर जाने का ही क्रम चलता है।

सोवियत के सभी राष्ट्रों और भिन्न-भिन्न प्रदेशों और भागों के निजी स्थानीय पत्र भी हैं। ऐसे पत्रों की संख्या साढ़े नौ हजार के लगभग है। यह साढ़े नौ हजार पत्र प्रवदा, इस्क्रा और इजवेस्तिया को अपनी नीति निर्धारित करने के लिये तथ्य पहुँचाते हैं और उनसे इन तथ्यों के आधार पर निश्चित की गई नीति के निर्देश भी पाते हैं। यह स्थानीय पत्र ऐसी नीति का समर्थन या आलोचना भी करते हैं। इन साढ़े नौ हजार स्थानीय पत्रों का मसाला और भी छोटे पत्रों, यहाँ तक कि सभी संस्थाओं, कारखानों, क्लबों, हस्पतालों, मुहल्लों, सैनिकों की बैरकों में पाये जाने वाले दीवारी-पत्रों से एकत्र होता है। दीवारों पर लगी इन घोषणाओं में स्थान पाने या अपना मत प्रकट करने के लिये किसी

भी व्यक्ति को दूसरे की आज्ञा और कृपा का मोहताज नहीं होना पड़ता। इन दीवारी-पत्रों के माध्यम से सोवियत के अकिंचिन से अकिंचिन समझे जाने वाले व्यक्ति के लिये भी अपनी बात कह सकने का अवसर रहता है।

पत्रों के सामूहिक सामाजिक सम्पत्ति होने के कारण सम्पूर्ण जनता अपने स्थानीय संगठनों के माध्यम से इन पत्रों की नीति के निश्चय में भाग ले सकती है। यदि कोई व्यक्ति दूसरों को प्रभावित कर अपनी बात कहने का अधिक अवसर पा लेता है तो उसका आधार उसकी आर्थिक स्थिति या उसका पत्रों का स्वामी होना नहीं बल्कि उसका व्यक्तिगत चातुर्य ही होगा। इस प्रकार सोवियत देश के राजनैतिक क्षेत्र में किसी व्यक्ति का प्रभाव चाहे जिस योग्यता या काम के आधार पर हो, उसकी सम्पत्ति के आधार पर नहीं हो सकता। प्रत्येक व्यक्ति को समाज के प्रबन्ध में अपनी योग्यतानुसार सहयोग देने का अवसर होना ही सोवियत समाजवादी समाज की समता की नींव है।

प्रवदा प्रेस की स्थापना प्रथम पंचवर्षीय योजना के अंतर्गत १९३४ ई० में हुई थी। यह प्रेस प्रतिदिन तीन घंटे में प्रवदा की अट्ठारह लाख के लगभग प्रतियां तो छापता ही है इसके अतिरिक्त कोन्सोमोल-प्रवदा, (कम्युनिस्ट नवयुवकों का पत्र) अग्नियोक, सोवियत-वोमेन, वोमेन वर्कर, प्रोब्लेम्स आफ फिलोस्फी, प्रोब्लेम्स आफ इक्नोमिक्स, प्रोब्लेम्स आफ हिस्ट्री, पाइनियर मैगजीन, स्मर्ना, फार ए लास्टिग पीस, फार पीपुल्स डिमोक्रेसी का रूसी संस्करण, न्यू टाइम्स और दूसरी बीसियों पत्रिकायें भी यहीं छपती हैं। इन सब पत्रों के साथ ही संसार की छः भाषाओं में सचित्र सोवियत-यूनियन की लगभग सात लाख कापियाँ भी प्रति मास यहीं छपती हैं।

मास्को में छपी सचित्र पत्रिकायें देखने का अवसर बहुत लोगों को मिला है। ये पत्रिकायें देख लेने पर इस विषय में मतभेद का अवसर नहीं रह जाता कि सोवियत की छपाई, विशेषकर रंगीन छपाई, संसार के किसी भी देश से नीचे दर्जे की नहीं। इस कला या उद्योग में उन्नति और विकास के लिये सोवियत ने किसी दूसरे अधिक विकसित समझे जाने वाले देश से सहायता की भीख भी नहीं मांगी। प्रेस के कम्पोजिंग विभाग में छियालीस लाइनोटाइप मशीनें हैं। इन मशीनों पर काम करने वालों में अधिकांश स्त्रियाँ हैं और प्रायः युद्ध में वीरगति प्राप्त सैनिकों की पत्नियाँ हैं। इसी विभाग में सोवियत के दूसरे बारह नगरों में छपने वाले प्रवदा के धातु-पत्र (स्टोरियो) तैयार किये जाते हैं। जिन्हें उन नगरों में प्रतिदिन हवाई जहाजों से भेज दिया जाता है ताकि उन नगरों के प्रेस स्थानीय समाचारों को मिलाकर प्रवदा को समय पर प्रकाशित कर सकें। छपाई के विभाग में इक्कीस दैत्याकार रोटरी मशीनें लगी हुई हैं जो तीन घंटे में बीस लाख प्रतियाँ छापकर और तहाकर तैयार कर देती हैं। सूर्योदय से पहले ही मास्को नगर में प्रवदा की प्रतियाँ बिक्री के लिये आठ हजार दुकानों पर पहुँच जाती हैं।

प्रेस में कागजों को काटने, तहाने और जिल्द बांधने का सब काम मशीनों से ही होता है। प्रेस के संचालक का कहना है कि यह प्रेस उनकी नित्य बढ़ती हुई आवश्यकताओं को पूरा करने के लिये पर्याप्त नहीं है। वह प्रवदा की बढ़ती हुई मांग को पूरा नहीं कर पा रहे। यदि मशीनों की संख्या बढ़ाई जा सके और कागज पर्याप्त मात्रा में मिल सके तो प्रवदा की बिक्री प्रतिदिन एक करोड़ तक पहुँच सकती है। प्रवदा प्रेस में तीन हजार व्यक्ति काम करते हैं। सम्पादकीय विभाग में पचास आदमी हैं। परन्तु इस

संख्या में समाचारदाताओं और समाचार-संग्रह करने वालों की गिनती नहीं। प्रत्येक पत्रिका के बनाव सिंगार के लिये इस विषय का एक-एक विशेषज्ञ कलाकार नियत है।

लाइनोटाइप की मशीन पर काम करने वाले स्त्री-पुरुषों को बारह सौ रूबल मासिक से लेकर उनके काम के अनुसार बाइस-चौबीस सौ रूबल तक वेतन मिलता है। रंगीन काम छापने वाली मशीनों पर काम करने वाले कारीगरों को एक हज़ार से लेकर ढाई हज़ार रूबल तक। विभिन्न विभागों के मैनेजरों को सोलह सौ से अढ़ाई हज़ार तक। सम्वाददाताओं को पन्द्रह सौ से दो हज़ार तक और प्रधान सम्पादक को साढ़े-तीन हज़ार। वेतनों में अन्तर कलम से और मशीन से काम करने के कारण नहीं बल्कि काम अधिक या कम कर सकने के कारण है। वेतनों का यह अनुपात हमारे देश के समाचार पत्रों की तुलना में कुछ विचित्र हैं; जहाँ एक अच्छा कम्पोजीटर सौ रुपये से अधिक की आशा नहीं कर सकता परन्तु डाइरेक्टर और सम्पादक दो-ढाई-तीन हज़ार तक पा सकते हैं। प्रवदा अपने लेखकों के श्रम के लिये भी उदारता से पारिश्रमिक देता है यह व्यक्तिगत अनुभव से कह सकता हूँ। प्रवदा के २१ जनवरी १९५३ के अंक में लेनिन की समाधि के दर्शन के सम्बन्ध में प्रकाशित मेरे छोटे से लेख और एक अन्य साधारण आकार के लेख के लिये प्रवदा ने मुझे ढाई हज़ार रूबल स्वयं ही भेज दिये थे।

प्रवदा प्रेस के कार्यकर्त्ताओं को रूबल के रूप में मिलने वाले वेतन को ही उनकी पूरी आय नहीं समझ लिया जा सकता। प्रवदा अपने कार्यकर्त्ताओं की बीमारी के समय चिकित्सा और यदि बेकारी हो तो उस समय भत्ते की जिम्मेदारी तो लिए ही है इसके अतिरिक्त इस प्रेस का एक अपना हाई-स्कूल है जहाँ कर्मचारी बिना फीस के ऊँची शिक्षा प्राप्त कर सकते हैं। प्रवदा का एक औद्योगिक कालिज भी है जहाँ कार्यकर्त्ता नाममात्र शुल्क देकर ऊँचे दर्जे की कलात्मक अथवा औद्योगिक शिक्षा पा सकते हैं। यदि वे अध्ययन का अच्छा परिणाम दिखा सकें तो निशुल्क शिक्षा प्राप्त कर सकते हैं। प्रवदा अपने कार्यकर्त्ताओं के स्वास्थ्य और विनोद के लिये गरमियों में पहाड़ी या समुद्रतट की सैर का प्रबन्ध भी एक चौथाई खर्च पर कर देता है। विशेष अच्छा काम करने वाले कार्यकर्त्ताओं को सैर का पूरा खर्च प्रेस ही देता है। प्रेस के सामने ही कार्यकर्त्ताओं के लिये क्लब और उनके बच्चों के लिये किन्डर गार्टन और नर्सरी मौजूद हैं।

एक साथी ने चुटकी लेने के लिये प्रवदा के संचालक से टेढ़ा प्रश्न पूछ डाला—"आपके यहाँ छः विदेशी भाषाओं में भिन्न-भिन्न पत्र-पत्रिकायें छपती हैं। इनकी खपत तो विदेश में प्रचार करने के लिये ही होती होगी?"

"नहीं ऐसी बात नहीं है"—संचालक ने उत्तर दिया,—"विदेशी भाषा में छपे पत्रों की खपत सोवियत में भी काफ़ी होती है। हमारे स्कूलों-कालेजों में प्रत्येक विद्यार्थी को एक न एक विदेशी भाषा पढ़नी ही पड़ती है। वे लोग इन पत्रों को भी पढ़ते हैं। सोवियत नागरिकों को विदेशों में प्रकाशित पत्र-पत्रिकाओं के पढ़ने पर भी कोई प्रतिबन्ध नहीं है। आप जब चाहें पुस्तकालयों, वाचनालयों और दुकानों पर ऐसे प्रकाशनों को देख सकते हैं।"

त्रेतियाकोव कलाभवन

मास्को में यात्री का ध्यान आकर्षित कर लेने के लिये इतनी अधिक चीजें हैं कि थोड़े से समय में सभी की ओर उचित ध्यान दे पाना सम्भव नहीं। कलात्मक वस्तुओं से

अनायास ही सामना होता रहता है। ऐसी अवस्था में कलात्मक वस्तुओं का संग्रह देखने जाने के लिये यदि कलाभवन जाने की बात भूल ही जाये तो बड़ी बात नहीं परन्तु बम्बई के प्रसिद्ध कलाकार साथी रावल जी से ऐसी चूक नहीं हो सकती थी। उनके आग्रह से त्रेतियाकोव कलाभवन में भी गये।

मास्को की और सब चीजों के विस्तार की तरह त्रेतियाकोव कलाभवन भी अच्छा खासा कलाप्रासाद ही है। जिन लोगों की यह धारणा है कि सोवियत के लोग किसी भी वस्तु में धार्मिकता का संकेत या पुट पाकर भड़कने लगते हैं, या उसे सहन नहीं कर सकते, उन्हें इस कलाभवन में आकर अवश्य विस्मय होगा। भवन में चित्रों को उनके ऐतिहासिक काल के क्रम से लगाया गया है। आरम्भ के कमरों में मसीह और मसीह के जीवन से सम्बन्ध रखने वाले या अन्य धार्मिक कथाओं से सम्बन्धित चित्र ही अधिक हैं। इन चित्रों को किसी उपेक्षा के भाव से नहीं बल्कि कला की ऐतिहासिक सम्पत्ति के रूप में आदर से संजोकर रखा गया है। चित्रों के साम्प्रदायिक पक्ष की चिन्ता न करके भी सोवियत के लोग इन चित्रों में कला की दृष्टि से ही इतना कुछ देखते हैं कि ये उनके लिये बहुमूल्य हैं।

कलाभवन तथा कला से सम्बन्ध रखने वाली अन्य संस्थाओं में सोवियत के लोगों का उत्साह देखने से ऐसा जान पड़ता है कि सोवियत की जनता कला की भूखी है और कला उनके जीवन का आवश्यक अंग बन गई है। चित्रों का वर्गीकरण और विभाजन जिस प्रकार किया गया है, उसके विषय में तो कोई कला विशेषज्ञ ही अधिकार से कह सकता है परन्तु साधारण दर्शक के लिये भी वे चित्र अन्य देशों के कला भवनों में संग्रहीत कृतियों से किसी प्रकार कम नहीं हैं। विशेषतः किप्रायांसकी के बनाये हुए प्रसिद्ध व्यक्तियों के चित्र जिनमें से पुश्किन के चित्र के बारे में दन्तकथा है कि चित्र को देखकर पुश्किन ने विस्मय से कहा था, "यह चित्र देखकर तो जान पड़ता है कि मैं अपने चित्र के सामने नहीं, दर्पण के सामने खड़ा हूँ।"

उन्नीसवीं सदी के आरम्भ के चित्रों में प्रायः सामन्त समाज की ही प्रतिच्छाया है क्योंकि उस समय अन्य कलाओं की तरह चित्रकला भी उसी श्रेणी के उपयोग और संतोष के लिये सीमित थी। परन्तु उन्नीसवीं सदी के मध्य भाग से कलाकार का कूची से साधारण मानव की भावना बोलने लगती है और उत्तरोत्तर चित्रों में सर्वसाधारण का जीवन भी प्रतिबिम्बित होने लगता है। सुर्योकोव के चित्रों के नायक जार और सामन्तगण नहीं, खेतों और गलियों में चलने वाले सर्वसाधारण लोग ही हैं। हम लोगों के लिये सबसे आकर्षक भाग समाजवादी क्रान्ति के बाद और आधुनिक सोवियत जीवन के चित्रों का संग्रह था जिनमें सर्वसाधारण मानव की आत्मनिर्भरता और निर्माण की शक्ति का प्रदर्शन है।

समाजवादी सोवियत के चित्रकार और पूँजीवादी समाज के चित्रकार भी रेखाओं और रंगों द्वारा अपनी कल्पनाओं और भावों की अभिव्यक्ति करते हैं। सौंदर्य की प्रतिष्ठा और भावों की अभिव्यक्ति के लिये दोनों ही चित्रकला के माध्यम को अपनाते हैं परन्तु इस एक ही माध्यम द्वारा प्रकट दो पृथक विचारधाराओं और संस्कृतियों के कलाकारों की भावनायें और मूर्त पृथक-पृथक हैं। सोवियत की चित्रकला नारी के नग्न अंगों की भूलभुलैया में ही उलझकर संतुष्ट नहीं हो जाती। न सोवियत की चित्रकला इस बात का

ही गर्व करती है कि वह अपनी कल्पना की उस चरम सीमा पर पहुँच गई है जहाँ तथ्य जगत के मूर्त और भाव उनके लिये बेकार हो गये हैं और आगे कोई भी मार्ग न पाकर आकारों और रंगों की गपड़चौथ में से रस निकाल लेने की चेष्टा का मौलिक कार्य कर रहे हैं। इस कला भवन में 'सुर्रियलिज्म' और 'दादाइज्म' की कला की पहेलियां नहीं मिलतीं! जिनके भाव दर्शक को केवल अपनी कल्पना से ही गढ़ने पड़ते हैं।

सोवियत कलाकार की शक्ति मूर्त को अधिक से अधिक यथार्थ करने की ओर लगी हुई हैं। अपने मूर्त को यथार्थ की पूर्णता से सजीव कर वह उससे नवजीवन का संदेश देता है। आधुनिक सोवियत कलाकारों के मुंह बोलते चित्र इस बात के साक्षी हैं परन्तु भारतीय कला में भाव के लिये कल्पना से मूर्त का सृजन करने की जो विशेषता है, उसकी ओर सोवियत कलाकार की प्रवृत्ति नहीं है। भावनाओं के असीम क्षेत्र में से कोमल और सूक्ष्म भावनाओं को चुन कल्पना से उनके लिये मूर्त बनाकर व्यक्त करने में कला की पराकाष्ठा समझी जाय या दृश्य जगत से ही मूर्त चुन उन्हें यथार्थ की पूर्णता दे सकने में? यह विषय विवाद का हो सकता है, विवाद से बचते हुए भी इतना तो कहा ही जा सकता है कि मूर्त को यथार्थ की सजीवता दे सकने की क्षमता के लिये कौशल का चमत्कार चाहिये तो भावों के लिये कल्पना से मूर्त का सृजन करने में कल्पना और कौशल दोनों की ही आवश्यकता है। इस दृष्टि से भारतीय चित्रकला का रस चखे लोगों को पश्चिम की चित्रकला ऐसा फल जंचती है जो आकार में बड़ा और सुन्दर होने पर भी मिठास और रस में कुछ कम रह जाये।

इस विषय में सन्देह की गुञ्जाइश नहीं कि सोवियत के लोगों में कला के प्रति असाधारण झुकाव है। कला भवन में सर्वसाधारण की भीड़ को देखकर विस्मय होता है। चित्रों को देखने के लिये टिकट खरीद कर जितने लोग त्रेतियाकोव कलाभवन में पहुँचते हैं, लंदन के टेट्स गैलरी और नेशनल आर्ट गैलरी में मुफ्त प्रवेश की सुविधा होने पर भी उसका दसवां भाग भी दिखाई नहीं देते। इस भेद का कारण यही हो सकता है कि लंदन के सर्वसाधारण नागरिक को जीवन के संघर्ष में कला की बात सोचने लायक अवकाश ही नहीं मिलता।

त्रेतियाकोव कलाभवन में विदेशी चित्रों की भी कमी नहीं। प्राचीन विदेशी महान कलाकारों के चित्रों के अतिरिक्त आधुनिक फ्रेंच, इटालियन, अंग्रेज और अमरीकन कलाकारों की भी बहुत सी कृतियाँ एकत्र की गई हैं। लगभग सभी देशों की कृतियाँ यहाँ मौजूद हैं। हमारा ध्यान स्वभावतः ही क्लीमाशिन के भारतीय जीवन के चित्रों की ओर गया। क्लीमाशिन पिछले ही वर्ष भारत में सोवियत कला की प्रदर्शनी के अवसर पर इस देश में आये थे। अब वे इस बात का यत्न कर रहे हैं कि मास्को में भारत के प्राचीन और आधुनिक चित्रों की प्रदर्शनी की जा सके। कला के प्रति झुकाव की जो असाधारण बाढ़ सोवियत के लोगों में दिखाई देती है उसका अनुभव तो हमें कलाभवन में गये बिना अपने होटल में ही हो गया था। ज्यों ही मास्को के नवयुवक कलाकारों और चित्रकला के विद्यार्थियों को हम लोगों के मास्को में आने की खबर मिली, बीस-पच्चीस कलाकार, चित्रकला का सामान बगल में दाबे होटल में आ पहुँचे। भारतीय चेहरों और वेशभूषा का चित्र बना सकने के अवसर से वे चूकना नहीं चाहते थे। दिन के किसी भी समय इन चित्रकारों को हममें से किसी न किसी का चित्र बनाते देखा जा सकता था। कोई हम

लोगों के काले रंग पर मोहित था तो किसी को पगड़ी और गांधी टोपी आकर्षित किये थी। कोई साड़ी और दाढ़ी के फाल और फोल्ड (बहाव और लहरों) को अंकित कर लेना चाहता था। हममें से तीन चार बहुत ही साधारण चेहरे को छोड़कर सभी लोग अपने अच्छे खासे बड़े-बड़े चित्र मास्को में छोड़ आये हैं।

कला की ओर रुचि तो मनुष्य का स्वभाव है। हमारे यहाँ भी नवयुवक इस ओर झुकते हैं। भावुक लोग जीवन संघर्ष के प्रवाह में कला का कम्बल पकड़ने जाते हैं और कला ही उन्हें ऐसे पकड़ लेती है कि वे आधे पेट जीवन बिताने के लिये विवश हो जीवन संघर्ष के प्रवाह में डूबते-उतराते रहते हैं। कविता, कहानी, मूर्ति और चित्रकला सभी कलाओं के बारे में यह बात हमारे और अन्य पूँजीवादी देशों में भी समान रूप से सत्य है। अभाव से पीड़ित रहना कलाकार के जीवन का लक्षण ही मान लिया गया है परन्तु सोवियत में कला की भक्ति के लिये अभाव की कातरता सहना आवश्यक नहीं। सोवियत समाज अपने इन चित्रकारों को जीविका देने में भी कठिनाई अनुभव नहीं करता। जहाँ तक याद पड़ता है कोई होटल, कोई जलपान गृह, कोई क्लब, स्कूल का कोई कमरा, किसी स्टेशन का मुसाफिरखाना तैल-चित्रों के बिना देखा ही नहीं।

सोवियत हस्पताल

तीस दिसम्बर, प्रातः काल आकाश बर्फानी कोहरे से भरा था और बर्फ की हल्की-हल्की फुहारें पड़ रही थीं। मास्को का एक हस्पताल देखने के लिये गये। इमारत बर्फ में भी हरे भरे रह सकने वाले वृक्षों से घिरी थी। हस्पताल के आंगन या बरामदे में रोगियों या दवाई चाहने वालों की भीड़ दिखाई न दी।

प्रधान डाक्टर के दफ्तर में जाने पर पता लगा कि यह हस्पताल मुख्यतः मास्को के रेल कर्मचारियों के लिये है परन्तु दूसरे लोगों के इलाज और उपचार की मनाही नहीं है। दफ्तर में बिछे कालीन, फर्नीचर और गमलों में रखे गर्म देशों के पौधों से जैसे-तैसे किसी तरह काम चला लेने का ढंग नहीं बल्कि सुविधा और शांति का वातावरण जान पड़ता था।

डाक्टर साहब ने बताया—"इस हस्पताल की स्थापना १९३८ में पंचवर्षीय योजना के अन्तर्गत हुई थी। हमारी सरकार और हमारी पार्टी पंचवर्षीय विकास योजनाओं में केवल सड़कें, नहरें और कारखाने ही नहीं बनाती बल्कि जिस जनता के लिये यह पंचवर्षीय योजना है सबसे पहले उसकी शिक्षा और स्वास्थ्य-सुधार योजना भी बनाती है।" डाक्टर साहब के बलिष्ठ अंग और गम्भीर चेहरा, भेदती दृष्टि और उनके गर्व से 'हमारी पार्टी' कहने से वही आशंका हुई जो प्रायः रूस के सम्बन्ध में अमरीका और इंगलैंड से प्रकाशित कथानकों को पढ़कर होती है। अर्थात डाक्टर साहब सख्ती से जो कुछ दिखाना चाहेंगे वहीं दिखायेंगे और बढ़-बढ़कर बातें करेंगे इसलिये शंका और सन्देह से उनकी बात में त्रुटि पकड़ने का ध्यान रहा।

डाक्टर साहब ने बताया कि सोवियत के दूसरे हस्पतालों की तरह इस हस्पताल का भी पूरा खर्च अर्थात् रोगियों के लिये औषधि, भोजन, कपड़ा-लत्ता सब सोवियत सरकार देती है। नागरिकों को अपनी चिकित्सा के लिये कोई खर्च नहीं देना पड़ता। बीमारी की अवस्था में बीमार के परिवार के निर्वाह के लिये राष्ट्रीय बीमा विभाग बीमार की तनख्वाह भी देता रहता है। बीमारों को हस्पताल में दाखिले के लिये इन्तजार नहीं करना पड़ता।

उन्हें किसी न किसी तरह, एक में नहीं तो दूसरे हस्पताल में तुरन्त दाखिल कर लिया जाता है। इस हस्पताल में सात सौ बीस स्त्री-पुरुष बीमारों के रहने की व्यवस्था है।

यह पूछने पर कि प्रायः किन रोगों के रोगी इलाज के लिये आते हैं, उत्तर मिला कि अधिकांश में पेट की बीमारियों, खून के दबाव, तपेदिक, फोड़ों और पैत्रिक सूत्र से पाई जाने वाली बीमारियों के लोग इलाज के लिये आते हैं। पूछा कि हस्पताल रेल कर्मचारियों का है तो रेलों पर दुर्घटनाओं के जख्मी ही अधिक आते होंगे। उत्तर मिला—आते जरूर हैं परन्तु पहले से बहुत कम क्योंकि रेलवे में काम और कर्मचारियों की शिक्षा की व्यवस्था में बहुत सुधार हो गया है।

यह सुनकर कि हस्पताल में छोटे-बड़े डाक्टरों की संख्या एक सौ चौदह है और नर्सों की दो सौ साठ कुछ विस्मय हुआ। पूछा कि इतने डाक्टर क्या करते हैं तो उत्तर मिला कि डाक्टरों का काम केवल बीमार पड़ गये लोगों का इलाज करना ही नहीं है। हस्पताल में एक खोज विभाग भी है जहाँ औषधियों और रोगों के सम्बन्ध में खोज का कार्य होता है। उन्होंने उदाहरण दिया अभी दो वर्ष पूर्व आतशिक की एक नई औषधि का आविष्कार होने पर इस औषधि का प्रभाव देखने के लिये रोगी की आवश्यकता थी। हस्पताल में ऐसा कोई रोगी न था। आस-पास के हस्पतालों में भी ऐसा रोगी न मिलने पर सोवियत के दक्षिणी भाग से एक रोगी को खोज कर लाया गया और उस पर औषधि की परीक्षा की गई। तत्काल किसी रोग के रोगी न रहने पर भी उस रोग की चिकित्सा की खोज का काम बन्द नहीं हो जाता, जारी ही रहता है क्योंकि रोग कभी भी फूट सकते हैं। रोग की छूत दूसरे देशों से भी आ सकती है। रोगों के उपचार का उपाय हाथ में रहना आवश्यक है।

एक साथी ने तंज के तौर पर पूछ लिया—"क्या सोवियत के लोगों को आतशिक और सुजाक आदि बीमारियाँ हो ही नहीं सकतीं?" डाक्टर साहब ने धैर्य से उत्तर दिया—"इस समय ऐसे रोगी ढूँढ़ने पर शायद ही मिलें। तीस-बत्तीस वर्ष पूर्व भी रूस में जारशाही के काल की सामाजिक अव्यवस्था के परिणाम स्वरूप यह रोग खूब फैले हुए थे। उस समय ऐसे रोगियों को ढूँढ़-ढूँढ़कर उनका इलाज किया गया। रोग फैला सकने वालों पर नजर रखी गई। उन्हें कन्सनट्रेशन कैम्पों में रखकर उनका इलाज किया गया। इस युद्ध से पहले हम लोग अपने देश में इस रोग को लगभग निर्मूल कर चुके थे परन्तु इस युद्ध के बाद नाजियों के कब्जे में आ गये ग्रामों और नगरों में यह रोग फिर फूट निकले! नाजी सिपाहियों को ये रोग थे। उन्होंने जिन स्त्रियों से बलात्कार किया उन्हें वे ये रोग भी दे गये। नाजियों को अपने देश से बाहर निकालते ही हमने ऐसी अभागी स्त्रियों को चुन-चुनकर उनका इलाज किया। नये आविष्कारों और जनता के सहयोग से इस बार इस रोग को निर्मूल करने में अधिक कठिनाई नहीं हुई।"

यह जानकर कि हस्पताल में तपेदिक के पचास रोगियों के लिये व्यवस्था है। डाक्टर साहब से पूछा कि हमारे देश में या अन्य देशों में गरीब श्रेणी के लोग प्रायः तपेदिक का शिकार हो जाते हैं क्योंकि उन्हें उचित पौष्टिक भोजन नहीं मिलता और अस्वास्थ्यकर स्थानों में रहना पड़ता है। सोवियत में सभी के लिये स्वस्थ भोजन और रहने के लिये स्वस्थ स्थान की सुविधा है। यहाँ लोगों को तपेदिक हो जाने का क्या कारण है? डाक्टर साहब ने उत्तर दिया, तपेदिक अनेक अवस्थाओं में पारिवारिक या पैत्रिक रोग भी होता

है। हमारे यहाँ अधिकांश में तपेदिक के ऐसे ही बीमार आते हैं। सर्वसाधारण के जीवन की परिस्थितियों में सुधार हो जाने से ऐसे रोगियों की संख्या में भी कमी हो रही है।

डाक्टर साहब तो सभी प्रश्नों का उत्तर दफ्तर में ही दे देने को तैयार थे परंतु हम लोगों ने स्वयं घूमकर हस्पताल देखने और रोगियों से बातचीत करने की आज्ञा चाही। हमें कुछ देर ठहरने के लिये कहा गया और प्रत्येक व्यक्ति के लिये एक-एक ताजा धुला हुआ सफेद डाक्टरी-चोला और सफेद टोपी सूती कपड़े की आ गई। हमें आदेश दिया गया कि भीतर रोगियों के पास जाने से पहले हमें अपने कपड़ों के ऊपर यह चोला और टोपी पहन लेनी चाहिये। अभिप्राय था कि हमारे कपड़ों से किसी रोग के कीटाणु हस्पताल में न फैल सकें।

कई कमरों में झांक कर देखा। कुछ कमरों में छः, कुछ में आठ और कुछ में चार स्त्री या पुरुष रोगी थे। रोगियों के बिस्तर और कपड़े सभी बहुत साफ। कुछ रोगी हस्पताली और कुछ निज़ी कपड़े पहने थे।

स्त्री रोगियों के एक कमरे में एक अध्यापिका, एक सरकारी दफ्तर की क्लर्क एक बिजली से वैल्डिंग करने वाली कारीगर और एक मेहतरानी थी। यदि मेहतरानी ने अपना परिचय सेठानी या मुख्य अध्यापिका के रूप में दिया होता तो उसके शरीर के विस्तार और रूप के अधिक अनुकूल जान पड़ता। रोगी प्रायः मुस्कराकर स्वागत करते थे और बातचीत करने के लिये उत्सुक। कुछ कमरों में जाने से हमें नर्सों ने रोक दिया। कारण पूछने पर मालूम हुआ कि उन कमरों में उसी सुबह आपरेशन किये गये बीमार लेटे थे। बड़े डाक्टर साहब हमें जीने तक छोड़कर अपने काम पर लौट गये थे। एक कम उमर डाक्टर और डाक्टरनी और एक नर्स हमें रास्ता बताते एवं रोगियों का विवरण देते साथ चल रहे थे। एक कमरे में कान के रोगी थे उनमें से दो शतरंज खेल रहे थे। डाक्टर के आगे चले जाने पर मैं दुभाषिये के साथ इस कमरे में चला गया। एक रोगी जो मुस्करा नहीं रहा था उसी से बात की। वह पांच दिन से हस्पताल में था। उसका कान ठीक हो चुका था परन्तु डाक्टर ने कान को एक बार और देखने के लिये उसे रोक रखा था। यह आदमी बिजली की मोटरों की मरम्मत का काम करता है। पूछा—"तुम्हें लौटने की जल्दी क्या है? मजदूरी का नुकसान हो रहा होगा?" उत्तर मिला—"नहीं, मजदूरी तो मिल रही है।"

"यहाँ का खाना पसन्द नहीं आता होगा।"

"खाना तो बुरा नहीं। कई चीजें जो अपने घर पर कभी ही बना पाते हैं, यहाँ खूब मिल रही हैं।" उसे समझाया कि फिर जल्दी क्या है? पड़े रहो यहीं उसने उत्तर दिया—"अपने बाल-बच्चों के पास जाने को भी तो दिल करता है। यहाँ पड़े-पड़े क्या फायदा? लौटकर अपना काम करें।"

हस्पताल में भोजन का कमरा भी सुन्दर है। जो बीमार भोजन के लिये कमरे में नहीं जा सकते उनके लिये छोटी पहियेदार मेजों पर खाना बिस्तर के समीप पहुँचा दिया जाता है। ऐसे बीमारों के लिये बिजली लगे छोटे-छोटे डिब्बे भी हैं जिनमें खाना ताजा और गरम बना रहता है। पौधों भरे गमलों से सजा एक पुस्तकालय है। गद्दीदार कुर्सियाँ, आराम कुर्सियाँ और सोफों से भरा एक आराम करने का कमरा है। जहाँ पियानों और दूसरे कई साज रखे हुए हैं।

एक बड़ा कमरा पालनों से भरा हुआ था। जिनमें गोद के बच्चे दूध के झाग से सफेद कपड़ों में लिपटे सो रहे थे या छत की ओर देखकर हाथ-पांव हिलाते हुए किलक रहे थे। दो बच्चे खूब चीख कर रो रहे थे। मालूम हुआ कि यह रोगी स्त्रियों के गोद के बच्चे हैं जिन्हें नर्सें संभालती हैं।

इस हस्पताल में अस्सी प्रतिशत डाक्टर स्त्रियां हैं। इस हस्पताल में क्या सोवियत भर में डाक्टरों में स्त्रियों की संख्या पैंसठ या सत्तर प्रतिशत है। मास्को में कड़ी सर्दी होने के कारण हममें से किसी न किसी की तबीयत ढीली हो ही जाती थी। डाक्टर बुलाने पर सदा स्त्री डाक्टर के ही दर्शन हुए। डाक्टरों का वेतन हजार बारह सौ रूबल से आरम्भ होता है; नर्सों का छः सौ रूबल से। निश्चित समय से अधिक काम करने पर भत्ता मिलता है। डाक्टरों की तनख्वाह प्रायः तीन हजार रूबल तक चली जाती है।

डाक्टरों की प्राइवेट प्रैक्टिस के अवसर के सम्बन्ध में पता लगा कि प्राइवेट प्रैक्टिस की मनाही नहीं है परन्तु आवश्यकता अनुभव नहीं होती क्योंकि तनख्वाह में निर्वाह बखूबी हो सकता है। कोई भी बड़ा डाक्टर सहायता या परामर्श के लिये बुलाये जाने पर इंकार नहीं कर सकता। डाक्टर साधारणतः किसी बस्ती, कारखाने या गाँव के स्वास्थ्य के लिये जिम्मेवार होते हैं। पूँजीवादी व्यवस्था की तरह, डाक्टरों को अपने इलाके में बीमारी फैलने से लाभ और लोगों के भले चंगे बने रहने से भूखे मरने की नौबत नहीं आती। किसी हद तक इसके विपरीत ही होता है।

हस्पताल के कर्मचारियों की अपनी ट्रेड यूनियन हैं और उसका प्रधान भी एक डाक्टर ही है। हस्पताल में घूमते समय एक जगह हाथ से लिखे बड़े-बड़े कागज लटकते देखे। पूछने पर मालूम हुआ कि ये दीवारी-अखबार हैं। हस्पताल के कर्मचारी या बीमार प्रबन्ध या व्यवहार के सम्बन्ध में जो शिकायत करना या सुझाव देना चाहें, लिखकर यहाँ लगा देते हैं। हमने जानना चाहा कि इन अखबारों में कभी डाक्टरों की आलोचना भी लिखी हुई मिलती है? उत्तर मिला—"जरूर, और रोगियों के परस्पर व्यवहार की आलोचना भी मिलती है।"

डाक्टर साहब से प्रश्न किया कि आपके हस्पतालों में योरुप और अमरीका आदि में बनी औषधियाँ भी प्रयोग में लायी जाती हैं या नहीं? डाक्टर साहब ने कहा—"नहीं। इसके दो कारण हैं; एक तो ऐसी कोई दवाई नहीं जो सोवियत में न बनती हो। दूसरा कारण यह है कि सोवियत में औषधियाँ इलाज करने के प्रयोजन से ही बनायी जाती हैं। पूँजीवादी देशों में औषधियाँ मुख्यतः व्यापार के लिये बनायी जाती हैं। अनुभव से हमें अपने यहाँ की औषधियाँ अधिक अच्छी जान पड़ती हैं। दूसरे देशों में बनी औषधियाँ प्रयोग में लाने के सम्बन्ध में सिद्धान्त का कोई प्रश्न नहीं है। आवश्यकता होने पर हम योरुप के जनवादी देशों चेकोस्लोवाकिया, बुल्गेरिया और कभी स्वीडन-नार्वे आदि से भी औषधियाँ मँगा लेते हैं। विज्ञान और चिकित्सा के क्षेत्र में देशी-विदेशी की भावना हमें उचित जान नहीं पड़ती। हम विदेशी वैज्ञानिकों और डाक्टरों का भी उचित आदर करते हैं।"—उन्होंने उस कमरे में लगे दो तैल चित्रों की ओर इशारा किया और उनके नाम बताये। नाम तो याद नहीं परन्तु उनमें से एक ब्रिटिश फिजीशियन (चिकित्सक) था और दूसरा अमरीकन सर्जन (जर्राह)—"हम इनका आदर करते हैं?"—डाक्टर साहब ने

कहा—"क्योंकि इन्होंने विज्ञान के साधन से मानवता की सेवा की है। हम केवल एक बात चाहते हैं कि हमें शान्ति से चिकित्सा विज्ञान का विकास करके पृथ्वी को रोगों से निर्मूल कर देने का अवसर मिले। आप लोगों को हम इसलिये धन्यवाद देते हैं कि आप लोगों ने वियाना में विश्वशान्ति कांग्रेस में सहयोग देकर शान्ति स्थापना के काम में सहायता दी है।"—डाक्टर साहब के चेहरे और आँखों से जान पड़ता था कि जैसे उनका मन उमड़ आया हो। चलते समय उन्होंने हाथ मिलाते समय हाथ को दोनों हाथों में इतने जोर से पकड़ लिया, मानो कह रहे हों "याद रखना।" उनके सम्बन्ध में जो पहली धारणा मन में बनी, उससे कुछ संकोच अनुभव हुआ।

औद्योगिक संघ का केन्द्रीय कार्यालय

संध्या समय भी बर्फ खूब पड़ रही थी। मास्को की सड़कों को बर्फ समेटने वाली मोटरें लगातार साफ करती रहती हैं। वरना बर्फ की अधिकता के कारण यातायात बहुत कठिन हो जाये। सड़क और पैदल पटरी के बीच घास, फूलों की क्यारियों और पेड़ों के लिये छोड़ी हुई जगह पर बरफ की दो-दो तीन-तीन फुट की चट्टियां सी जम जाती हैं। इस समय बरफ का जोर अधिक था और सड़क भी बिजली के प्रकाश में नई बिछी चादर की तरह सफेदी से चमक रही थी। हम लोग सोवियत-संघ के औद्योगिक संघ के केन्द्रीय कार्यालय में जा रहे थे। सोवियत के औद्योगिक संघ (ट्रेड यूनियन्स) ही इस समाज के आर्थिक, सामाजिक और राजनैतिक जीवन के मेरुदण्ड हैं। इन संघों के सूत्र से ही व्यक्ति का समाज से सम्बन्ध होता है। सोवियत जीवन को ठीक से समझ पाने का सूत्र भी ये संघ ही हैं। अखिल सोवियत के औद्योगिक संघों का केन्द्रीय कार्यालय मास्को नगर के उपान्त में है। दफ्तर की इमारत सात मंजिल की है। निश्चित समय पर, ठीक आठ बजे संघ के कार्यालय में पहुँच गये। कुछ लोग हमारी प्रतीक्षा में थे। स्वागत में हाथ मिलाकर ही उनका उत्साह पूरा नहीं हुआ। वे शान्ति कांग्रेस में भाग लेने वाले लोगों को आलिंगन में बांधे बिना न रह सके। हम लोग रूसी और वे लोग अंग्रेजी नहीं समझते थे इसलिये भावों का आदान-प्रदान शब्दों से नहीं चेहरे और आँखों में उमड़ आयी भावनाओं से ही हुआ। समझने-समझाने में कोई कसर रह भी न गई।

औद्योगिक संघों के इस केन्द्रीय दफ्तर में परामर्श करने के उस कमरे की बैठने की व्यवस्था कुछ विचित्र ढंग की थी। छोटी-छोटी चौकोर मेजों के साथ चार-चार कुर्सियां इस ढंग और दिशा में जुड़ी हुईं कि बैठने वाले पचास-साठ आदमी सभापति की मेज की ओर भी देख सकें और आपस में भी सम्मुख रहें। कुर्सियों की यह व्यवस्था मौलिक सूझ जान पड़ी। भीड़-भाड़ न होने देने के लिये हमसे बातचीत करने वाले केवल दस-बारह आदमी ही थे। इनमें से सात विभिन्न विभागों के उपाध्यक्ष थे। इस बात की ओर विशेष ध्यान गया कि इनमें से एक भी व्यक्ति प्रौढ़ या ढलती आयु का नहीं था। सभी की पोशाकें, अधिक दामों की न जान पड़ने पर भी बहुत चुस्त थीं। विशेषकर नेकटाइयों की गांठें भी एक ही जैसी साफ सुथरी। कुछ सन्देह भी हुआ कि जैसे एक ही हाथ की बंधी हुई हों। बाद में यह अनुमान ठीक ही निकला। मास्को में बंधी-बँधाई नेकटाइयां मिल जाती हैं। सोवियत में पोशाक के प्रति उपेक्षा मजदूरों के लिये स्वाभाविक बात नहीं समझी जाती। मास्को में आपको चुस्त जरूर दिखाई देना चाहिये, नेकटाई चाहे बंधी-बँधाई आप लगा लें।

बातचीत किस ढंग से आरम्भ हो, यही सोच रहे थे। मेजों पर चाकलेट, टौफी, सेब, सन्तरे और चाय आने लगी। यह चीजें परोसने वाली स्त्रियां अपनी पोशाक को दाग धब्बे से बचाये रखने के लिये एप्रिन पहने हुए थीं। सबसे पहले सोवियत संघ की समिति के अन्तर्राष्ट्रीय विभाग के उपाध्यक्ष का० कुद्रियावत्सेव ने सोवियत के औद्योगिक संगठनों के ढांचे का परिचय दिया। उन्होंने बताया कि भिन्न-भिन्न उद्योग-धन्धों में काम करने वाले लोगों का अपना-अपना संघ है। ऐसे मुख्य छियासठ औद्योगिक संघ सोवियत में हैं! मुख्य उद्योग से सम्बन्ध रखने वाले, आनुषंगिक उद्योगों में काम करने वाले लोग भी उसी में संगठित हो जाते हैं। उदाहरणतः मोजे, बनियान बनाने वाले लोगों का संगठन कपड़ा बनाने वाले उद्योग के अन्तर्गत ही होगा। प्रत्येक मिल या कारखाने के संगठन की कमेटी का निर्वाचन स्थानीय मजदूर या कर्मचारी करते हैं। उद्योग की पूरे सोवियत की कमेटी का निर्वाचन उस उद्योग के सोवियत भर के लोगों की कांग्रेस में होता है। औद्योगिक संघ का काम कई भागों में बँटा रहता है। उदाहरणतः वेतन विभाग, सामाजिक बीमे का विभाग, श्रमिकों की सुरक्षा का विभाग, सांस्कृतिक विभाग और निवास स्थान के प्रबन्ध का विभाग। का० कुद्रियावत्सेव ने गर्व से कहा—"पिछले युद्ध में अपने देश को नाजी आक्रमण से बचाने और नाजी आक्रमण का प्रतिकार करने के काम में हमारे औद्योगिक संघ ने बहुत बड़ा काम किया है और अब हम शान्ति रक्षा के लिये अपनी सम्पूर्ण शक्ति लगा रहे हैं।" यह ध्यान में रखते हुए कि सोवियत के लोग अपनी शासन व्यवस्था को मजदूर वर्ग का निर्बाध शासन मानते हैं। उस देश की व्यवस्था में इन औद्योगिक संघ का जो कि देश भर के सभी मजदूर संगठनों का प्रतिनिधि है, कितनी शक्ति और महत्त्व होगा? वास्तव में इन्हीं संघों को सोवियत का भाग्यविधाता समझना चाहिये और ये लोग अपने लक्ष्यों और महत्त्वाकांक्षाओं को पूरा करने के लिये एक ही बात सोचते और कहते हैं—शान्ति से निर्माण का अवसर!

कामरेड कुद्रियावत्सेव के बाद सामाजिक बीमा विभाग के उपाध्यक्ष का० कितेन्को ने बताया कि सोवियत में सार्वजनिक सामाजिक बीमे की व्यवस्था समाजवादी क्रान्ति के बाद ही हुई। यद्यपि इस व्यवस्था को बीमा कहा जाता है, परन्तु इसके लिये श्रमिकों को अपने वेतन में से किस्तों के रूप में कुछ देना नहीं पड़ता। सामाजिक बीमा विभाग का उत्तरदायित्व है कि बीमारी की अवस्था में श्रमिक को चिकित्सा की पूरी सुविधा और साधन मिल सकें और बीमारी के दिनों में उसका साधारण पूरा वेतन भी मिलता रहे। दूसरा, स्त्री श्रमिकों को चिकित्सा सम्बन्धी दूसरी सुविधाओं के साथ-साथ प्रसव के अवसर पर ढाई मास की वेतन सहित छुट्टी मिल सके। तीसरा, श्रमिकों को श्रम कठिन या सरल होने के अनुपात में निश्चित वर्षों के काम के बाद चालीस से पचास प्रतिशत तक पेन्शन मिल सके। यदि मजदूर इस आयु में भी काम जारी रखना चाहे तो उसे वेतन और पेंशन दोनों मिलती रहें। चौथा, मजदूरों को प्रतिवर्ष निश्चित समय के लिये सवेतन छुट्टी मिले और वे अपनी छुट्टी पहाड़ों पर या समुद्र के किनारे स्वास्थ्यवर्द्धक और मनोरंजन स्थानों में बिता सकें। पांचवां, मजदूरों की सन्तान के लिये शिक्षा संबंधी और सांस्कृतिक प्रबन्ध करना। का० कोतेन्को ने कहा कि इन सब योजनाओं का प्रबन्ध सरकारी अफसरों द्वारा नहीं बल्कि स्वयं मजदूरों द्वारा या मजदूरों की निर्वाचित कमेटियों और लोगों द्वारा होता है।

मजदूर औद्योगिक संघ का सदस्य बनने के लिये कानूनन विवश नहीं है। अधिकांश मजदूर सदस्य हैं परन्तु अपनी इच्छा से। उन्हें संघ का चन्दा अपनी आय का एक प्रतिशत ही देना पड़ता है। सदस्य न होने पर मजदूरों को किसी असुविधा का सामना नहीं करना पड़ता। वे सदस्यों को प्राप्त होने वाली सभी सुविधाओं को पाते हैं अलबत्ता वे संघ के चुनावों और निर्णयों में मत नहीं दे सकते। सदस्य न होने पर उन्हें इस प्रकार की सुविधायें दूसरों के निर्णय या दया से ही प्राप्त होती हैं। इन निर्णयों में भाग ले सकने के लिये, अपने भाग्य का निर्णय स्वयं कर सकने के लिये मजदूर संघ के सदस्य स्वयं ही बन जाते हैं।

सामाजिक बीमे के सम्बन्ध में कामरेड कोतेन्को ने बताया कि बीमें की सुविधाओं के सभी खर्च सरकार देती है, मजदूरों को अपने वेतन में से कुछ नहीं देना पड़ता। यह बात कुछ युक्ति-संगत नहीं जंची। सोवियत सरकार की आय का स्रोत सोवियत जनता की श्रम-शक्ति ही है। यदि सरकार राष्ट्रीय आय में से सामाजिक बीमे का खर्च निकालती है तब भी उसे सोवियत नागरिक या सोवियत का श्रमिक ही पूरा करता है। अपने नकद वेतन में से बीमे की किस्त न देने पर भी क्या सोवियत का श्रमिक इस तथ्य से परिचित नहीं कि वह अपने राष्ट्र में मुख्य उत्पादक है। न केवल उसके सामाजिक बीमे का काम बल्कि पूरे राष्ट्र का अस्तित्व मजदूर किसानों के कंधे पर निर्भर करता है। वह अपने आपको किसी दूसरे की दया पर निर्भर नहीं समझता। सामाजिक बीमे की इस व्यवस्था को ध्यान में रखने से सोवियत मजदूर वर्ग अथवा सर्वसाधारण के जीवन में व्यक्तिगत चिन्ताहीन स्वतन्त्रता की भावना का अनुमान किया जा सकता है।

का० वोरोदुलोन्को ने श्रमिकों की सुरक्षा के विभाग की बात समझनी शुरू की। उन्होंने बताया कि सोवियत का कानून मजदूरों के लिये जीविका कमाने का अवसर देने और विश्राम और विनोद का भी उचित अवसर देने के सम्बन्ध में स्पष्ट है। उनके विभाग का काम मजदूरों के अधिकारों की रक्षा के साथ-साथ उनके स्वास्थ्य की चिन्ता करना भी है। मजदूरों के लिये साधारणतः प्रायः प्रतिदिन आठ घण्टे काम का नियम है। परन्तु काम की कठिनाई के अनुसार काम का समय कानूनन कम रखा जाता है। खानों इत्यादि में काम करने वालों को केवल छः ही घण्टे श्रम करना पड़ता है और रासायनिक कारखाने में चार घण्टे। काम के घण्टों में कमी के कारण वेतन में कमी नहीं हो सकती। सोलह वर्ष से कम आयु के लोगों को काम पर नहीं लगाया जा सकता। जो लोग अपरेन्टिस के तौर पर काम कर रहे हैं उन्हें भी मजदूरी साधारण निश्चित दर से ही मिलती है।

मजदूरों से नियमित समय से अधिक (ओवर टाइम) काम नहीं लिया जा सकता। नियमित समय से अधिक काम लेने की अनुमति उसी अवस्था में दी जा सकती है जब पूरे समाज को असुविधा की आंशका हो। ऐसी अवस्था में भी नियत समय से अधिक काम लेने या काम करवाने के लिये औद्योगिक संघ से अनुमति लेना आवश्यक होता है और ऐसे काम के लिये ड्योढ़े से लेकर दुगने दर पर वेतन दिया जाता है।

इस विभाग के और कई काम हैं :—कारखानों और मिलों में स्वास्थ्य की अवस्था का निरीक्षण करना और मजदूरों को वार्षिक छुट्टी मिलने पर पहाड़ों में या समुद्र के किनारे उनके लिये निवास का प्रबन्ध करना। यदि मजदूर की आय ऐसे स्थान में निवास का खर्च उठाने योग्य न हो तो उसे सरकार या औद्योगिक संघ से खर्च दिलाना। मजदूरों के बच्चों

की शिक्षा तथा कारखानों में काम करने वाली मजदूर स्त्रियों के बच्चों की देखभाल करना। उनके विभाग का सबसे महत्त्वपूर्ण काम है, श्रमिक स्त्रियों के लिये विशेष सुविधाओं का प्रबन्ध करना। योग्यता होने पर स्त्रियों को सभी काम पूरी तनख्वाह पर मिल सकने चाहिये परन्तु स्त्रियों को कठिन शारीरिक काम पर नहीं लगाया जा सकता। गर्भवती होने पर उनके वेतन में कमी किये बिना हल्के काम पर लगाना और प्रसव के समय अढ़ाई मास की सवेतन छुट्टी और दूसरे खर्च का प्रबन्ध करना। उन्होंने गर्व से बताया कि इस समय सोवियत में तीन लाख अस्सी हजार स्त्रियां गृहस्थ जीवन निबाहते हुए महत्त्व और उत्तरदायित्व के काम कर रही हैं। दो हजार स्त्रियां चीफ इंजीनियर, मैनेजिंग-डाइरेक्टर और मैनेजर आदि हैं। केवल रेलवे में ही चालीस हजार कालेज में शिक्षा प्राप्त लड़कियाँ उत्तरदायित्त्व के स्थानों पर काम कर रही हैं। १९५१ में इस विभाग ने स्त्रियों को 'प्रसव काल' में छः अरब रूबल की सहायता दी थी। किसी भी व्यक्ति के अस्वस्थ हो जाने पर उसकी चिकित्सा और निर्वाह का प्रबन्ध करना इनका काम है। सोवियत की समाजवादी प्रणाली जैसे नागरिकों से समाज की आवश्यकताओं को पूरा करने के लिये श्रम करने की आशा करती है वैसे ही उनके स्वास्थ्य, विश्राम और विनोद के लिये प्रबन्ध करना अपना उत्तरदायित्व समझती है।

रात के ग्यारह तो बज गये थे परन्तु बात अधूरी ही हुई थी। हम लोग खास तौर पर सोवियत में श्रमिकों के वेतन का नियम समझना चाहते थे। वेतन विभाग के उपाध्यक्ष का० मोगोलेन्को इस विषय में बताने के लिये खड़े हुए। उन्होंने बताया कि क्रान्ति से पहले उनके देश में वेतन का यही कायदा था कि मजदूरों से अधिक से अधिक काम लेकर उन्हें कम से कम वेतन देने की चेष्टा की जाये। क्रान्ति के बाद से सोवियत में मजदूर जो कुछ पैदा करता है, वह उसी का है। वेतन और मजदूरी से सम्बन्धित कानूनों का अभिप्राय है कि सामाजिक पैदावार में से श्रमिक को उसके काम के लिये कितना नकदी उसकी रोजमर्रा की आवश्यकताओं को पूरा करने के लिये मिल जाये और कितना भाग उनकी साझी सम्पत्ति, पैदावार के साधनों को बढ़ाने में खर्च हो और उनकी सामूहिक आवश्यकताओं को पूरा करने में लगे।

सोवियत की वेतन प्रणाली का क्रियात्मक रूप यह है कि समान श्रम के लिये समान वेतन दिया जाये। इसी नियम के अनुसार अधिक श्रम से अधिक उत्पादन करने वालों को अधिक वेतन दिया जाता है। भिन्न-भिन्न कामों के श्रम के लिये माप निश्चित हैं और उनके लिये वेतन के अनुपात भी निश्चित हैं। वेतन या मजदूरी 'पीसरेट' अर्थात श्रमिक द्वारा की गई पैदावार से निश्चित होती है। ज्यों-ज्यों पैदावार निश्चित परिमाण से बढ़ती जाती है त्यों-त्यों उसके लिये मजदूरी का दर बढ़ता जाता है। उदाहरणतः यदि मजदूर अपनी पैदावार दस के स्थान पर ग्यारह कर देता है तो उसका वेतन केवल दस के स्थान पर ग्यारह ही नहीं हो जाता बल्कि बारह हो जाता है। पैदावार बढ़ाने का मतलब केवल परिमाण बढ़ा देना ही नहीं वस्तु को बढ़िया बनाना भी है। यदि पैदावार सवाया होती है तो मजदूरी ड्योढ़ी हो जाती है, ड्योढ़ी होने पर मजदूरी दुगुनी। इसी प्रकार पैदावार बढ़ने के साथ मजदूरी की बढ़ौती का अनुपात और अधिक बढ़ जाता है।

जिन कामों में वेतन या मजदूरी पीस रेट से नहीं दी जा सकती वहाँ काम के घण्टों के हिसाब से दी जाती है। ऐसे कामों में जो व्यक्ति लगातार पूरा वर्ष काम करता है उसे

तनख्वाह के अतिरिक्त दस प्रतिशत बोनस दिया जाता है। यदि वह तीन वर्ष उसी काम पर रहता है तो प्रति वर्ष पन्द्रह प्रतिशत बोनस दिया जाता है, यदि वह दस वर्ष तक उसी काम पर रहे तो बीस प्रतिशत और पन्द्रह वर्ष के बाद तीस प्रतिशत दिया जाता है। मजदूरी या वेतन कम से कम छः सौ रूबल प्रति मास से लेकर काम के अनुसार अढ़ाई हजार तक बढ़ सकता है। उसके लिये कोई सीमा नहीं। वेतन का दर सदा औद्योगिक संघ के परामर्श से निश्चित होता है। मजदूरों को नकद मिलने वाले वेतन से ही उनकी व्यक्तिगत आय का अनुमान करना उचित नहीं क्योंकि नकद मजदूरी के साथ कभी निवास स्थान मुफ्त दिया जाता है और कभी मजदूरी के एक से तीन प्रतिशत पर दिया जाता है। निवास का किराया पांच प्रतिशत से किसी भी अंश में अधिक नहीं होता। निवास के साथ बिजली, पानी और गैस.का खर्च भी शामिल रहता है जो कि दूसरे देशों में मजदूरों की आय का लगभग एक चौथाई खा जाता है। मजदूरों को अपनी इस नकद आय से अपनी चिकित्सा या बेकारी के दिनों के लिये बीमे के रूप में कुछ नहीं देना पड़ता और न बचाने की आवश्यकता रहती है। उनकी अपनी शिक्षा और सन्तान की शिक्षा का उत्तरदायित्व भी औद्योगिक संघ और सरकार पर है।

सोवियत में उद्योग-धन्धों की पैदावार बढ़ाकर वस्तुओं के मूल्य बराबर गिराये जा रहे हैं। पिछले पांच वर्षों में हमारे यहाँ मूल्य लगभग आधे रह गये हैं परन्तु वेतनों में कमी कभी नहीं की गई। मूल्य के कम होने का अर्थ वेतन का बढ़ जाना है इसलिये सोवियत में मजदूरों की अवस्था दिन-प्रति-दिन समृद्ध होती चली जा रही है।

मजदूरों के अपने स्वास्थ्य और बेकारी के लिये बिना कुछ दिये सब सुविधायें पा लेने की सम्पूर्ण बात सब लोगों के थक जाने के कारण रही जा रही थी पर बम्बई विधानसभा के विरोधी दल के नेता श्री यादव ने बहुत संगत प्रश्न किया कि सोवियत सरकार की आय का स्रोत क्या है? सरकार अपने सैनिक, व्यवस्था और सार्वजनिक व्यय के लिये जो बड़ी-बड़ी रकमें खर्च करती है वह कहाँ से आती हैं? उत्तर मिला कि उत्पादन के सभी उद्योगों की पैदावार में से लगभग छब्बीस प्रतिशत सार्वजनिक खर्च के लिये पहले ही अलग कर लिया जाता है। व्यक्ति अपनी व्यक्तिगत आय पर भी कर देता है। कर का औसत दर छः सौ रूबल माहवार की आय पर छः प्रतिशत है। और डेढ़ हजार रूबल की आय पर दस प्रतिशत।

इसके बाद निवास स्थानों के विभाग के उपाध्यक्ष ने अपने विभाग के सम्बन्ध में बतलाया। जितने भी प्रश्न पूछे जा सकते थे, पूछे गये। हमारे सन्तुष्ट हो जाने पर मेजबानों को कुछ असन्तोष ही रहा कि हम लोगों ने काफी प्रश्न नहीं पूछे। का० कारनीव ने एक बार फिर अनुरोध किया—"यदि प्रस्तुत समस्याओं के बारे में नहीं तो सोवियत जीवन के सम्बन्ध में जो चाहे प्रश्न आप पूछ सकते हैं। आप मन में यह आशंका न रखें कि यहाँ किसी प्रकार का परदा या रहस्य है। हम लोग 'लोहे की दीवार' खड़ी करने में न अपना हित समझते हैं न दूसरों का और न हम ऐसी दीवार के बारे में कुछ जानते हैं।"

रात का एक बज चुका था। हम लोग अपने स्थान पर लौटने के लिये छटपटा रहे थे परन्तु हमारे मेजबानों को कुछ जल्दी नहीं थी। होटल में लौटकर देखा तो भोजनालय भरा हुआ था। संगीत चल रहा था। कुछ लोग नाच रहे थे। कुछ खाना खा रहे थे। भोजन के बाद हमें अपने कमरों में जाने की जल्दी थी परन्तु रूसी साथी-साथिनों के विश्राम का

समय नहीं आया था। वे गाना सुनने में या नाच में साथ देने के लिये तैयार थे। यही नहीं समझ सके कि मास्को में लोग सोते कब और कितना हैं? वे लोग रात तीन-चार बजे तक नाचते-गाते रहते हैं और सुबह आठ-नौ बजे चुस्ती से फिर काम पर हाजिर। उनसे पूछ ही लिया कि आखिर आप लोग सोते कब हैं? उत्तर मिला—"खूब सोते हैं। तीन-चार घन्टे की नींद बहुत काफी होती है। एक-आध दिन न सोने में कोई हर्ज भी नहीं। सोना तो बच्चों, बूढ़ों और बीमारों के लिये आवश्यक है।"

मजदूरों के क्लब में नव वर्ष

डा० बुटरोव ने याद दिलाया—"आज वर्ष की अन्तिम संध्या है। आप लोग नव-वर्ष का स्वागत किस प्रकार करना चाहते हैं?" कुछ साथियों की राय थी कि नव-वर्ष का आगमन रात को बारह बजे किसी गिरजाघर में मनाया जाये। अन्य साथियों की राय हुई कि नव-वर्ष का स्वागत मजदूरों के किसी क्लब में किया जाये अर्थात् देखा जाये कि मजदूर नव-वर्ष कैसे मनाते हैं। डा० बुटरोव ने अनुरोध किया—"यदि मजदूर साथियों को असुविधा न हो तो हम उनके नव-वर्ष के स्वागत के समय उनके क्लब में रहने की अनुमति चाहते हैं।"

"पूछ देखें"—डा० बुटरोव टेलीफोन की ओर चले गये। दो-तीन मिनट बाद लौटकर उन्होंने उत्तर दिया कि स्तालिन मोटर कारखाने के मजदूर हमें नव-वर्ष के समारोह में सम्मिलित होने का निमंत्रण दे रहे हैं।

संध्या लगभग नौ-साढ़े नौ बजे हम स्तालिन मोटर कारखाने के मजदूरों के क्लब के सामने पहुँचे। मजदूरों के इस क्लब की इमारत को क्लब कहना मजाक मालूम होता है। इमारत का आकार और विस्तार बहुत बड़े राजमहल का सा है। इसे कहा भी सांस्कृतिक प्रासाद (पैलेस आफ कल्चर) ही जाता है। चौड़े दरवाजों के शीशों से दिखायी दे रहा था कि बीच का हाल ठसाठस भरा हुआ है। बाहर अब भी भीतर जाने वालों की लम्बी लाइन लगी हुई थी। दरवाजे को रोके हुए लोग टिकट देख-देखकर लोगों को भीतर ले रहे थे। भीड़ को देखकर निराशा सी हुई कि हम लोग बहुत देर से आये, शायद भीतर स्थान न मिले।

रूसी साथियों ने हमें मुख्य द्वार छोड़कर दूसरी ओर चलने का संकेत किया। वहाँ एक प्रौढ़ा दरवाजा बन्द किये भीतर खड़ी हुई थी। रूसी साथियों के इस ओर से उसे समझाने की चेष्टा करने पर वह हाथ हिलाकर सुनने से इन्कार किये जा रही थी। रूसी साथी बार-बार "इन्दुस्की गत्सी-इन्दुस्की गत्सी" कुछ ऐसा ही कह रहे थे। उनका अभिप्राय भारतीय अतिथियों से था। प्रौढ़ा ने बड़ी अनिच्छा से स्थिति पर गौर करना स्वीकार किया। उन्हें सन्देह था कि नौजवान [illegible] उसे धक्का देकर दरवाजा खुलवा लेना चाहते हैं परन्तु हमारे काले चेहरे और महिला साथियों की साड़ी और सरदार जी की दाढ़ी के सामने उनके सन्देह को हार मान लेनी पड़ी और हमारे लिये दरवाजा खुल गया।

भीतर कोट-टोपी रखने के हाल में भीड़ का क्या कहना परन्तु भारतीय अतिथियों के लिये जगह हो ही गई। टोपियां और कोट जमाकर देने के बाद कई हालों से गुजरते चले जा रहे थे। किसी हाल में सबके सब लोग गोल बांधकर नाच रहे थे, किसी हाल में लोग तालियों से ताल दे-देकर गा रहे थे, कहीं बीच में पड़ी बड़ी सी मेज पर नकलें हो रही थीं। बहुत से लोगों के हाथों में शैम्पेन के गिलास थे। कपड़े-लत्ते उत्सव के अनुकूल बहुत

अच्छे। कई हालों में से गुजर जीना चढ़कर ऊपर पहुँचे। फिर कई और हालों में से गुजरना हुआ। एक बार और सीढ़ी चढ़े। यहाँ भी हाल ठसाठस भरा हुआ था। यहाँ नाच नहीं हो रहा था। छोटी-छोटी मेजों के चारों ओर लोग शैम्पेन पीते हुए बहस सा बातचीत कर रहे थे या अपने आप में गुनगुना रहे थे। हमारी प्रतीक्षा इसी हाल में थी।

भारतीय अतिथियों के आते ही सब लोगों ने खड़े होकर स्वागत किया—''मीर! मीर!'' (शान्ति! शान्ति!) युवक और युवतियों की भीड़ हम लोगों से हाथ मिलाने के लिये टूट पड़ी। प्रबन्धकों ने हमारी असुविधा का ख्याल कर हमें घेर लिया और रास्ता बनाकर हमें ऊपर गैलरी पर ले गये जहाँ से नीचे बैठे लोग हमें और हम उन्हें सुविधा से देख सकें। गैलरी भी भरी हुई थी। कुछ गिनी-चुनी जगहें हम लोगों के लिये ही सुरक्षित थीं।

नव-वर्ष का आरम्भ होने में अभी दो घण्टे का समय था। हम रूसी साथियों के साथ अलग-अलग मेजों पर बंटकर बातचीत करने लगे। सोवियत के साधारण ढंग के अनुसार इस विशेष अवसर पर खाने-पीने की चीजों की मात्रा मेजों पर और भी अधिक थी। पीने के लिये शैम्पेन। यह याद रखकर कि हमारे कुछ भारतीय साथी जल, दूध और फलों के रस के अतिरिक्त और कोई चीज उपयोग नहीं करते फलों के रस की बोतलें भी मौजूद थीं। नीचे बैठे लोगों ने दो तीन सामूहिक गीत गाने के बाद हम लोगों से भी गाने का अनुरोध किया। नाक रखने के लिये गीता मलिक और हाजरा ने दूसरे साथियों के साथ मिलकर 'सोवियत देश' गीत आरम्भ किया। 'सोवियत देश' गीत की धुन पश्चिमी ढंग पर है। हम लोग हिन्दी में 'सोवियत देश' गाते जा रहे थे और सोवियत के साथी अपनी भाषा में।

गीत के बाद मैंने अपने समीप बैठे युवक से जानना चाहा कि क्लब के भीतर आने के लिये टिकट का क्या मतलब? उसने समझाया कि क्लब में एक समय साधारणतः पांच हजार व्यक्तियों के लिये ही जगह है। ऐसे अवसर पर अतिथियों को भी बुलाया जाता है। अतिथि बुलाने वाले को पहले सूचना देकर अतिथि के लिये भी टिकट लेना पड़ता है। एक भारतीय साथी ने प्रश्न किया कि यहाँ सब नवयुवक और नवयुवतियां ही दिखाई पड़ रहे हैं। क्या प्रौढ़ या वृद्ध लोग नव-वर्ष के उत्सव में सम्मलित नहीं होते?

'होते क्यों नहीं'—उत्तर मिला—'नव-वर्ष के आगमन पर लोग प्रायः अपने घर पर रहना पसन्द करते हैं। अपने यहाँ अतिथियों को निमन्त्रण दे सकें तो और भी अच्छा। अतिथियों के आदर के लिये परिवार के वृद्ध जनों का घर पर रहना आवश्यक होता है।' हमारे साथी ने प्रश्न किया,—'तो क्या सभी घरों पर ऐसा उत्साह और प्रसन्नता होती है?' 'डा!···डा! (हां!···हां!) अवश्य!····अवश्य! परन्तु एक घर में इतने आदमी तो नहीं हो सकते।'

सोवियत साथियों ने जानना चाहा कि भारत में नव-वर्ष कैसे मनाया जाता है? उन्हें बताया हमारे यहाँ वर्ष का आरम्भ दूसरी गणना से १३ अप्रैल को होता है और हमारे यहाँ तथा अन्य देशों में भी नव-वर्ष का एक धार्मिक महत्त्व रहता है। सोवियत में तो नव-वर्ष के साथ धार्मिक धारणा का कोई सम्बन्ध न होगा।

रूसी साथी ने उत्तर दिया कि कुछ लोगों के लिये हो सकता है परन्तु सर्वसाधारण के लिये उसमें जीवन का ही महत्त्व रहता है। समाप्त होते वर्ष की बीते वर्षों से तुलना कर

अपनी प्रगति के लिये सन्तोष अनुभव करते हैं और उत्साह से उन्नति की नई सीढ़ी पर पांव रखते हैं। इसके बाद संक्षेप में रवि ठाकुर की चर्चा हुई। हमारे परिवारों एवं बाल-बच्चों के बारे में प्रश्न पूछे गये।

घड़ियाल से रात के बारह की पहली 'टन्न' सुनाई दी कि सारी इमारत हुर्रे! ...हुर्रे! ...की हुँकारों से गूंज उठी। शैम्पेन से भरे गिलास ऊपर उठ गये। पहला प्याला नव-वर्ष के स्वागत में पिया गया। इसके बाद हम लोगों से नव-वर्ष के लिये कामना प्रकट करने का अनुरोध किया गया। हम लोगों ने सोवियत जनता की उन्नति और विश्व शान्ति की कामना प्रकट की। सैकड़ों प्याले एक साथ उठे। सोवियत साथियों ने भारतीय जनता की समृद्धि और विश्व शान्ति की कामना प्रकट की और फिर प्याले ऊपर उठे। हम लोगों ने का० स्तालिन के दीर्घ जीवन और सोवियत के उदीयमान बच्चों के लिये शुभकामना प्रकट की। सोवियत के साथियों ने भारतीय स्त्रियों के लिये स्वास्थ्य की कामना की। भारत और सोवियत जनता और संसार भर की शान्ति चाहने वाली जनता की अटूट मैत्री की शुभ कामना प्रकट की गई। जितनी भी शुभ कामनायें परस्पर प्रकट की जा सकती थीं; की गईं। सोवियत साथियों ने हमसे भारत का राष्ट्रीय गान गाने का अनुरोध किया। भारत के राष्ट्रीय गीत के सम्मान में सभी लोग उठ खड़े हुए।

हम लोग थकावट अनुभव कर रहे थे। पूछा कि यह समारोह कब तक चलेगा? इस प्रश्न से विस्मित होकर उन्होंने उत्तर दिया 'क्यों? सुबह तक!' हम लोगों ने चलने की आज्ञा चाही। कुछ और ठहरने के अनुरोध से कुछ मिनट और ठहर कर चल ही दिये। लौटते समय सोवियत साथी हममें से एक-एक को बांह में बांहें डाले लिये चले। कोट और टोपियां लेते समय हमारे दस्तखतों के लिये अनुरोध हुआ और फिर 'शान्ति' शब्द हिन्दी अक्षरों और रूसी अक्षरों में लिखकर उसका शुद्ध उच्चारण बताने का अनुरोध हुआ। चार-पांच बार यत्न करने पर वे ठीक से शान्ति शब्द का उच्चारण कर पाये। हाल 'शान्ति शान्ति' से गूंज उठा। दरवाजे तक भीड़ साथ आई और बिदाई के लिये हाथ मिलाते हुए हमें आश्वासन दिया गया कि विश्व शान्ति के प्रयत्न के लिये सोवियत का प्रत्येक नागरिक हमें पूर्ण सहयोग देगा।

मास्को विश्वविद्यालय

मास्को विश्वविद्यालय की नयी इमारत नगर से कुछ बाहर, दक्षिण पश्चिम की ओर लेनिन पहाड़ी पर बनाई गई है। स्थान खुला और यहाँ का धरातल शेष मास्को नगर से दो सौ साठ फुट ऊँचा होने के कारण यहाँ बर्फ का जोर अधिक रहता है। हिम कणों से भरे वातावरण में विश्वविद्यालय स्वप्न में दिखाई देने वाले गगनचुम्बी प्रासाद की भांति जान पड़ रहा है। विशाल ड्योढ़ी के सामने के लान में आमने सामने दो चबूतरों पर एक युवक और युवती विद्यार्थी की पुस्तक पढ़ते हुए काले पत्थर की मूर्तियां हैं। इमारत कई रंग के पत्थरों से बनायी गई है। बत्तीस मंजिलें हैं और ऊंचाई लगभग आठ सौ फुट, कुतुबमीनार से तिगुनी हैं। उस विशदता और विस्तार में महराबों, गुम्बदों, स्तूपों का समन्वय विशदता को दिव्य बना देते हैं।

ड्योढ़ी में ही इस इमारत के चीफ इंजीनियर से मुलाकात हो गई। यदि साथी अलैक ने परिचय न करा दिया होता और यह भूल जाते कि हम सोवियत देश में हैं, तो हम

लोग इस दिव्य प्रासाद के निर्माता चीफ इंजीनियर को किसी बड़े ठेकेदार की मातहती में काम करने वाला छोटा ठेकेदार या उसका कारिन्दा ही समझ लेते। उनके ओवरकोट और ऊंचे बूटों पर जगह-जगह इमारती मसाले की घसीटें लगी हुई थीं। गर्व से चमकती आंखों से इंजीनियर साहब बोले—'इस विश्वविद्यालय के निर्माण में मूल प्रेरणा का० स्तालिन की रही है। वे समय-समय पर इसके विषय में पूछताछ भी करते रहते हैं। उन्हें इससे व्यक्तिगत अनुराग है।' सोवियत के लोगों के मुख से स्तालिन का नाम प्रतिष्ठा और सम्मान की अपेक्षा आत्मीयता के अधिकार से ही निकलता है। यह नाम लेते समय उनके चेहरों पर गम्भीरता की अपेक्षा ममता की झलक आ जाती है।

इमारत की नींव सन् १९४९ में डाली गई थी और सन् १९५३ की जनवरी में इमारती काम तो सब पूरा हो चुका था। अब साज-सज्जा, फर्नीचर, रंग-रोगन, बिजली वगैरह जमाई जा रही थी। आते साल की गरमियों की छुट्टियों के बाद सितम्बर माह से यहाँ अध्यापन कार्य शुरू हो जायेगा। आरंभ में संगमरमर के दो बहुत बड़े-बड़े हाल विद्यार्थियों के कोट-टोपी और बर्फानी जूते रखने के लिये हैं। यहीं से एक बहुत चौड़ा, प्रायः तीस फुट विस्तार का संगमरमर का जीना एक और भी बड़े हाल को चढ़ जाता है। यह हाल विद्यार्थियों के बैठने की जगह है। यहाँ चारों ओर संसार के अनेक प्रसिद्ध वैज्ञानिकों और कलाकारों की मूर्तियां बनी हुई हैं। इंजीनियर साहब इन मूर्तियों से हमारा परिचय कराते हुए बोले—'हम संसार भर के कलाकारों और वैज्ञानिकों की कला और ज्ञान का आदर करते हैं।....कला और विज्ञान में राष्ट्रीयता का क्या भेद है?'

विद्यार्थियों की बैंठक के सामने ही विश्वविद्यालय का मुख्य सभाभवन है। यहाँ डेढ़ हजार आदमी एक साथ बैठ सकते हैं। दीवारों को बनाया ही इस प्रकार गया है कि गूंज पैदा न हो और मंच पर कही गई बात पूरे भवन में सुविधा से सुनी जा सके। मंच के पीछे सोवियत की राष्ट्रीय पताकाओं की सजावट है। शेष हाल की सजावट सुनहरी और श्वेत रंग में बहुत राजसी ठाठ से की गई है। बहुत ही बड़े-बड़े झाड़ और फानूस छत से लटकाये गये हैं। सजावटों और शोभा में समृद्धि और वैभव का ढंग है। नये ढंग की सीधी-साधी कही जाने वाली सजावट जिसमें प्रकाश भी छिपाकर रखे जाते हों पसन्द करने वालों को सफेदी, सुनहरी और प्रकाश की अधिकता से चकाचौंध अनुभव हो सकती है। मास्को से लौटकर जब भी सोवियत का प्रसंग आता है इस विश्वविद्यालय और इसके सभाभवन की बात भी होती है। यह बताने पर कि इस भवन में बिजली की एक लाख बत्तियां लगाई गई हैं; लोगों ने सन्देह से अनेक प्रकार के तर्क किये। मैं भी एक लाख बत्तियों की बात सदा झिझकते-झिझकते कहता था क्योंकि विश्वविद्यालय देखते समय डायरी में जो बातें नोट की थी उन्हें दुबारा देखने का अवसर नहीं मिला था। अब अपनी डायरी को दुबारा देखकर और मास्को में तैयार की गई प्रतिनिधि मंडल की सांझी डायरी, जिस पर सभी लोगों के हस्ताक्षर किये थे, साधिकार कह बात कह सकता हूँ कि इस भवन में बिजली की बत्तियों की संख्या एक लाख नहीं बल्कि एक लाख बीस हजार है। मुख्य सभाभवन के अतिरिक्त विभिन्न विषयों की शिक्षा देने के विभागों के लिये अलग-अलग भवन हैं जिनमें छः सौ विद्यार्थियों के लिये एक साथ बैठने का स्थान है। सभी भवनों में प्रकाश और सुनाई दे सकने का प्रबन्ध अत्यन्त आधुनिक ढंग से किया

गया है। फिल्में दिखा सकने का भी प्रबन्ध है। संगीत भवन कुछ अधिक बड़ा है। इसमें आठ सौ या हजार व्यक्ति बैठ सकते हैं। इसी अनुपात में बड़ी-बडी व्यायामशालायें और तैरने के लिये जगहें हैं।

विश्वविद्यालय में वनस्पति की शिक्षा के लिये एक कृत्रिम पहाड़ी भी बनाई गई है। जिस पर संसार के सभी देशों से वनस्पति और पेड़ों के नमूने लाकर लगाने की योजना है। इस पहाड़ी के लिये और इमारत के लिये बहुत सा पत्थर मैनर्हिम लाइन से लाया गया है। मैनर्हिम लाइन रूस और जर्मनी की सीमा पर नाजियों द्वारा बनाई गई किलाबन्दी थी जिसे अजेय समझा जाता था। सोवियत में पहाड़ों और पत्थर की कमी नहीं। इतनी दूर से पत्थर ढोकर लाने में क्या तर्क रहा होगा? जो भी हो। इन्जीनियर साहब ने मुस्कराकर कहा—'जो पत्थर एक दिन नर-संहार और दमन के प्रयोजन से इकट्ठे किये थे, उन्हें हम विज्ञान के विकास द्वारा विश्व मानवता में मैत्री भाव स्थापित कर सकने के प्रयोजन में लगा रहे हैं।'

विश्वविद्यालय की ड्योढ़ी में पहुँचते ही लाल सेना के सिपाही दरवाजे पर दिखाई दिये थे। उसी समय डा० कुमारप्पा ने चुपके से कान में कहा—'यहाँ भी लाल सिपाही? लाल सिपाही प्रायः दिखाई दे ही जाते हैं।' उनका कहना ठीक ही था। हालों, कमरों और गैलरियों के विस्तार में जगह-जगह मजदूर और कारीगर काफी संख्या में दिखाई दे रहे थे और उनके साथ ही लाल सेना के सिपाही भी दिखाई दे जाते थे। कौतूहलवश अलेक से पूछ लिया कि यहाँ लाल सिपाही इतनी संख्या में क्यों हैं। अलेक ने उत्तर दिया—'मेरे विचार से सिपाही चौकसी के लिये हैं। नई इमारत का काम हो रहा है। अनावश्यक भीड़-भाड़ यहाँ न हो या अवांछित लोग न आ सकें।'

इस उत्तर से सन्तोष न हुआ बल्कि सन्देह ही हुआ कि तीन-साढ़े तीन साल में इतना विराट निर्माण कर डालने के लिये शायद सिपाहियों के डन्डे के जोर से ही मजदूरों से उनकी शक्ति से अधिक काम कराया जाता होगा परन्तु मजदूरों के खिले हुए चेहरे और उनका निश्शंक व्यवहार इस सन्देह की पुष्टि नहीं करता था। हम लोगों के यहाँ आने पर मजदूर नवयुवक और नवयुवतियां अपना काम छोड़ हमें घेरकर दुभाषिये की सहायता से बात करते हुए साथ-साथ चल रहे थे। इस बात की ओर भी ध्यान गया कि इनमें से कम आयु के लोगों का रूप-रंग और व्यवहार मजदूरों जैसा (जैसे मजदूर देखने के हम आदी हैं) नहीं था इसलिये इन लाल सैनिकों की उपस्थिति के विषय में इंजीनियर साहब से भी पूछ ही लिया। 'लाल सेना के यह कारीगर दोस्त' इंजीनियर साहब ने उत्तर दिया—'निर्माण के इस विराट कार्य को समय से पहले ही पूरा करने में हमारी सहायता कर रहे हैं। ये सिपाही सेना में भिन्न कार्य की शिक्षा पाये हुये हैं। ये यहाँ सहायता करते हैं और मजदूरों को क्रियात्मक शिक्षा भी देते हैं।' इंजीनियर साहब से यह प्रश्न पूछना व्यर्थ ही हुआ। इसके बाद जिन कमरों में हम गये वहाँ लाल सैनिकों को अपना कोट-टोपी एक ओर फेंककर बिजली की आंच से लोहे की सलाखों में जोड़ लगाते या दूसरे औजार चलाते देखा। इस घटना से मिलों, कारखानों या दूसरी जगहों में लाल सैनिकों की उपस्थिति का रहस्य एक हद तक समझ में आ जाता है पर बहुत जगह उनकी उपस्थिति कड़ी चौकसी के लिये ही जान पड़ी।

मास्को विश्वविद्यालय का ३२ मंजिल भवन

सोवियत के बच्चों की रेलगाड़ी जिसे बच्चे ही चलाते हैं।

मास्को सुरंग-रेल का स्टेशन 'कोस्मोलस्काया'।

लंदन सुरंग रेल का स्टेशन

मास्को प्रेस कान्फ्रेंस में यशपाल सोवियत पत्रकारों के प्रश्नों का उत्तर दे रहे है।

यशपाल, गीता मल्लिक, पूरनचंद जोशी, श्री शाह और हाजरा बेगम लेनिनग्राद में।

लाल चौरस में लेनिन की समाधि

यशपाल जी पिकाडिली चौक लंदन में

विश्वविद्यालय की इमारत के साथ ही एक चौदह मंजिल की इमारत विश्वविद्यालय के अध्यापकों के लिये बनाई गई है। इसमें छः सौ परिवारों के लिये रहने का सुविधाजनक प्रबन्ध है। विश्वविद्यालय के छात्रावास में छः हजार कमरे हैं। जब छात्रावास की योजना बनाई जा रही थी, का० स्तालिन ने इस बात के लिये आग्रह किया था कि प्रत्येक विद्यार्थी के लिये पढ़ने-रहने का पृथक कमरा होना चाहिये।

इस बत्तीस मंजिल प्रासाद में विद्यार्थियों और अध्यापकों के लिये ऊपर के कमरों तक चढ़ना उतरना भी एक समस्या होगी। इसके लिये एक सौ पचास लिफ्ट लगे हैं। इनमें से कुछ लिफ्ट एक्सप्रेस हैं जो बहुत तेजी से एक सेकेन्ड में दस फुट की चाल से पन्द्रहवीं मंजिल के ऊपर ही जाते हैं। ऐसे ही एक लिफ्ट में हम लोग अठारहवीं मंजिल पर पहुँचे। यहाँ प्राकृतिक विज्ञान-विभाग के डिप्टी रेक्टर से विश्वविद्यालय की शिक्षा-व्यवस्था के सम्बन्ध में बात हुई थी।

डिप्टी रेक्टर उज्ज्वल नेत्र, स्वस्थ्य चेहरे और अच्छे खासे डील-डौल के व्यक्ति हैं। वैज्ञानिकों और बौद्धिक कार्य करने वाले लोगों में ऐसा सुन्दर स्वास्थ्य सोवियत की ही विशेषता जान पड़ती है। डिप्टी रेक्टर साहब ने बतलाया कि विश्वविद्यालय में बारह पीठें (फैकल्टीज) हैं। इनमें से छः पीठें विज्ञान, रसायन, भौतिक विज्ञान, भूगोल, जीवविज्ञान, भूगर्भ शास्त्र, गणित की और छः कला (ह्यूमैनिटीज) इतिहास, दर्शन, भाषा विज्ञान, कानून, राजनीति, अर्थशास्त्र और पत्रकला की हैं। विश्वविद्यालय के नये भवन में केवल विज्ञान की पीठों के लिये स्थान होगा। कला की शेष छः पीठें विश्वविद्यालय के पुराने भवन में ही रहेंगी।

विश्वविद्यालय में इस समय साठ राष्ट्रों (जातियों) के विद्यार्थी शिक्षा पा रहे हैं; जिसमें अड़तालीस स्वयं सोवियत संघ के राष्ट्र हैं और शेष अन्य राष्ट्रों के। एक बात जो जरा कम समझ में आई; वह है लड़कियों की संख्या का इक्यावन प्रतिशत होना और लड़कों की उनचास प्रतिशत। साधारणतः साहित्य और जीव विज्ञान की पीठों में लड़कियों की संख्या और भूविद्या, यंत्र विद्या और भौतिक विज्ञान में लड़कों की संख्या अधिक है। इस समय विश्वविद्यालय में विद्यार्थियों की संख्या सोलह हजार है। का० रेक्टर ने बताया—'यों तो पेरिस के सारबौन विश्वविद्यालय में विद्यार्थियों की संख्या बत्तीस हजार है परन्तु उनमें नियमित रूप से तीन ही हजार विद्यार्थी पढ़ने के लिये आते हैं। हमारे यहाँ ऐसी ढील नहीं है। प्रत्येक विद्यार्थी को नियमित रूप से पढ़ने आना होता है। हमारे विद्यार्थी आठ-आठ दस-दस वर्ष तक विद्यालय में घिसटते नहीं रह सकते। उन्हें पांच वर्ष में ही अपना अध्ययन पूरा करना चाहिये।'

अधिकांश विद्यार्थियों को, लगभग छियानबे प्रतिशत को शिक्षा का पूरा खर्च सरकार से मिलता है। राष्ट्र औसतन प्रत्येक विद्यार्थी पर एक वर्ष में पन्द्रह से बीस हजार रूबल खर्च करता है। छात्रवृत्ति विद्यार्थियों को उनके अध्ययन के आवश्यक खर्च और कक्षाओं के अनुपात से दी जाती है। छात्रवृत्ति साधारणतः मासिक अढ़ाई सौ रूबल दी जाती है परन्तु जो विद्यार्थी विशेष योग्यता और अध्यवसाय से अध्ययन करते हैं उन्हें पुरस्कार रूप में छात्रवृत्ति सवाई कर दी जाती है। यहाँ सभी विद्यार्थी श्रमिक-किसान और सोवियत के बौद्धिक वर्ग से आते हैं। सोवियत में पूँजीपति वर्ग है ही नहीं इसलिये उस वर्ग के विद्यार्थी भी नहीं हैं।

हमारी ओर से एक साथी ने प्रश्न किया—"पूर्वी प्रजातन्त्रों के अतिरिक्त हमारे या अन्य देशों के विद्यार्थियों के लिये आपके विश्वविद्यालय में क्या सम्भावना है?" उत्तर मिला—"सिद्धान्त रूप से हम यही चाहते हैं कि हमारे यहाँ सभी देशों के विद्यार्थी आयें और हमारे विद्यार्थी भी दूसरे सभी देशों में शिक्षा के लिये जायें ताकि सांस्कृतिक विनिमय स्वतन्त्रता पूर्वक हो सके परन्तु यह बात पारस्परिक सहयोग और समव्यवहार से ही सम्भव है। कुछ समय पूर्व हमारे विज्ञान विभाग के अध्यक्ष डा० निस्मियानोव सारबौन विश्वविद्यालय के निमंत्रण पर व्याख्यान देने पेरिस गये थे। उस समय भी फ्रेंच विद्यार्थियों ने उनसे यही प्रश्न किया था। निस्मियानोव ने उत्तर दिया था—यदि फ्रेंच सरकार अपने विद्यार्थी मास्को भेजना चाहे तो हम उनका सहर्ष स्वागत करेंगे, बशर्ते फ्रेंच सरकार सोवियत के विद्यार्थियों को भी अपने यहाँ निमन्त्रण दे परन्तु उनके यहाँ से इस विषय में कोई बातचीत आरम्भ नहीं की गई। बहुत से देशों के विश्वविद्यालयों से हमारा सम्बन्ध है और हम उनसे समता के आधार पर विद्यार्थियों का विनिमय भी करते हैं।"

"भारतीय इतिहास और संस्कृति, दर्शन और भारतीय भाषाओं के अध्ययन का हमारे विश्वविद्यालय में समुचित प्रबन्ध है। सुदूर-पूर्व और मध्य-पूर्व के देशों के विषय में अध्ययन का भी हमारे यहाँ प्रबन्ध है। हमारे भाषा विज्ञान के विभाग में संस्कृत और हिन्दी के अध्ययन की ओर विशेष ध्यान दिया जा रहा है। समय-समय पर जब कभी भी भारतीय विद्यार्थी खेलों या अन्य प्रतियोगिताओं में भाग लेने के लिये यहाँ आये हैं, सदा ही बहुत अच्छा प्रभाव छोड़ गये हैं। हमने भारतीय विद्यार्थियों को विनयी, अध्ययनशील और जिज्ञासु पाया है। हमें विश्वास है कि भारतीय और सोवियत विद्यार्थियों का परस्पर सम्पर्क दोनों के विकास के लिये सहायक होगा। हमें खेद है कि अंग्रेज और अमरीकन विद्यार्थी, हमें ऐसे नहीं जंचे।"

"अंग्रेज विद्यार्थियों का भी एक दल यहाँ आया था। हमारे विद्यार्थियों ने उनसे प्राचीन और आधुनिक अंग्रेजी साहित्य के विषय में कुछ बातें जाननी चाहीं परन्तु वे उत्तर न दे सके। इस बातचीत से पता लगा कि अंग्रेजी साहित्य के विषय में भी हमारे विद्यार्थी अंग्रेज विद्यार्थियों से अधिक जानकारी रखते हैं। अंग्रेज विद्यार्थियों ने बात टाल दी कि साहित्य हमारा विषय नहीं है। हम विज्ञान के विद्यार्थी हैं। अमरीकन विद्यार्थियों में भी हमने साहित्य और दर्शन की ओर विशेष रुचि नहीं पाई। इसके लिये हम इन विद्यार्थियों को दोष नहीं दे सकते। उनके सामने जिस प्रकार के उदाहरण और आदर्श हैं, उसी के अनुसार वे व्यवहार करते हैं। आपको याद होगा (मुस्कराकर उन्होंने कहा) कि अमरीका के नये प्रेसीडेंट मि० आइजनहावर ने अपने चुनाव के भाषणों में अपना व्यक्तिगत परिचय देते हुए बताया था कि उन्होंने पिछले बीस-बाइस वर्षों से कोई पुस्तक नहीं पढ़ी। सोवियत में अथवा मार्क्सवादी विचारधारा में विश्वास रखने वाला कोई व्यक्ति ऐसी बात गर्व से नहीं कह सकता। हमारे यहाँ सबसे अधिक कार्यव्यस्त यदि का० स्तालिन को माना जाये तो वे भी निरन्तर अध्ययन करते हैं,. भाषा विज्ञान पर लेख लिखते हैं और साहित्य पर होने वाली बहस में भाग लेते हैं।"

"हमारे यहाँ सभी विद्यार्थियों के लिये न केवल रूसी बल्कि विश्व-साहित्य, दर्शन और संस्कृति का परिचय पाना भी आवश्यक है। इसके बिना हम शिक्षा को अधूरा समझते हैं। हम अपने विद्यार्थियों को केवल वैज्ञानिक यंत्र नहीं बना देना चाहते। इसी शिक्षा का प्रभाव था कि हमारे नवयुवकों ने अपने आदर्शों के लिये नाजीवाद से मोर्चा

लेकर मानवता की रक्षा के युद्ध में सहयोग दिया और आज भी वे अपनी पूरी शक्ति से कम्युनिज्म के आदर्शों को सफल बनाने का यत्न कर रहे हैं। अब हमारे इस विश्वविद्यालय में दस हजार विद्यार्थी सुविधा से विज्ञान की शिक्षा पा सकेंगे। दो हजार विद्यार्थियों को अपनी जीविका का काम जारी रखते हुए पत्र व्यवहार द्वारा शिक्षा पा सकने का भी अवसर हम दे सकेंगे। विश्वविद्यालय की पुरानी इमारत में, कलापीठों में दस हजार विद्यार्थी शिक्षा पा सकेंगे। इसके अतिरिक्त जो लोग अपना अध्ययन समाप्त करके स्कूल-कालिजों में अथवा अन्य वैज्ञानिक संस्थाओं में काम कर रहे हैं और आगे खोज या अध्ययन करना चाहते हैं, ऐसे दस हजार विद्यार्थियों के लिये भी हम प्रबन्ध कर रहे हैं। इस प्रकार हमारे विश्वविद्यालय के विद्यार्थियों की संख्या बत्तीस हजार हो जाती है। इस समय हमारे विश्वविद्यालय के अध्यक्ष इसी विद्यालय में शिक्षा पाये हुए प्रसिद्ध गणितज्ञ प्रो० पैत्रोवस्की हैं। शनैः शनैः अपने अध्यवसाय से वे इस पद पर पहुँचे हैं। वे महान वैज्ञानिक तो हैं ही परन्तु शान्ति-रक्षक योद्धा भी हैं और सोवियत शान्ति कमेटी के सदस्य हैं।''

हमारी ओर से डाक्टर कुमारप्पा का० डिप्टी रेक्टर को उनके सौजन्य तथा आतिथ्य के लिये धन्यवाद दे रहे थे और रूसी साथी अलेक डाक्टर कुमारप्पा की बात का रूसी में अनुवाद करते जा रहे थे। एक वाक्य पर रेक्टर ने अलेक को टोक दिया। हमारा अनुमान था कि रेक्टर डाक्टर कुमारप्पा की बात से सहमत नहीं हैं। असल में रेक्टर अलेक से कह रहे थे कि डा० कुमारप्पा का अभिप्राय जो तुम कह रहे हो वह नहीं बल्कि दूसरा है। अपनी बात पूरी कर उनके वाक्य रूसी भाषा में अनुवाद किये जाने से पहले ही डा० कुमारप्पा ने रेक्टर को सम्बोधन किया—''आप अंग्रेजी समझते जान पड़ते हैं। आशा है आपने मेरी बात कुछ तो समझ ही ली होगी!''

का० रेक्टर ने मुस्कराकर इस बार अंग्रेजी में उत्तर दिया—''मैंने आपकी पूरी बात अच्छी तरह समझ ली है।'' विश्वविद्यालय के बाहर तक वे हमारे साथ ही आये। हमारी सातों मोटरें बाहर खड़ी थीं। बरफ और हवा के कारण साथियों ने जो मोटर सामने पायी उसी में घुस गये। का० रेक्टर एक मोटर के पास आ मुस्कराकर बहुत साफ अंग्रेजी में बोले—''आपको कुछ असुविधा तो होगी पर यह गाड़ी मेरी है। आपकी गाड़ियाँ उस ओर हैं।'' हमारे साथियों को अपनी भूल पर झेंप अनुभव करते देख रेक्टर मुस्कराकर फिर अंग्रेजी में ही बोले—''गलती आपकी नहीं है। गलती तो गाड़ियाँ बनाने वालों की है कि सभी गाड़ियाँ एक शक्ल और एक ही रंग की हैं तिस पर यह कोहरा और धुन्ध कि कुछ दिखाई ही नहीं देता।''

रास्ते में लौटते हुए हम लोग आपस में चर्चा करते रहे कि हमें जितने भी सोवियत डाक्टरों, प्रोफेसरों, वैज्ञानिकों और लेखकों से बात करने का अवसर मिला, किसी ने भी अंग्रेजी में बात करने का यत्न नहीं किया। यह मान लेना कि उनमें से कोई अंग्रेजी नहीं जानता था कठिन है क्योंकि प्रत्येक सोवियत विद्यार्थी अपनी भाषा के अतिरिक्त एक न एक विदेशी भाषा का अध्ययन अवश्य करता है। अपनी भाषा के प्रति इन लोगों में कितना आदर है। टाल्सटाय और तुर्गनेव के उपन्यासों की बातें याद हों तो एक समय सुसभ्य और सुसंस्कृत रूसी समाज फ्रेंच बोल सकना ही गर्व की बात समझता था जैसे हम लोग अंग्रेजी और फारसी के शब्दों का व्यवहार संस्कृति का परिचायक मानते हैं।

मजा यह है कि जब हम लोग अपनी भाषा न बोलने के अपने व्यवहार पर खेद प्रकट कर रहे थे, तब भी बात अंग्रेजी में ही हो रही थी।

स्तालिन मोटर कारखाना

मास्को में मोटर बनाने के कारखाने 'स्तालिन ओटोमोबाइल प्लान्ट' के मजदूरों के निवास स्थान, शिशुशाला (नर्सरी) हस्पताल और स्कूल मिलाकर एक अच्छे खासे नगर के बराबर विस्तृत हैं। कारखाने के भिन्न-भिन्न विभाग एक दूसरे से इतनी दूरी पर हैं कि एक से दूसरे में आने-जाने के लिये मोटर का प्रयोग मजाक मालूम नहीं होता। खास कर जब बर्फ पड़ रही हो। हम लोग वहाँ गये तो अच्छी खासी बरफ पड़ रही थी।

कारखाने के का० डाइरेक्टर ने उत्साह से स्वागत किया और सोवियत के साधारण नियम के अनुसार कारखाने का पूरा इतिहास, काम का ढंग, प्रबन्ध की व्यवस्था बता देने के बाद कारख़ाना दिखाने के लिये तैयार हो गये। दफ्तर की सजधज और सलीका कामकाजी ढंग का था। बिलकुल आधुनिक ढंग की अलमारियाँ, भारी-भारी कुर्सियाँ, हरी बनात से मढ़ी मेजें, जिन पर बिजली का दिन का सा प्रकाश।

डाइरेक्टर साहब ने बताया—"हमें अपने कारखाने के काम से सन्तोष और गर्व है। कारखाने का यह आकार नया है परन्तु आयु इसकी काफी है। यह कारखाना क्रान्ति से भी पहले जार के समय से चला आ रहा है। उस समय यहाँ केवल मोटरों की मरम्मत होती थी मोटरें बनाई नहीं जाती थीं। यहाँ क्या उस समय हमारे देश में मोटरें कहीं भी नहीं बन सकती थीं। तब हमारे यहाँ मोटरें अमरीका और योरुप से ही आती थीं। क्रान्ति के बाद इस कारखाने में मोटरें बनाने का प्रयत्न शुरू किया गया। उस समय सोवियत के लोगों के लिये मोटरों का अभाव कितने संकट का कारण रहा होगा यह अनुमान कर लेना कठिन नहीं। रूस में क्रान्ति हो जाने के बाद सभी साम्राज्यवादी देशों ने सेनायें लेकर सोवियत को घेर लिया था। स्वयं देश के भीतर क्रान्ति-विरोधी जारशाही के समर्थक जनरल बड़ी-बड़ी सेनायें लेकर सोवियत सरकार को उखाड़ फेंकने का यत्न कर रहे थे। जारशाही के समर्थक जनरलों को सभी प्रकार की सहायता साम्राज्यवादी शक्तियों से मिल रही थी। सोवियत को किसी भी दाम ऐसी चीजें नहीं मिल सकती थीं न इंजीनियरों और कारीगरों द्वारा सहायता। अन्य आवश्यकताओं को छोड़कर आत्मरक्षा के युद्ध में सैनिक प्रयोजन के लिये ही मोटरों का अभाव उन्हें कैसे पंगु बना रहा होगा? पहले पहल १९२४ में यहाँ मोटर बनाने में सफलता मिली। कारखाने का वर्तमान रूप १९३१ में पूरा हो पाया था। और हमने अपनी पाँच नम्बर नमूने की, ढाई टन की 'जीस्स' लारी, बनाना आरम्भ कर दिया था।" क्रान्ति के बाद सोवियत के इस और अनेक कारखानों में बनने वाली मोटरें 'जीस्स' और 'पोबियेदा' अन्य देशों की अच्छी से अच्छी मोटरों रोलस और मर्सडीज बैन्डस से टक्कर लेती हैं इससे भी कोई इन्कार नहीं करता। जिस समय कामरेड डाइरेक्टर यह कहानी सुना रहे थे याद आया कि हमारे यहाँ उद्योग धन्धों के विकास के मार्ग में भारी अड़चन यह है कि यथेष्ट विदेशी पूँजी, विदेशी विशेषज्ञ कारीगर और मशीनें बना सकने वाली मशीनें विदेश से नहीं मिल रहीं। यह समझ पाना सरल नहीं कि अपनी औद्योगिक पैदावार के लिये हमारे बाजारों पर निर्भर करने वाले साम्राज्यवादी व्यापारी देश हमें आत्मनिर्भर बनाकर अपने बाजार क्यों गँवा देंगे? मोटरों और ट्रकों के आकार प्रकार और उनकी शक्ति के बारे में बहुत सी पेचीदा, औद्योगिक और यान्त्रिक बातें बताने के

बाद में डाइरेक्टर ने अपने कारखाने की पैदावार बढ़ सकने का रहस्य यह बताया कि उनकी योजनाएँ मजदूरों के सहयोग से बनाई और पूरी की जाती हैं। पैदावार की कोई योजना बनाई जाने पर विचार और सम्मति के लिये मजदूर संघों में भेज दी जाती हैं और उन्हीं से राय ली जाती है कि पैदावार को सुधारने और बढ़ाने के लिये काम के ढंग और यंत्रों में किस प्रकार के सुधारों और परिवर्तनों की आवश्यकता है। ब्योरे की बहुत सी ऐसी बातें होती हैं जिन्हें थियोरी पर निर्भर करने वाले लोग उतनी अच्छी तरह नहीं समझ सकते जितना कि हाथ से काम करने वाले अपने अनुभव से समझ लेते हैं। मजदूर संघों में संशोधित और अनुमोदित योजनाओं पर भिन्न-भिन्न विभागों के डाक्टरों की समिति विचार करती है। योजना के स्वीकार हो जाने पर उसे पूरा करना मजदूरों का कर्तव्य हो जाता है।

हम लोग कारखाने के ढलाई, मोलडिंग और पुर्जे बनाने वाले अनेक विभागों में होते हुए उस स्थान तक गये जहाँ कि बिलकुल तैयार मोटरें, बाइसिकलें और रेफ्रीजिरेटर चालू करके बाहर निकाले जा रहे थे। इस कारखाने में शारीरिक परिश्रम के कड़े कामों को छोड़कर स्त्रियां प्रायः सभी काम बड़ी संख्या में करती हैं। ऐसा कोई काम दिखाई नहीं दिया जिसमें अधिक शारीरिक बल की आवश्यकता जान पड़ती हो। यहाँ काम शारीरिक शक्ति से नहीं बल्कि मनुष्य के यान्त्रिक ज्ञान और मशीन की शक्ति से होता है। लोहे के कई-कई मन के टुकड़े, जो भट्टी में बिलकुल श्वेत होकर प्रकाश सा फेंकते हुए निकाले जाते हैं, मशीनों से सांचों पर पहुँच जाते हैं। मनुष्य का काम इन्हें ठीक जगह पर रखने के लिये मशीन को इशारा करते जाना ही है। गरमी से मोम की तरह मुलायम लोहे के टुकड़ों के सांचों में सट जाने पर कई-कई हजार मन के भारी हथौड़े इस गरम लोहे पर गिर करके उसे वांछित वस्तु का रूप दे देते हैं। इन भारी-भारी मशीनों और सांचों की सहायता से स्त्रियां भी मोटरों के पुरजों को कुछ पलों में बनाकर संडासियों से ऐसे उछाल-उछाल कर फेंक रही थीं मानों खौलते घी की कढ़ाई में से पूरियाँ तलकर परात में डालती जा रही हों। तेल की तरह पिघले लोहे को भट्टी से सांचे तक ले जाने का काम भी मशीनें कर रही थीं।

कारखानों में लगातार तैयार की जाने वाली वस्तुएँ जंजीरों की पैड़ों (बेल्ट) पर कारीगरों के सामने से गुजरती जाती हैं और प्रत्येक कारीगर उन पर अपना-अपना काम करता जाता है। डा० कुमारप्पा और कुछ दूसरे साथी योरुप और अमरीका के और भी ऐसे कारखाने देख चुके थे। उनका कहना था कि सोवियत के कारखानों में पैड़ की चाल अपेक्षाकृत धीमी है। इससे कारीगर को जल्दी थकान तो अनुभव नहीं होती परन्तु इसे कौशल की कमी भी समझा जा सकता है। इससे पैदावार में कुछ कमी भी रह सकती है। सोवियत मैनेजर का विचार है कि पैड़ की तेजी से पूँजीवादी कारखानेदार को तो लाभ होता है क्योंकि वह नियमित समय में पैदावार अधिक कर सकता है। अति परिश्रम से मजदूर के बीमार हो जाने पर पूँजीपति पर कोई जिम्मेवारी नहीं। इस कारखाने पर तो सब जिम्मेवारियां हैं। पैड़ की चाल कितनी होनी चाहिए यह निर्णय पूँजीवादी कारखाने में मजदूर नहीं करते यहाँ वे स्वयं ही इसका निश्चय करते हैं।

मजदूरों में आतंक और दहशत का भाव नहीं जान पड़ता था। उनके चेहरे निश्चिंत और प्रसन्न थे। बल्कि यही देखकर आश्चर्य हुआ कि स्त्री पुरुष मजदूरों की एक अच्छी

खासी टोली कौतूहल में हम लोगों के साथ-साथ चल रही थी। वे लोग हमारे दुभाषिये की मारफत हमसे अनेक प्रश्न पूछ रहे थे। उन्होंने वियाना शान्ति कांग्रेस के बारे में प्रश्न किये और एक युवती कारीगर ने विश्व शान्ति के लिये अपील के रूप में हमें एक व्याख्यान भी दे डाला।

कारखाने के प्रत्येक विभाग में अच्छे, और सस्ते भोजन की व्यवस्था तो है ही इसके अतिरिक्त हाथ-मुंह धोने और दूसरी हाजितें रफा करने के लिये भी स्थान का प्रबन्ध है जहाँ गर्म तथा ठंडा पानी चालू रहता है। यह स्थान स्फटिक की भांति चमचमाते तो नहीं दिखाई दिये परन्तु दुर्गन्ध का नाम न था। प्रत्येक विभाग में मजदूरों के लिये व्यक्तिगत अभिव्यक्ति के माध्यम दीवारी अखबार (वाल पेपर्स) भी मौजूद थे। सोवियत में व्यक्ति को पैदावार के लिये प्रोत्साहन देने का प्रमुख साधन मजदूरों की सम्मान सूचियाँ उनके फोटो सहित लगी हुई थीं। इस कारखाने को यह गर्व है कि इसे तीन बार लेनिन पदक मिल चुका है और एक बार लाल झंडा देकर भी इसका सम्मान किया गया है। कारखाने के अड़तालीस मजदूर स्तालिन पदक पा चुके हैं। कारखाने के प्रत्येक विभाग में स्ताखानोवाइट मजदूरों की शाखायें हैं। स्ताखानोवाइट वे मजदूर कहलाते हैं जो औद्योगिक शिक्षा पाकर पैदावार को अधिक और बढ़िया बनाने में सहयोग देते हैं। स्ताखानोवाइट के लिये केवल व्यक्तिगत रूप से ही नहीं बल्कि सम्मिलित रूप से दूसरे लोगों की पैदावार बढ़ाने में भी सहायता देना आवश्यक होता है। ऐसे मजदूरों की आय दुगनी-तिगुनी हो जाती है।

मजदूरों का काम का समय अतिथियों व दर्शकों के साथ बातचीत में खर्च करते देख कुछ विस्मय भी हुआ। हमने विभाग के अध्यक्ष से इस बारे में प्रश्न किया कि क्या मजदूर अपनी इच्छा से काम छोड़कर घूम-फिर भी सकते हैं। विभाग के अध्यक्ष ने सरलता से उत्तर दिया—"ये लोग अपनी जिम्मेवारी समझते हैं और उसे पूरा भी अवश्य कर लेंगे। अनुशासन को लोहे का शिकंजा बना देने से कार्यकर्त्ताओं पर प्रभाव अच्छा नहीं पड़ता। इसके अतिरिक्त इन लोगों का वेतन इनके काम के परिमाण पर निर्भर करता है। इन्हें स्वयं भी तो इसका ध्यान है।"

हम लोगों ने काम के परिमाण से वेतन देने के ढंग के बारे में प्रश्न किया कि पूँजीवादी प्रणाली में इस ढंग से कुछ मजदूर व्यक्तिगत रूप में चाहे लाभ उठा लें परन्तु मजदूर वर्ग इससे नुकसान में ही रहता है। डाइरेक्टर ने उत्तर दिया—'पूँजीवादी प्रणाली में उपज के परिमाण से मजदूरी का ढंग निः संदेह मजदूर वर्ग के लिये हानिकारक होता है क्योंकि जब मजदूर पहले जितने समय में बिना अधिक साधनों के अधिक उपज करता है तो पैदावार पर मालिक का लागत व्यय कम होकर उसका मुनाफा बढ़ जाता है। मालिक बढ़ी हुई पैदावार का बहुत थोड़ा भाग ही मजदूर के वेतन में बढ़ाता है। बढ़े हुए मुनाफे का अधिक भाग मालिक स्वयं रख लेता है और मजदूरों की कम संख्या से ही अधिक काम करवा कर मजदूरों की संख्या घटा लेता है। इससे मजदूरों में बेकारी होने की आशंका रहती है। समाजवादी प्रणाली में मुनाफाखोर मालिक के न रहने से मजदूर द्वारा बढ़ाई पैदावार का लाभ स्वयं उसे ही होता है। वे सोवियत में निश्चित मात्रा से अधिक उपज करने वालों की मजदूरी के दर से समझा जा सकता है। हमारे यहाँ १०% उपज बढ़ाने पर २५% और २५% उपज बढ़ाने पर ५०% और ५०% बढ़ाने पर १००%

अधिक मजदूरी दी जाती है। पैदावार में बढ़ती होने से किसी भी मजदूर के लिये बेकारी की आशंका नहीं हो सकती क्योंकि सरकार सभी को रोजगार देने के लिये जिम्मेवार है। हमारे यहाँ अधिक उपज के लिये अधिक मजदूरी पा सकने का अवसर प्रत्येक मजदूर को अपनी आय बढ़ा सकने की स्वतंत्रता देता है। हमारे सभी कारखानों में मजदूरों को अपना कौशल और दक्षता बढ़ाने के लिये शिक्षा का भी पूरा अवसर रहता है ताकि वे अपनी व्यक्तिगत आय को निर्बाध रूप से बढ़ा सकें।'

इस कारखाने में तीन हजार मजदूर काम करते हैं। स्त्रियों की संख्या बयालीस प्रतिशत है। कारखाने के अपने हस्पताल, स्कूल, क्लब, थियेटर, तैरने के तालाब हैं। इसी कारखाने के क्लब में तो हम नववर्ष मनाने गये थे। कारखाने के साथ बीस शिशुशालायें हैं जहाँ मजदूर स्त्रियां काम पर आने के समय अपने छोटे-छोटे बच्चों को सुशिक्षित दाइयों एवं अध्यापिकाओं के जिम्मे छोड़ जाती हैं। हम लोग केवल एक ही शिशुशाला में जा सके। इसमें तीन से सात वर्ष के बच्चों को उनकी आयु के अनुसार अलग-अलग कमरों में रखा जाता है। बच्चों की आयु के अनुसार उनके कमरों में काफी खिलौने भी रहते हैं। खिलौनों के अतिरिक्त छोटे बच्चों के दिल बहलाव के लिये पिंजड़ों में चिड़ियाँ भी हैं। कुछ खिलौने तो ऐसे हैं जो साधारण आर्थिक स्थिति के बच्चों के लिये दुर्लभ होंगे। पांच वर्ष से अधिक आयु वाले बच्चों के कमरे में चित्रों से भरी परियों की कहानियों की पुस्तकें भी थीं। नववर्ष का पर्व अभी ही बीता था इसलिये बच्चों की गुड़ियों के कपड़े भी नये ही दिखाई दे रहे थे। बच्चों के नववर्ष के उत्सव के लिये जो तैयारियां एवं सजावट की गई थी, वह अभी शेष थी। लगभग एक बजे का समय था। बच्चे खा-पीकर अपने गुदगुदे सफेद बिस्तरों में नींद ले रहे थे। इस शिशुशाला में एक सौ बीस बच्चों के लिये व्यवस्था है। ऐसी ही उन्नीस और शिशुशालायें इस कारखाने में हैं।

कारखाने से लौटते समय साथियों ने मजदूरों के रहने की जगह देखने की इच्छा प्रकट की। समीप ही मजदूरों के मकान (फ्लैट) थे। मकानों के बाहर बच्चे फर के कोट और गरम कपड़े, मोटे बूट पहिने खेल-कूद कर रहे थे। कुछ पांव में स्केट बांधे फिसलने की दौड़ लगा रहे थे। पहला मकान एक फोरमैन का था। दो कमरे, रसोई, गुसलखाना और संडास बहुत कायदे से बने हुए थे। अच्छा खासा फर्नीचर, खाने की मेज, कुर्सियां, खाने-पीने के सुन्दर बर्तन। इसका किराया बिजली और ईंधन का खर्च जोड़कर अस्सी रूबल मासिक था। दूसरा मकान एक इंजीनियर का था। इंजीनियर साहब अविवाहित हैं इसलिये रसोई, गुसलखाना और संडास के अतिरिक्त कमरा इनके पास एक ही है। इन्हें किराया, बिजली और ईंधन का खर्च मिलाकर अट्ठावन रूबल देना पड़ता है। इनका मासिक वेतन दो हजार पांच सौ रूबल है। मकान किराया जिसमें बिजली, ईंधन और कमरे को गरम रखने का खर्च शामिल रहता है, वेतन के अनुसार १% से ३% तक होता है। दोनों ही मकानों में सामान रखने की अलमारियां, रेडियो और बिजली की दूसरी उपयोगी वस्तुयें भी थीं।

सोवियत साहित्य और लेखक

स्तालिन मोटर कारखाने में दो बज गये। पूरा देखे बिना छोड़ते नहीं बनता था और जल्दी चलने की छटपटाहट हो रही थी। प्रातः ही विराट नाश्ता कर लेने पर भी यदि दो बजे आंतें खाने के लिये अकुलाने लगें तो उन्हें दोष नहीं दिया जा सकता। दो बजे दूसरे

साथी तो भोजन के लिये होटल की ओर चल दिये लेकिन हम कुछ लोग श्री देसाई, श्रीमती मालती बिडेकर, सरदार गुरुबख्शसिंह, आदित्यन जोशी और मैं दो बजे सोवियत लेखक संघ (यूनियन आफ सोवियत राइटर्स) के दफ्तर में कुछ सोवियत के लेखकों से मिलने के लिये समय निश्चित किये हुए थे। सोवियत में इंगलैंड की तरह ब्रेकफास्ट, लंच, टी और डिनर के समय की पाबन्दी कड़ाई से नहीं निभाई जाती न खाने-पीने के लिये काम को स्थगित किया जाता है। काम पहले होना चाहिये उसके बाद खाना और पूरी कसर निकालकर इसलिये यह कहने का साहस नहीं हुआ कि पहले खाना खा आयें।

सोवियत लेखक संघ का दफ्तर अच्छे खासे रईसी क्लब की तरह सजा हुआ और सुविधा की जगह है। बिना खाना खाये ही गये थे। कामरेड तिखोनोव और कवि सुरकोव अन्य साथियों सहित हमारी प्रतीक्षा कर रहे थे। बैठने के बाद परिचय आरंभ हुआ। सुरकोव इस समय लेखक संघ के कार्यवाहक प्रधान का कार्य कर रहे हैं। प्रधान सम्भवतः ईलिया ऐहरनबर्ग हैं। तिखोनोव संघ के उपप्रधान हैं। उन्होंने अन्य उपस्थित लेखक साथियों का परिचय कराया। स्वयं कवि और रूसी कविता में शेक्सपियर का अनुवाद करने वाले मर्शाक थे, मिर्जा तुरसनजादे थे, उपन्यास लेखिका कारावायेवा थीं और नये लेखकों में से जार्जिया के गिलिया भी थे।

प्रधान के आसन से का० सुरकोव ने बात आरम्भ की—"हम सोवियत के लेखकों के मन में भारत और नवीन भारतीय लेखकों के बारे में गहरी जिज्ञासा है। हम लोग आपके सम्बन्ध में व्यक्तिगत रूप से और आपकी रचनाओं के बारे में सभी कुछ, जितना आप बता सकें, जानना और सुनना चाहते हैं। भारतीय साहित्य का रूसी भाषा में थोड़ा-बहुत अनुवाद पहले भी हुआ था और अब भी भारत के सामयिक और आधुनिक लेखकों की रचनाओं के अनुवाद सोवियत के पत्र-पत्रिकाओं में प्रकाशित होते रहते हैं। हमारे पाठकों को उसमें खूब रुचि है।

ज्यों-ज्यों हम लोगों का आपसे परिचय बढ़ेगा त्यों-त्यों हमारा पारस्परिक सम्बन्ध और आकर्षण भी बढ़ेगा और हममें मनमुटाव पैदा करने वाला सन्देह होने का अवसर ही न रह जायेगा। हम आपकी ऐतिहासिक परम्पराओं का परिचय चाहते हैं, हम आपके साहित्य की सामयिक प्रवृत्तियों को जानना चाहते हैं और यह भी जानना चाहते हैं कि आपके देश के लेखकों की क्या नई देन है और उनकी नवीन प्रवृत्तियां क्या हैं? हमारे विषय में आपकी जो भी जिज्ञासा हो, उसे भी हम पूरा करेंगे। हमारा साहित्य और पत्र-पत्रिकायें राष्ट्रों में सद्भावनायें और विश्वास उत्पन्न करने के बहुत ही सबल साधन हो सकते हैं इसलिये भारतीय साहित्यिक और पत्रकार मित्रों के मिलने का अवसर पाकर हमें बहुत संतोष हुआ है। हमें आशा है कि हमारा यह मिलन मानवता के सामूहिक उद्देश्य शान्ति की स्थापना में भी सहायक होगा।"

कामरेड सुरकोव की बात समाप्त होने से पहले ही हम लोगों के सामने चाय के गिलास, चाकलेट, टौफी, सेब और नारंगियां पर्याप्त मात्रा में आ गई थीं। सुरकोव ने बात समाप्त कर बैठते हुए अनुरोध किया कि सामने रखी चाय और दूसरी वस्तुओं की ओर भी हम लोग ध्यान देते जायें। शरीर को यह पार्थिव सहायता मिल जाने से मस्तिष्क में भी स्फूर्ति अनुभव हुई। हम लोगों ने पहला सामूहिक प्रश्न यही किया कि आधुनिक सोवियत साहित्य की यह आधारशिला, मूल सिद्धान्त और लक्ष्य क्या हैं।

सुरकोव ने उत्तर आरम्भ किया। दूसरे सोवियत साथी भी सहयोग देते जा रहे थे। सोवियत लेखकों के सामूहिक उत्तर का तात्पर्य यह था :—हम अपनी देश की सांस्कृतिक परम्परा को ही नहीं, बल्कि संसार भर की सांस्कृतिक परम्परा को अपना उत्तराधिकार समझते हैं। हम सांस्कृतिक परम्पराओं की उपेक्षा कभी सहन नहीं कर सकते। इसके साथ ही हम यह भी अपना कर्तव्य समझते हैं कि सांस्कृतिक परम्पराओं का अध्ययन विश्लेषणात्मक रूप से किया जाय और अपने समाज के आधुनिक दृष्टिकोण और लक्ष्य को सामने भी रखा जाय। सोवियत में प्राचीन साहित्यिक रचनायें आज भी बिना किसी काट-छांट या हेर-फेर के, सामयिकता का रंग दिये बिना, अपने मौलिक रूप में प्रकाशित की जाती हैं। आधुनिक लेखकों का मत उनके विषय में चाहे जो कुछ हो। हम लोग टाल्सटाय, पुश्किन, शेक्सपियर की कृतियों का बहुत आदर करते हैं क्योंकि यह कृतियां उस पृष्ठभूमि के मानचित्र हैं जिनमें से होकर सर्वसाधारण के जीवन और विकास के लिये संघर्ष की परम्परा गुजरी है और वे अपने काल और परिस्थितियों के जीर्ण समाज में प्रगतिशील ही थीं।

हमारा साहित्य जनता के बीच से, जनता द्वारा और जनता के लिये उत्पन्न होता है। हमारे साहित्य का यह जनवादी रूप ही उसकी आत्मा और मुख्य लक्षण भी है। ऐसी अवस्था में हम लोग शुद्ध कला अथवा कला के लिये कला का सिद्धांत नहीं मान सकते। हमारी कला जनहित के लिये है। कला के लिये कला की बात सामन्ती रईसी का ख्याल है और वह प्रतिक्रियावादी प्रवृत्ति है। साहित्य और कला जनता के विचारों और भावनाओं के सम्पर्क और विनिमय का साधन हैं। इसलिये जनता से परे कला के लिये कला या कला की आत्मनिर्भरता की बात हमें संगत नहीं जान पड़ती। हमारी कला और साहित्य का प्रयोजन हमारी जनता की सांस्कृतिक आवश्यकताओं को पूरा करना ही है। हमारे लेखक अपनी पुस्तकों की बिक्री से जीविका पाते हैं इसलिये वे पाठकों के निर्णय पर निर्भर करते हैं। यदि हमारी कृतियां निर्जीव होंगी तो वे गोदामों में पड़ी सड़ती रहेंगी। यदि हमारा लेखक हमारे समाज के कल्याण के मार्ग को, जीवन की भावना और झुकाव को भांप कर उसे प्रोत्साहन दे सकता है, समाज का दृष्टिकोण विश्लेषणात्मक और पैना बनाने में योग दे सकता है तो उसकी पुस्तक जनता के जीवन की टेक बन जाती है। हमारे आधुनिक साहित्य में गोर्की और माइकोवस्की की पुस्तकें ऐसी सफलता का अच्छा खासा उदाहरण हैं। देश रक्षा के युद्ध के बाद की रचनाओं में पोलेवोय का उपन्यास "स्टोरी आफ रियलमैन" फेदेव की पुस्तक "दी यंगगार्ड," अजायेव की पुस्तक "फार फ्राम मास्को" भी ऐसी ही पुस्तकें हैं।

हमारे आधुनिक लेखक पुराने लेखकों की अपेक्षा अधिक भाग्यशाली हैं क्योंकि उन्हें पाठकों का एक अभूतपूर्व विराट और पारखी समाज मिला है। यहाँ आप ही के साथ बैठे हुए तीन-चार कवि ऐसे हैं जिनकी कविताओं की करोड़ से अधिक प्रतियां बिक चुकी होंगी। मर्शाक की बाल कविताओं की तो कई-कई करोड़ प्रतियां छप चुकी हैं। हमारे लेखकों का हमारी जनता से केवल कलम द्वारा ही सम्बन्ध नहीं है बल्कि वे जनता के जीवन के अनुभवों में भी हाथ बंटाते हैं।

हममें से किसी ने पूछ लिया—"क्या पिछले महायुद्ध में सोवियत के लेखकों ने सिपाही जीवन और मोर्चे के अनुभव भी बटाये हैं।" सुरकोव की आँखें चमक उठीं—

''सोवियत में लेखकों और कवियों की संख्या लगभग तीन हजार है। इनमें से एक हजार मोर्चों और खाइयों में सिपाहियों के कंधों से कंधे भिड़ाकर शत्रु का सामना करते रहे हैं और ढाई सौ के शरीर वहीं रह गये और वे आज भी हमारे सैनिकों और अफसरों के साथ सामूहिक समाधियों में विश्राम कर रहे हैं। सोवियत का लेखक समाज और जनता के जीवन के सम्बन्ध में अधिकार से बोल सकता है और इसलिये सोवियत के लेखक जो फैसिस्ट आक्रमण के समय सीना तानकर सबसे अगले मोर्चे पर डटे थे आज शान्ति के लिये प्रयत्न करने वालों में भी सबसे आगे हैं।''

जैसे सोवियत राष्ट्र संघ अनेक राष्ट्रों का समुच्चय है वैसे ही सोवियत साहित्य भी उन राष्ट्रों के साहित्य का समुच्चय है। समाजवादी क्रान्ति के बाद से सोवियत संघ के सभी राष्ट्रों में सांस्कृतिक और साहित्यिक प्रगति की धारा वेग से बहने लगी है। सोवियत के कुछ भागों में जहाँ क्रान्ति से पहले अपनी लिपि भी नहीं थी, आज ऐसे लेखक पैदा हो रहे हैं जिनका सम्पूर्ण सोवियत में ही नहीं, बल्कि अन्तर्राष्ट्रीय क्षेत्र में भी मान है। सोवियत साहित्य की प्रगति का अर्थ केवल रूसी साहित्य की प्रगति ही नहीं बल्कि ताजिकिस्तान, ज्योर्जिया, अरमेनियां और अजरबैजान के साहित्य की प्रगति भी है। यह सभी राष्ट्रीय साहित्य समान प्रगति के सूत्र में बंधे हुए हैं। ये साहित्य अपने राष्ट्रीय जीवन के प्रतिबिम्ब के रूप में और भाषा तथा साहित्य की दृष्टि से पूर्णतः राष्ट्रीय साहित्य हैं परन्तु इन सभी साहित्यों में मौलिक सिद्धान्तों एवं लक्ष्य की एकता है। हम लोग साहित्य की इस शैली को समाजवादी यथार्थवाद कहते हैं। हम साहित्य में समाज का पूर्ण यथार्थ प्रतिबिम्ब चाहते हैं परन्तु वह प्रतिबिम्ब केवल समाज की विषमता की भावना रहित छाया ही नहीं होना चाहिये। इस प्रतिबिम्ब में जीवन के विकास, जीवन की प्रवृत्तियों और उनकी दिशाओं के निर्देश के सूत्र भी अवश्य रहने चाहिये।

''हम लोग अराष्ट्रीयता (कोस्मोपोलिटनिज्म) या अपनी राष्ट्रीयता की उपेक्षा करने की प्रवृत्ति को सहन नहीं कर सकते। हम अपनी राष्ट्रीयता की रक्षा करते हुए अन्तर्राष्ट्रीय सहनशीलता, सम्पर्क और सहयोग की भावना रखते हैं। हम यह नहीं मान सकते कि अन्तर्राष्ट्रीय उदारता और सहयोग का राष्ट्रीय संस्कृति और भावना से कोई विरोध है। हमारा विश्वास है कि प्रत्येक राष्ट्र की संस्कृति की रक्षा और विकास ही अन्तर्राष्ट्रीय संयुक्त मानव की संस्कृति के विकास में सहायक हो सकता है।''

हम लोगों ने लेखकों के जीवन और पुस्तकों के प्रकाशन के सम्बन्ध में कुछ व्यावहारिक प्रश्न भी पूछे और मालूम हुआ कि सोवियत में पत्र-पत्रिकाओं में रचनाओं का प्रकाशन स्थानीय और केन्द्रीय पत्र-पत्रिकाओं के सम्पादक मण्डलों के निर्णयों पर और पुस्तकों का प्रकाशन लेखक संघों के निर्णय पर निर्भर करता है। साधारणतः व्यावहारिक नीति यह है कि नये लेखकों का दमन न हो बल्कि उन्हें उत्साहित किया जाय। रचनाओं के प्रकाश में आने में स्थानीय पत्र, क्लब और गोष्ठियां भी सहायक होती हैं। किसी भी रचना के स्थानीय लोगों से सराहना पा लेने पर उसके प्रकाशन में रुकावट नहीं आ सकती। सोवियत में प्रकाशित पुस्तकों की संख्या और उनकी प्रतियों की संख्या से कोई अन्य देश प्रतिद्वन्द्विता नहीं कर सकता। साधारण सफल लेखक भी एक पुस्तक के प्रकाशन से इतना धन पा सकता है कि भविष्य की रचनाओं के लिये दो-तीन वर्ष की सुविधा पा जा सके। गांव के लोग, मिलों के मजदूर या सामूहिक कृषि क्षेत्र के लेखकों

को अपने साथ रहकर उनके जीवन की वास्तविकता का परिचय पाने के लिये भी निमंत्रित करते रहते हैं।

यह ठीक है कि सोवियत में किसी व्यक्ति को ऐसी स्वतंत्रता नहीं है कि अन्य लेखकों का समर्थन पाये बिना केवल व्यक्तिगत इच्छा से अपनी पुस्तक प्रकाशित कर दे सके। कारण सीधा और स्पष्ट है। प्रकाशन के साधन कागज छपाई का प्रबन्ध, बिक्री की व्यवस्था आदि लेखक-संघ के हाथ में है। ऐसे साधन किसी भी व्यक्ति की निजी सम्पत्ति नहीं हैं। ऐसी स्वतन्त्रता तो पूँजीवादी देशों के लेखकों को भी नहीं है। वहाँ पुस्तकों का प्रकाशन अन्य लेखकों के निर्णय पर नहीं प्रकाशकों के निर्णय पर निर्भर करता है। प्रकाशक रचनाओं को कला, जनहित या विचारों की नवीनता की कसौटी पर नहीं अपने मुनाफे की सम्भावना पर आंकता है। शासन व्यवस्था से भी उन्हीं लेखकों को संवर्धन मिलता है जो उस व्यवस्था का ढोल बजाने को लकड़ी बनने के लिये तैयार हैं। हमारे सरकारी प्रकाशनों के सम्पादन के लिये जैसे साहित्यिकों का चुनाव किया गया है, वे लेखकों की योग्यता के मूल्यांकन का अच्छा खासा उदाहरण है। कोई भी कलाकार अपनी रचना का निर्णय मुनाफाखोरों और नौकरशाही दूतों की अपेक्षा कलाकारों के हाथ में अधिक आश्वासन दे सकता है। कला की दृष्टि से कला का मूल्यांकन ही कलाकारों की स्वतन्त्रता का आधार हो सकता है।

सोवियत में प्रकाशन का कार्य सरकार के हाथ में नहीं बल्कि बहुत सी संस्थाओं, लेखक संघों, विज्ञान, विश्वविद्यालयों और औद्योगिक संघों आदि के हाथ में है। कुछ प्रकाशन संस्थायें पूरे समाजवादी सोवियत राष्ट्र संघ की सांझी हैं और कुछ अपने-अपने राष्ट्रीय प्रजातंत्रों की भाषा में ही प्रकाशन करती हैं। सरकार का काम इन संघों के लिये आवश्यक साधन प्रस्तुत करना है। प्रकाशन योग्य पुस्तकों और साहित्य का चुनाव और बिक्री की व्यवस्था करने में यह संस्थायें स्वतंत्र हैं। क्रान्ति के बाद से १९५० तक सोवियत में प्रकाशित पुस्तकों की संख्या नौ लाख सत्तर हजार है।

सोवियत लेखकों की सैद्धान्तिक बातों से मतभेद न होने पर भी मैंने यह जानना चाहा कि उनकी कल्पना में मनुष्य के व्यक्तिगत स्वतंत्रता, पारिवारिक जीवन और स्त्री-पुरुष के सम्बन्ध का क्या आदर्श है? क्या वे स्त्री-पुरुष के यौन-सम्बन्ध के लिये पारिवारिक जीवन को अनिवार्य समझते हैं? सन्तान का स्थान केवल परिवार में ही समझते हैं या सन्तान के पालन और सम्वर्धन के लिये समाज पर निर्भर कर सकते हैं?

कारावायेवा ने उत्तर दिया कि वे परिवार को समाज का आधार मानते हैं और अपने साहित्य द्वारा पारिवारिक भावना को दृढ़ करने की चेष्टा करते हैं।

मैंने ध्यान दिलाना चाहा कि समाजवादी संस्कृति स्त्री-पुरुष की पूर्ण समता की समर्थक है परन्तु परिवार का परम्परागत आदर्श स्त्री-पुरुष की समता का नहीं रहा है। सामन्तवादी और पूँजीवादी युग में भी पारिवारिक आदर्श के अनुसार पुरुष कर्त्ता और पत्नी उसकी स्वेच्छा से ही बनी हुई ही सही, सम्पत्ति रही है। बहुपत्नी प्रथा में और एक पत्नी प्रथा में भी स्त्री आर्थिक रूप से पुरुष पर निर्भर करने के कारण उसके अधिकार में ही रही है। यह बात दूसरी है कि एक पत्नी प्रथा के विकास से पुरुष स्त्री के प्रति उत्तरोत्तर उदार होता गया है परन्तु परिवार का आधार तो सम्पत्ति की रक्षा और सम्पत्ति का उचित उत्तराधिकारी पैदा करना ही रहा है जिसमें स्त्री केवल साधन ही थी। स्त्री के

आर्थिक रूप से आत्मनिर्भर और समाज का स्वतन्त्र अंग बन जाने पर वह परिवार का साधन नहीं बनी रह सकती। यदि हम परिवार की परम्परागत प्रणाली को जमाये रखें तो क्या यह स्त्री की पराधीनता की परिस्थितियों को बनाये रखना नहीं होगा?

कारावायेवा ने आग्रह किया कि सोवियत में पारिवारिक प्रणाली स्त्री के व्यक्तित्व के विकास और उसकी आर्थिक आत्मनिर्भरता में किसी प्रकार भी बाधक नहीं हो सकती। उन्होंने बताया कि सोवियत में आज स्त्री डाक्टरों की संख्या पुरुष डाक्टरों की अपेक्षा अधिक है। स्त्रियां सभी बौद्धिक व्यवसायों में पुरुषों के समान भाग ले रही हैं यह केवल समाजवादी व्यवस्था में स्त्री का मिल सकने वाली स्वतन्त्रता से ही संभव हो सका है। इस अवस्था में स्त्री समाज के प्रति अपने प्राकृतिक कार्य मातृत्व को निर्बाध रूप से पूरा करती हुई अपनी व्यक्तिगत उन्नति भी निर्बाध रूप से कर सकती है।

कारावायेवा की बात सिद्धान्त रूप से मानते हुए भी मैंने ध्यान दिलाना चाहा कि समाजवादी प्रणाली सिद्धान्त रूप से स्त्री के व्यक्तिगत विकास के लिये पूर्ण अवसर देती है परन्तु मातृत्व का काम ही ऐसा है कि वह नारी के समय और शारीरिक शक्ति का बहुत सा अंश मांग लेता है। एक सन्तान के प्रसव के लिये सोवियत के नियमों के अनुसार ही स्त्री तीन मास के लिये अपना काम छोड़ जाती है। एक मां के लिये अपने सब कामों से बड़ा काम सन्तान की चिन्ता है। ऐसी अवस्था में एक स्त्री चीफ इंजीनियर जो दो सन्तानों की मां भी है, जिन्हें वह निरंतर पाल पोस रही है, स्वभावतः पुरुष चीफ इंजीनियर की अपेक्षा अपने व्यवसाय की पेचीदगियों की ओर कम ध्यान दे सकेगी। इसका कारण स्त्री में बुद्धि की न्यूनता नहीं होगा बल्कि यह कि उसकी बुद्धि को दूसरी चिन्तायें भी घेरे हुए हैं।

सुरकोव मेरी बात से उत्तेजित हो गये। उन्होंने कहा जो लोग स्त्रियों की स्वतंत्रता एवं विकास से स्पर्धा करते हैं वे सदा इसी प्रकार के तर्क किया करते हैं कि स्त्री का मुख्य काम मातृत्व निबाहना है परन्तु हमारी समाजवादी व्यवस्था में स्त्री के मातृत्व के कार्य, उसके व्यक्तिगत विकास और सामाजिक स्थिति में कोई विरोध नहीं। कारावायेवा बोलीं कि सन्तान के प्रति अपना कर्तव्य निबाहने के कारण स्त्री के मार्ग में जो बाधायें आवश्यक समझी जाती थीं, उनका उपाय हमारे समाजवादी जीवन में हो चुका है। उन्होंने अपनी किसी एक सहेली का उदाहरण दिया जो किसी बहुत उत्तरदायित्व पूर्ण काम पर है। उन्हें किसी दूसरे नगर से तार या फोन द्वारा तुरन्त वहाँ आने का संदेश मिला। परिस्थिति ऐसी थी कि वह अपने चार वर्ष के बालक को साथ नहीं ले जा सकती थीं इसलिये वे अपने बालक को अपने मुहल्ले की शिशुशाला में छोड़ गईं। जाते समय उन्होंने बच्चे को प्यार करके कहा—"बेटा, घबराना नहीं। मुझे लौटने में थोड़ी देर लगेगी तुम खेलते रहना।" अवसरवश यह महिला सात दिन से पहले न लौट सकीं। लौटते ही बच्चे को देखने और लिवा लाने शिशुशाला में पहुँची। बच्चा अपने समवयस्कों की संगति में अपने खेल में मस्त था। माँ ने उसे पुकार कर घर चलने के लिये कहा। बालक ने खेल छोड़ने की अनिच्छा प्रकट कर एतराज किया—"माँ हमें खेलने दो। तुमने तो कहा था थोड़ी देर में आओगी और तुम इतनी जल्दी आ गई कि हमारा खेल भी खतम नहीं हुआ।" कारावायेवा स्तालिन पुरस्कार प्राप्त सफल कहानी लेखिका हैं। उन्होंने जिस खूबी से यह सच्ची कहानी सुनाई, हम सभी लोग जोर से हँस पड़े। कारावायेवा ने तर्क

किया—"ऐसी परिस्थिति में सोवियत देश में माताओं को अपने सामाजिक और व्यक्तिगत कर्तव्य निबाहने में अपनी सन्तान की चिन्ता कैसे बाधक बना सकती है?"

मैंने सोवियत की शिशुशालाओं की सफलता पर बधाई देते हुए कहा—"क्या आपका यह उदाहरण इस बात का प्रमाण नहीं कि समाजवादी व्यवस्था में समाज का विकास सन्तान के उचित पालन के लिये पारिवारिक बन्धनों को अनावश्यक कर देता है? आपके उदाहरण से यह स्पष्ट है कि समाजवादी व्यवस्था में सन्तान के उचित पोषण और वर्धन के लिये परिवार का घोंसला और उसकी परिस्थितियां अनिवार्य नहीं?"

कारावायेवा मेरी इस बात से कुछ विक्षिप्त सी हो गईं। उन्होंने यह समझा कि मैं उनका दिया हुआ उदाहरण उन्हीं के विरुद्ध तर्क में प्रयोग कर रहा हूँ। कुछ उत्तेजित होकर उन्होंने कहा कि मैंने उदाहरण यह साबित करने के लिये या यह दिखाने के लिये नहीं दिया कि हम बच्चों के लिये पारिवारिक जीवन को अनावश्यक समझते हैं बल्कि यह दिखाने के लिये दिया है कि स्त्री को अपना कर्तव्य निबाहते समय उसका माँ होना असुविधा का कारण नहीं बन सकता। उन्हें आश्वासन दिया कि मैं उनके उदाहरण का प्रयोग समाजवादी जीवन में परिवार के प्रति आस्था घट जाने के तर्क के रूप में नहीं कर रहा हूँ; अभिप्राय यह है कि परिवार का आधुनिक रूप समाजवादी समाज के लिये अनिवार्य नहीं रहा। मैंने सोवियत जीवन से दूसरा उदाहरण दिया कि जोया स्कूल में हम लोगों ने पांचवीं छठी श्रेणी की छोटी-छोटी लड़कियों से यह प्रश्न किया था कि वे पढ़-लिखकर क्या बनना पसन्द करेंगी? उन लड़कियों में से बहुतों ने डाक्टर, इंजीनियर, चित्रकार और अध्यापिका बनने की इच्छा प्रकट की। गृहणी बनने की इच्छा किसी ने नहीं। श्रीमती मालती बिडेकर ने खास तौर पर यह प्रश्न भी किया था कि क्या उनमें से गृहणी कोई भी नहीं बनना चाहती? और सभी लड़कियों ने ना····ना···ना चिल्ला कर इंकार कर दिया! गृहणी बनने के लिये इन लड़कियों की अरुचि इस बात का स्पष्ट प्रमाण है कि आपके समाज में भी स्त्री का गृहणी बनने और दूसरी दिशा में उसके व्यक्तित्व के विकास में समन्वय नहीं। स्त्री के मार्ग से आर्थिक व्यवधानों को आपने दूर कर दिया है पर दो प्रकार के जीवन की भावनाओं का समन्वय तो नहीं हो पाया।

सुरकोव और मर्शाक ने हंसकर कहा—"यह तो बच्चों की बातें हैं। हमारे समाज में स्त्री के गृहणी बनने और उसके व्यक्तित्व के विकास में कोई परस्पर-विरोध नहीं।" इस पर भी मैंने आग्रह किया कि समाजवादी व्यवस्था में सम्पूर्ण समाज एक व्यापक परिवार का रूप ले रहा है जिसमें प्रत्येक सन्तान के लिये समाज और राष्ट्र उत्तरदायी है तो फिर परिवार का परम्परागत रूप अनावश्यक हो ही जाता है। कम से कम परिवार के सम्बंध में आपकी कल्पना ठीक वैसी नहीं है जैसी सामन्तवादी या पूँजीवादी समाज में होती है।

सुरकोव ने आग्रह किया कि नारी को आर्थिक आत्मनिर्भरता और पूर्ण विकास का अवसर देकर भी हम पति-पत्नी के स्थायी सम्बन्ध और उनकी सन्तान के रूप में परिवार को समाज का आधार समझते हैं। मैं यह अनुभव कर रहा था कि हमारे दूसरे साथी इस चर्चा में रस नहीं ले रहे हैं फिर भी कहा—"परिवार का परम्परागत रूप समाज की तत्कालीन आर्थिक परिस्थितियों का परिणाम था। वे आर्थिक परिस्थितियां ही परिवार का आधार भी थीं। मार्क्सवादी दृष्टिकोण से आप यह मानेंगे कि आर्थिक और भौतिक परिस्थितियां मनुष्य को अपने जीवन का एक विशेष ढंग अपनाने को मजबूर कर देती हैं।

समाज में आर्थिक सम्बन्ध और परिस्थितियां बदलने के साथ-साथ परिवार के आकार, रूप और प्रयोजन में परिवर्तन होता आया है, जैसे कुल-परिवार, संयुक्त परिवार और आधुनिक-परिवार। व्यक्ति सामाजिक परिस्थितियों के अनुसार आत्मरक्षा के प्रयोजन से परिवार बनाने के लिये अपनी व्यक्तिगत स्वतन्त्रताओं का बलिदान करता आया है। समाजवादी व्यवस्था व्यक्ति को विकास और स्वतन्त्रता का इतना अवसर देती है कि उसे पारिवारिक संगठन पर निर्भर करने की आवश्यकता ही नहीं रहती न पारिवारिक बंधनों में बंधने की। इस परिवर्तन का मूल आर्थिक परिवर्तन में है। नींव बदल जाने के बाद इमारत को पहले ही रूप में कैसे बनाए रखा जा सकता है?'' सुरकोव ने आर्थिक आधार की बात को स्वीकार कर समाजवादी व्यवस्था में व्यक्ति के विकास और पूर्ण स्वतन्त्रता में तथा पारिवारिक संगठन में कोई विरोध न होने बल्कि उनके अन्योन्याश्रय होने की बात पर जोर दिया। मैं इन बातों में अपने विचार के अनुसार विरोध दिखाने के लिये व्यक्ति की स्वतन्त्रता के सम्बन्ध में बात करना चाहता था परन्तु साथियों को बहुत विलम्ब होता जान पड़ रहा था इसलिये सरदार गुरुबख्शसिंह ने उठकर तर्क समाप्त करने का प्रस्ताव करते हुए सोवियत लेखकों को उनकी उदारता और आतिथ्य के लिये धन्यवाद दे दिया।

सुरकोव ने दोनों हाथ फैलाकर समर्थन किया—''.....अन्त में यह कहना चाहता हूँ कि आज हमारे विचारों और भावनाओं में जो सम्पर्क स्थापित हुआ है, आशा करनी चाहिये कि वह नित्य बढ़ता ही जायेगा।''

सोवियत लेखकों से बातचीत में समय की कमी के कारण सोवियत समाज में पारिवारिक सम्बन्ध और व्यक्तिगत स्वतन्त्रता के प्रश्न पर पूरी बात न हो सकी थी परन्तु मैं जब-तब सोवियत के लोगों से बात कर इस सम्बन्ध में उनके विचार और भावनायें जानने का यत्न करता रहा। यही उपयोगी भी था क्योंकि लेखक प्रायः तर्क से बात करता है और सर्वसाधारण लोग तथ्य के आधार पर। बौद्धिक दांव पेच से गढ़े गये तर्क की अपेक्षा तथ्य के आधार पर निकाले निष्कर्ष ही अधिक भरोसे योग्य होते हैं। स्त्री के मातृत्व के कर्तव्य और समाज के प्रति उसके आर्थिक कर्तव्य में विरोधाभास की बात चलने पर क्रेमापालोवा ने कहा—''देखो, स्त्री के लिये मातृत्व स्वाभाविक बात है। इससे उसे रोका नहीं जा सकता। प्रारम्भिक समाज में भी स्त्री खेती के काम, ईंधन पानी लाने और पशुओं को सम्भालने के रूप में भी करती ही थी। अब स्त्रियां चीफ इंजीनियरों, प्रोफेसरों, डाक्टरों और मजदूरों के रूप में अपना आर्थिक कर्तव्य पूरा कर रही हैं।''

यह अनुभव की बात है। अनुभव स्वयं बता देता है कि परस्पर-विरोधी कर्तव्यों में समन्वय कैसे हो! क्रेमापालोवा स्वयं एक बहुत उत्तरदायी पद पर हैं। युद्ध के समय भी यह व्यवस्था और संगठन के उत्तरदायी काम कर चुकी हैं। यह ठीक है कि पैदावार के साधनों का समाजीकरण हो जाने से सोवियत में परिवार का परम्परागत आर्थिक आधार बदल गया है, स्त्रियों के आर्थिक रूप से आत्मनिर्भर हो जाने से स्त्री की पुरुष पर निर्भरता की समस्या भी नहीं रह गई है। इस पर भी पारिवारिक सम्बन्ध के विषय में सोवियत के लोगों की आस्था बहुत दृढ़ क्यों है? इसका कारण है कि सोवियत समाज में परिवार तो है पर उसका आधार बदल गया है। उनके समाज में पारिवारिक दृढ़ता का आधार आर्थिक आवश्यकता न होकर स्त्री-पुरुष के पारस्परिक प्रेम का स्थायी सम्बन्ध हो गया है।

सोवियत समाज के अनुसार परिवार की नई परिभाषा 'स्त्री-पुरुष का स्थायी प्रेम और सम्बन्ध' है। ऐसे परियार के प्रति सोवियत के लोगों की आस्था का कारण समझने के लिये समाज की उस अवस्था की कल्पना करनी होगी जिसमें स्त्री-पुरुष के स्थायी सम्बन्ध या पारिवारिक व्यवस्था का अभाव हो। स्त्री-पुरुष के स्थायी सम्बन्ध के अभाव में स्त्री-पुरुष की स्वच्छंद या उच्छृङ्खल अवस्था को ही साधारण नियम स्वीकार करना होगा। सोवियत समाज स्त्री-पुरुष के सम्बन्ध में ऐसी उच्छृङ्खलता को स्वीकार करने के लिये तैयार नहीं। सोवियत समाज स्त्री-पुरुष के सम्बन्ध में उच्छृङ्खलता का विरोध किसी विश्वासगत धार्मिकता या साम्प्रदायिकता के आधार पर नहीं करता। उनके इस विरोध का कारण नितान्त भौतिक, व्यक्ति और समाज के कल्याण का व्यावहारिक पक्ष ही है।

सम्भव है स्त्री-पुरुष के यौन सम्बन्ध में उच्छृङ्खलता या स्वच्छन्दना के प्रति सोवियत समाज की विरक्ति और घृणा का कारण उनका अपना वही अनुभव है जो क्रान्ति के तुरन्त बाद, स्त्री को सामन्तवादी और पूँजीवादी दासता की नैतिकता से मुक्त कर देने के लिये तलाक और गर्भपात को मामूली बात करार दे देने से व्यापक उच्छृङ्खलता के रूप में सामने आ गया था। ऐसी यौन उच्छृङ्खलता समाजवादी समाज का लक्ष्य नहीं थी। वह केवल सामन्तवादी पूँजीवादी नैतिकता की दासता के कारण समाज की अवरुद्ध प्रवृत्तियों में आ गये विकारों का परिणाम था।

परिवार की नींव स्त्री-पुरुष के स्थाई प्रेम और सम्बन्ध को मान लेने पर उसमें स्थिरता और दृढ़ता की आवश्यकता को लेनिन के उन शब्दों से समझा जा सकता है जो उन्होंने क्लाराजेकिन के प्रश्न के उत्तर में कहे थे और जो प्रायः प्रत्येक सोवियत नागरिक को याद है। सोवियत की समाजवादी नैतिकता स्त्री-पुरुष के प्रेम और यौन सम्बन्ध को मनुष्य जीवन की स्वाभाविक आवश्यकता मानती है इसलिये इस आवश्यकता की स्वाभाविक ढंग से पूर्ति में कोई अड़चन नहीं। कोई भी वयः प्राप्त युवक और युवती आपस में आकर्षण होने पर केवल अपने नाम रजिस्टर में दर्ज करा देने से ही पति-पत्नी बन जा सकते हैं परन्तु एक बार पति-पत्नी बन जाने पर अपना सम्बन्ध तोड़कर कहीं और विवाह कर लेना आसान नहीं; बल्कि तलाक बहुत ही कठिन है। प्रश्न यह है कि तलाक के सम्बन्ध में सोवियत समाज की कड़ाई क्या स्त्री-पुरुषों की व्यक्तिगत स्वतंत्रता का अपहरण नहीं? क्या स्त्री-पुरुष का एक बार आकर्षित होकर एक दूसरे से ऊब जाना और फिर अन्यत्र आकर्षित होना स्वाभाविक नहीं? सोवियत समाज ऐसे व्यवहार को स्वाभाविक नहीं, अव्यावहारिक उच्छृङ्खलता मानता है। क्यों?

लेनिन ने कहा था कि स्त्री-पुरुष में प्रेम और यौन-आकर्षण भूख प्यास की तरह ही स्वाभाविक है परन्तु प्यास लगने पर भलमनसाहत का दावा करने वाला कोई भी व्यक्ति गन्दी नाली में मुंह डालकर पानी पीना स्वीकार न करेगा; न ही वह ऐसे जूठे गिलास से पानी पीना चाहेगा जिस पर दूसरे लोगों के होंठों के निशान पड़े हों। प्यास लगने पर स्वच्छ गिलास से स्वच्छ जल पीना ही उचित है और लेनिन ने कहा था कि यौन-प्रेम की तुष्टि की तुलना एक गिलास जल पी लेने से नहीं की जा सकती; क्योंकि किसी भी व्यक्ति के जैसा तैसा जल जैसे-तैसे ढंग से पी लेने का परिणाम उसी व्यक्ति को भुगतना पड़ता है परन्तु यौन प्रेम में मामला एक नहीं दो आदमियों का होता है और तीसरे व्यक्ति के समाज में आने की सम्भावना भी रहती है, इसलिये उसे निरी व्यक्तिगत स्वतन्त्रता की

बात नहीं मान लिया जा सकता। ऐसी व्यवहारिक सामाजिक भावना के कारण सोवियत समाज स्त्री-पुरुष के स्थायी सम्बन्ध की पारिवारिक दृढ़ता को आर्थिक मजबूरी न होने पर भी व्यक्तिगत समाज और हित की नैतिकता की दृष्टि से बहुत महत्त्व देता है।

व्यवहार में भी यही देखा कि सोवियत के नवयुवक और नवयुवतियां वय प्राप्त होते ही विवाह कर लेते हैं और पति-पत्नी में आकर्षक भी बहुत अधिक होता है। 'घर लौटने' की चाह युवक-युवतियों में उग्र और स्पष्ट दिखाई देती रहती है। गुप्त-प्रेम या परकीया के प्रेम की रसमय कल्पना सोवियत समाज के व्यवहार और साहित्य में कोई रसानुभूति उत्पन्न नहीं करती क्योंकि उस समाज में प्रेम के स्वाभाविक मार्ग में कोई अड़चन नहीं। सामन्तवादी और पूँजीवादी साहित्य में गुप्त-प्रेम और समाज द्वारा अवैध करार दिये गये प्रेम पर निछावर होने वाले नायक-नायिका के लिये हमारी सहानुभूति का कारण यही था कि उनके प्रेम की तुष्टि के स्वाभाविक मार्ग में अस्वाभाविक अड़चनें डाल दी गई थीं। जिनसे परास्त हो जाने के लिये नायक-नायिका तैयार नहीं थे और वे अपने प्रेम की स्वतंत्रता के लिये निछावर हो जाते थे।

अन्तर्राष्ट्रीय स्तालिन शान्ति पुरस्कार

पांच जनवरीः—लाल चौरस (रैड स्कवायर) में से होकर आते-जाते समय क्रमलिन की चार ऊंची मीनारों की चोटियां, जिन पर सोवियत राष्ट्र का चिन्ह पांच कोने के तारे लगे हुये हैं दिखाई देते रहते हैं और क्रेमलिन को घेरे पत्थर की बहुत ऊंची प्राचीर भी। दन्तकथाओं में क्रेमलिन दुर्दान्त महत्ता और आतंक का प्रतीक रहा है। क्रान्ति से पहले वह क्रान्तिवादी शक्तियों के लिये ही नहीं; जार के साम्राज्यवादी प्रतिद्वन्द्वियों के लिये भी आतंक का कारण था। समाजवादी क्रान्ति के बाद से तो रहस्य-कुचक्र और आतंक का और भी विकट वातावरण पूँजीवादी पत्रों ने क्रेमलिन के नाम के साथ जोड़ दिया है। मास्को पहुँचने पर क्रेमलिन की ऊंची प्राचीर और लाल सेना के सशस्त्र सिपाहियों से सुरक्षित उसके फाटकों को देखकर यात्रियों को वे बातें याद आ जाती हैं। यह भी ठीक है कि क्रेमलिन के भीतर जिस किसी के लिये चले जाना और घूम आना आसान नहीं। पहले आज्ञा लेनी पड़ती है; फाटक पर आज्ञा पत्र और यात्री के पासपोर्ट की ध्यानपूर्वक जांच होती है तभी प्रवेश हो सकता है।

हम लोगों के लिये आज्ञा का सवाल नहीं था क्योंकि हम लोग निमन्त्रित थे। भारतीय शान्ति कमेटी के प्रधान डा० किचलू को शान्ति के लिये अन्तर्राष्ट्रीय स्तालिन पुरस्कार दिये जाने की घोषणा की गई थी वह उन्हें विधिवत सौंपा जाना था। सभी भारतीय प्रतिनिधि निमन्त्रित थे। हम सब लोग एक साथ एक बस में गये। बस को फाटक पर रोक दिया गया। दो लाख सैनिकों ने आकर हमारे साथ आये डा० बुटरोव से जांच पड़ताल की। हम सब लोगों के पासपोर्टों पर निगाह डाली। एक लाल सिपाही हमारे साथ बस में सवार हुआ तब हम भीतर जा सके।

इस छोटी सी सभा का प्रबन्ध क्रेमलिन के एक छोटे से गोल सभाभवन में किया गया था। सभाभवन का गुम्बद बहुत ही ऊंचा था और प्रकाश की व्यवस्था ऐसी थी कि मानों हम प्रातः काल की हल्की धूप में बैठे हों। धूप का तो अवसर ही नहीं था क्योंकि बाहर बरफ जोरों से पड़ रही थी। भारतीय राजदूतावास से हमारे राजदूत श्रीकृष्ण मेनन और उनके साथ के लोग भी आये हुए थे। मास्को के भी डेढ़ सौ के लगभग नागरिक थे। इस

सभा में कवि तिखोनोव, प्रमुख फिल्म प्रोड्यूसर पुदोवकिन भी बोले। उन्होंने विश्व शान्ति के लिये भारतीय जनता के प्रयत्नों की प्रशंसा की। उसके बाद सोवियत पार्लियामेंट के प्रधान ने स्तालिन पुरस्कार का स्वर्ण पदक और पुरस्कार के लिये प्रमाण-पत्र डा० किचलू को भेंट किया। यह देखकर सविस्मय सन्तोष हुआ कि यह प्रमाण-पत्र अंग्रेजी में नहीं बल्कि रूसी और हिन्दी में था।

हमारे कुछ प्रगतिवादी साथी हिन्दी को भारत की राष्ट्रीय भाषा स्वीकार करना भारत के अहिन्दी-भाषी-प्रान्तों और विशेषकर उर्दू को अपनी मातृभाषा बताने वालों के प्रति अत्याचार समझते हैं। उनका तर्क रहा है कि इस विषय में हमें जनवादी सोवियत राष्ट्रसंघ के उदाहरण के अनुसार चलना चाहिये। सोवियत के सभी राष्ट्रों में शिक्षा और शासन व्यवस्था का काम अपनी-अपनी मातृभाषाओं में चलता है। वहाँ किसी भी भाषा का स्थान नहीं दिया गया। यही व्यवस्था भारत के लिये भी ठीक होगी। हिन्दी राष्ट्र भाषा बनाकर शेष प्रादेशिक भाषाओं का दमन क्यों किया जाये परन्तु डा० किचलू को प्रमाण पत्र रूसी में देने से यह स्पष्ट है कि सोवियत के सब राष्ट्रों में अपनी-अपनी मातृभाषाओं में ही शिक्षा और शासन व्यवस्था का काम चलने पर भी जब सोवियत संघ के राष्ट्र सम्मिलित रूप से किसी भाषा का प्रयोग करते हैं तो उनकी सांझी भाषा रूसी होती है। डा० किचलू ने तो अपना भाषण अंग्रेजी में ही दिया था परन्तु सोवियत सरकार ने डा० किचलू को प्रमाण-पत्र हिन्दी में ही देना उचित समझा। इससे यही जान पड़ता है कि सोवियत के लोगों की दृष्टि में भारत की राष्ट्र-भाषा हिन्दी ही है। भारत के लिये एक सांझी भाषा का नियत किया जाना अहिन्दी भाषा-भाषी प्रदेशों के लिये प्रगतिवाद की दृष्टि से कैसे अन्याय है, यह समझ पाना कठिन है।

इंगलैण्ड में कई भारतीय मित्रों ने और देश लौटने पर भी बहुत से लोगों ने बार-ब्रार प्रश्न किया है कि आखिर डा० किचलू ने शान्ति के लिये ऐसी कौन बड़ी बात कर डाली जिसके लिये सोवियत ने उन्हें तीन लाख रुपये का पुरस्कार दे डाला। इस प्रश्न का उत्तर डा० किचलू के ही शब्दों में ज्यादा उचित होगा। डा० किचलू ने इस पुरस्कार के लिये धन्यवाद देते हुए कहा था—"मैं यह बहुत अच्छी तरह जानता हूँ कि मैं व्यक्तिगत रूप से इस सम्मान के योग्य नहीं हूँ। वास्तव में यह सम्मान मेरे देश की जनता द्वारा किये गये शान्ति के लिये प्रयत्नों का ही है और भारतीय शान्ति कमेटी के प्रधान के नाते मेरे द्वारा मेरे देश का यह सम्मान किया जा रहा है। हमारे देश की जनता ने सदा ही दमन और आक्रमण का विरोध किया है और सभी देशों की जनता के लिये आत्मनिर्णय के अधिकार का समर्थन किया है। हमने चीन में जापान के आक्रमण का विरोध किया, स्पेन और अबीसीनिया में फासिस्टों के आक्रमण का विरोध किया और दूसरे महायुद्ध के समय भी हमारे देश की जनता ने युद्ध के विरोध और असहयोग की नीति के लिये आत्म बलिदान किया। आज भी हमारे देश की जनता और सरकार चालू युद्धों को समाप्त करने और भावी युद्धों को रोकने का पूरा प्रयत्न कर रही है इसलिये हमारे देश की जनता, सोवियत जनता द्वारा प्रकट की गई सद्भावना और आदर को कृतज्ञता पूर्वक स्वीकार करती है।"

रूस और भारत

प्रोफेसर द्याकोव दोपहर के खाने पर आये थे और उसके बाद हम लोग उन्हें घेरकर बहुत देर तक बात करते रहे। वे मास्को में भारत सम्बन्धी खोज और अनुसन्धान का

संचालन करते हैं। समाजवादी क्रान्ति के समय उनकी आयु इक्कीस वर्ष की थी। उन्होंने अपना यौवन क्रान्ति की सफलता और समाजवादी व्यवस्था के निर्माण में लगाया है। उस समय वे ताशकन्द में काम कर रहे थे। वहीं उन्होंने फारसी का अध्ययन किया था। १९२० और ३० के बीच में भारत और दूसरे पूर्वी देशों से जो नवयुवक संकट झेल कर सोवियत देश में पहुँचते थे उनके लिये ताशकंद में एक विद्यालय चालू था। प्रो० द्याकोव उस विद्यालय में मार्क्सवाद और लेनिनवाद की शिक्षा देते थे। भारत से जाने वाले नवयुवकों से उन्होंने उर्दू सीख ली थी।

प्रो० द्याकोव को हिन्दुस्तानी या उर्दू मिली हिन्दी में रुक-रुककर बात करते देख हम लोगों को बहुत भला लगा परन्तु उनकी कठिनाई का ध्यान कर हम लोगों ने उनसे अंग्रेजी में ही बात करने का प्रस्ताव किया। प्रोफेसर ने आश्वासन दिया—"अंग्रेजी मेरे लिये हिन्दुस्तानी से अधिक विदेशी भाषा है"—और वे हिन्दुस्तानी में ही बात करते रहे। वे इस समय भारतीय समस्याओं के अधिकारी आलोचक माने जाते हैं। उन्होंने एक पुस्तक भारत के सम्बन्ध में "भारत में राष्ट्रीयताओं का निर्माण" लिखी है। अभी इस पुस्तक का अनुवाद नहीं हो पाया है।

प्रो० द्याकोव ने कहा—"हमें इस बात का संतोष है कि ब्रिटिश ने जो भारत और सोवियत के बीच में दीवार खड़ी कर दी थी वह गिर चुकी है और हमारे भारतीय मित्रों को हमारे देश में पधारने की सुविधा हो गई है। आप लोग स्वयं देख सकते हैं कि हम लोहे की दीवार के पीछे छिपना नहीं चाहते। हम आपसे मिलने के लिये उत्सुक हैं। हम चाहते हैं कि आप हमें अपनी आँखों देखें और समझें और साथ ही अपने विषय में हमें बतायें।"

गुजराती उपन्यास लेखक श्री देसाई ने उनसे प्रश्न किया—"ब्रिटिश और जर्मन इतिहासज्ञों ने भारत के सम्बन्ध में जो अनुसन्धान किये हैं, उनका थोड़ा बहुत परिचय हमें है। रूसी इतिहासज्ञों ने इस विषय में जो अनुसन्धान किये हैं, उनका हमें कुछ ज्ञान नहीं। इस विषय पर आप कुछ प्रकाश डालें तो बहुत अच्छा हो।" प्रोफेसर ने स्वीकार किया कि ब्रिटिश और जर्मन इतिहासज्ञों की अपेक्षा रूसी इतिहासज्ञों को भारत के सम्बन्ध में काम करने को बहुत कम अवसर मिला है। इसका कारण यह था कि ब्रिटिश साम्राज्य को जार के समय भी और बाद में भी रूस के प्रति विकट सन्देह बना रहता था और रूसियों को भारत जाने में बहुत कठिनाई होती थी। फिर भी थोड़ा बहुत जो कुछ रूसियों ने भारत के सम्बन्ध में लिखा है, यह उपयोगी है क्योंकि उनका दृष्टिकोण अंग्रेजों के दृष्टिकोण से भिन्न था और वे ऐसी चीजें हैं जो अंग्रेज लिख ही नहीं सकते थे।

सबसे पहला रूसी यात्री निकितिन पंद्रहवीं शताब्दी में भारत गया था। निकितिन स्वयं साधारण स्थिति का व्यक्ति था और वहाँ रहते समय भारतीय जनसाधारण के सुख-दुःख का भागी बनकर रह रहा था। रूस लौटने के बाद बीमार हो जाने के कारण शीघ्र ही उसकी मृत्यु हो गई इसलिये वह अधिक नहीं लिख सका। उसके बाद भी कई लोग रूस से भारत गये। भारत से तो प्रायः सदा ही लोग रूस आते-जाते रहते थे। सोलहवीं और सत्रहवीं शताब्दी में रूस के अनेक नगरों बाकू और निजनीनोवोगोर्द आदि में मारवाड़ी और सिन्धी व्यापारियों के मुहल्ले बसे हुए थे। राजस्थान से जैन व्यापारी भी

क्रान्ति के समय तक बुखारा में आते थे। मालूम नहीं कि इन लोगों ने भी रूसी यात्राओं के वृत्तांत लिखे हैं या नहीं।

भारत की यात्रा करने वाले बहुत पुराने रूसियों में से एक सेरासीमलेबेव थे। इन्होंने हिन्दुस्तानी भाषा का एक व्याकरण लिखा था। यह व्याकरण लन्दन में प्रकाशित हुआ था। उसके बाद बर्टलिंग जो जन्म से जर्मन था परन्तु रूस में बस गया था, यहाँ से भारत गया। इसने रूसी-संस्कृत कोष बनाया था जो बहुत पुराना हो जाने पर भी अभी तक प्रयोग में आ रहा है। उन्नीसवीं सदी में इबान पावलोविच भी भारत गया। उसका ध्यान मुख्यतः बुद्ध धर्म की ओर था परन्तु उसे सामयिक लोगों से मिलने का भी अवसर हुआ। उसने आधुनिक घटनाओं के सम्बन्ध में भी लिखा है। उसने भारत में ब्रिटिश शासन से मुक्ति के आन्दोलन की बावत लिखा है। पंजाब जाकर इसने नामधारी सिक्खों से मुलाकात की और कूकाविद्रोह के बारे में बहुत-सी बातें व्यक्तिगत जानकारी से लिखी हैं। इस पुस्तक का काफी ऐतिहासिक महत्त्व होगा और वह शीघ्र ही प्रकाशित की जायेगी। इसी के बाद स्चेरबात्सकी भारत गया। उसने भी बुद्ध धर्म और ब्रिटिश शासन व्यवस्था दोनों के बारे में ही लिखा है।

भारत की आधुनिक समस्याओं के सम्बन्ध में अनुसन्धान की रुचि क्रान्ति के बाद से हमारे यहाँ अधिक बढ़ी है। इससे पूर्व रूसी विद्वान मुख्यतः संस्कृत और पाली का ही अध्ययन करते थे परन्तु क्रान्ति के बाद से मास्को विश्वविद्यालय में उर्दू और लेनिनग्राद विश्वविद्यालय में अन्य भारतीय भाषाओं के अध्ययन का प्रबन्ध किया गया है। भारत के सम्बन्ध में सबसे अधिक काम प्रसिद्ध विद्वान बार्निकोव ने किया है। बार्निकोव ने यहाँ हिन्दी, उर्दू, पंजाबी, मराठी, बंगाली पढ़ाई जाने का प्रबन्ध किया। उन्होंने एक पंजाबी-रूसी कोष तैयार करवाया—यह सुनते ही सरदार गुरुबख्श सिंह कुर्सी से उछल पड़े और उन्होंने एक प्रति के लिये अनुरोध कर दिया—प्रो० द्याकोव ने आश्वासन दिया कि उसकी प्रतियाँ सभी पुस्तकालयों में मौजूद हैं और आपको भी उसकी एक प्रति मिल जायेगी। बार्निकोव ने रूसी और मराठी 'स्वयं शिक्षक' भी तैयार किया है। उनका तैयार किया एक बड़ा-रूसी-हिन्दी शब्द कोष छप रहा है जो मई मास तक पूरा हो जायेगा। रूसी-बंगाली शब्द कोष भी तैयार हो चुका है। बार्निकोव ने प्रेम सागर और तुलसीकृत रामायण और महाभारत के आदि पर्व का भी रूसी पद्य में अनुवाद किया है। शेष महाभारत का भी अनुवाद हो रहा है। कालिदास के नाटकों का भी रूसी पद्य में अनुवाद हो चुका है। यह अनुवाद कविता की दृष्टि से तो बहुत अच्छे हैं परन्तु हमें इनसे सन्तोष नहीं। प्रो० बार्निकोव की मृत्यु से भारत के सम्बन्ध में रूस में होने वाले काम को बहुत हानि पहुँची है। प्रो० बार्निकोव ने जो प्रकाण्ड काम भारतीय संस्कृति का परिचय सोवियत को देने का किया है, उसकी गूंज भारत में भी पहुँच चुकी थी। हमने विश्वास दिलाया कि उनकी मृत्यु से होने वाली हानि को भारत ने भी बहुत अनुभव किया है। गत अक्टूबर मास में इलाहाबाद में जो प्रगतिशील लेखक संघ का सम्मेलन हुआ था, उसमें उनके प्रति आदर और उनकी मृत्यु पर शोक का प्रस्ताव पास किया गया था।

प्रो० द्याकोव ने बताया कि लेनिनग्राद की लाइब्रेरी में हस्तलिखित संस्कृत और पाली ग्रंथों का काफी बड़ा संग्रह है। राहुल जी ने इनके वर्गीकरण और सूची बनाने का काम आरम्भ किया था। राहुल जी के जाने के बाद उनके रूसी शिष्य इस काम को कर रहे हैं

और आशा है कि ग्रंथों का यह संग्रह भारत के प्राचीन इतिहास की अनेक कमियों को पूरा करने में सहायक होगा। इन हस्तलिखित पुस्तकों में एक मूल्यवान पुस्तक वास्कोडिगामा की लिखी हुई दिनचर्या भी है। भारत के सामयिक इतिहास पर प्रो० रीजनर ने भी गुरु गोविन्द सिंह के समय से लेकर भारतीय राष्ट्रीय कांग्रेस के आन्दोलन के आरम्भ तक का इतिहास लिखा है। भारत के सम्बन्ध में प्रकाशित पुस्तकों में से प्रो० बृजनारायण और रजनी पामदत्त की पुस्तकों 'इंडियन इकोनोमी' और 'माडर्न इंडिया' का अनुवाद रूसी में हो चुका है। भारत की आधुनिक समस्याओं के बारे में भी रूसी जनता पर्याप्त रूप से सचेत है और भारत के सम्बन्ध में ज्ञातव्य बातें हमारी मासिक पत्रिकाओं 'नया पूर्व' और 'क्रान्तिकारी पूर्व' में निरन्तर प्रकाशित होती रहती हैं। प्रो० द्याकोव की आयु लगभग साठ है उन्हें रक्तचाप की बीमारी भी है। इसलिये हमें उनके स्वास्थ्य का ध्यान कर अपने कौतूहल का दमन करना पड़ा।

× × ×

छः जनवरी :—डा० किचलू के स्तालिन पुरस्कार पाने पर उन्हें बधाई देने के लिये भारतीय राजदूत श्री कृष्ण मेनन ने भारतीय राजदूतावास में एक चाय पार्टी की थी। इस गोष्ठी में सभी भारतीय प्रतिनिधि, भारतीय राजदूतावास के लोग तो सम्मिलित थे ही, बहुत से प्रमुख रूसी नागरिक उदाहरणतः विदेशी विभाग के चीफ डिप्टी मिनिस्टर मिस्टर याकूब मलिक, इलिया एहरनबर्ग, तिखोनोव, द्याकोव और पुदोवकिन भी सम्मिलित थे। याकूब मलिक संयुक्त राष्ट्रसंघ में कई बार प्रधान के पद पर काम कर चुके हैं। उनके नाम से सभी परिचित हैं इसलिये देखने का कौतूहल था ही। गम्भीर बातचीत से पहले अभी इधर-उधर की चल रही थी। किस साथी को कुछ वर्ष पहले भारतीय समाचार-पत्रों में चली एक चर्चा याद आ गई। जिन दिनों श्रीमती विजयलक्ष्मी पंडित मास्को में भारतीय राजदूत थीं उन्होंने भारतीय राजदूतावास के लिये स्वीडन में लाख सवा-लाख रुपये का फर्नीचर मंगाया था। ऐसा बहुमूल्य फर्नीचर देख लेने की इच्छा हम लोगों को भी हुई। उसके विषय में पूछा तो उत्तर मिला कि हम उन्हीं बहुमूल्य कुर्सियों और सोफों पर बैठे बातचीत कर रहे थे इसलिये उसे विशेष ध्यान से देखा और कोई विशेषता दिखाई न पड़ने पर उस फर्नीचर की विशेषता जाननी चाही। राजदूतावास के लोग बात को टाल देना चाहते थे परन्तु हमारे आग्रह पर उन्हें कहना ही पड़ा कि विशेषता जो कुछ है सामने ही है पर ब्रिटिश और अमरीकन राजदूतावासों का यह ढंग है कि वे मास्को से अपने लिये कुछ नहीं खरीदते। उनके लिये अधिकांश सामान स्वीडन से ही आता है। शायद उस देखा-देखी से भारतीय राजदूतावास के लिये भी स्वीडन से ही फर्नीचर मंगा लिया होगा पर अब सब कुछ यहाँ से लिया जाता है।

कृष्ण मेनन ने मिस्टर याकूब मलिक से हम लोगों का परिचय कराते हुए गीता मलिक (बंगाली महिला प्रतिनिधि) को कन्धे से सहारा देते हुए याकूब मलिक के सामने ला खड़ा किया। याकूब अन्य भद्र सोवियत नागरिकों की भांति प्रायः छः फुट ऊंचे 'दोहरे कद' के लहीम शहीम व्यक्ति हैं। उस समय वे अपने पद की नीली वर्दी पहने कुछ और भी विशाल लग रहे थे। सिर के बाल मशीन से बहुत महीन कतरे हुए। गीता मलिक बंगाली भद्र युवती, कुछ तो शरीर संक्षिप्त, कुछ अपनी पीली साड़ी में इतने बड़े व्यक्ति के सामने जाने के संकोच में और भी सिमटी हुईं?

कृष्ण मेनन ने गम्भीरता और विनय से गीता की ओर संकेत करते हुए याकूब मलिक को सम्बोधन किया —"Here Mrs. Malik has come." (ये श्रीमती मलिक आ गईं।) मि० मलिक गीता मलिक की ओर देख कृष्ण मेनन की ओर आंखें फाड़े चुप रह गये।

"Yes, My husband's name is ....Malik." (जी, मेरे पति का नाम ....मलिक है) गीता ने मुस्कराकर याकूब मलिक की उलझन दूर की। मि० मलिक ने सन्तोष की सांस ले गीता से हाथ मिलाया। There are so many Malik and Mrs. Malik. (जाने कितने ही मलिक हैं और कितने ही श्रीमती मलिक हैं।) सभी लोग कहकहा लगाकर हँस पड़े।

श्री कृष्ण मेनन ने डा० किचलू के सम्मान के लिये उन्हें बधाई देने का प्रस्ताव करते हुए सोवियत जनता को धन्यवाद देकर विश्वास दिलाया कि भारत की जनता और सरकार विश्व-शान्ति के लिये सोवियत के सभी प्रयत्नों में मित्र-भाव से हार्दिक सहयोग देगी।

× × ×

अपने मेजबानों को अपना कार्यक्रम बताते समय हम लोगों ने सोवियत संघ में किसी एशिया के प्रजातन्त्र को देखने की भी इच्छा प्रकट की थी। इस विषय में दूरी की अड़चन थी। डा० बुटरोव ने इस विषय में कठिनाई का उल्लेख करते हुए कहा था कि एशिया के प्रजातन्त्रों में जाना हो तो सबसे समीप ज्योर्जिया है। ज्योर्जिया जाने के लिये रेल में दो रात और अढ़ाई दिन व्यय हो जायेंगे। आप लोगों को लौटने की भी जल्दी है। इस समय विमान से यात्रा करने के लिये ऋतु अनुकूल नहीं। बर्फानी आंधियाँ लगातार चल रही हैं। रास्ते में ऊंचा कोहकाफ पर्वत पड़ता है। हम इस प्रतीक्षा में हैं कि किसी दिन मौसम साफ हो तो जो हो सकेगा किया जायेगा। छः तारीख को उन्होंने अगले दिन सुबह चार बजे ही विमान से ज्योर्जिया चलने के लिये तैयार रहने को कहा। हमारे पासपोर्ट उन्हीं के पास थे।

यह सोचकर कि दूसरे प्रजातन्त्र में जाते समय शायद पासपोर्ट की आवश्यकता पड़े अपने पासपोर्टों के सम्बन्ध में पूछा। उन्होंने आश्वासन दिया कि पासपोर्ट की आवश्यकता न होगी। पासपोर्ट की बात चलने पर हममें से एक साथी ने कहा कि हमारे पासपोर्टों पर सोवियत में आने की मुहर न लगाई जाय तो अच्छा हो। उनके इस अनुरोध का समर्थन एक दूसरे साथी ने भी किया। रूसी साथी अलेक पूछ बैठा कि इससे आपको क्या अड़चन होगी? हमारे कई साथियों ने उत्तर दिया कि लौटते समय वे पश्चिमी जर्मनी, फ्रांस, इटली आदि होते हुए जाना चाहते हैं। सभी देशों में प्रवेश के समय पासपोर्ट देखे जाते हैं। पासपोर्ट पर सोवियत की मुहर होने से हम लोगों को संदिग्ध और खतरनाक व्यक्ति समझ लिया जायेगा। हमारे अपने देश लौटने पर भी शायद पासपोर्ट पर सोवियत की मुहर होना लाभदायक न होगा। सम्भव है, हम फिर कभी विदेश जाना चाहें तो यह मुहर हमारे कम्युनिस्ट या सोवियत मित्र होने का प्रमाण होगी।

"पासपोर्ट पर सोवियत की मुहर से सोवियत के प्रति यह आंशका क्या आपकी और अन्य देशों की सरकारों के प्रति सद्भावना का प्रमाण है।" अलेक ने गम्भीरता से पूछा—"आइरन करटेन (लोहे की दीवार) सोवियत खड़ी करता है या आपकी और दूसरे देशों

की सरकारें?'' इस प्रसंग से बातचीत में कुछ असुविधा का वातावरण तो आ ही गया था। दिल खोलकर बातचीत कर लेना ही उचित समझा—''इस बात से आप भी इन्कार नहीं कर सकते कि इच्छा होने से ही दूसरे देश के लोगों का सोवियत में चले आना सम्भव नहीं है। सोवियत में आने के लिये प्रवेश की आज्ञा लेनी पड़ती है जो आसान नहीं, आज्ञा देने से पहले आप अपना समाधान करते ही होंगे? इस सावधानी को भी तो लोग आइरन करटेन (लोहे की दीवार) कह सकते हैं।''

दूसरे रूसी साथी ने जवाब किया—''आशंका और संदेह दुतरफा होते हैं। सोवियत से दूसरे देशों में जाने वाले लोगों पर कितने प्रतिबन्ध लगाये जाते हैं?'' —उन्होंने इंगलैण्ड में होने वाली स्त्रियों की किसी कांफ्रेंस में जाने वाली सोवियत नारी प्रतिनिधि पर रोक लगाये जाने का और हमारे देश में सांस्कृतिक और साहित्यिक कांफ्रेंसों में सम्मिलित होने के लिये जाने वाले सोवियत नागरिकों पर प्रतिबन्ध लगाये जाने के उदाहरण बता दिये और बोले कि सोवियत और पूँजीवादी संसार के सम्बन्ध विच्छेद की जिम्मेवारी किस पर है? १९१७ की क्रान्ति के बाद पूँजीवादी देशों ने सोवियत को चारों ओर से घेरकर समाजवादी क्रान्ति का प्रभाव बाहर न फैलने देने का भरसक प्रयत्न किया था। उस समय जब सोवियत को सभी प्रकार की सहायता की आवश्यकता थी, किसी भी प्रकार की सहायता न आने देने के लिये सम्बन्ध विच्छेद की दीवार सोवियत के चारों ओर खड़ी कर दी गई थी। उस समय सोवियत को समाजवादी क्रान्ति के भयंकर रोग से ग्रस्त समझकर पूँजीवादी देशों की सरकारों ने अपने आपको छूत से बचाने के लिये सोवियत को निषिद्ध देश करार दे दिया था। शेष संसार से अलग रखने के लिये जो घेरा हमारे चारों ओर डाला गया था उसे उस समय 'कोदोंसेनितेर' (स्वास्थ्य रक्षक दीवार) कहा जाता था। यह दीवार हमारे चारों ओर लगातार बनी ही रही। अब उस दीवार की जिम्मेवारी भी हम पर डाली जा रही है।

पूँजीवादी देशों के असहयोग के बावजूद हमारी समाजवादी व्यवस्था की सफलता को देखकर हमें रोगी नहीं कहा जा सकता। आज पूँजीवादी समाज को हमारे रोग से नहीं बल्कि अपने स्वास्थ्य से डर है। आज अपना रोग हमारे देश में फैलाने में लगे हैं। हम उन्हें ऐसा अवसर नहीं देते तो वे आइरन करटेन या लोहे की दीवार की शिकायत करते हैं। हम देखते-सुनते विषैले सांपों को अपने घर में घुसकर उत्पात करने का अवसर नहीं दे सकते। अनेक घटनाओं से इस बात के प्रमाण मिल चुके हैं कि साम्राज्यवादी शक्तियों ने हमारे यहाँ अव्यवस्था पैदाकर हमारी योजनाओं के मार्ग में अड़चनों के सभी सम्भव उपाय किये हैं। अमरीका की सरकार छाती ठोककर यह घोषणा करती है कि हमारे देश और पूर्वी प्रजातंत्रों में अव्यवस्था पैदाकर हमारी योजनायें असफल कर देने के लिये वह अपने बजट में अरबों डालर रखती है। अभाव से पीड़ित देशों के लोगों को भी दुष्कर्म करने के लिये खरीद कर यहाँ भेजा जा सकता है। ऐसी अवस्था में हम चौकस न रहकर स्वयं ही उनका शिकार कैसे बन जायें? अन्य देशों से सम्बन्ध हमारे लिये किसी प्रकार की आशंका का कारण नहीं है क्योंकि हमारी व्यवस्था हमें विकास और उन्नति की ओर ले जा रही है। हमें निर्बल और दोषपूर्ण व्यवस्था से क्या भय हो सकता है? आशंका उन्हीं लोगों को है जो अपनी व्यवस्था में दोष और अड़चनें अनुभव करते हैं और हमारी व्यवस्था के सम्पर्क से भयभीत हैं। हम सभी देशों की सर्वसाधारण जनता के प्रतिनिधियों

को अपने देश में आमन्त्रित करते हैं, उनका स्वागत करते हैं और उनके लिये हमारे सब द्वार खुले हैं परन्तु हम कुटिलता और कुचक्र को रास्ता देने के लिये तैयार नहीं।

स्तालिनग्राद में हम लोगों ने जो फिल्म देखी थी वह मोस फिल्म के असिस्टेंट डायरेक्टर का० प्रोलोफ की बनाई हुई थी। प्रोलोफ भी मौजूद थे। फिल्म में परियों का समावेश करने की बात पर बात चली। उनका विचार था कि फोटोग्राफी और सिनेमा के कौशल द्वारा परियों का विषय लेकर सौन्दर्य उपस्थित कर सकने में कोई एतराज नहीं होना चाहिये। यहाँ से बात ऐक्टरों और कहानी लेखकों के पारिश्रमिक पर चल निकली। मैंने जानना चाहा कि यहाँ साधारणः अच्छा ऐक्टर क्या पारिश्रमिक पाता है। उन्होंने उत्तर दिया कि वेतन हो तो लगभग हजार बारह सौ रूबल और यदि पूरी फिल्म के लिये सौदा हो तो छः सात हजार रूबल। फिल्म कहानी लेखक के पारिश्रमिक के लिये उन्होंने बताया कम से कम चालीस हजार रूबल।

प्रोलोफ की बात से विस्मित हो उन्हें बताया कि हमारे यहाँ सर्वोत्कृष्ट ऐक्टर या ऐक्ट्रेस एक लाख रुपये पा सकती है परन्तु कहानी लेखक दस हजार भी नहीं पा सकता। इस बार उनके विस्मित होने की बारी थी। ''यह कैसे सम्भव है?''—उन्होंने पूछा, ''मूल वस्तु तो कहानी है। कहानी न होने से ऐक्टर क्या करेगा?'' उन्हें समझाना चाहा कि हमारे यहाँ फिल्म कहानी पर नहीं ऐक्टर ऐक्ट्रेसों के नाम पर चलती है। बात उनकी समझ में न आ रही थी परन्तु मैं ही इसके लिये क्या तर्क दे सकता था?

गुर्जी (ज्योर्जिया)

बिलीसी (तिफलिस)

जिस देश में सूर्योदय नौ बजे हो वहाँ सुबह चार बजे को रात के चार बजे कहना ही अधिक उचित होगा। सुबह चार बजे गुर्जी (ज्योर्जिया) चलने के लिये तैयार होने का आदेश था। तान्या ने आश्वासन दिया कि वह सबको साढ़े तीन पर जगा देगी और चार बजे सब लोग अपने-अपने बैग लेकर होटल के स्वागत-कक्ष में आ जायं। गहरी नींद में बहुत जोर से टेलीफोन की घन्टी बजी। उठकर सुना तो तान्या की आवाज थी। ''साढ़े तीन बज गये हैं''—उसने कहा—''उठिये और अपने साथी को भी उठाकर नीचे आइये। ठीक चार बजे चलना जरूरी है।''

नीचे पहुँचकर देखा, बुटरोव हम लोगों को गिन-गिनकर जल्दी-जल्दी चाय कलेवा लेकर गाड़ी में बैठने का आदेश दे रहे थे। वैसा ही किया भी। सोते हुए मास्को की सड़कों पर अछूती बर्फ की सफेद चादरें बिछी हुई थीं। दोहरी-तेहरी बिजली की पंक्तियों का प्रकाश उन पर खूब चमक रहा था। मोटरें फिसलती हुई नगर को पार कर नगर के बाहर विमानों पर अड्डे की ओर चली जा रही थीं। नगर के बाहर बत्तियां अधिक दूर-दूर थीं इसलिये घुप्प अंधेरा था। नगर के बाहर सर्दी ऐसी कि हाथ-पांव सुन्न हुए जा रहे थे हालांकि मोटरों में बिजली की अंगीठियां मौजूद थीं। मास्को विमानों के अड्डे पर समय से बीस मिनट पहले ही पहुँच गये इसलिए एक-एक प्याला चाय पी कुछ गरमी पा सके। भयंकर ठिठुरन दूर हुई।

हम लोगों को बँटकर दो विमानों में बैठना पड़ा। विमान भारत में चलने वाले 'डाकोटा' के ढंग के थे। आकार भी वैसा ही परन्तु उपयोग में आने के कारण कुछ घिसे हुए। कुर्सियों के साथ यात्रियों को बांध देने वाली पेटियां नहीं थीं। यह देख कुछ आश्चर्य हुआ। हमारे यहाँ और दूसरे देशों में भी विमान के उठते और उतरते समय यात्रियों को कुर्सी में लगी पेटियां कस लेने के लिये कह दिया जाता है ताकि अपनी जगह से गिर न पड़ें। डा० बूटरोव से पेटी न होने के कारण गिर जाने की आशंका प्रकट की। उन्होंने तसल्ली दी—''हमारा पाइलट गिरने नहीं देगा।''

विमान चला। कई घंटों से बर्फ पर खड़े रहकर ठंडे हो गये विमान में बैठते ही जो सर्दी लगी, उसके कारण किसी के लिये कुछ बोल सकना संभव न रहा। मालूम होता था, जैसे पांव आरी से काटे जा रहे हैं। सारा शरीर बार-बार काँप उठता। जान पड़ता कनपटियों में कील से गड़े जा रहे हैं। घड़ी के हिसाब से तो यह हाल आधे घंटे ही रहा होगा परन्तु एक-एक मिनट एक-एक घंटे के बराबर जान पड़ा। लगभग आधे घंटे में विमान गरम हो गया। नीचे बर्फ से ढके मैदान सुन्दर लगने लगे। रोस्तोव के विमानों के

अड्डे पर दस-पन्द्रह मिनट को नाश्ते के लिये ठहरे और फिर कोहकाफ की ओर उड़ चले।

सोवियत विमानों में अपने यहाँ के विमानों की तरह यात्रियों के लिये इंजन या विमान-चालक के स्थान की ओर न जाने का नियम बहुत कड़ाई से नहीं बरता जाता। हम लोगों के बैठने की जगह के सामने सामान रखने का कमरा था और उसके आगे इंजन और विमान-चालक के बैठने की जगह। बीच के दरवाजे खुले हुए थे। हम लोग कौतूहल से उस ओर देख रहे थे। विमान-चालक दो रहते हैं। उनमें से एक ने हम लोगों के बीच से होकर विमान के पिछले भाग की ओर जाते हुए मुस्कराकर अभिवादन किया। हम लोग पूछ बैठे कि क्या सामने जाकर सामने का दृश्य देख सकते हैं? उसके आपत्ति न करने पर हम लोग बारी-बारी से सामने जा विमान-चालकों के साथ बैठ दृश्य देखने लगे और विमान के कल-पुर्जों की बाबत भी समझने की चेष्टा करने लगे।

दो विमान-चालकों में से एक स्त्री थी। दोनों बारी-बारी से विमान चलाते थे और फुर्सत के समय समाचार पत्र या पुस्तक पढ़ने लगते थे। पढ़ते समय कान पर हैडफोन लगाकर रेडियो का गाना भी सुनते रहते। हम लोग उनसे अनेक प्रश्न पूछते रहे कि रास्ता किस तरह पहचानते हो, घना कोहरा और धुन्ध होने पर विमान को सम्भावित संकट से कैसे बचाते हो? उन्होंने हमें रेडर आदि यन्त्र दिखाकर विश्वास दिलाया कि चालक का दिमाग सही अवस्था में रहने पर दुर्घटना का कोई कारण नहीं हो सकता। एक विमान-चालक ने बताया कि वह अब तक बारह हजार घन्टे उड़ चुका है। इसमें युद्ध के समय जर्मनी में बम फेंकने के लिये जाने वाली यात्रायें भी शामिल थीं। उस समय अलबत्ता उसके विमान को दो बार चोट आई परन्तु उसका विमान गिरा नहीं। युद्ध में खाई चोटों को वह दुर्घटना नहीं समझता। उसका विश्वास था कि विमान-यात्रा सड़क पर पैदल चलने से भी अधिक निर्भय है। सड़क पर चलने वाला तो दूसरे की भूल से भी चोट खा सकता है क्योंकि बचने की जगह तंग रहती है, विमान चलाने वाले के लिए आकाश में जगह की तंगी का प्रश्न नहीं।

गुर्जी कोहकाफ का देश है। समुद्र तल से कोहकाफ की ऊंचाई चौदह हजार फुट से अधिक है। सभी चोटियां बर्फ से ढकी हुई थीं। भाग्य से सूर्य भी निकला हुआ था। छोटी बड़ी अनेकों बर्फानी चोटियों के जमघट में चोटियों के कुछ भाग सूर्य के सम्मुख होने के कारण उज्ज्वल और कुछ विमुख होने के कारण श्यामल जान पड़ रहे थे। कुछ चोटियों से सुनहरी, कुछ से गुलाबी और कुछ से नीली आशा झलक रही थी और कुछ श्वेत थीं। दर्शक को निर्वाक कर देने वाला एक अद्‌भुत सौंदर्य! कोहकाफ की परियों की कहानियां भी प्रसिद्ध हैं। इस अलौकिक स्थान में जिन परियों के निवास की कल्पना की गई है उनका सौंदर्य और रूप का वर्णन करने के लिए भी कल्पना को यथासम्भव परिश्रम करना आवश्यक था। कुछ ही दूर आगे जाकर कुछ नीचे परन्तु बर्फ से ढके पहाड़ों पर से गुजरते समय दायीं ओर काले समुद्र का गहरा नीला विस्तार दिखाई दिया। कुछ और आगे बढ़ हरी पहाड़ियों और वनराशियों को पार कर हम लोग गुर्जी (ज्योर्जिया) की राजधानी 'बिलीसी' (तिफलिस) पहुँच गये।

बिलीसी (तिफलिस) आकर पहली बात मन में यही आई कि एशिया में आ गये। हम लोग लगभग एक बजे पहुँच गये थे। धूप खिल-खिला रही थी और ठंडी हवा बह

रही थी। बिलीसी की शान्तिसभा के कुछ स्त्री-पुरुष स्वागत के लिये विमान-अड्डे पर आये थे। वे लोग ओवरकोट पहने हुए थे परन्तु हम लोगों की इच्छा हो रही थी कि अपने ओवरकोट और बालदार खाल की टोपियां उतारकर फेंक दें। मास्को की सर्दी के बाद बिलीसी ऐसा ही जान पड़ रहा था जैसे हेमन्त की रात बीत बसन्त का प्रभात हो गया हो!

बिलीसी में हम लोग 'इन्टूरिस्ट होटल' में ठहरे थे। होटलों के कमरों को भाप से गरम करने का प्रबन्ध तो यहाँ भी जरूर था परन्तु पहले दिन तो ऐसा जान पड़ा कि यह अनावश्यक है। दूसरे दिन अलबत्ता हमने थोड़ी बहुत गरमी की इच्छा अनुभव कर हीटर का पाइप कुछ खोल दिया। एशिया में आ जाने के ख्याल से हम सब ओर एशियाईपन भांपने की चेष्टा कर रहे थे। लोगों को दूर से "रे! रे! अरे! अरे!" पुकारते सुना तो वही अच्छा लगा। बिलीसी के लोग-बाग योरुपियनों की तरह चुप-चुपीते नहीं बल्कि अपने लोगों की तरह खुशमिजाज लगे। होटल के सामने सड़क पर या दुकानों में जहाँ कहीं भी हमें देखते घेरकर खड़े हो जाते। हमारी भाषा न जानने की बेबसी उनके चेहरों पर झलक आती। एक नौजवान जो दो तीन बार सड़क पर मिला और शायद अंग्रेजी के दो-चार शब्द जानता था, हमें देखते ही हाथ उठाकर मुस्कराहट से "गुडबाई? गुडबाई?" पुकारने लगता। उसे गुडबाई और गुडमार्निङ्ग में कोई अंतर मालूम नहीं था।

इन्टूरिस्ट होटल के भोजन में भी एशिया का प्रभाव स्पष्ट था। मेज-कुर्सी, छुरी-कांटा, चम्मच तो योरुपियन ढंग का ही था परन्तु खाने का रंग और स्वाद भिन्न; उसमें मसाले भी मौजूद थे। मेज पर लाल मिर्च और चटनी भी। बैंगन का भुर्ता, कबाब और कच्चा प्याज। मेहमानों को अधिक से अधिक खिला सकने का एशियाई आग्रह भी। अपनी भाषा, संगीत, साहित्य तथा दूसरे सांस्कृतिक पहलुओं की रक्षा करते हुए भी बिलीसी के लोगों ने पोशाक में योरुपियन ढंग ही अपना लिया है। विशेषकर स्त्रियों ने, शायद इसका कारण व्यवहार और पहनावे को औद्योगिक जीवन के ढंग पर ढालने की आवश्यकता है।

संध्या समय शान्तिसभा के लोगों ने हमें अपने यहाँ चाय के लिये बुलाया था। चाय से पहले सब लोग एक बड़े से हाल में इकट्ठे हो रहे थे। एक व्यक्ति काली वर्दी पहने दिखाई दिया। सिर उस्तरे से सफाचट, कंधों और आस्तीनों पर बहुत से फीते और सीने पर झलमल करते सोने के चार पदक। प्रत्येक व्यक्ति उसके लिये सम्मान से रास्ता छोड़कर अलग हो जाता था। हम लोग इतना तो अनुमान कर ही सकते थे कि निश्चय ही गत युद्ध में विशेष सम्मान प्राप्त कोई महासेनापति होगा। पर कौन?

अपने साथ मास्को से आई गैनरीटा से जिज्ञासा की—"यह कौन महापुरुष है?" गैनरीटा ने अपना अज्ञान प्रकट कर कहा कि वह किसी ज्योर्जियन से पूछकर बतायेगी। समीप ही खड़ी एक प्रौढ़ा से उसने पता लिया और स्वयं भी विस्मय से भौंहें चढ़ा हमें बताया—"निश्चय ही वह महापुरुष है। उसे चार बार लेनिन स्वर्ण पदक मिल चुका है परन्तु वह जनरल नहीं। स्ताखानोवाइट इंजन ड्राइवर है। कम कोयला खर्च करके अधिक से अधिक तेज चाल इंजनों को दे सकने में उसने बहुत काम किया है?"

सौभाग्य से गैनरीटा ने जिस प्रौढ़ा से प्रश्न किया था वह अंग्रेजी खूब जानती थी। उन्होंने स्वयं ही आकर चार स्वर्ण पदकधारी इंजन ड्राइवर की महिमा का परिचय देना शुरू किया और उनकी श्रद्धा भी ठीक वैसी ही थी जैसी कि किसी महान विजेता सेनापति

के प्रति हो सकती है। उसके बाद चाय पीते समय मैं बहुत देर तक यही सोचता रहा कि पूँजीवादी देशों में समाजवाद की बाबत बात करते समय प्रायः ही लोगों को यह समस्या चिन्तित करती है कि समाजवाद में व्यक्ति को अधिक श्रम करने, आविष्कार करने और योग्यता प्रदर्शन करने के लिए प्रोत्साहन कैसे मिलेगा?

बिलीसी के हमारे मेजबानों को यह चिन्ता थी कि गुर्जी में केवल तीन-चार दिन ठहरकर हम उनके देश का क्या परिचय पा सकेंगे? इसलिए उस रात उन्होंने गुर्जी के प्रदेश और जनता के रहन-सहन के ढंग और अपने नये निर्माणों का परिचय देने के लिये एक रंगीन फिल्म हमें दिखा दी।

गुर्जी हिमाच्छादित कोहकाफ पर्वत के आंचल में फैला, एक ओर काले समुद्र को लिये, सुन्दर नदियों से सिंचा; गल्ले की फसलों से लहलहाते मैदानों और फलों के उपवनों से भरी उपत्यकाओं का देश है। प्रकृति ने तो उसे समृद्ध बनाया ही था पर प्राकृतिक समृद्धि का वरदान उसे शताब्दियों तक तुर्की, फारसी और रूसी साम्राज्य लोलुपों का शिकार भी बनाता रहा। अब नई व्यवस्था ने उसे औद्योगिक रूप से भी समृद्ध कर शसक्त भी बना दिया है।

कुएं में छापाखाना

बिलीसी में विशेष ऐतिहासिक महत्त्व की चीज वह गुप्त छापाखाना है जिसे का० स्तालिन और उनके साथियों ने जारशाही के विकट दमन के समय क्रान्ति के विचारों के प्रचार और क्रान्ति की तैयारी के लिये एक कुएं में बनाया था। बिलीसी और गुर्जी के निवासी बातचीत में प्रायः ही याद दिला देते हैं कि का० स्तालिन गुर्जी के थे। उनका जन्म बिलीसी से लगभग अस्सी मील दूर 'गोरी' कस्बे में हुआ था। उन्होंने अपना बचपन यहाँ ही बिताया था। गुर्जी यद्यपि जार के समय उसके साम्राज्यवादी दमन का शिकार था परन्तु क्रान्ति के प्रयत्नों में यह कभी पीछे नहीं रहा। क्रान्ति की ऐतिहासिक स्मृतियों में से यह कुएं का छापाखाना विशेष महत्त्व का स्थान है।

१९०३ में जब का० स्तालिन जारशाही की जेल में थे, उन्होंने इस छापेखाने की योजना बनाकर भेजी थी। उस विकट दमन के समय जब मुंह खोलते ही आदमी की गोली का शिकार हो जाता था, क्रान्ति के प्रचार का साधन गुप्त साहित्य ही हो सकता था। गुप्त साहित्य को छापना टेढ़ी समस्या थी। कोई प्रेस छापने के लिये तैयार न होता। प्रेसों पर जारशाही की इतनी कड़ी नजर रहती थी कि क्रान्तिकारियों के लिये साधारण अवस्था में अपना प्रेस बना लेना संभव नहीं था।

अनाज और चारा रखने की एक खत्ती थी। खत्ती में से एक सुरंग समीप अधबने सूखे कुएं तक चली गई थी। कुएं की आधी ऊंचाई से दूसरी सुरंग पड़ोस में एक रेलवे मजदूर के मकान के तहखाने में गई थी। यहाँ प्रेस था। प्रेस के इस रास्ते का पहला भाग जिन मजदूर साथियों ने बनाया था, उन्हें रास्ते के दूसरे भाग का और दूसरा भाग बनाने वालों को पहले भाग का कुछ परिचय नहीं था। प्रेस का एक रास्ता रेलवे मजदूर के मकान से भी था। परन्तु यह कभी-कभी ही, जब भारी सामान भीतर लाना आवश्यक होता, तभी खोला जाता। यह प्रेस १९०३ के अन्त से अप्रैल १९०६ तक काम करता रहा। औसतन पांच-छः हजार प्रतियां क्रान्तिकारी पत्र की रूसी, ज्योर्जियन और

आरमेनियन भाषाओं में यहाँ नित्य छापी जाती थीं; इसके अतिरिक्त परचे और छोटी-मोटी पुस्तकें भी।

जारशाही पुलिस को यह तो सन्देह था कि रेलवे मजदूर के मकान के आस-पास से छपा हुआ साहित्य आता जाता है परन्तु प्रेस के स्थान का ठीक अनुमान करना कठिन था। बार-बार इस मकान की तलाशी ली गई परन्तु कुछ न मिला। सातवीं बार जब इस मकान की तलाशी ली जा रही थी, रेलवे मजदूर की सहृदया पत्नी ने पुलिस अफसरों की मुर्गी और शराब से इतनी खातिर की कि वे लोग उसे राजभक्ति का प्रमाण-पत्र देकर चल ही दिये थे कि इतने में बाहर खड़े सिपाहियों में से एक को खत्ती के बारे में कुछ सन्देह हो गया। खत्ती में नीचे उतरने पर सुरंग की राह भीतर जाने का साहस पुलिस को न हुआ। सन्देह में ही पुलिस ने मकान को आग लगाकर अपना कर्त्तव्य पूरा किया।

क्रान्ति के बाद १९३५ में इस प्रेस का जीर्णोद्धार करने का निश्चय किया गया और तब से यह ऐतिहासिक स्मृति के रूप में सुरक्षित है। छापे की मशीन और टाइप के केसों के साथ-साथ ही खाना खाने व पकाने के वे बर्तन भी सुरक्षित हैं जिनका उपयोग यहाँ काम करने वाले क्रान्तिकारी लोग करते थे।

बेरिया बाल-महल

इन्टूरिस्ट होटल के सामने ही, सड़क पार बांई ओर बिलीसी का बेरिया बाल-महल है। यों तो सोवियत में मजदूरों और बच्चों को क्लबों की इमारतें महलों के ही अनुपात में बनाई गई हैं और कहलाती भी महल ही हैं परन्तु बेरिया बाल-महल बिलीसी के बच्चों की क्लब बना दिये जाने से पहले भी महल ही था। तब इस इमारत में जार के ज्योर्जिया पर शासन करने वाले वाइसराय रहते थे। क्रान्ति के बाद इसे किसी राष्ट्रपति का राष्ट्रभवन न बनाकर, इसका और विस्तार कर इसे नगर का बाल-महल बना दिया गया।

इस बाल-महल में अड़तालीस बड़े-बड़े भवन हैं और दो सौ कमरे। एक बड़ा बाग भी धूप रहने पर बच्चों के खेलने के लिये है। आठ हजार लड़के-लड़कियां, सात से अट्ठारह वर्ष की आयु तक के इस क्लब के सदस्य हैं। दो सौ अध्यापक-अध्यापिकायें यहाँ बच्चों की देखभाल के लिये नियुक्त हैं। यह स्कूल नहीं, केवल बच्चों के मन-बहलाव और खेल की जगह है। यहाँ बच्चे खेल-खेल में औद्योगिक शिक्षा, संगीत, साहित्य और कला के प्रति रुचि पाकर इनकी जानकारी भी पाते हैं। बिलीसी में यही एक बाल-महल नहीं, इससे छोटे-छोटे और भी कई बाल-महल हैं। सब बाल-महलों को मिलाकर एक लाख बीस हजार बच्चों के लिये प्रबन्ध है। अभी बिलीसी में बच्चों की संख्या एक लाख ही है पर नगर बढ़ रहा है। नगर में प्रत्येक बच्चे को सप्ताह में कम से कम दो बार इन महलों में दो घन्टे के लिये आना पड़ता है। छुट्टियों के दिनों में दिन भर यहाँ कुछ न कुछ हुआ ही करता है।

हम यहाँ आये तो स्कूलों में बड़े दिन की छुट्टियां ही थीं। प्रायः साढ़े नौ बजे बाल-महल पहुँचे। ड्योढ़ी के साथ के एक बड़े से भवन में बच्चों का संगीत-नाट्य चल रहा था। बाकायदा रंगमंच, यवनिका और पर्दे; अभिनेता भी बच्चे ही थे परन्तु भिन्न-भिन्न पशुओं के हू-बहू रूप में; कोई बकरी, कोई गधा, कोई कुत्ता, कोई भालू बना हुआ पशुओं की सभा का अभिनय था। भवन बाल-दर्शकों से भरा हुआ था और वे आनन्द से विभोर होकर किलक रहे थे। कभी खिलखिला करके हंस पड़ते, कभी उत्साह से अपनी

कुर्सियों से उछल पड़ते। कुछ बच्चे ढाई-तीन वर्ष की आयु के भी थे जिन्हें उनकी मातायें यह लीला दिखाने के लिये गोद में लिये बैठी थीं। हम लोगों के सहसा खेल के बीच में जा घुसने से कुछ विघ्न तो जरूर हुआ परन्तु बच्चों ने हमारे लिये तुरन्त जगह बना दी। नाटक समाप्त होने पर एक सामूहिक संगीत हुआ। संगीत की अध्यापिका इस बात के लिये सतर्क थीं कि सभी बच्चे मुंह खोलकर गा रहे हैं या नहीं।

इस संगीत भवन से निकल हमने बच्चों को खेल-खेल में शिक्षा देने के दूसरे विभागों का चक्कर लगाया। कुछ कमरों में एक ऐतिहासिक संग्रहालय था जहाँ बच्चों के लिये ज्योर्जिया और रूस के इतिहास में रुचि पैदा करने की सामग्री मौजूद थी। कुछ कमरों में विज्ञान की ओर रुचि आकर्षित करने का प्रबन्ध है। कुछ कमरों में रेल के इंजन, मोटरों और विमानों की मशीनें खिलौनों के रूप में बनी हैं। यहाँ बच्चे इन मशीनों को खोलते और जोड़ते हैं। कुछ कमरों में चित्रकारी और संगीत की शिक्षा का प्रबन्ध और कुछ कमरों में फोटोग्राफी भी सिखलाई जाती है।

एक कमरे में लगभग सोलह से अट्ठारह वर्ष की आयु के लड़के-लड़कियां एक अध्यापिका को घेरे हुए अपने लिखे लेख और कहानियां सुनाकर उन्हें सुधार रहे थे। बच्चों ने जानना चाहा कि हम लोगों में कोई लेखक या कवि भी हैं? उन्होंने बताया कि रूसी और ज्योर्जिया की भाषा में उन्होंने भारतीय लेखकों के अनुवाद पढ़े हैं। वे मुल्कराज आनन्द, हीरेन चट्टोपाध्याय, कृष्णचन्दर और वल्लाथोल आदि के नाम से परिचित थे। यह पूछने पर कि उन्होंने कृष्णचन्दर की कौन-सी रचना पढ़ी है, एक लड़की ने बताया कि कृष्णचन्दर ने एक लड़की के नाम जो पत्र लिखा है।

राष्ट्रभाषायें और सोवियत राष्ट्रसंघ की भाषा

बाल-भवन का अपना पुस्तकालय भी है। जिसमें छियत्तर हजार पुस्तकें हैं। पुस्तकाध्यक्ष ने बड़े गर्व से हमें ज्योर्जियन भाषा में तुलसी रामायण का अनुवाद दिखाया। यह पूछने पर कि पुस्तकालय में किस-किस भाषा की पुस्तकें हैं, मालूम हुआ कि रूसी और ज्योर्जियन भाषा की पुस्तकें लगभग बराबर ही हैं। इससे कुछ विस्मय हुआ क्योंकि ज्योर्जिया की अपनी भाषा और लिपि रूसी से बिलकुल भिन्न है। सोवियत राष्ट्रसंघ के सभी राष्ट्रों में पूरी शिक्षा राष्ट्रों की अपनी-अपनी भाषाओं में दी जाती है।

पुस्तकाध्यक्ष से प्रश्न किया कि इन बालकों की मातृभाषा ज्योर्जियन है। कम आयु के बच्चों के लिये बनाये गये इस पुस्तकालय में रूसी भाषा की इतनी अधिक पुस्तकों का क्या उपयोग हो सकता है? उन्होंने उत्तर दिया—'क्यों; हमारे यहाँ प्रत्येक बच्चा रूसी पढ़ना-लिखना और बोलना सीखता है।'

बात स्पष्ट करने के लिये अपने प्रश्न को दोहरा कर—'यहाँ बच्चों की मातृभाषा तो ज्योर्जिन है। किस आयु से या किस कक्षा से इन्हें रूसी पढ़ाई जाती है?' उत्तर मिला—'पहली कक्षा से।' फिर प्रश्न किया—'पहली ही कक्षा से मातृभाषा के साथ-साथ रूसी पढ़ाने का नियम केवल ज्योर्जिया में ही है अथवा सोवियत संघ के अन्य राष्ट्र में भी?' उपस्थित ज्योर्जियन और रूसी लोगों ने विश्वास दिलाया कि मातृभाषा के साथ पहली कक्षा से ही रूसी पढ़ाने का नियम सभी राष्ट्रों में है। सोवियत संघ के सभी राष्ट्रों में पूरी शिक्षा और शासन व्यवस्था अपनी-अपनी मातृभाषाओं में चलती है परन्तु रूसी भाषा सोवियत के सभी राष्ट्रों में परस्पर विचार-विनिमय का सांझा माध्यम है इसलिये सोवियत

नागरिकों के विकास के लिये और सोवियत राष्ट्रों के पारस्परिक सम्पर्क के लिये रूसी भाषा की अनिवार्य उचित शिक्षा उपयोगी और परम आवश्यक है।

हमारे अपने देश में राष्ट्रभाषा का प्रश्न विकट उलझन बना हुआ है। अनेक प्रगतिवादी लोगों ने भारत के सभी प्रदेशों के लिये हिन्दी के राष्ट्रभाषा नियत किये जाने पर आपत्ति करते हुए यह तर्क भी दिया है कि भारत की तरह सोवियत भी बहुभाषा-भाषी देश है। वहाँ सब प्रदेशों या राष्ट्रों की अपनी-अपनी अनेक मातृभाषायें हैं। उन प्रदेशों की मातृभाषा और राष्ट्रीयता को उचित महत्त्व देने के कारण से सोवियत राष्ट्रसंघ में रूसी को राष्ट्रभाषा नहीं बनाया गया; भारत में हिन्दी को राष्ट्रभाषा बना देना भारत के दूसरे प्रदेशों के साथ अन्याय है इसलिये अपने साथियों, विशेषकर कम्युनिस्ट साथियों का ध्यान इस ओर दिलाकर उनसे रूसी साथियों का यह उत्तर नोट कर लेने का अनुरोध भी किया।

भारत के लिये राष्ट्रभाषा के प्रश्न पर विचार करते समय यह भी ध्यान में रखना आवश्यक है कि सोवियत एक राष्ट्र नहीं बल्कि अनेक राष्ट्रों का संघ है। उन सबकी अपनी-अपनी राष्ट्रीय मातृभाषायें हैं। अनेक राष्ट्रों के लिये एक राष्ट्रभाषा नियत कर देना बहुत से राष्ट्रों पर अन्याय समझा जा सकता था परन्तु सोवियत संघ के राष्ट्रों ने अनुभव के परिणाम स्वरूप सभी राष्ट्रों के सांझे हित की दृष्टि से रूसी को सोवियत राष्ट्रसंघ की सांझी भाषा स्वीकार कर लिया है। यदि भारत को एक राष्ट्र मानने के प्रश्न को विवादास्पद भी माना जाये तो भी देश के लिये एक सांझी भाषा नियत करना, चाहे वह हिन्दी ही क्यों न हो, किस तर्क से अन्याय माना जा सकता है? और यदि सोवियत राष्ट्रसंघ में सामूहिक विकास के लिये एक सांझी भाषा अनुभव के आधार पर उपयोगी समझी गई है तो क्या भारत के भिन्न-भिन्न भाषा-भाषी प्रान्तों के लिये जिनका ऐतिहासिक विकास एकता और मिश्रण की दिशा में रहा है एक सांझी भाषा उपयोगी नहीं होगी?

बाल-महल की एक रंगशाला में कठपुतलियों का नाच हो रहा था। कहानी तो मुर्गे, बिल्ली और कुत्ते में झगड़े की थी; जैसी कहानियां हमारे पंचतन्त्र में अनेक हैं परन्तु इन जन्तुओं के रूप और उनके व्यवहार इतनी पूर्णता से प्रस्तुत किये जा रहे थे कि देखकर साफ समझ में आ जाता था कि इन कठपुतलियों के सूत्र खींचने वाले लोग मंजे हुए कलाकार हैं। यह मास्को में ही मालूम हो चुका था कि बच्चों को ऊंचे दर्जे की कला का परिचय देने के लिये बाल-महलों में बड़े से बड़े, यहाँ तक कि बोलशोई रंगशाला और चाईकोवस्की संगीतशाला के कलाकारों का भी सहयोग प्राप्त किया जाता है। खेल इतने अच्छे ढंग से हो रहा था कि हम लोग खेल की झांकी भर ले आगे बढ़ जाने की बजाय खड़े होकर खेल को अन्त तक देखते रहे। खेल समाप्त होने पर कठपुतलियों के सूत्र खींचने वाले कलाकार ओट से निकल सामने आये तो दांतों तले उंगली दबानी पड़ी। यह बाल-महल के ही लड़के-लड़कियां थे। उनमें से किसी की आयु तेरह चौदह वर्ष से अधिक न थी।

एक खूब बड़े भवन में छः वर्ष से कम आयु के बच्चों का जमघट था। कुछ बच्चे तो इतने छोटे थे कि उनकी मातायें उन्हें गोद में लिये खड़ी थीं। भवन के बीचों-बीच फर्श पर एक देवदार का कृत्रिम पेड़ खड़ा था। पेड़ की हरियाली में जगह-जगह रुई चिपका कर ऐसे बना दिया गया था मानों भारी बर्फ पड़ी हो। शाखाओं में रंग-बिरंगे गुब्बारे और

सैकड़ों खिलौने बंधे थे। बिजली की सैकड़ों छोटी-छोटी बत्तियां भी वृक्ष की शाखाओं में जगमगा रही थीं। चार-पांच युवती अध्यापिकायें और एक युवक रुई भरे श्वेत वस्त्र और खूब सफेद लम्बी सी दाढ़ी-मूंछ लगाये, सफेद ऊंचा नोकदार टोपा पहने बाबा क्रिसमस बना हुआ छोटे-छोटे बच्चों को वृक्ष के चारों ओर नचा रहे थे। कुछ बच्चे बाइसिकलों, खिलौने की बड़ी मोटरों या बिना पहियों की बरफ पर फिसलने वाली गाड़ियों पर वृक्ष का चक्कर लगा रहे थे। इन बच्चों के चारों ओर स्वयं नाच सकने वाले बच्चे एक दूसरे का हाथ पकड़े गोल बांधे ल''ल''ल''ला!''ल''ल''ल''ला!''ला''ला!'' की ताल देते हुए नाच रहे थे। बच्चे इतने निः शंक थे कि हमारे साथी सरदार गुरुबख्श सिंह की सफेद पगड़ी और लम्बी सफेद दाढ़ी को देख उन्हें दूसरा बाबा क्रिसमस समझ लिया और नचाने के लिये खींच ले गये।

बाल-महलों के कार्यक्रम में व्यायाम और स्वास्थ्य सुधार की शिक्षा को विशेष महत्त्व दिया जाता है। सबसे बड़ा भवन व्यायाम के लिये ही है। छोटे बच्चों की उछल-कूद और फुर्ती तो देखी ही थी परन्तु सोलह-अट्ठारह वर्ष की लड़कियों को भी केवल बनियान, जांघिया और मोजे पहने निर्विकार और उन्मुक्त रूप से व्यायाम करते देखा, यह नैतिकता का सबसे बड़ा पाठ था। गुर्जी कोहकाफ का देश है। कोहकाफ की परियों की दन्तकथायें प्रसिद्ध हैं। कभी वे कल्पना वस्तु ही रही होंगी परन्तु सोवियत की स्वास्थ्य सुधार की योजनायें परियों की कहानियों को वास्तविकता का रूप दे रही हैं परन्तु यह परियां शाहजादों के खिलौने नहीं सोवियत की आत्मनिर्भर नारियां हैं।

सोवियत वास्तव में बच्चों का स्वर्ग है क्योंकि वह अपने भविष्य में असीम विकास और सुधार की आशायें देखता है क्योंकि उसका दृष्टिकोण व्यक्ति के जीवन की नश्वरता से निश्चित नहीं होता बल्कि समाज के जीवन की अमरता से होता है। मास्को में नववर्ष के उत्सव से एक दिन पहले भी हम लोग एक औद्योगिक-संघ के बाल-महल में गये थे। उस समय वहाँ बच्चों का उत्सव चालू था। एक बहुत बड़े भवन में बच्चों के लिये नाटक हो रहा था। एक बड़े भवन में हिंडोले लगे हुए थे। एक-एक भवन में मिकी माउस के ढंग की एक फिल्म चल रही थी। एक दूसरे भवन में जादू के खेल दिखाकर उसके रहस्य बताये जा रहे थे। सभी भवनों में मिलाकर कम से कम चार-साढ़े चार हजार बच्चे रहे होंगे। बाल-महल से निकलते समय प्रत्येक बच्चे को एक थैला उपहार का भेंट किया जाता था जिसमें दो नारंगियां, दो पैकेट चाकलेट और दो-दो मुट्ठी टौफी और लेमनड्राप थे। बच्चों के उत्सव में गये थे इसलिये हमें भी अनुशासन से क्यू में खड़े होकर थैला लेना पड़ा। मास्को में यह तो सुना था कि नगर के भिन्न-भिन्न भागों में बच्चों के ऐसे उत्सव नियमित रूप से किये जाते हैं और इस बात का ध्यान रखा जाता है कि कोई भी बच्चा इनमें सम्मिलित होने से शेष न रहे। उस समय यह ख्याल हुआ था कि यह सब कुछ मास्को जैसे बड़े नगर में ही सम्भव है परन्तु बिलीसी में जो कुछ देखा वह मास्को से इमारतें छोटी होने पर भी वास्तविकता में उससे अधिक ही पाया।

बच्चों के विकास के प्रति विशेष ध्यान सोवियत जीवन की प्रमुख विशेषता है। सभी संस्थाओं और अवसरों पर, चाहे गम्भीर महत्वपूर्ण कार्य हों या विनोद का अवसर, बच्चों के लिये सुविधा का प्रबन्ध पहले किया जाता है। एक दिन हम लोग मास्को के समीप एक बाल-निवास देखने गये थे। यहाँ युद्ध में वीरगति प्राप्त लोगों के बच्चे या ऐसे बच्चे

जिनके माता-पिता किसी रोग या दुर्घटना के कारण मर चुके थे, रखे जाते हैं। हमारे देश में या अन्य पूँजीवादी देशों में इस प्रकार की संस्थाओं को अनाथालय या यतीमखाना कहा जाता है। सोवियत में उन्हें बाल-निवास पुकारा जाता है। वहाँ किसी भी बच्चे को अनाथ समझने का कोई कारण नहीं। बच्चों की पोशाकों और व्यवहार से अभाव या दीनता का कोई भाव नहीं झलकता। मास्को के अच्छे स्तर के घरों जैसी ही साज-सज्जा और सुविधा इस बाल-निवास में थी। अविवाहित माताओं की सन्तानों और दूसरे बच्चों के साथ व्यवहार में किसी प्रकार का अन्तर नहीं रक्खा जाता बल्कि इस सम्बन्ध में बच्चों को कुछ बताना भी आवश्यक नहीं समझा जाता।

अविवाहित दम्पतियों की सन्तानों के सम्बन्ध में प्रश्न करते समय हमारे एक साथी अपने देश की भाषा में प्रश्न कर बैठे—"यहाँ क्या कुछ अवैध (इललैजिटिमेट) बच्चे भी हैं।"

सोवियत साथियों को अवैध शब्द बुरा लगा। "इस देश में कोई बच्चा अवैध नहीं होता"—उन्होंने गम्भीरता से उत्तर दिया। सोवियत समाज किसी भी बालक को अवैध मानने के लिये तैयार नहीं। यदि बच्चों के माता-पिता के व्यवहार को उचित न भी समझा जाय तो भी उसके लिये सन्तान को दण्ड देकर उसका भविष्य खराब करना घोर अन्याय समझा जाता है। अविवाहित माताओं की सन्तानों का प्रश्न सोवियत में समस्या के रूप में नहीं है। कभी कहीं ऐसी घटना का हो जाना असम्भव तो नहीं परन्तु उसके लिये कारण नहीं रह गये हैं क्योंकि किसी भी स्त्री-पुरुष के परस्पर आकर्षित होने पर न तो विवाह के मार्ग में कोई अड़चन होती है और न सन्तान माता या पिता के लिये विपदा का कारण और बोझ बनती है। सोवियत समाज प्रत्येक स्त्री को प्रसव-काल में और सन्तान के पालन के लिये आवश्यक सुविधा और सहायता देता है इसलिये अपनी सन्तान की उपेक्षा करने का अस्वाभाविक मार्ग अपनाने की विवशता नारी को नहीं होती।

× × ×

ज्योर्जिया का अपना विश्वविद्यालय है और उनका दावा है कि उनके यहाँ विश्वविद्यालय में शिक्षा पाने वाले लोगों की प्रतिशत संख्या संसार में सब देशों से अधिक है। यदि यह ठीक है तो सार्वजनिक संस्कृति और सम्पन्नता का इससे बड़ा प्रमाण और क्या होगा? समाजवादी क्रान्ति से पहले ज्योर्जिया में कोई विश्वविद्यालय न था। इस समय विश्वविद्यालय में शिक्षा पाने वालों की संख्या पैंतीस हजार है। ज्योर्जिया के प्रायः हर गाँव में हाई स्कूल है। इस समय भी ज्योर्जिया में प्रत्येक चार सौ व्यक्तियों के लिये एक डाक्टर और प्रत्येक पांच सौ व्यक्तियों में से एक व्यक्ति 'कृषि विज्ञान' में विश्वविद्यालय के उपाधिधारी विशेषज्ञ है।

ज्योर्जिया के विश्वविद्यालय में सभी विषयों की उच्चतम शिक्षा ज्योर्जियन भाषा में ही दी जाती है। पाठ्य-पुस्तकों का अनुवाद रूसी से न करके उन्हें मौलिक रूप से ही ज्योर्जियन भाषा में तैयार किया जाता है परन्तु विश्वविद्यालय में भी रूसी साहित्य की शिक्षा आवश्यक विषय है। प्रत्येक विद्यार्थी को कम से कम तीन वर्ष तक किसी एक अन्य विदेशी भाषा का भी अध्ययन करना पड़ता है। ज्योर्जिया का प्रजातंत्र शिक्षा के लिये चालीस करोड़ रूबल प्रतिवर्ष खर्च करता है। जिसमें से छः करोड़ इस विश्वविद्यालय पर खर्च होता है। विद्यार्थियों को प्रतिवर्ष एक करोड़ सत्तर लाख रूबल छात्र-वृत्तियों में

दिया जाता है। इस विश्वविद्यालय में पांच सौ अध्यापक हैं। अध्यापकों और विद्यार्थियों के नित्य जीवन में अधिक से अधिक सम्पर्क रखने के लिये प्रत्येक नौ विद्यार्थियों की जिम्मेवारी एक अध्यापक पर रहती है। विद्यार्थियों में लड़के और लड़कियों की संख्या बराबर है। ज्योर्जिया के विश्वविद्यालय में भी विज्ञान और कलाओं की शिक्षा के बारह विभाग हैं। ज्योर्जिया खनिज पदार्थों में बहुत समृद्ध है इसलिये विश्वविद्यालय के भूगर्भ विज्ञान विभाग और संग्रहालय बहुत विशद हैं। यहाँ धातुओं की खोज और शोध का काम बहुत बड़े परिमाण में हो रहा है।

हमारे साथियों में से मिश्रजी का सम्बन्ध इलाहाबाद विश्वविद्यालय से है और श्री देसाई का बम्बई विश्वविद्यालय से। इन लोगों ने शिक्षा सम्बन्धी अनेक प्रश्न पूछे। रेक्टर ने उत्तर दिया कि उनके यहाँ मार्क्सवादी दर्शन का अध्ययन पृथक से नहीं; दर्शन-शास्त्र के अन्तर्गत ही होता है और दर्शन-शास्त्र का अध्ययन केवल मार्क्सवाद तक ही सीमित नहीं बल्कि संसार की सभी प्राचीन और आधुनिक विचारधाराओं का अध्ययन आवश्यक समझा जाता है। इसी प्रकार सभी देशों के इतिहास का अध्ययन भी पाठ्यक्रम में आवश्यक है।

ज्योर्जिया के विश्वविद्यालय भवन की मंजिलें तो केवल दो ही हैं परन्तु विस्तार बहुत अधिक है। ऊपर के एक बहुत बड़े भवन में जाने पर देखा कि वहाँ भी अनेक कृत्रिम वृक्ष लगाकर बच्चों के उत्सव के लिये तैयारियाँ की जा रही हैं। रेक्टर की पत्नी और अन्य प्रोफेसरों की पत्नियाँ भी उस काम में लगी हुई थीं। यहाँ विश्वविद्यालय के अध्यापकों, कार्यकर्त्ताओं और विद्यार्थियों के बच्चों के लिये नववर्ष मनाने की तैयारी हो रही थी। सोवियत में पहले नववर्ष और कुछ दिनों के अन्तर से बड़ा दिन मनाया जाता है। मास्को में नववर्ष हो रहा था यहाँ बड़े दिन की तैयारियाँ थीं। मिठाई के थैलों का खूब बड़ा ढेर लगा था। सौभाग्य से हम लोग ऐसे ही अवसर से पहुँचते भी थे कि मिठाई का थैला मिल जाता। तकल्लुफ में इंकार भी जरूर करते ही थे परन्तु उससे थैले से वंचित न रह जाते। थैला हाथ में न लेने पर जेब में ठूँस दिया जाता।

× × ×

ज्योर्जिया जलवायु और भूमि की उदारता के कारण कृषि के लिये तो बहुत उपयोगी है। अन्न और फलों की पैदावार वहाँ बहुत होती ही है परन्तु समाजवादी क्रान्ति के बाद से वहाँ औद्योगिक प्रगति भी बहुत जबरदस्त हुई है। ज्योर्जिया में फौलाद की मिलें, मोटरों, कपड़े और जूते के कारखाने भी बनाये गये हैं। इसका प्रभाव सर्वसाधारण के जीवन और व्यवहार में स्पष्ट दिखाई देता है। पोशाक की दृष्टि से बिलीसी में लोग मास्को की अपेक्षा अधिक समृद्ध जान पड़े। सम्भव है कि बिलीसी में सुन्दर पोशाकें अधिक दिखाई देने का कारण यहाँ मास्को की अपेक्षा सरदी कम होने से सदा मोटे-मोटे ओवरकोटों में छिपे रहने की मजबूरी न होना ही हो।

एक दिन दोपहर बाद समय निकाल बिलीसी की कताई-बुनाई की मिल देखने भी गये। इस मिल में सूत की कताई और मोजों, बनियानों की बुनाई का काम होता है। कारखाने में लगभग तीन हजार मजदूर और एक सौ अस्सी इंजीनियर काम करते हैं। मजदूरों में स्त्रियों की संख्या अस्सी या नब्बे प्रतिशत है। इंजीनियरों में तीस प्रतिशत। मजदूरों को सप्ताह में अड़तालिस घण्टे काम करना पड़ता है। मिल में खूब सफाई और

खुली हवा के आने-जाने का प्रबन्ध था। रुई की धुनाई या कताई से गर्द और रुई के जर्रे उड़ते हुए दिखाई नहीं देते थे। कुछ मशीनों पर लाल झण्डियाँ लगी हुई थीं। ये उन मशीनों के लिये सम्मान का चिह्न था जिन पर अधिक काम निकाला जा रहा था। इन मशीनों के मजदूरों का वेतन भी अधिक था। यहाँ मजदूरों का मासिक छः सौ नहीं बल्कि आठ सौ रूबल है और इंजीनियरों की तनख्वाह दो हजार रूबल। एक भाग में नाइलोन के बहुत बढ़िया बिलकुल पारदर्शी मोजे बन रहे थे। इन्हें खरीदने वाले भी सोवियत में होंगे ही। यहाँ तीन हजार मजदूर सत्तर हजार तकले सुविधा से चला लेते हैं। इस बात की ओर विशेष ध्यान गया कि मशीनें सब सोवियत की बनी हुई थीं। हमारे कलकत्ते के साथी मिस्टर चटर्जी कताई और बुनाई की मशीनों के विषय में बहुत कुछ जानते हैं। उन्होंने मशीनों को ध्यान से देखकर बताया कि यह मशीनें हू-बहू इंगलिश मशीनों के ढंग पर बनी हुई हैं। अलबत्ता उनमें तकले अधिक थे और उनकी चाल भी अच्छी थी। मिस्टर चटर्जी का अनुमान है कि यह मशीनें, इंगलैंड से नमूने की मशीनें मंगाकर बना ली गई हैं।

हमारे यहाँ कानपुर, अहमदाबाद, बम्बई, शोलापुर में कपड़े की कताई, बुनाई के कारखाने ज्योर्जिया की अपेक्षा बहुत पुराने हैं परन्तु मशीनों के लिये अब भी इंगलैंड और अमरीका का मुँह देखा जाता है; स्वयं बनाने की चेष्टा नहीं की जाती शायद इसलिये कि स्वयं भारत में मशीनें बनाने का प्रयत्न करना विदेशों से किये गये आर्थिक समझौते के विरुद्ध होगा। ज्योर्जिया के इस नये कारखाने में भी मास्को के कारखानों की ही तरह बड़ा भारी क्लब है जिसमें तैरने के लिये छता हुआ तालाब और खूब बड़ी रंगशाला भी है। रंगशाला के साज-सज्जा के कमरे (ग्रीन रूम) में ज्योर्जिया की प्राचीन और अर्वाचीन पोशाकों के विचित्र-विचित्र नमूने भी देखे। कुछ जरीदार पोशाकें देख करके यही सन्देह हुआ कि किसी भारतीय महाराजा की पोशाकें वहाँ पहुँच गई हों।

× × ×

मास्को से चलने से पहले ही मेरे दांत में कष्ट था। बिलीसी पहुँचकर वह इतना बढ़ गया कि डा० बुटरोव से कहना ही पड़ा। मालती बिडेकर को भी कुछ कष्ट था हम लोग गैनरीटा के साथ हस्पताल पहुँचे। हस्पताल बिलीसी जैसे नगर के विचार से बहुत बड़ा जान पड़ा। बहुत से कमरों में भिन्न-भिन्न रोगों के विशेषज्ञ डाक्टर बैठे हुये थे जो रोगियों को देख रहे थे। भीड़ या कांय-कांय नहीं थी। डाक्टरों में अधिक संख्या महिलाओं की ही थी। दांतों की चिकित्सा के विभाग में डेंटिस्ट भी महिला ही थीं। दांतों में मुझे मसूड़े पीछे हट जाने के कारण प्रायः ही कष्ट हो जाता है। डेंटिस्ट लोग 'सिलवर नाइट्रेट' के टुकड़े को जलाकर बहुत सावधानी से जरा-जरा छुआ देते हैं। प्रायः तीन-चार दिन तक यह चिकित्सा करानी पड़ती है। इस हस्पताल में भी सिलवर नाइट्रेट ही लगाया गया परन्तु दूसरे ढंग से। उसे ज्वाला में गरम करने की आवश्यकता नहीं समझी गई। महिला डेन्टिस्ट ने एक बार दवाई लगाकर पांच मिनट बाद दूसरी दवाई कुल्ले करने के लिये दी और फिर उसी समय दुबारा दवाई लगा दी। एक बार और यही प्रक्रिया की गई और शाम तक दांत बिलकुल ठीक भी हो गये। इससे जान बची क्योंकि उसी संध्या हमें बिलीसी से लगभग दो सौ मील दूर काले सागर के किनारे एक सोवियत गाँव और संयुक्त कृषि क्षेत्र देखने चले जाना था।

सोवियत्त किसान और संयुक्त खेती

गाड़ी मुँह अंधेरे ही 'काबुलेत्ती' स्टेशन पर पहुँची। स्टेशन के बाहर ही लारी खड़ी थी। प्रायः तीन-चार मील जाकर लारी एक आलीशान बंगले के सामने खड़ी हुई। बंगले के चारों ओर खूब बड़ा उपवन था। कुछ ही कदम आगे काले सागर की नीली लहरें दिगंत तक फैलती चली गई थीं। कुछ विस्मय से अपने रूसी साथियों से पूछा—"क्या यह संयुक्त खेती का गाँव है?" उनके उत्तर से समाधान हुआ; यह संयुक्त खेती का गाँव नहीं, काले समुद्र के किनारे एक स्वास्थ्यवर्धक स्थान (सैनाटोरियम) था जहाँ गरमियों और बसन्त में मजदूर अपनी छुट्टियां बिताने आते हैं। संयुक्त खेती का गाँव अभी कुछ मील आगे था। यहाँ हम केवल चाय और कलेवे के लिये ठहरे थे।

बंगला दुमंजिला था। कई बड़े-बड़े कमरे थे। समुद्र के किनारे-किनारे ऐसे कई बंगले बहुत दूर तक बने हुए थे। किनारे पर छोटे-छोटे चिकने पत्थर बिछे हुए थे। जल खूब नीला और स्वच्छ। किनारे पर चीड़ और देवदार के ढंग के वृक्ष। पीछे दूर पहाड़ियों की अर्ध चन्द्राकार प्राचीर मानो प्रकृति ने कोहकाफ की परियों के सागर स्नान के पर्दे के लिये आंगन बना दिया हो। पहाड़ियों की चोटियां बरफ से ढंकी हुईं। सूर्य इस आंगन में झांकने के लिये उतावला हो रहा था और अपने इस कार्य से झेंप अनुभव कर उसका चेहरा भी लाल हो रहा था। उन बर्फानी चोटियों पर से फिसल कर आती सूर्य की किरणें गहरे नीले सागर पर धूप-छांव रंग के रेशम के कपड़े जैसी सुनहरी झलक छितराये दे रही थीं। इस स्थान पर पहुँच हम लोग अपनी आयु का गाम्भीर्य भूल गये और उन चिकने पत्थरों पर दौड़ने, किलकने और कूदने लगे। मालती बाई, लेखिका तो हैं ही, जाने कौन टीस उनके मन में जाग उठी? शायद जीवन के नीरस सूने पथ पर चलते-चलते थक जाने पर भी ऐसा विश्राम स्थान न पा सकने की कलख! वे किसी से कुछ कहे बिना चुपचाप मुँह उठाये समुद्र के किनारे-किनारे चल दीं। यदि हम लोग उन्हें पुकार न लेते तो जाने कितनी दूर कहाँ, चली जातीं। श्रद्धा माता को वह सागरतट पुण्य सलिला गंगा माता से भी अधिक पुण्य तीर्थ जान पड़ा। वे जिद्द करने लगीं कि जरूर स्नान करें। इस अलौकिक सौन्दर्य में पारलौकिक पुण्य की प्रचुरता भी दिखाई दे रही थी मानों स्वयं भगवान के स्नान का स्थान? उनसे तर्क करने की चेष्टा की कि यहाँ स्नान करने से पुण्य प्राप्ति की बात किसी शास्त्र में नहीं लिखी। पुण्य प्राप्ति में तो संदेह ही है अलबत्ता ठण्डे जल और ठण्डी हवा में निमोनिया निः सन्देह हो सकता है। काश्मीर की डल झील का सौन्दर्य इस बड़े चित्र की संक्षिप्त प्रतिलिपि मान ली जा सकती है परन्तु डल तक पहुँच कौन लोग पाते हैं? और यहाँ जो बंगले बने हुए थे, वे तो थे ही मजदूरों के लिए!

सरदी के मौसम में यह स्थान प्रायः बन्द रहते हैं इसलिये हम लोगों के पहुँचने से पहले कोई व्यवस्था नहीं थी। हम लोगों के नित्य-नैमित्यिक से निवृत्त होते-होते, चाय-कलेवे की व्यवस्था हो गई। इस कलेवे में सबसे अधिक स्वाद आया मांस की खिचड़ी में। हम लोगों ने रूसी साथियों से कहा—"यह भोजन तो बिलकुल हमारे देश का है। हम लोग इसे पुलाव कहते हैं।" स्थानीय लोगों ने कहा कि नहीं, यह उन लोगों का सामान्य भोजन है और वे लोग इसे "शिलई पुलाव" कहते हैं। इस पर भी हम लोगों ने आग्रह किया कि यह एशिया का भोजन है। इस पर समझौता हो गया। उन्होंने स्वीकार किया—"यह एशिया ही तो है। बातूम का जहाजीपत्तन यहाँ से केवल पन्द्रह मील है। टर्की की

सीमा लगभग पच्चीस मील।" लोग प्रायः मुसलमान हैं उनके नाम समद, अहमद और बशीर आदि!

यदि बस चलता तो भर पेट पुलाव खाने और दो तीन गिलास चाय पीने के बाद समुद्र किनारे ऊंचे पेड़ों से छनकर आती जाड़े की मीठी-मीठी धूप में लेट जाते और नीली-नीली लहरों की ओर देखते-देखते उठने का नाम न लेते परन्तु संयुक्त खेती की व्यवस्था देखने जाना ही था। तान्या से एक बार मीठा ताना सुन ही चुके थे कि भारतीय साथी काम और आराम का भेद भूल जाते हैं इसलिये घंटे डेढ़-घंटे से अधिक विलम्ब न किया और संयुक्त खेती के गाँव हत्सुबान की ओर चल पड़े।

हत्सुबान ज्योर्जिया के अजरयान प्रदेश में, लगभग सोवियत की सीमा पर अन्तिम स्थान है इसलिये सब सड़कें अभी बहुत बढ़िया नहीं बन सकी हैं। काबुलेत्ती से निकलकर सड़क कच्ची थी। कस्बे के पास ही कई छोटे-छोटे तालाब थे जिन्हें बहुत साफ नहीं कहा जा सकता परन्तु उनमें तैरतीं सफेद बत्तखें बहुत अच्छी लग रही थीं। यह आशंका करने का कोई कारण नहीं कि कस्बे के लोग इन तालाबों का जल पीते होंगे। काबुलेत्ती में नल एवं बिजली दोनों ही हैं। सड़क पर स्कूल जाते बच्चे न नंगे पांव थे और न चीथड़े पहने हुए। मालती बाई चुप पर सोवियत सीमा में प्रवेश करने के समय से इसी खोज में थीं कि कोई बच्चा नंगे पांव और चीथड़ों में दिखाई दे तो 'नोट' करें। उन्हें चुप में ही एक बालक फटे जूते पहने दिखाई दिया था उसके बाद नहीं।

हत्सुबान में हम लोग एक बड़े से दुमंजिले पक्के मकान के सामने ठहरे। यह संयुक्त खेती के गाँव का दफ्तर और क्लब था। आठ-दस आदमी हमारी प्रतीक्षा कर रहे थे। दो-तीन तो बाकायदा सूट-टाई और हल्के जूते पहने थे पर शेष किसान बन्द गले के कोट बिर्चिस और घुटनों तक के बूट चढ़ाये थे। संयुक्त खेती (कोलखोज) के प्रधान ने प्रस्ताव किया कि हम लोग पहले दफ्तर में चलकर बैठें और उनकी खेती की व्यवस्था समझ लें। उसके बाद गाँव के घरों, खेतों और दूसरी चीजों को देखें तो ज्यादा अच्छा रहेगा।

दफ्तर की दीवारों पर बहुत से नक्शे और चित्र संयुक्त खेती का विकास एवं उन्नति दिखाने के लिये लगे हुए थे। सोवियत नेताओं के चित्र तो थे ही पर झाड़-फानूस भी मौजूद थे। हम लोगों के बैठ जाने पर उन्होंने बताना शुरू किया :—

समाजवादी क्रान्ति से पहले इस प्रदेश की जलवायु और भूमि अच्छी होने पर भी यहाँ के किसानों की अवस्था बहुत दयनीय थी। टर्की की ओर से प्रायः ही छापेमार आकर लूटमार कर जाते थे। भूमि सब बड़े-बड़े जमींदारों की थी। किसान की अपनी भूमि अगर होती भी तो प्रायः उसके निर्वाह योग्य नहीं। यहाँ १९२८ में संयुक्त खेती आरम्भ की गई थी। उन्होंने गर्व से बताया उनके इस संयुक्त कृषि क्षेत्र का नाम "स्तालिन संयुक्त कृषि क्षेत्र" है। आरम्भ में यहाँ एक सौ किसान परिवार थे। अब यहाँ चार सौ बावन परिवार हैं और चौबीस हजार एकड़ खेती की जमीन है। आरम्भ में इस क्षेत्र की सम्मिलित आय छः लाख रूबल वार्षिक थी, अब अस्सी लाख रूबल है। आय की बढ़ती का कारण खेती की जमीन में बढ़ती और जमीन की पैदावार में बढ़ती तो है ही और इसके साथ अब यहाँ गल्ले के अतिरिक्त चाय, सेब, नारंगियां और नींबू भी पैदा किये जा रहे हैं जिसके दाम अच्छे मिलते हैं। पांच सौ साठ एकड़ भूमि में चाय के बाग लगा दिये हैं। शुरू में हमारे यहाँ ढाई एकड़ में डेढ़ टन चाय होती थी परन्तु सन् चौंतीस-पैंतीस में

हमने वैज्ञानिक उपायों से काम लेना आरम्भ किया है और अब उतनी ही भूमि में साढ़े चार टन चाय पैदा हो रही है। अभी और उन्नति की आशा है।

हम लोगों को सबसे अधिक कौतूहल इस विषय में था कि जब खेती की सम्पूर्ण ज़मीन सांझी है और सभी किसान एक साथ काम करते हैं तो किसानों में उनके श्रम के अनुसार पैदावार का न्याय पूर्ण बटवारा या मज़दूरी किस प्रकार दी जाती होगी। हत्सुबान की संयुक्त खेती के प्रधान ने समझाया कि खेती की सम्पूर्ण भूमि राष्ट्र की है और राष्ट्र ने यह भूमि हम संयुक्त कृषकों को जब तक हम वंश परम्परा तक खेती करते रहें, दे दी है। आरम्भ में संयुक्त खेती में सम्मिलित होने वाले किसानों ने अपने कृषि के पशु और हल या औजार आदि संयुक्त कृषि के संघ को देकर काम आरम्भ किया था परन्तु अब खेती प्रायः मशीनों से होती है। ट्रैक्टर और दूसरी कम्बाइन आदि मशीनें हमारे सम्मिलित कृषि संघ की सम्पत्ति नहीं है। हम लोग 'मशीन ट्रैक्टर स्टेशनों' से खेतों की जुताई-लुनाई आदि के लिये प्रबन्ध करके उन्हें उनके काम के दाम दे देते हैं। मशीन ट्रैक्टर स्टेशन अच्छा बीज प्राप्त करने, आवश्यक सड़कें, तालाब आदि बनाने और परामर्श में भी हमारी सहायता करता है। इसके लिये हम पहले से निश्चित की हुई रकम उसे दे देते हैं। अपनी सम्मिलित पैदावार में से हम इस भूमि के लिये राष्ट्र को लगान देते हैं। इसके बाद संयुक्त खेती के खेतों, गौशाला, बागान आदि से जो आय होती है उसे काम करने वालों को उनके श्रम और उनके श्रम से हुई पैदावार के हिसाब से नकद मज़दूरी और पदार्थों के रूप में बांट दिया जाता है।

श्रम का हिसाब एक दिन के लिये नियत भिन्न-भिन्न कामों के हिसाब से किया जाता है। उदाहरणतः एक व्यक्ति को कितनी जुताई, गुड़ाई और लुनाई करनी चाहिये या उसे गौशाला अथवा बाग में कितना काम करना चाहिये इस हिसाब से किया जाता है। इस प्रकार के दैनिक काम का निश्चय कृषि संघ की सदस्यों की सार्वजनिक सभा में होता है। काम का यह निश्चय साधारण अवस्था में किये जा सकने वाले परिमाण के विचार से किया जाता है परन्तु अधिकांश में कितना निश्चित काम की अपेक्षा बहुत अधिक काम कर लेते हैं । किसानों को मिलने वाली मजदूरी केवल श्रम के समय के हिसाब से नहीं दी जाती बल्कि नियत समय में काम अधिक होने पर उसे एक दिन का काम न गिनकर अधिक समय का काम माना जाता है। किसानों की आमदनी उनके व्यक्तिगत काम के दिनों की संख्या पर ही निर्भर नहीं करती बल्कि संपूर्ण सम्मिलित खेती की उन्नति और अवनति पर भी निर्भर करती है। कृषि संघ की आय में बढ़ती होने पर दैनिक कार्य की मजदूरी का दर स्वयं बढ़ जाता है और उसमें भी जो किसान व्यक्तिगत रूप से अधिक काम निकालते हैं उन्हें पांच प्रतिशत काम बढ़ाने पर दस प्रतिशत और बीस प्रतिशत काम बढ़ाने पर पचास प्रतिशत मजदूरी अधिक दी जाती है।

मज़दूरी या पैदावार का बंटवारा यों तो वर्ष के बाद होता है परन्तु निर्वाह के लिये प्रतिमास उन्हें पेशगी दे दी जाती है। इस पेशगी में नकदी के साथ-साथ ही आवश्यक पदार्थ भी सम्मिलित रहते हैं। साधारणतः दैनिक काम की मज़दूरी, संयुक्त कृषि संघ की सम्मिलित पैदावार के हिसाब से चौंतीस रूबल से लेकर अड़तीस रूबल तक पड़ जाती है। मज़दूरी के अतिरिक्त प्रत्येक किसान परिवार को घर बनाने के लिये जमीन दी जाती है। घर के साथ ही उसे अपने पारिवारिक उपयोग के लिये भी कुछ जमीन दी जाती है जहाँ

वह साग-सब्जी और फल-फूल पैदा कर सकता है। अपनी यह पैदावार किसान चाहे तो अपने उपयोग में ला सकता है चाहे तो सीधे बाजार में अथवा सहकारी बाज़ार संघ के द्वारा बेच सकता है। प्रत्येक परिवार अपने लिये एक गाय, बीस पच्चीस भेड़ बकरी और मनचाही मुर्गियां और बत्तखें रख सकता है। किसानों के पारिवारिक उपयोग के लिये भूमि परिवार के आदमियों की संख्या के अनुसार पौन एकड़ से लेकर ढाई एकड़ तक दी जा सकती है। पैदावार और नकदी की बंटाई से पहले किसानों की आम सभा करके सामूहिक हित के कामों क्लब, हस्पताल, बूढ़े लोगों की वृत्ति और भविष्य में सम्मिलित कृषि के विकास आदि के लिये एक भाग निकाल लिया जाता है।

सोवियत में कृषि की व्यवस्था दो प्रकार की है एक 'कोलखोज' अर्थात् संयुक्त कृषि क्षेत्र दूसरी 'सोवखोज़' अर्थात् राष्ट्रीय कृषि क्षेत्र। संयुक्त कृषि क्षेत्र में भूमि किसान की साझी सम्पति होती है और उनकी आय उनके क्षेत्र की पैदावार पर निर्भर करती है। राष्ट्रीय कृषि क्षेत्र की भूमि राष्ट्र की सम्पत्ति होती है। किसानों की आय इस भूमि पर कृषि के भिन्न-भिन्न काम करने वाले मजदूरों की तरह होती है वे निश्चित वेतन पाते हैं। यदि वे अधिक काम करते हैं तो काम के निश्चित दर के अनुसार अधिक वेतन पाते हैं। उनके उचित श्रम करने पर भी किसी कारण पैदावार में कमी हो जाय तो उनकी आय पर प्रभाव नहीं पड़ता। सोवखोज़ में गायें, भेड़ें, बकरियां सब चीजें समाज की सांझी ही होती हैं। सोवियत में अधिकांश भूमि की कृषि सोवखोज़ द्वारा ही होती है।

मास्को लौटने पर कृषि के इन दोनों तरीकों के सम्बन्ध में कृषि विभाग के डिप्टी डायरेक्टर से बात करते समय हमने जानना चाहा था कि किसान इन दोनों में से किस ढंग की कृषि में भाग लेना अधिक पसन्द करते हैं। उनका पहला उत्तर अस्पष्ट था— "देश के जिस भाग में जो ढंग चालू है, किसान उसी के अनुसार काम करते हैं।"—मैंने आग्रह से पूछा—"क्यों दोनों ही तरीकों से किसानों को समान ही आय होती है?"— "नहीं, आय की दृष्टि से अधिकांश कोलखोज़ों में किसानों को कुछ अधिक फ़ायदा रहता है।" हम लोगों ने जानना चाहा कि भविष्य में सोवियत सरकार कृषि के किस ढंग को अधिक प्रोत्साहन देना चाहती है? उत्तर मिला—"कि सोवखोज़ को ही क्योंकि इससे पूरे राष्ट्र के लिये पैदावार को अधिक सुविधा से बढ़ाया जा सकता है और अन्त में किसान का भी उसी से लाभ होता है।"

हम लोग हत्सुबान कृषक संघ के प्रधान की यह व्याख्या और आंकड़े सुनते हुए मन ही मन किसानों के घरों में जाकर उनकी स्थिति स्वयं देख आना चाह रहे थे। उनकी बात समाप्त होने पर हम दुमंजिले के कमरे से नीचे उतरे। नीचे पचास साठ किसान स्त्री-पुरुष धूप में इकट्ठा हो हमारी प्रतीक्षा कर रहे थे। इन किसान स्त्रियों की पोशाकें देखकर ही दंग रह गये। जिसके शरीर पर देखिये बढ़िया मखमल या बढ़िया सर्ज। कलाई और गले में सोने के जेवर और सीने पर सोने के भारी-भारी ब्रोच, हाथ-पांव तो किसानों जैसे ही बड़े-बड़े परन्तु नये से नये फैशन के चमचमाते हुए ग्लेसकिट के जूते। मर्द भी बिर्चिसें और घुटनों तक के चमचमाते बढ़िया बूट चढ़ाये जिनकी कीमत मास्को और बिलीसी के बाजार में सात-आठ सौ रूबल होगी।

इन किसान स्त्री-पुरुषों ने व्यक्तिगत परिचय का आग्रह किया और फिर हमारे स्वागत में नाच दिखाने और हमारे साथ नाचने की इच्छा प्रकट की। पहले तो क्लब की रंगशाला

में रंगमंच पर एक नाच हुआ। नृत्य की कला तो बहुत सूक्ष्म नहीं थी परन्तु नृत्य में भाग लेने वाले स्त्री-पुरुषों का स्वास्थ्य और उनकी पोशाकें बहुत अच्छी थीं। रंगमंच के नाच से सन्तुष्ट न होकर किसानों ने बाहर धूप में आकार ढोल और डफ बजाकर सामूहिक नाच शुरू कर दिया।

गौशाला समीप ही थी। एक झांकी उसकी भी ली। भैंसों जैसी बड़ी-बड़ी गायें सिलसिले में बंधी हुई थीं। दूध के बड़े-बड़े पीपों के पास पड़ी हुई नलियों और यंत्रों को देखकर अनुमान हुआ कि दूध दुहने का काम मशीनों से लिया जाता है। गोबर की थोड़ी बहुत बदबू जरूर थी शायद इसलिये कि खाद के ढेरों को दबा नहीं दिया गया था। एक प्रौढ़ा गौशाला से निकली। उसके हाथ में झाड़ू बंधा बांस था। निश्चय ही वह सफाई का काम करती होगी। वह रुई भरा कोट पहने हुई थी और घुटनों तक ऊंचे बहुत मोटे भारी-भारी बूट। सिर पर बंधा हुआ रूमाल भी बेरंग और पुराना था। मैं और मालती बाई उसकी ओर बढ़ गये। मन में सोचा कि सच्चाई इससे खुलेगी। दुभाषियों को भी साथ न लिया। अपने रूसी भाषा के ज्ञान के भरोसे पांच सात बार उससे प्रश्न किया, "स्कोलको रूबली?...स्कोलको रूबली?" पर वह कुछ समझी नहीं तब तान्या को बुलाकर प्रश्न किया कि इसकी तनखाह कितनी है इस पर भी प्रौढ़ा कुछ समझी नहीं। "तनखाह क्या होती है?"—उसने पूछा। तो सीधा प्रश्न किया कि तुम काम करती हो तुम्हें मिलता क्या है? अब बात प्रौढ़ा की समझ में आई तब उसने बांस को दोनों हाथों से संभाल मुस्कराकर बताया दो माह पहले जो बटवारा हुआ था तो उसे रूबल तो बारह हजार मिले थे परन्तु वह एक-एक उंगली उठाकर गिनाती गई इतना गल्ला, इतना मक्खन, इतनी चाय, इतनी चीनी और जाने क्या-क्या!

किसानों के मकान एक साथ सटे हुए नहीं बल्कि खूब दूर-दूर बंगलों की भांति थे। अधिकांश मकानों में नीचे की मंजिल पत्थर की और ऊपर की मंजिल लकड़ी की थी। मकान छोडे-बड़े थे, दो कमरों से चार-पांच कमरे तक। मकान हवादार थे और खिड़कियां कांच मढ़ी हुई। पलंग और मेज-कुर्सी कहीं बहुत साधारण, कहीं बहुत बढ़िया। घरों में प्रायः वृद्धायें ही बच्चों के पास थीं।

कई मकान देख चुकने के बाद एक बड़े से मकान की तरफ गये। यहाँ हमारे विरोध में कुत्तों के बहुत देर तक भूँकने के बाद एक छः-सात वर्ष का लड़का बाहर निकला। दुभाषिये के समझाने पर वह पेड़ों से भरे ढलवान की तरफ जाकर जोर-जोर से पुकारने लगा। उसकी पुकार के उत्तर में एक वृद्ध के दर्शन हुए। रुई भरा कोट और तनीदार कनटोप पहने, जैसे गढ़वाल या अलमोड़े जिले का कोई ठाकुर हो। कपड़ों और नमदे के जूतों पर जहाँ तहाँ मिट्टी के दाग। वृद्ध ने अतिथियों को आया देख अपनी लड़की और बहू को पुकारा। लड़की गाँव के स्कूल में अध्यापिका है। पुत्र बातूम में वकालत करता है। बहू विश्वविद्यालय में पढ़ रही है परन्तु बड़े दिन की छुट्टियां बिताने ससुराल आई थी।

इन लोगों ने भीतर चलने का आग्रह किया। हम लोग अनेक प्रश्न पूछते जा रहे थे। लड़की और बहू ने आग्रह किया कि पहले हम बैठ जायें तब बात करेंगे। घर भर से कुर्सियां इकट्ठी की गईं और काफी हो भी गईं। बहू और लड़की एक-एक टोकरी सेब और नारंगियां निकाल लाईं फिर एक बहुत बड़ी तश्तरी में ढक्कन लगे कनस्तर से बिस्कुट उड़ेले गये, चाकलेट और टौफी भी। ज्योर्जियन अंगूरी शराब की बोतलें भी

आदमियों की संख्या से अधिक ही मेज पर आ गईं। तश्तरियां और गिलास भी निकाले गये। बर्तन काफी अच्छे थे। कमरे में एक ओर पियानों भी रखा हुआ था जिसे हमारे दूभाषिये अलेक ने टुनटुनाना शुरू कर दिया।

हम लोगों ने संकोच से पूछा कि इस परिवार को कितनी आमदनी होगी? वृद्ध ने संकोच और विनय से कहा मैं भाग्यशाली हूँ। भरा-पूरा परिवार है। सभी लोग कमा रहे हैं मुझे कोई कठिनाई नहीं है। हमारे बार-बार आग्रह करने पर उसने उत्तर दिया, "इस वर्ष मैंने अपने बाग से अठारह हजार रूबल के तो नींबू ही बेचे हैं।" संयुक्त कृषि से क्या मिला यह उसने नहीं बताया शायद सोचता हो कि वह तो सभी जानते हैं। जो गल्ला, मांस, मक्खन, दूध मिला वह अलग।

इसके बाद वृद्ध से आमदनी की बात पूछने में स्वयं ही संकोच होने लगा। वृद्ध की आयु पूछने पर मालूम हुआ कि सड़सठ वर्ष थी। प्रश्न किया कि समाजवादी क्रान्ति से पहले की भी कोई बात याद है? "खूब याद है"—वृद्ध सहसा गम्भीर हो गया। हम लोगों ने पूछा—"तब कैसी जिन्दगी थी?" "तब जिन्दगी, क्या मौत थी"—उसने उत्तर दिया—"ढाई सौ कदम जमीन थी वह भी पराई। एक बैल और एक गाय। एक ही छप्पर में मैं और बच्चों की माँ पशुओं के साथ जाड़ा काट लेते थे या चूल्हे के चारों ओर सोकर रात काट लेते थे।" हम लोगों ने पूछा—"बच्चों की माँ भी क्या यहीं हैं?"—लड़की ने हंसकर कहा—"हां, हां पर वह मेहमानों से शर्माती हैं। पोते को खिला रही होंगी।"

वृद्ध किसान मितभाषी था इसलिये अधिक बहस करना संभव नहीं था। हमारे परम गांधीवादी साथी बिनू भाई शाहजी ने वृद्ध किसान के आतिथ्य के लिये धन्यवाद देते हुए कहा—"भगवान आपका और आपके दिव्य नेताओं का कल्याण करे और हमारे नेताओं को भी ऐसी ही सुमति दे कि हमारे देश के किसान भी आप लोगों जैसा जीवन बिता सकें।" जिस समय शाहजी भगवान से यह प्रार्थना कर रहे थे मैं मन में यह सोच रहा था कि इस किसान और इस जैसे किसानों के लिये व्यक्तिगत स्वतन्त्रता का और क्या अर्थ होगा? क्या इन्हें जबरदस्ती समाजवादी व्यवस्था के शिकंजे में जकड़कर रखने की जरूरत है। सोवियत की नई व्यवस्था का इनसे बड़ा समर्थक कौन होगा? अलबत्ता ये लोग सामन्तवाद और पूँजीवाद के समर्थन की स्वतंत्रता अपने देश में किसी को क्यों देने लगे। हम लोग उनकी व्यक्तिगत स्वतंत्रता के अभाव के लिये चाहे आँसू बहाएं।

किसान के उस कमरे की खिड़की से दिखाई दे रहा था कि दिन ढल रहा है। हम अभी और भी चक्कर लगाना चाहते थे इसलिये विदा लेकर चले। बाहर निकलने पर आंगन में वृद्धा गृहणी के भी दर्शन हो गये। वे स्वयं मैले-मटियाले रुई भरे कपड़े पहने बरफ के समान उजले ऊनी स्वेटर और टोपे में लिपटे गुलाब के फूल से खिले अपने पोते को अपनी गोद में लिये खड़ी थीं। हम लोगों ने उन्हें भी धन्यवाद और बधाई देने के लिये हाथ मिलाना चाहा परन्तु वह शरम के मारे सिकुड़ी जा रही थीं। उनकी बेटी और बहू ने मुस्कराकर क्षमा सी माँगी—"अम्मा बहुत पुराने ख्याल की हैं।" आखिर पति के बार-बार कहने और लड़की और बहू के जबरदस्ती उनका हाथ खींचकर आगे कर देने पर उन्होंने बारी-बारी से हम लोगों को अपना हाथ छू लेने देना स्वीकार कर लिया।

दिन ढल चुका था। हम लोग टीलों पर से होते हुए गाँव के दूसरे किनारे जा रहे थे। टीले बहुत ऊंचे नहीं थे। प्रायः घास, बड़े वृक्षों और फलदार वृक्षों से छाये हुए। दृश्य

कुछ-कुछ कुल्लू की घाटी जैसा। हम सबको इस्मत गित्तुवात्से ने संध्या के भोजन का निमंत्रण दिया था। गाँव में वृद्धा इस्मत का बड़ा मान और स्थिति है। वह समाजवादी श्रम की वीर सैनिक का लेनिन स्वर्ण पदक पा चुकी हैं। उनकी बेटी कुलिका ने युवा अवस्था में ही यह सम्मान पा लिया है। इस्मत ने भोजन के अवसर पर बहुत से स्थानीय लोगों को भी बुलाया था। भोजन के लिये मेजें और कुर्सियां बरामदे में ही लगाई गई थीं। जगह तंग पड़ी तो एक और कमरे में भी प्रबन्ध किया गया। मेरी कुर्सी इस्मत के समीप ही थी। वे बोल कम पाती थीं पर मुस्करा जरूर देती थीं। मुस्कराते समय उनके दांत देखकर विस्मय हुआ। दांत क्या; दांत थे ही नहीं। ऊपर नीचे नकली बत्तीसी लगी हुई थी पूरी सोने की।

हमारे अपने संस्कार के कारण सोने की बत्तीसी देखने में बहुत सुन्दर तो नहीं लग रही थी परन्तु असाधारण बात तो अवश्य थी। उस ओर मेरा ध्यान जाने का एक और भी कारण था। भारत से चलने से एक महीने पूर्व मेरी पत्नी को एक दांत उखड़वाना पड़ गया था। जब उखड़े हुए दांत की जगह नया दांत लगवाने के लिये गये तो डेंटिस्ट ने सलाह दी कि स्थाई दांत भी लगाया जा सकता है जिसे साफ करने के लिये निकालने की जरूरत नहीं रहेगी लेकिन स्थाई दांत सोने का ही बन सकता है। पत्नी को सोने का दांत लगवा लेने का चाव तो जरूर हुआ परन्तु सोने के दांत की कीमत एक सौ बीस रुपये सुनकर उत्साह ठंडा पड़ गया इसलिये जब भी सोने का दांत दिखाई देता, उस ओर ध्यान जरूर जाता। मास्को पहुँचकर भारत और यूरोप की अपेक्षा सोने के दांत लगाये आदमी काफी अधिक दिखाई दिये थे। बिलीसी में मास्को की अपेक्षा भी अधिक। हत्सुबान में जो थोड़े बहुत किसान स्त्री-पुरुष दिखाई दिये, उनमें सोने के दांत के बिना शायद कोई ही दिखाई दिया हो। संदेह हुआ कि कहीं सोने के दांत लगवा लेने के शौक में ही तो अच्छे भले दांत नहीं उखड़वा डालते। इस्मत तो ऊपर नीचे सभी दांत सोने के लगाये बैठी थीं। सभी दांत सोने के लगा लेना सुरुचि का चिन्ह चाहे न माना जाय, परन्तु उसके लिये साधन तो चाहिये ! निश्चय ही इस्मत की उतनी कमाई रही होगी। उनके मकान के नीचे पशु बांधने के लिये बनाई गई जगह में एक अच्छी लम्बी चौड़ी 'पोवियेदा' मोटर भी खड़ी थी।

मोटरों के विषय में पूछने पर पता लगा है कि गाँव में चार सौ बावन परिवार हैं उनमें से सत्तर से अधिक के पास निजी छोटी मोटरें हैं और इक्कीस या बाइस परिवारों के पास बड़ी-बड़ी और गाँव की तीन-चार सांझी सवारी की बसें भी हैं। इन्हीं में से एक पर हम सवारी कर रहे थे। इस बात में सन्देह नहीं कि हत्सुबान या सोवियत के संयुक्त कृषि के गाँव में मास्को और लेनिनग्राद की अपेक्षा अधिक सम्मृद्धि है। गाँव के लोग अपनी आवश्यकता की बहुत सी चीजें तो स्वयं पैदा कर ही लेते हैं। इसके अतिरिक्त मास्को, लेनिनग्राद में न्यूनतम मजदूरी बीस रूबल प्रतिदिन है, बिलीसी में छब्बीस-सत्ताईस रूबल और ईत्सुबान में चौंतीस से अड़तीस रूबल। पूँजीवादी व्यवस्था के संस्कारों का अभ्यास लिये हम लोगों को यह बात विचित्र लगती है क्योंकि हमारे यहाँ सबसे अधिक सम्मृद्धि राजधानी या देश के सबसे बड़े नगर में और सबसे अधिक गरीबी गाँव में पाई जाती है।

सोवियत में इससे उलटा है; या कहिये कि वहाँ स्वाभाविक और सीधी व्यवस्था है। आरम्भिक उत्पादक तो गाँव के किसान ही हैं। यदि वे अपने श्रम का उत्पादन अपने पास

रख सकें तो उनकी सम्पृद्धि स्वाभाविक है। इस्मत गित्तुवात्से अगर सोने की बत्तीसी लगाये हुए थीं तो विस्मय क्या? इस्मत और उनकी बेटी कुलिका की गत वर्ष की आमदनी साठ हजार रूबल थी और इस आमदनी का आधार उन लोगों की पैत्रिक सम्पत्ति नहीं थी, न व्यावसायिक चातुर्य द्वारा दूसरे के श्रम का फल हथिया लेने की सफलता। उनकी आमदनी का आधार था उनके अपने हाथों की मेहनत और नियमित समय में अधिक काम निकाल सकने का कौशल। उन दोनों ने वर्ष भर में आठ सौ सत्तावन दिनों की मजदूरी पाई थी। इस आर्थिक लाभ के अतिरिक्त माँ और बेटी ने समाजवादी श्रम के वीर सैनिक के सम्मान में स्वर्ण पदक भी पाये थे।

भोजन के लिये इस्मत के बरामदे में बैठे थे। भीतर के कमरों के दरवाजों पर बरफ के समान श्वेत चिकिन के पर्दे लटके हुए थे। किसी के घर में निमंत्रित होने पर परदा के पीछे झांकना सौजन्य नहीं समझा जायेगा परन्तु कौतूहल भी मनुष्य की एक बड़ी निर्बलता है। परदों के पीछे नजर जा सकती थी इसलिये गई ही और देखा कि सोने के कमरे में बिस्तरे दूधिया सफेद बिस्तरपोशों से ढंके थे। पलंग या तो क्रोमियम की कलई किये हुए फौलाद के थे या वैसी किसी दूसरी चीज के। इस्मत उसी मूजिख (किसान) वंश की सन्तान है जो जार के समय की व्यवस्था में पशुओं के समान जीवन व्यतीत करते थे। जिसका मुख्य भोजन बाजरे का दलिया था। आज उसकी मेज पर कई तरह की रोटियां, दो-तीन तरह के मांस, तली हुई मछली, मुर्गी, शोरबे और भारतीय स्वाद के लिये चावल और पहाड़ी मिर्च का रसेदार शाक, सेब, नाशपातियां, अंगूरी शराबें, नीबू और नारंगी के शरबत की बोतलें सुन्दरता से रखी हुई थीं कि कोई चीज उठाते समय गिलास या बोतल गिर जाने की आशंका नहीं रहती थी। भोजन अधिक देर तक खाते रह सकने के लिये गाना-बजाना भी शुरू हो गया। अजरयानी भाषा में गाने हुए। ज्योर्जियन और रूसी में हुए फिर हिन्दी, बंगला और मराठी में हुए। हमारे मेजबान दावत समाप्त ही नहीं होने देना चाहते थे परन्तु हमें रात की गाड़ी से गोरी पहुँचना था इसलिये धन्यवाद देकर उठ ही गये।

चलने से पहले हम लोगों ने अनुरोध किया कि इस्मत हमारे देश के लोगों के लिये कोई संदेश दें। इस्मत का चेहरा लज्जा से लाल हो गया। हाथ हिलाकर "नहीं···नहीं" कह उसने क्षमा चाही। हम लोगों की जिद्द से इस्मत को संदेश देने के लिये खड़ा होना ही पड़ा। बहुत धीमे स्वर में उसने कहा, "हिन्दुस्तानी साथियों से मिलकर बहुत प्रसन्नता हुई।" और वे चुप हो गईं। कुछ और बोलने का अनुरोध किया गया तो बोलीं—"आप लोग फिर जरूर आइयेगा।" "कुछ और! कुछ और!" हमारे आग्रह करने पर उसने कहा—"सब लोगों की श्रम करने की शक्ति बढ़े और हम सब लोग और भी अधिक सुखी हों।" तालियों के कोलाहल में इस्मत धप्प से कुर्सी पर बैठ गई। लज्जा के मारे उसे पसीना आ गया था।

इस्मत के मकान में तो बिजली का प्रकाश था परन्तु बाहर पहाड़ी देहात की संकरी राह पर घुप्प अंधेरा। हम लोगों की लारी लगभग एक फर्लांग दूर सड़क पर खड़ी थी। हत्सुबान के किसान लड़कों ने हमें अंधेरे में गिरने की आशंका से बचाने के लिये लम्बी लकड़ियों पर कपड़ा बांध तेल डाल मशालें बना लीं और हमें राह दिखाते हुये लारी तक पहुँचाने के लिये साथ हो लिये।

अंधेरी सड़क पर से लारी काबुलेत्ती स्टेशन की ओर चली जा रही थी। हमारे साथियों में से जिलानी, हाजरा और दर ने कोई हिन्दी गाना छेड़ दिया था। लोग गाते जा रहे थे। मैं गा नहीं सकता इसलिये सोचता चला जा रहा था; इस्मत की बात—"और सुखी हों।" अभी और क्या सुख चाहती है? तब याद आई आध्यात्मिकता में विश्वास रखने वालों की बात कि खाना, कपड़ा, जेवर और सवारी ही संसार में सब कुछ नहीं हैं। इसके अतिरिक्त भी सन्तोष देने वाली चीज कुछ और है। वह सन्तोष देने वाली चीज और क्या है; जिसे मनुष्य खाना, कपड़ा और सवारी गहना न होने पर भी पा लेता है। वह चीज शायद भारत की सर्वसाधारण जनता के पास अवश्य होगी।

स्तालिन की जन्मभूमि

मास्को से बिलीसी जाते समय विमान-चालकों से बात करते जा रहे थे। कोहकाफ की पर्वत श्रेणियां लांघकर विमान कुछ नीचे आ गया था। पृथ्वी नीचे बड़े भारी नक्शे की भांति फैली हुई थी जिसमें नदियां, तालाब, जंगल, सड़कें और गाँव पहचाने जा सकते थे। विमान-चालक ने दुभाषिये साथी की मारफत नीचे एक गाँव दिखाकर बताया, "वह है का० स्तालिन की जन्मभूमि गोरी" । उस ऊंचाई से दिखाई तो भला क्या देता अलबत्ता का० स्तालिन की जन्मभूमि के इतने समीप आ जाने से उसे देखने की इच्छा हुई और डा० बुटरोव से उसके लिये सभी ने अनुरोध किया। इसी अनुरोध के अनुसार हम लोग काबुलेत्ती स्टेशन से रात को दस बजे गाड़ी पर चढ़कर सुबह पांच बजे गोरी पहुँच गये। स्टेशन के समीप ही एक बहुत सुन्दर दो मंजिले मकान में सूर्योदय तक के लिये हमें ठहरा दिया गया।

पिछली रात गाड़ी में सोने से पहले चौबेजी ने मुझे ताकीद कर दी थी कि सुबह उठने पर उन्हें उनकी वर्षगांठ के लिये बधाई देकर नववर्ष के लिये शुभ कामना कर दूँ। उस रोज़ उनका जन्मदिन था। उनकी ताकीद भूला नहीं था। चौबेजी को स्वयं बधाई देने के साथ-साथ मादाम पालोवा को भी चौबेजी के जन्म दिन पर बधाई दे देने के लिये अनुरोध कर दिया। उन्होंने बड़ी उदारता से चौबेजी को बधाई दे शुभकामना प्रकट की। अब सभी ओर से चौबेजी पर बधाइयां और शुभकामनाएँ बरसने लगीं और चौबेजी झेंप कर बिगड़ने लगे—"यह क्या तमाशा कर दिया तुमने?" गोरी में का० स्तालिन ने जिस मकान में जन्म लिया था उसे देखने जाने से पहले नाश्ता कर लेने के लिये आदेश मिला। नाश्ते की मेज पर तीन चार रोटियां प्रायः दो दो गज़ लम्बी, बिच्छू की तरह पूंछ और डंक सा उठाये दिखाई दीं और बहुत सी अंगूरी शराब की बोतलें। सुबह-सुबह जलसे का यह सब विभ्राट देखकर कारण का अनुमान कर रहे थे कि रूसी साथियों ने गिलास भर-भरकर चौबेजी को उनके जन्म दिन के शुभ अवसर पर स्तालिन के जन्म की पुण्यभूमि में होने के संयोग पर बधाई देना आरम्भ कर दिया। चौबेजी अच्छी खासी मुसीबत में पड़ गये। इतनी बधाइयों के उत्तर में आखिर उन्हें भी कुछ तो बोलना ही पड़ा। रूसी साथियों के लिये किसी के भी व्यक्तिगत भावों की उपेक्षा कर जाना सम्भव नहीं जान पड़ता शायद इसलिये कि उनके समाज में व्यक्तित्व के लिये कोई स्थान ही नहीं।

गोरी के एक छोटे से गन्दे से मोहल्ले में सन् १८७९ में २१ दिसम्बर को का० स्तालिन का जन्म हुआ था। जैसा मुहल्ला था वैसा ही मकान। केवल दो कोठरियां। उसमें से भी एक अपेक्षाकृत अच्छी कोठरी में मकान मालिक रहता था। दूसरी कोठरी में

जुगाश्वेलो परिवार अर्थात् स्तालिन के माता-पिता। कमरों के नीचे तहखाने थे जिनमें ये लोग अपना रसोई घर बनाए थे। चूल्हे की गरमी से कमरा गरम रहने में सहायता मिलती थी। चार वर्ष की आयु तक स्तालिन इसी मकान में रहे।

सन् १९३५ में ज्योर्जिया की सोवियत सरकार ने इस मकान को ऐतिहासिक स्मृति चिह्न के रूप में सुरक्षित रखने के लिये स्तालिन की माता के हवाले कर दिया था। अब तक तो यह मकान आंधी-वर्षा और बर्फ की चोटों से भूमिसात हो गया होता परन्तु सोवियत सरकार ने इस मकान की रक्षा के लिये छतरी की तरह दूसरा मकान उसके ऊपर बनवा दिया है। यह छतरी इसके ऊपर बहुत सुन्दर पत्थर की बनी हुई है और इसकी छत पारदर्शी है। अब यह स्मृति चिन्ह हर प्रकार की मौसमी चोटों से बचा भी है और दर्शक उसे प्रकाश में ऊपर से नीचे तक भली प्रकार देख सकते हैं।

मकान की उस कोठरी को जिसमें स्तालिन का जन्म हुआ था और जहाँ उन्होंने आयु के चार वर्ष बिताये थे, ठीक उसी अवस्था में रखा गया है जैसे कि स्तालिन की माता अपने घर को रख सकती थीं। एक दीवार के साथ खटिया पड़ी है दूसरी दीवार के साथ एक काठ की बेंच, वैसी ही काठ की एक कुर्सी और काठ का एक आलमारीनुमा सन्दूक जिस पर तांबे का एक समावार, चाय के लिये पानी उबालने का बर्तन, एक लैम्प भी रखा है। सन्दूक के ऊपर दो तीन किताबें भी हैं जिन्हें संभवतः स्तालिन के पिता पढ़ते होंगे। खटिया बहुत मामूली बिछावन से ढंकी है।

सोवियत सरकार ने मकान को ऐतिहासिक स्मारक बनाकर अब उसके चारों ओर एक छोटी सी फुलवाड़ी भी लगा दी है। का० स्तालिन के मकान को ढके छतरी के समीप ही दूसरा एक अच्छा बड़ा और सुथरा मकान है। इस मकान में साथी स्तालिन के जीवन की ऐतिहासिक घटनाओं से सम्बन्ध रखने वाली वस्तुओं, चित्रों और लेखों आदि का संग्रह है। यहाँ स्तालिन के माता-पिता की और स्तालिन के बचपन की कई तस्वीरें हैं जो समय के प्रभाव से अस्पष्ट हो चली हैं।

यहाँ साथी स्तालिन की बचपन में लिखी कवितायें भी हैं जो उनके स्कूल की हस्तलिखित पत्रिका में प्रकाशित हुई थीं। स्तालिन के स्कूल की परीक्षायें योग्यता से पास करने के प्रमाण-पत्र भी हैं और साथ ही स्कूल के इंसपेक्टर की रिपोर्ट भी मौजूद है जिसमें धार्मिक व्याख्यानों के प्रति स्तालिन की उपेक्षा की शिकायत है। स्तालिन बचपन से ही न केवल कविता में ही रुचि रखते थे बल्कि साहित्य के अन्य क्षेत्रों और संगीत आदि में भी।

पन्द्रह वर्ष की आयु में स्तालिन ज्योर्जिया की स्वतन्त्रता के लिये क्रान्ति के संघर्ष में सम्मिलित हो गये थे और १८९६ में उन्होंने एक क्रान्तिकारी दल का संगठन कर लिया था। १८९६ में वे क्रान्तिकारी प्रवृत्ति के कारण कॉलिज से निकाल दिये गये। इसके बाद से १९१७ तक उनका जीवन गुप्त क्रान्तिकारी आन्दोलन, जेल एवं देश निकाले की कहानी ही रही।

इस संग्रहालय में साथी स्तालिन के क्रान्तिकारी दल द्वारा आरमीनियन, ज्योर्जियन और रूसी भाषाओं में प्रकाशित की गई अनेक पत्र-पत्रिकाओं और घोषणा पत्रों की प्रतियाँ भी सुरक्षित हैं। इस्क्रा का १९०२ का वह अंक भी सुरक्षित है जिसमें स्तालिन द्वारा तिफलिस (बिलीसी) में दो हजार मजदूरों के प्रदर्शन कराने पर लेनिन ने लिखा था

कि इस प्रदर्शन को राजनैतिक संघर्ष और मजदूर आन्दोलन के समन्वय का पहला कदम समझा जाना चाहिये। स्तालिन और लेनिन की फिनलैण्ड में १९०५ की पहली मुलाकात के और १९०६ के सोशल डैमोक्रेटिक पार्टी के साथ स्तालिन के चित्र भी अन्य अनेक ऐतिहासिक चित्रों के साथ सुरक्षित हैं। यह संग्रहालय स्तालिन के जीवन की ही नहीं, वास्तव में समाजवादी क्रान्ति की ऐतिहासिक घटनाओं की स्मृतियों का संग्रहालय है।

संग्रहालय की पंजिका में भारतीय प्रतिनिधियों की ओर से लिखी गईं यह पंक्तियां सुरक्षित रहेंगी—"वियाना शान्ति कांग्रेस में भाग लेने वाले भारतीय प्रतिनिधि समय के मार्ग पर बने हुए साथी स्तालिन के इन पद चिह्नों को देखकर बहुत प्रभावित हुए हैं। यह स्मारक भावी पीढ़ियों को याद दिलाता रहेगा कि मनुष्य की स्वतन्त्रता के लिये संघर्ष का क्या मार्ग रहा है और उसके लिये क्या मूल्य दिया गया है; वह मार्ग कितना कठिन है। स्वतन्त्रता का मार्ग निरन्तर संघर्ष का मार्ग है। महापुरुषों के जीवन हमें याद दिलाते रहते हैं कि जीवन की पूर्णता का वर्ग यही है।"

× × ×

गोरी से हम लोग सड़क के रास्ते बस से बिलीसी के लिये चले। दिन सुहावना था। बर्फ नहीं पड़ रही थी। हल्के-हल्के बादल थे। धूप-छांव का खेल चल रहा था। सड़क के दायें-बायें कहीं-कहीं टीलों पर कुछ बर्फ दिखाई दे जाती। रास्ता काफी लंबा लगभग साठ मील था। सड़क अच्छी थी, मार्ग के दोनों ओर जहाँ भी खेत दिखाई दिये निस्सीम विस्तार के रूप में। रास्ते में एक ट्रैक्टर-मशीन-स्टेशन पड़ा। बिलीसी पहुँचने में बहुत विलम्ब न हो जाये इस ख्याल से देखने के लिये नहीं जा सके। ट्रैक्टर-मशीन-स्टेशन को सामूहिक कृषि क्षेत्रों की व्यवस्था की स्नायु-ग्रन्थी समझा जा सकता है। प्रत्येक सामूहिक कृषि के लिये कृषि की भारी-भारी मशीनें ट्रैक्टर और कम्बाइन आदि की पृथक-पृथक व्यवस्था करना सुविधाजनक न होगा और अपव्यय भी होगा इसलिये कई सामूहिक कृषि क्षेत्रों के बीच में एक ट्रैक्टर-मशीन-स्टेशन रहता है और इन क्षेत्रों में मशीन से किये जाने वाले सब काम अपना मेहनताना लेकर कर देता है। इसके अतिरिक्त कृषि के सम्बन्ध में वैज्ञानिक परामर्श आदि देना भी इन्हीं केन्द्रों का काम है। बहुत सी मशीनें और ट्रैक्टर आदि पंक्तियों में खड़े हुए थे जैसे छावनियों में टैंक, तोपें और फौजी लारियां आदि खड़ी रहती हैं।

बिलीसी से पन्द्रह-बीस मील इधर की बहुत ऊँचे गगनचुम्बी प्राचीन गिरजे का गुम्बद दिखाई दिया। गिरजा एक बहुत पुरानी दीवार की परिधि से घिरा हुआ है। साथियों ने इसे देखने की इच्छा प्रकट की इसलिये यहाँ रुक गये। चारदीवारी से घिरे हाते में ही पादरी साहब का निवास-स्थान है। हम लोगों के गिरजा देखने के अनुरोध की बात सुनकर वे मकान से बाहर आ गये। यह गिरजा और 'पवित्र पिता' (होली फादर) प्राचीन रोमन कैथोलिक परिपाटी की ईसाई शाखा के हैं। छरहरा; असाधारण लम्बा कद, कन्धों से ऐड़ी तक काला चोंगा पहने हुए और सिर पर लगभग एक हाथ ऊँची चौड़ी छत की गोल सफेद टोपी, जैसे सिर पर ऊँची हल्की बाल्टी उठाये हों। खूब लम्बी घनी खिचड़ी, दाढ़ी-मूंछ, दाढ़ी के नीचे एक खूब लम्बी रत्न जटित सलीब लटकी हुई, आंखों पर मोटे शीशे का गोल चश्मा। मालूम हुआ कि पवित्र पिता (होली फादर) पासशुदा डाक्टर हैं और नाम गोब्रोन है। अपने धार्मिक सन्तोष के लिये पादरी का काम करते हैं।

धर्म पिता ने बड़े प्रेम से घूम-घूमकर इस प्राचीन गिरजाघर का परिचय दिया। यह गिरजा आरम्भ में पांचवीं या छठी सदी में बनाया गया था। ज्योर्जिया के रूस के अधिकार में आने से बहुत पहले ज्योर्जिया के सम्राटों के ईसाई धर्म स्वीकार कर लेने पर इस गिरजे का पुनः निर्माण हुआ था। गिरजे के चारदीवारी के बाहर बेतरतीब, पुराने ढंग का सा गाँव है। ऐसे गाँव में इतने बड़े गिरजे का अस्तित्व असंगत जान पड़ा। धर्म पिता से मालूम हुआ कि गाँव का नाम मजखैट है और यह स्थान एक समय ज्योर्जिया की राजधानी थी। उन्होंने आस-पास की पहाड़ियों पर कुछ अति प्राचीन मकानों के भग्नावशेषों की ओर संकेत किया।

गिरजा के द्वार की मेहराब में दरार आ गई है। उस पर लोहे का चौखटा चढ़ाकर गिरने से बचा दिया गया है। गुम्बद पर बाहर और भीतर नई मरम्मत के चिह्न हैं। धर्म-पिता ने बताया कि सोवियत सरकार ऐतिहासिक स्मारक के रूप में गिरजे की मरम्मत कराती रहती है। पिछले वर्ष इस पर बहुत अधिक धन व्यय हुआ था। पूजा और आरती की वेदी पर बनी मूर्तियों पर सोने के पत्र चढ़े हुए हैं। धर्म-विरोधी कम्युनिस्ट सरकार ने इस सोने का लालच नहीं किया। सामने और दायें-बायें अनेक मूर्तियां हैं। भित्तियों पर उसी प्रकार के रंगों में चित्र बने हुए हैं जैसे अजन्ता की गुफाओं में हैं। इन सब चित्रों और मूर्तियों की रक्षा पर विशेष ध्यान दिया जाता है। धर्म-पिता को डाक्टर होने के नाते गाँव के लोगों की शारीरिक चिकित्सा के लिये सरकार से जीविका प्राप्त होती है। लोगों की आत्मिक चिकित्सा वे अपने आध्यात्मिक सन्तोष के लिये करते हैं।

मजखैट के बच्चे, कुछ स्त्रियां और दो-चार नौजवान हम लोगों के आगमन से आकर्षित हो गिरजे में सिमिट आये थे। उनके चेहरे-मोहरे परिपुष्ट और कपड़े जूते भी अच्छे-खासे थे परन्तु गाँव के मकान बहुत बेरौनक और कच्ची गलियां भी गन्दी। कीचड़ में मुर्गियां और बत्तखें छपछपाती फिर रही थीं। यह एक ही गन्दा गाँव सोवियत में देखने का अवसर हुआ। सुना था कि यात्रियों को सोवियत देश में सजा-बजाकर रखे हुए गिने-चुने स्थान ही दिखा दिये जाते हैं। साधारणतः देश की अवस्था दयनीय हैं परन्तु यात्रियों को उसे देखने नहीं दिया जाता। इस गाँव को देखकर यही सन्देह हुआ कि क्या हमारे दुभाषिये और पथ-दर्शक रूसी साथियों को यह मालूम ही नहीं था कि ऐसा गाँव रास्ते में आ जायेगा और यदि भूल से इस ओर आ ही गये थे तो कतरा कर गाँव के बाहर से जाने वाली सड़क से ही निकल जाते। गाँव की अवस्था के विषय में डा० बुटरोव से बात भी हुई और उन्होंने स्वीकार किया कि इस गाँव का पुनः निर्माण नहीं हो सका है। कारण पूछने पर उन्होंने निस्संकोच उत्तर दिया कि कारण तो स्थानीय लोग ही बता सकेंगे। मजखैट से दो ही फर्लांग नदी के पार समतल भूमि पर कुछ पक्की इमारतें बनती दिखाई दीं। सम्भव है नया मजखैट बन रहा हो।

बिलीसी के सांस्कृतिक स्थान

बिलीसी हम लोग तीसरे पहर लौटे। भोजन करने के बाद संध्या समय केवल ओपेरा (संगीत नाट्य) देखने का ही श्रम किया जा सकता था। 'पालिश्वेली' ओपेरा थियेटर में गये। ओपेरा (संगीत नाट्य) में भाषा की कठिनाई और संगीत की परिपाटी का ज्ञान न होने से केवल स्थान की भव्यता और रंगमंच की साज-सज्जा की ही सराहना कर सकते थे इसलिये रंगशाला के प्रबन्धकर्त्ता से बातचीत कर कुछ जानकारी प्राप्त करनी चाही।

सोवियत के अन्य नगरों की तरह बिलीसी की रंगशालायें भी सरकारी सहायता पर चलती हैं। पालिश्वेली रंगशाला में ४९२ कलाकार हैं और उनका मासिक वेतन पांच लाख रूबल दिया जाता है।

१२ जनवरी बिलीसी में हमारा अन्तिम दिन था। ज्योर्जियन मित्र अभी बहुत सी चीजें और दिखाना चाहते थे परन्तु सम्भव यही था कि जो कुछ बहुत समीप हो, वही देख लिया जाय। उन्होंने बताया कि नगर का सांस्कृतिक उद्यान हमें अवश्य देखना चाहिये। पूछा—"कितनी दूर होगा।" उन लोगों ने नगर के साथ खड़े ऊँचे पहाड़ की चोटी की ओर संकेत किया—"वह सामने ही है।" पूछा—"वहाँ जाने में कितना समय लगेगा?" उत्तर मिला—"पांच-सात मिनट।"

दो मिनट में होटल से मोटर में पहाड़ की नींव पर पहुँच गये। यहाँ से चोटी तक बिजली की रस्सी से चलने वाली (फेनीक्युलर) रेल जाती है। स्टेशन छोटी सी इमारत है। सामने गाड़ी का एक डिब्बा दिखाई देता है। यह डिब्बा प्रति दस मिनट बाद ऊपर की ओर चलता है और ऊपर से एक डिब्बा नीचे आता है। चढ़ाई बहुत आड़ी है, लगभग ७५° का कोण बनाकर लाइन बनी हुई है। डिब्बों के ऊपर जाने और नीचे आने की एक ही लाइन है। बीचों-बीच कैंची बना दी गई है। यहाँ ऊपर और नीचे जाने वाले डिब्बे अगल-बगल से निकलकर मुख्य लाइन पर हो जाते हैं। नींव के स्टेशन से चोटी के स्टेशन की ऊँचाई लगभग ढाई हजार फुट है। चोटी पर बना स्टेशन बहुत ही भव्य है। कई बड़े-बड़े हालों में दर्शकों के लिये चाय-पानी की दुकानें तथा विश्राम के लिये जगहें बनी हुई हैं। वाचनालय और पुस्तकालय भी है। दूसरी मंजिल के कमरों में संगीत और बिलियर्ड आदि का प्रबन्ध है। तीसरी मंजिल की छत कांच की है। यहाँ लोग वर्षा या बरफ गिरते समय आराम से कुर्सियों पर बैठकर नीचे नगर को और दायें-बायें फैली हुई बर्फानी चोटियों और घाटियों की बहार देखते रह सकते हैं। दर्शकों के लिये जहाँ और सब सुविधाओं की व्यवस्था है वहाँ दो तीन कमरों में गोद के बच्चों के लिये विशेष प्रबन्ध है। यहाँ दाइयां मौजूद रहती हैं। बच्चों के सोने के लिये छोटे-छोटे पलंग और आलमारियों में बहुत से खिलौने भरे हुए हैं। अभिप्राय यह है कि गोद के बच्चों वाली स्त्रियां भी यहाँ आ सकती हैं और बच्चों को दाइयों को सहेज स्वयं सैर-सपाटे के लिये जा सकती हैं। माँ और बच्चे दोनों का विनोद अपने-अपने ढंग से हो सकता है। सोवियत में कोई भी स्थान या संस्था ऐसी नहीं जहाँ बच्चों के लिये प्रबन्ध न हो। सोवियत में बच्चों का ही स्थान और अधिकार सबसे प्रमुख है।

यहाँ नगर से अढ़ाई हजार फुट की ऊँचाई पर बिलीसी का "स्तालिन संस्कृति-उद्यान" फैला हुआ है। यों तो प्रकृति ने ही स्थान को रमणीय बनाया है उस पर मनुष्य के लिये सम्भव सभी उपायों का उपयोग भी हुआ है। खूब प्रशस्त कुंज और क्यारियां सदाबहार पेड़-पौधों से भरी हुई हैं और स्थान-स्थान पर फव्वारे। स्टेशन के सामने स्तालिन की एक विशालकाय मूर्ति भी बनी हुई है। उद्यान में घास के बड़े-बड़े मैदान हैं जहाँ फुटबाल इत्यादि खेला जा सकता है। बाग का फैलाव कई एकड़ है परन्तु कहाँ बाग समाप्त होकर जंगल आरम्भ हो जाता है, बता सकना कठिन है। बाग के समतल ही आस-पास फैली हुई नीलंगू पहाड़ियों पर जमी हुई बरफ भी ऐसी ही मालूम होती है कि श्वेत स्फटिक के दर्पण बाग की शोभा उभारने के लिये जगा दिये गये हों। बाग बनस्पति

और हिम के मेल से बनाया गया जान पड़ता है। नगर से ढाई हजार फुट ऊँचे उठ आने की बात भी नहीं भूलती क्योंकि बिलीसी नीचे कालीन की तरह बिछा दिखाई देता रहता है। यही अनुभूति होती है कि स्वर्ग की ओर अलौकिक स्थान में उठ आये हों, वही अलौकिक स्थान कोहकाफ की परियों का देश जिसकी दंतकथायें संसार भर में प्रसिद्ध हैं और जो पच्चीस वर्ष पूर्व मनुष्य के चरणों के लिये दुर्गम और कल्पना से ही प्राप्य था आज सचमुच बिलीसी के सर्वसाधारण के लिये क्रीड़ास्थल बन गया है।

दोपहर बाद बिलीसी का संग्रहालय भी देखा। मुख्यतः ऐतिहासिक और सांस्कृतिक वस्तुओं का ही संग्रह है। प्रवेश द्वार के समीप ही प्रस्तर युग के मानव परिवार की मूर्तियों का एक समूह है जो तत्कालीन जीवन की व्याख्या एक ही झलक में कर देता है। खुदाई संग्रहालय में मिली कुछ ऐसी सामग्री है जिसे संग्रहालय के ऐतिहासिक अध्यक्ष संसार में सबसे पुरानी अर्थात् ईसा से तीन हजार वर्ष पुरानी बताते हैं। मैंने जानना चाहा कि मोहनजोदड़ो और हड़प्पा में वैसी ही चीज़ें मिली हैं या नहीं? उनका दावा था कि उनके यहाँ कुछ चीज़ें ऐसी भी हैं, उदाहरणतः तांबे की एक नली, जैसी चीजें मोहनजोदड़ो और हड़प्पा में नहीं मिलीं। यह प्रश्न विवादास्पद है क्योंकि मोहनजोदड़ो और हड़प्पा में फव्वारे और जमीनदोज नालियां पाये गये हैं। यह समझना कठिन है कि जो लोग जमीनदोज नालियां और फव्वारे बना सकते हों नाली बनाना न जानते हों। अस्तु संग्रहालय की व्यवस्था और अध्यक्ष का उत्साह अवश्य सराहनीय था। संग्रहालय के एक भाग में बिलीसी के प्राचीन राजवंशों के स्वर्ण और रत्नजटित आभूषणों का भी संग्रह है जिस पर सशस्त्र पहरा रहता है। संग्रहालय के बीच सशस्त्र पहरे की क्या आवश्यकता हो सकती हैं? परन्तु एक बार पहरा लगा दिया गया होगा तो चला ही जा रहा है।

सूर्यास्त से पहले बिलीसी सागर देखने भी गये। योरी नदी बिलीसी के समीप ही बहती है। अब तक उसका बहाव प्रायः व्यर्थ ही था क्योंकि नदी आस-पास की भूमि से गहराई में है। अब नदी के उद्‌गम की ओर ऊँचाई पर बाँध लगाकर एक नहर काट ली गई है और उसे कई सुरंगों में से बहाकर बिलीसी नगर के समीप एक विस्तृत सूखी घाटी में डाल दिया गया है। नहर से आया नदी का जल घाटी में इकट्ठा हो सागर का रूप लेता जा रहा है। नगर के इतने समीप कई मील लम्बी-चौड़ी यह झील नगर के सौंदर्य को तो बढ़ायेगी ही परन्तु साथ ही इसमें से दो और नहरें बना दी गई हैं जिससे डेढ़ लाख एकड़ जमीन की सिंचाई और हो सकेगी। दो नये बिजली घर भी बन सकेंगे।

उस संध्या बिलीसी की शान्तिसभा ने वियाना विश्वशांन्ति कांग्रेस से लौटे अपने प्रतिनिधियों से कांग्रेस का विवरण सुनने के लिये एक सार्वजनिक सभा का आयोजन किया था। सभाभवन ठसाठस भरा था। सभा में भारतीय प्रतिनिधियों को भी आमंत्रित किया गया। सभा में पहले बिलीसी की डाक्टर निन्ना ने कांग्रेस की रिपोर्ट पेश की। डाक्टर कुमारप्पा, दलजीत कौर, रमेशचन्द्र और सोवियत शान्तिसभा के मन्त्री कोतोव भी बोले। उन्होंने कहा—"यद्यपि सोवियत की सैनिक-शक्ति बड़े से बड़े साम्राज्यवादी आक्रमण का मुंहतोड़ जवाब देने के लिये पर्याप्त है, सोवियत की जनता अपनी शक्ति का प्रदर्शन करने के लिये नहीं बल्कि सद्‌भावना से शांति के लिये ही उत्सुक है। जय और पराजय के बल से कायम की गई शांति केवल भावी युद्धों की चिनगारियाँ बोती है जो पराजित देशों के शक्ति संचय कर लेने पर दावानल की भाँति भभक उठती है। शांति का वास्तविक

मार्ग केवल पारस्परिक सद्भावना एवं विश्वास ही हो सकता है।'' साथी रमेशचन्द्र ने एक बहुत अच्छी बात सोवियत साथियों के स्वागत के उत्तर में कही—''आपका राष्ट्र विज्ञान की शक्ति और मानवता की भावना में विश्वास करने वाला राष्ट्र है। आपने विज्ञान की शक्ति से एक नहर बनाकर डान और वोल्गा नदियों को मिला दिया है। आप अपनी सद्भावना की शक्ति से सोवियत राष्ट्रसंघ और भारतवर्ष की जनता के बीच प्रेम की नहर बनाकर उन्हें भी मिला रहे हैं।''

रात में ज्योर्जियन मित्रों ने बिदाई के प्रीतिभोज का आयोजन किया था। इस भोज में बिलीसी के प्रमुख कवि, कवयित्रियां, लेखक-लेखिकायें और कलाकार भी आये थे। ज्योर्जिया के लोगों को अपने अंगूरों और अंगूरी शराब पर बहुत गर्व है। डटकर बोतलें पीते हैं। इस अंगूरी शराब से बदहवासी का नशा नहीं होता । हम लोगों को संकोच करते देख वे उसके स्वास्थ्य गुण की प्रशंसा कर हमें उत्साहित करना चाहते थे। उनका दावा है कि ज्योर्जिया के लोग संसार में सबसे अधिक दीर्घजीवी होते हैं। चाहे जिस गाँव में जाकर देख लीजिये, सौ वर्ष से अधिक आयु के आदमी आपको मिल ही जायेंगे। यह इसी अंगूरी रस का प्रभाव तो है। इस भोज में भी वे लोग सफेद अंगूरी शराब, लाल अंगूरी शराब और शैम्पेन बहा देना चाहते थे। भोजन के परिमाण और प्रकार भी बहुत अधिक थे। खाते और पीते-पीते कोई ज्योर्जियन साथी सारंगी जैसा बाजा बजाने लगता और गाना शुरू हो जाता, फिर खाना और पीना, फिर नाच और गाना! और फिर खाना-पीना!! बिलीसी के प्रमुख नर्तक और नर्तकी दोनों आये हुए थे। उन्होंने हमारे साथी स्त्री-पुरुष प्रतिनिधियों को खींच-खींचकर साथ नचाना शुरू किया। मालती बाई, दलजीत कौर, पैरीन, गीता, हाजरा और दूसरे साथियों में से भी उन्होंने प्रायः किसी को नहीं छोड़ा। उनका आत्मीयता भरा आग्रह ऐसा ही था कि इंकार किया नहीं जा सकता था। वातावरण ही कुछ ऐसा हो गया कि रावलजी जैसे वृद्ध स्वयं ही गाने लगे।

परन्तु इस विकट खान-पान और नाच-गान में भी सोवियत साथियों की व्यावहारिक बुद्धि मन्द नहीं पड़ गई थी। हम लोगों और हमारे देश के प्रति शुभकामनायें प्रकट करते हुए उन्होंने हमें विदेशी गुलामी के बन्धनों से छूट जाने पर बधाई देकर कहा—''भारत जैसा महान देश यदि स्वेच्छा से विदेशी आर्थिक सहायता के बन्धनों में बंधता जायेगा तो वह आत्मनिर्भर न हो सकेगा। क्या भारत की जनता इस प्रकार की दासता की आंशका को भांप कर उसके प्रति सतर्क नहीं है? क्या वे इस प्रकार के विदेशी-साम्राज्यवादी कुचक्रों को नहीं पहचानते? भारत की जनता शांति में तो विश्वास रखती है परन्तु क्या पूर्ण आत्मनिर्भरता और आत्मनिर्णय के अधिकार के बिना शांति सार्थक हो सकती है··· ?''

अपने साथियों ने इस अवसर पर आतिथ्य के लिये धन्यवाद देने का बोझ मेरे कंधों पर डाला और मैंने संक्षेप में कहा—''हमारे देश की जनता ने स्वतंत्रता के लिये संघर्ष में असाधारण बलिदान किये हैं इसलिये हम अपनी स्वतंत्रता के प्रति खूब सतर्क हैं। हम लोग इतने बेखबर नहीं कि बंधनों को जेवर समझ कर अपना लें। हम अपने सोवियत मित्रों को विश्वास दिलाना चाहते हैं कि हमने ब्रिटिश साम्राज्य की दासता के कुएं से निकलने का यत्न इसलिये नहीं किया था कि हम दूसरी साम्राज्यवादी शक्तियों की दासता की खाई में डूब जायें। हम शांति चाहते हैं, इसमें संदेह नहीं परन्तु विवश होकर अत्याचार

सहते जाने की निष्क्रिय शांति नहीं क्योंकि ऐसी अवस्था में हमारा मन शांत नहीं होगा…।'' सोवियत साथियों को मेरी बात बहुत पसंद आई। 'ओग्न्योक' पत्रिका के संवाददाता 'पोमन्याशी' ने तुरंत समीप आ मेरे गले में बांह डाल सराहना की—''योर''स्पीच''' ब्यूटिफुल !''

●

स्तालिनग्राद

बारह जनवरी, बिलीसी से लगभग साढ़े नौ बजे विमान से चल रोस्तोव के रास्ते हम लोग दो अढ़ाई बजे स्तालिनग्राद पहुँच गये। हरे-भरे एशिया को छोड़कर एक बार फिर सब ओर बर्फ से ढके देश में आ गये। विमान के अड्डे का मैदान भी सीमेंट की तरह जमी हुई बर्फ से पटा हुआ है। विमान के अड्डे से नगर लगभग बीस मील दूर है। हम लोग पांच छः कारों में नगर की ओर चले। गाड़ियाँ समानान्तर चली जा रही थीं। सड़क का कहीं कोई चिह्न दिखाई न दे रहा था। पूछा—"यहाँ सड़क-वड़क का बंधन नहीं है?" उत्तर मिला कि इस ऋतु में सभी एक समान है। बर्फ पिघलने पर ही सड़क का प्रश्न होगा। बर्फ के सपाट मैदान में कहीं कोई एक आध झाड़ी ही दिखाई दे जाती थी। नगर के समीप काठ के बने छोटे-छोटे मकान दिखाई देने लगे और फिर सड़क के दोनों ओर खूब बड़े-बड़े ऊँचे मकान। होटल तक पहुँचने में दो या तीन ही बम से गिरे मकान दिखाई दिये जिनकी छतें उड़ी हुईं थीं, दीवारों के कुछ भाग अब भी खड़े हुए थे और लोहे के बड़े-बड़े शहतीर दीवारों में फंसे हुए, जैसे विराटकाय पशुओं के टूटे हुए अस्थि पंजर हों, जो बहुत पुराने हो जाने से काले भी पड़ चुके थे।

स्तालिनग्राद के युद्ध और ध्वंस की कहानी जगत प्रसिद्ध है। ध्वस्त नगर के मुहल्लों में शायद ही कहीं एक-आध मकान सुरक्षित रह गया होगा। अधिकांश मुहल्लों में एक भी नहीं। हमारे जाने पर कहीं एक-आध मकान ही गिरा हुआ दिखाई देता था। शेष सब बन चुका है। संसार के इतिहास में कुछ स्थानों के नाम अमर हैं जहाँ लोगों ने अपनी स्वतंत्रता की रक्षा के लिये बलिदान के अपूर्व उदाहरण प्रस्तुत किये थे। उस परम्परा में स्तालिनग्राद सबसे आगे बढ़ गया है। संसार में सबसे बड़े विध्वंस और सबसे बड़ी दृढ़ता का उदाहरण स्तालिनग्राद ही है। और वीरता का सबसे बड़ा तीर्थ! स्तालिनग्राद की ओर जाते समय आशा थी कि अपने देश की रक्षा के लिये आत्म-बलिदान करने और ध्वंस को सहन करने का हृदय विदारक चित्र आंखों के सामने आयेगा; परन्तु वहाँ गर्व से सिर ऊँचा उठाये महलों को देख मनुष्य के विकास की नई व्यवस्था की निर्माण शक्ति का क्रियात्मक रूप देख मन सराहना से भर गया।

स्तालिनग्राद की नगरपालिका के प्रधान (मेयर) हम लोगों से मिलने होटल में आये और भोजन के लिये बैठते ही उन्होंने भारतीय प्रतिनिधियों के स्वागत और 'भारत-सोवियत मैत्री' के लिये टोस्ट से प्रस्ताव किया। डाक्टर कुमारप्पा ने दूसरे टोस्ट से उत्तर दिया—"फासिज्म की बर्बरता से संसार की रक्षा करने वाले शौर्य के उच्चतम आदर्श स्तालिनग्राद का हम अभिवादन करते हैं।"

संध्या समय नगर के प्रधान ने हमें नगर की निर्माण सभा के दफ्तर में आमन्त्रित किया। हम यहाँ भी इन्टूरिस्ट होटल में ठहरे थे। निर्माण सभा की इमारत होटल के सामने

ही कुछ दूर पर है। स्तालिनग्राद पर नाजी आक्रमण के समय नगर का यह भाग नाजियों के अधिकार में चला गया था और नाजी सेना के मुख्य सेनापति जनरल पौलस ने इसी मकान में अपना मुख्य केन्द्र कायम किया था। स्तालिनग्राद नगर के पांच भागों में से तीन भाग नाजियों के हाथ में चले गये थे और इन भागों में शायद ही कोई मकान पूरा खड़ा रह गया हो। उस युद्ध की कहानी दुहराना अनावश्यक होगा। प्रत्येक मकान लड़ाई का क्षेत्र था। लाल सेना और स्तालिनग्राद के नागरिकों ने मकानों की एक-एक कोठरी और एक-एक मंजिल पर नाजी आक्रमणकारियों का मुकाबला किया था। कई मकान तो महीनों लाल सेना और नाजी सेना में बँटे रहे। नगंर के पांच भागों में से तीन भाग खोकर भी लाल सैनिकों और स्तालिनग्राद के नागरिकों का साहस और निश्चय अडिग रहा और उन्होंने शत्रु को अपने नगर से बाहर निकाल कर ही दम लिया। स्तालिनग्राद में मुक्ति का युद्ध २ फरवरी १९४३ को समाप्त हुआ। उसी समय से नगर का निर्माण आरम्भ कर दिया गया।

नगर के नवनिर्माण की योजना के अनुसार नगर के बीचों बीच शहीद 'लाल सैनिकों का चौरस बनाया गया है।' चौरस के केन्द्र में स्तालिन की विशाल मूर्ति है और उसके समीप नगर की रक्षा और मुक्ति में निछावर होने वाले लाल सैनिकों का स्मारक है। इन लाल सैनिकों के साथ ही स्पेन के फैसिस्त विरोधी जनता के प्रसिद्ध नेता दोलो रे इबारूरी का पुत्र भी समाधिस्थ है जो स्तालिनग्राद में नाजियों के विरुद्ध इस नगर की रक्षा के लिये अवैतनिक सैनिक के रूप में लड़कर शहीद हुआ था। उसकी स्मृति इस सत्य का प्रतीक रहेगी कि स्वतंत्रता प्रेमी जनवादी न केवल अपने देश से प्रेम करता है, अपनी स्वतंत्रता को महत्त्व देता है बल्कि वह सभी देशों के साथ न्याय के लिये संघर्ष करना अपना कर्त्तव्य समझता है।

उस संध्या नगर-प्रधान ने हमें नगर निर्माण समिति के कार्यालय में आमन्त्रित कर नगर के नव-निर्माण की योजना के नक्शे आदि दिखलाये और योजना को पूरा करने का कार्यक्रम समझाया। युद्ध के बाद सबसे पहले नगर के ध्वंस हो गये उद्योग-धन्धों, मिलों और कारखानों का निर्माण किया गया। १९४९ में नगर की सभी मिलें और कारखाने युद्ध के नुकसान को पूरा कर भावी विकास की योजनाओं में लग गये थे। यह इसलिये आवश्यक था कि लोगों के बेकार रहने की समस्या न उठ खड़ी हो। इसके बाद सार्वजनिक संस्थाओं के लिये उचित इमारतें बनाने और नागरिकों के निवास का उचित प्रबन्ध करने की ओर ध्यान दिया गया। युद्ध से पहले जितने मकान नगर में थे, उतने तो प्रायः बन ही चुके हैं परन्तु अब नगर की योजना पहले से बहुत बड़ी बनाई गई है। नगर में उद्योग-धन्धों की बहुत प्रगति हुई है और जनसंख्या भी बढ़ गई है। लाल सेना के शहीदों के चौरस से वोल्गा नदी पर बने पत्तन के मार्ग पर नगरसभा के लिये एक सत्रह मंजिली इमारत बनाने की व्यवस्था की गई है। बहुत से हस्पताल, स्कूल, क्लब और डाकखाने नगर में बन चुके हैं। परन्तु अभी और भी बनाये जा रहे हैं। इन्हें नगर के भिन्न-भिन्न भागों में इस प्रकार बाँटा गया है कि नगर के किसी भी भाग के लोग दस मिनट में डाकखाने; हस्पताल, स्कूल या क्लब में पहुँच सकें।

नगर में एक साथ पाँच सौ इमारतों पर काम चलता रहता है। लगभग सभी काम ईंट, गारा, पानी, शहतीरें आदि ऊपर पहुँचाने का काम मशीनों से लिया जाता है।

इमारतों, बागों और वृक्षों के लगाने का पूरा काम पन्द्रह वर्ष में हो पायेगा। उस समय नगर के भिन्न-भिन्न भागों की रूपरेखा और दृश्य कैसे होंगे उनके रंगीन चित्र निर्माण समिति के कार्यालय में लगे हुए हैं। इन चित्रों के अनुसार स्तालिनग्राद वोल्गा के विस्तृत जलप्रवाह के तट पर एक 'उद्यान-नगर' के रूप में होगा। संसार के अनेक नगरों के चित्र देखने का अवसर मिला है। भावी स्तालिनग्राद नगर की तुलना कोई वर्तमान नगर नहीं कर सकता। हाँ, यह असम्भव नहीं कि भविष्य में दूसरे देशों में इससे भी सुन्दर नगर बसाये जायें। स्तालिनग्राद की इन नवीन योजनाओं की सफलता में कुछ वर्ष पहले संदेह किया जा सकता था परन्तु नवीन सामाजिक व्यवस्था ने युद्ध में ध्वंस हो गये पूरे स्तालिनग्राद नगर को साफ कर नौ वर्ष में नगर को वर्तमान अवस्था में बना लिया है या 'डान' नदी को नहर द्वारा उठाकर वोल्गा नदी में डाल दिया है, उनके लिये क्या कुछ कर डालना कठिन है?

उस संध्या एक रंगीन सोवियत फिल्म 'सादको' देखी। अभिनय और अद्‌भुत दृश्यों को उपस्थित करने के कौशल के अतिरिक्त याद रहने लायक बात यह थी कि कहानी का नायक सुख और सन्तोष की खोज में भारतवर्ष भी पहुँचता है। भारतवर्ष के कुछ आधुनिक और कुछ सामन्तकालीन मिले-जुले जीवन का प्रतिबिम्ब हमारे आधुनिक बाजारों, आगरे और फतेहपुरी के प्राचीन किलों और महलों से लिया गया है। निम्न श्रेणी के दैन्य जीवन की छाया भी है और राजसी ठाट-बाट, बारह-दरियों और फव्वारे के दृश्य भी दिखाये गये हैं। दोनों का ही प्रदर्शन इस देश में बनने वाली फिल्मों की अपेक्षा अधिक यथार्थ हैं। कहानी का नायक अनेक देशों में ही नहीं, सुख-सन्तोष की खोज में पाताल में परियों के देश में भी जाता है। परियों के देश का जल मार्ग और परियों की कल्पना भी बहुत ही सुन्दर प्रस्तुत की गई थी! इससे पूर्व मास्को और बिलीसी में भी ओपेरा, बैले और फिल्म में भी सभी जगह कथानकों में परियों का प्रसंग देखने में आया था। कला में परियों का प्रसंग नहीं आना चाहिये, ऐसा कोई नियम यथार्थवाद की दृष्टि से नहीं बना दिया जा सकता परन्तु मेरा व्यक्तिगत ख्याल है कि कथानकों को रोचक बनाने के लिये अथवा विचारों को प्रकट करने के लिये परियों या काल्पनिक वस्तुओं को माध्यम बनाना यथार्थ कल्पना की कसौटी से एक प्रकार की न्यूनता ही है। क्या हम सभी विचारों को प्रकट करने के लिये यथार्थ-जीवन से रूपक या कथानक नहीं ले सकते?

मराठी उपन्यास लेखिका मालती बाई का ध्यान मैंने सोवियत कला में परियों के बाहुल्य की ओर दिलाया। यह उन्हें भी खल रहा था। उन्होंने मुझसे ही प्रश्न किया कि सोवियत कलाकारों के अत्यन्त यथार्थवादी होने पर भी उनकी कला में परियों के माध्यम के प्रयोग और बाहुल्य का कारण क्या हो सकता है? इस विषय में क्रेमापालोवा और दूसरे सोवियत साथियों से भी बात की थी उन्होंने इसकी कोई व्याख्या न कर केवल यही कहा था कि संयोगवश हम लोगों ने परियों के ही प्रकरण अधिक देखे होंगे, साधारणतः ऐसी बात नहीं है। इस उत्तर से समाधान नहीं हुआ। मुझे सोवियत कला में परियों के प्रसङ्ग का कारण यही जान पड़ा कि सोवियत कलाकार समाजवादी नैतिकता और सामाजिक भावना को बुद्धि से तो ग्रहण कर चुके हैं परन्तु इस नैतिकता के व्यवहार की परम्परा अभी उनके सामने नहीं है। यह नैतिकता सोवियत समाज में कार्य रूप में भी परिणित हो रही है परन्तु वह अभी समाज का अनायास, परम्परागत स्वभाव नहीं बन

पाई। यह सोवियत समाज की सचेत चेष्टा है संस्कारगत स्वभाव नहीं। इसके लिये प्रचुर उदाहरण और दृष्टान्त समाज में नहीं मिल सकते। सोवियत कलाकार सामंतवादी और पूँजीवादी नैतिकता को मान्यता देने के लिये गढ़ी गई कला को भी प्रश्रय नहीं देना चाहते इसलिये सुलभ, निरीह कल्पनाओं से ही अपनी कलात्मक आवश्यकताओं की पूर्ति करते हैं। किसी भी नैतिकता के समाज के संस्कारों और भावों में परिणित हो जाने के लिये कुछ समय दरकार होता है। तभी वे हमारे संस्कारों और स्वभाव का रूप ले सकती हैं और हम समाज के अनायास व्यवहार में उनकी कल्पना करते हैं। कलाकार अपना मसाला विधि-निषेधों से नहीं समाज के जीवन और व्यवहार से पाता है। सोवियत समाज में नवीन नैतिकता और न्याय को क्रियात्मक रूप दिया जा रहा है परन्तु इन आदर्शों के अनुकूल कला के मूर्त्त बना लेना वहाँ के लेखकों के लिये अभी अनायास कार्य नहीं हो पाया है। दूसरी ओर हमारे देश के प्रगतिशील आलोचक हैं जो अपने लेखकों पर सदा इसीलिये चाबुक ताने रहते हैं कि अपनी कला द्वारा वे समाज के नव-निर्माण के मूर्त क्यों प्रस्तुत नहीं कर रहे ?

× × ×

दूसरे दिन अच्छी खासी धूप थी। जहाँ तक दृष्टि जाती, चमकती बर्फ से आँखें चकाचौंध हो जातीं। सड़क के दोनों ओर बहुत ऊँची-ऊँची इमारतें बहुत दूर तक चली गई हैं। यह नगर का वोरोशिलोव मुहल्ला था। इमारतें सभी बिलकुल नई हाल ही की बनी हुई हैं क्योंकि युद्ध से पहले की इमारतों की कोई दीवार भी यहाँ नहीं बची थी। जिस नगर पर एक हजार विमान प्रतिदिन महीनों तक बम फेंकते रहे हों, वहाँ क्या शेष रह सकता था। इस बमबारी में जो लोग गिरे हुए मकानों में भी जमे रहकर लड़ते रहे, अपने प्राणों के लिये नहीं आदर्शों के लिये ही लड़ रहे थे। अपने आदर्शों में उनकी कैसी निष्ठा रही होगी? सड़क के किनारे प्रत्येक कुछ कदम पर बने खम्भों या पंक्ति दूर तक चली गई है। इन खम्भों पर छोटी-छोटी तोपें लगी हैं। ड्राइवर ने बताया कि नाजियों के विरुद्ध इसी लाइन पर मोर्चा कायम किया गया था। लाइन के दोनों ओर अभी तक भी खाइयों के चिह्न हैं। खंभों की पंक्ति के पूरब की ओर लाल सैनिक थे और पश्चिम की ओर जर्मन। दोनों खाइयों के बीच के अन्तर को पार करने के लिये नाज़ी टैंक लगातार हमले करते रहे परन्तु वे इस अन्तर को कभी पार न कर सके क्योंकि यहाँ नागरिकों और लाल सिपाहियों को स्तालिन की आज्ञा थी कि गोला बारूद और शस्त्र समाप्त हो जाने पर शत्रु को उघड़े हुए सीनों की दीवारों से रोको! इस मोर्चे पर चार लाल सैनिक ने तीस नाज़ी टैंकों का सामना किया था। लाल सैनिकों के पास केवल हाथ से फेंकने वाले बम थे। दिन भर की घमासान के बाद पन्द्रह टैंक वहीं समाप्त हो गये और पन्द्रह को पीठ दिखा देनी पड़ी। चार लाल सैनिकों में से संध्या समय केवल एक बचा रहा। इस मोर्चे के दूसरे भाग पर तैंतीस पैदल लाल सैनिकों ने सत्तर टैंकों का मुकाबला किया। सत्ताइस टैंक टूट गये और शेष को लौट जाना पड़ा। यह दो घटनायें पूरे स्तालिनग्राद नगर के व्यवहार की साधारण घटना है। इसी रास्ते हम लोग स्तालिनग्राद का ट्रैक्टर बनाने वाला कारखाना देखने गये।

कारखाने में काम का ढंग और व्यवस्था प्रायः वैसी है जैसी मास्को के मोटर कारखाने में। मजदूरों का व्यवहार और भी गर्वीला और निश्शंक। कारखाने के आकार

और उत्पादन शक्ति का अनुमान करने के लिये यह काफी है कि इस कारखाने से प्रतिदिन अस्सी ट्रैक्टर बनकर बाहर निकल जाते हैं। हम लोगों के देखते-देखते ही तीन ट्रैक्टर बाहर हो गये। ट्रैक्टरों के ड्राइवर बाहर जाते समय हम लोगों को भी साथ बैठाकर बाहर ले गये।

लौटते समय इस कारखाने के क्लब की भी झांकी ली। क्लब वोल्गा नदी के किनारे बना है। बर्फ से जमी हुई वोल्गा इस समय रुई से ढके मैदान की भाँति जान पड़ रही थी। बर्फ के उस विस्तार पर से आती हुई हवा हमारे मोटे-मोटे ओवरकोटों को बेंधकर शरीर में छिदी जा रही थी। क्लब का वोल्गा की ओर का बरामदा शीशों से मढ़ा हुआ था और मजदूरों के छोटे-छोटे बच्चे इन बरामदों में किलकारियाँ भरते हुए खेल रहे थे। सात बरस की एक गुड़िया सी बच्ची प्यानो बजाना सीखती बड़ी प्यारी लगी। दुभाषिये की मारफत पूछा कि यह किसकी बिटिया है। मालूम हुआ कि वह कारखाने के किसी इंजीनियर की लड़की थी और उसे सिखाने वाली, उससे दो वर्ष बड़ी लड़की मजदूर की लड़की थी।

क्लब में संगीतशाला, रंगशाला और तरह-तरह के विनोद के विभाग तो थे ही, कई कमरों का एक बड़ा विभाग नवयुवक मजदूरों को वैज्ञानिक और औद्योगिक शिक्षा देने के लिये था ताकि वे इंजीनियर और आविष्कारक बन सकें।

सोवियत देश की सफलताओं में 'वोल्गा-डान' नहर का विशेष महत्त्वपूर्ण स्थान है। इस स्थान को देखने की हम लोगों को बहुत इच्छा थी। नगर से प्रायः आठ-नौ मील दक्षिण की ओर यह नगर वोल्गा से मिलती है। वोल्गा और नहर दोनों बरफ से जमी हुई थी। इससे हम लोगों को एक लाभ यह हुआ कि नहर की गहराई और उसके जल को रोकने वाले फाटकों आदि की बनावट देखने का अवसर मिल गया क्योंकि यह मनुष्य की कृति है इसलिये इसको नहर ही कहना होगा परन्तु झांकने से वह किसी प्राकृतिक, भयंकर गार से कम मालूम नहीं होती। यह रचना निश्चय ही प्रकृति पर मनुष्य की विजय का एक बड़ा कदम है। नगर के ऊपर एक विशाल द्वार बना हुआ है। इस द्वार के ऊपर यह वाक्य है—"साम्यवाद की निर्माता सोवियत जनता की जय हो!" वोल्गा और डान नहर से घिरी हुई जगह में एक सुन्दर बगीचा लगाया जा रहा है। सब ओर नये लगाये गये वृक्षों की पंक्तियाँ हैं और उनके बीच एक खूब ऊँचे स्तम्भ पर स्तालिन की मूर्ति लगभग कुतुबमीनार के बराबर ऊँची वोल्गा की ओर दृष्टि किये खड़ी है।

वोल्गा-डान नहर सोवियत जनता के जीवन में एक नवीन युग का आरम्भ है। प्रकृति को जीतकर सोवियत जनता ने लाखों एकड़ बंजर जमीन को उपजाऊ खेतों में बदल लिया है। इस प्रायः रेगिस्तान से दिखाई देने वाले प्रदेश में जंगलों की श्रेणियाँ लगा दी गई हैं। पूरे प्रदेश का जलवायु ही बदल गया है। इस नगर के बन जाने से स्तालिनग्राद जहाजों का एक महत्त्वपूर्ण पत्तन बन गया है। सोवियत के उत्तरी सागर तट से यहाँ तक पहुँचने का मार्ग पहले की अपेक्षा चार हजार मील कम हो गया है।

वोल्गा-डान नहर से लौटते समय हम लोग स्तालिनग्राद के पत्तन से होकर आये। वोल्गा तो जमी हुई थी परन्तु पत्तन की बनावट का सौन्दर्य देखा ही जा सकता था। नदी किनारे बनी हुई सीढ़ियों और स्तूपों को देखकर यह अनुमान नहीं होता कि यह स्थान कारोबार और व्यवसाय के प्रयोजन से बनाया गया है बल्कि बहुत कुछ यूनान की

कविताओं में वर्णित नाटकों के मण्डपों जैसा ही लगता है। इस समय वोल्गा जमकर पत्तन के सामने धूप में चमकता हुआ मैदान बनी हुई थी। मार्च में जब नदी नीले जल की लहरों से ढलमल करने लगेगी तो इसकी क्या शोभा होगी? और उसके साथ यह सोवियत के कितने विस्तृत भाग की पोषक धमनी बन जायेगी।

पत्तन से लाल सेना के शहीदों का चौरस सामने ही पड़ता है। हमारे मेजबान ने गर्व से बताया—'इस स्थान तक नाजी कभी भी नहीं पहुँच सके थे। १९४२ और १९४३ के जाड़ों में भी वोल्गा इसी प्रकार जमी हुई थी। नाजियों के आक्रमणों से नित्य हजारों आदमी जख्मी होते थे और हम लोग रात में अंधेरा हो जाने पर उन्हें उठाकर चिकित्सा के लिये जमी हुई नदी के पार पहुँचा आते थे।'—जिस समय वे नदी के बर्फ से जम जाने के कारण रात में होने वाली सुविधा की बात सुना रहे थे, धूप खूब खिलखिला रही थी परन्तु हम मोटे-मोटे ओवरकोट पहने रहने पर भी ठंडी हवा से कांप रहे थे और हमारे कुछ साथी जो स्थान के सौन्दर्य से विवश होकर चंचलता का दमन नहीं कर पा रहे थे बर्फ पर फिसल-फिसलकर गिर रहे थे। ऐसे स्थान में रात के अंधेरे में, जब आकाश से निरन्तर बमों की वर्षा हो रही हो, अपने जख्मी साथियों को कन्धे पर उठाकर बर्फ से पटी नदी पार करना··· !

दोपहर बाद नगर के प्रधान हमें नगर के सिरहाने दक्षिण पश्चिम की ओर तकिये की तरह ऊँची उठी हुई 'मामायेव' पहाड़ी पर ले गये। नगर पर आक्रमण के पहले हल्ले में नाजियों ने इस पहाड़ी को ले लिया था। इस पहाड़ी से नगर का प्रत्येक भाग दिखाई दे सकता है। नाजियों ने इस पर तोपे चढ़ा ली थीं और पूरे नगर पर निरन्तर गोलों की बौछार कर रहे थे। इस पहाड़ी का शत्रु के हाथ में रहना बहुत विपत्ति का कारण था। का० स्तालिन ने आदेश दिया कि इस पहाड़ी को शत्रु से वापिस ले लेना चाहिये और लाल सेना के रौनिकों ने यह पहाड़ी नाजियों से छीन ही ली। इस पहाड़ी पर ही सम्भवतः युद्ध के भविष्य का निश्चय हो गया था परन्तु इस विजय के लिये लाल सैनिकों ने पूरी पहाड़ी को अपने रक्त से तर कर दिया। इस समय यह पहाड़ी बर्फ से ढकी हुई थी। पहाड़ी के शिखर पर इसे जीत लेने वाले लाल सैनिकों की समाधि बनी हुई है। यह पहाड़ी ही क्या, पूरा स्तालिनग्राद नगर वीर देशभक्तों की समाधियों से भरा हुआ है। जगह-जगह छोटे-छोटे परन्तु सुन्दर स्तूपों पर लटकी विजय मालायें उस अजेय देश-प्रेम की मूक घोषणा कर रही है, उन स्थलों का पता दे रही है जहाँ देशभक्तों ने दासता के विरोध में शरीर अर्पण किये थे। यह स्तूप जिसने मानवता की स्वतन्त्रता की रक्षा के लिये स्तालिनग्राद को अमर तीर्थ बना दिया है। स्थान-स्थान पर शान्ति की घोषणायें दिखाई देती हैं। ऐसे वीरों की शान्ति के लिये माँग संसार को शान्ति का वास्तविक आश्वासन दे सकती है।

उस संध्या हम लोग स्तालिनग्राद का संग्रहालय देखने गये। संग्रहालय का भवन भी स्वयं एक स्मारक है। अक्टूबर १९१७ की क्रान्ति के बाद जारशाही के समर्थक अनेक रूसी जनरल ब्रिटेन और अमरीका की सहायता से समाजवादी सरकार के विरुद्ध लड़ रहे थे। वे लोग समाजवादी सरकार की लाल सेनाओं को पीछे धकेलते हुए जारित्सिना तक पहुँच गये थे। उस समय स्तालिनग्राद का नाम जारित्सिना था। लाल सेना की लगातार पराजय से समाजवादी सरकार की स्थिति बहुत संकटापन्न हो गई थी। का० स्तालिन को

जारशाही की सेनाओं को रोकने के लिये जारित्सिना भेजा गया। स्तालिन के यहाँ पहुँचते ही विजय की दिशा बदल गई। उस समय भी जारित्सिना से शत्रु के दांत खट्टे कर समाजवादी व्यवस्था की रक्षा के लिये अपूर्व शौर्य का परिचय दिया था। जारित्सिना के इस शौर्य के सम्मान में नगर को लाल झण्डा अर्पण किया गया था। १९४२ में भी स्तालिनग्राद की सेना की एक टुकड़ी लगातार इसी झण्डे के नीचे लड़ती रही और उसने इसे कभी नीचा नहीं होने दिया। शौर्य की अमर कीर्ति के प्रतीक इस लाल झण्डे को देखने का भी हमें सौभाग्य प्राप्त हुआ। जारित्सिना की जनता के अनुरोध से ही १९२५ में नगर का नाम स्तालिनग्राद रखा गया था। जनता का वह प्रार्थनापत्र और सोवियत सरकार की स्वीकृति इस संग्रहालय में मौजूद है। १९१८ में जारशाही सेना के जनरलों से छीनी हुई तलवारें भी यहाँ हैं और दूसरे महायुद्ध के स्मारकों से तो संग्रहालय भरा हुआ है।

युद्ध से पहले १९४० में नगर की जैसी अवस्था थी उसके चित्र मौजूद हैं और २३ अगस्त १९४२ में जब एक हजार नाजी बममारों के नगर पर एक साथ बम बरसाकर आग लगा देने के बाद नाजियों के हजारों टैंक नगर पर टूट पड़े थे और पूरे नगर के मकान गिर गये थे, उसके चित्र भी मौजूद हैं। इस दृश्य को मिट्टी की मूर्ति बनाकर यहाँ रखा गया है। ध्वस्त नगर के मध्य भाग में केवल दो मकान खड़े हैं। एक मकान जिसमें नाजियों ने अपनी मुख्य छावनी बना ली थी। दूसरे मकान को लाल सेना के सार्जेंट पावलोव ने नाजियों से छीनकर अपना मोर्चा बना लिया था। नाजी सेना इस मकान पर अट्ठावन दिन तक दिन-रात आक्रमण करती रही परन्तु पावलोव और उसके साथियों ने यह मोर्चा न छोड़ा। इसी प्रकार लाल सेना के एक सैनिक का रिवाल्वर सुरक्षित है जिसने उस रिवाल्वर से ही तीन सौ फासिस्त आततताइयों को मारा था।

उस रात स्तालिनग्राद के 'गोर्की रंगशाला' में विक्टरह्यू गो के प्रसिद्ध उपन्यास 'हंचबैक आफ द नोत्रेदाम' का अभिनय देखा। यह पुस्तक दो बार पढ़ी हुई थी इसलिये रूसी भाषा का ज्ञान न होने पर भी कथा का तारतम्य समझने में बहुत कठिनाई नहीं हुई। अभिनय इतना अच्छा था कि भाषा न जानने पर भी पात्रों के अभिनय और भाव-भंगिमा से ही वार्तालाप का भाव समझा जा सकता था। यदि यह नाटक न देख लिया होता तो सोवियत कला में परियों के राज की शिकायत मन में रह जाती।

स्तालिनग्राद छोड़ने से पहले फैसिज्म के क्रूर अत्याचारों से संसार की रक्षा करने के लिये अपने प्राण उत्सर्ग करने वाले शहीद लाल सैनिकों के प्रति श्रद्धांजलि अर्पित करने की बात कैसे भुला दी जा सकती थी! इसलिये गोर्की रङ्गशाला से निकल हम सभी भारतीय प्रतिनिधि इस समाधि पर फूल चढ़ाने के लिये गये।

लेनिन की समाधि

वियाना से मास्को पहुँचने पर हम लोग सबसे पहले लेनिन की समाधि के दर्शन कर लेना चाहते थे। ऐसा हो न सका क्योंकि उस समय समाधि में मरम्मत वगैरह हो रही थी। स्तालिनग्राद से लौटने पर ही समाधि को देखने का अवसर मिला।

हम लोग लगभग दस बजे विस्तृत लाल चौरस में समाधि के सामने पहुँचे। मास्को की सर्दी का मौसम। गहरे बर्फानी बादलों से पटे आकाश में सूर्य का कहीं पता नहीं। पौ फटते समय का धुन्धलका छाया हुआ था। धुनी हुई रुई के फाहों जैसी बर्फ उड़ती हुई

आकर हमारे कपड़ों पर बैठती जा रही थी। हमसे पहले पहुँचे लोग समाधि के द्वार से बहुत दूर तक दो-दो की पंक्तियों में खड़े थे। यह पंक्तियाँ समाधि के द्वार से फर्लांग भर तक पूरे चौरस को लांघकर सड़क पर भी दूर तक चली गई थीं।

पंक्तियों में खड़े बहुत से लोगों के हाथों में बहुत सुन्दर फूलों के गुलदस्ते थे। मास्को की बर्फानी सरदी में ऐसे सुन्दर फूल? सम्भवतः यह फूल सोवयत राष्ट्रसंघ के दक्षिणी भागों में लाये गये होंगे। इन पंक्तियों में खड़े बहुत से लोगों की पोशाकों से भी एशियाई रंग-ढंग की झलक मिल रही थी।

समाधि के भीतर जाकर उस अमर कीर्ति ऐतिहासिक महापुरुष के दर्शन पाने के लिये घन्टे भर तक पंक्ति में खड़े हो सरकते-सरकते समाधि तक पहुँच सकने में भी हम लोगों को सरदी और थकान की आशंका नहीं हुई बल्कि जान पड़ा कि उस समाधि के दर्शन के लिये आई श्रद्धालु भीड़ के साथ अपनी बारी से दर्शन का अवसर पाना ही अधिक उचित होगा।

अतिथि होने के नाते हम लोगों को प्रतीक्षा के लिये खड़े होने नहीं दिया गया। अपने प्रतिनिधि मंडल की ओर से ही नहीं अपने देश की जनता की ओर से लेनिन महान की स्मृति में श्रद्धांजलि रूप फूल-पत्तों का एक बड़ा हार (रीद) लेते गये थे। इस हार में एक लाल कपड़े पर सुनहरी रंग से हिन्दी में यह शब्द लिखकर गूंथ दिये थे—'मानवमात्र की स्वतन्त्रता और संसार की शान्ति के लिये जीवन अर्पण करने वाले लेनिन महान की पुण्य स्मृति में भारतीय जनता की श्रद्धांजलि रूप में अर्पित'। दो साथी इस भारी हार को उठाये आगे-आगे चल रहे थे और शेष लोग जोड़ी-जोड़ी से उनके पीछे। समाधि स्फटिक की तरह चमकीले लाल संगमरमर की बनी है और उस पर काले रङ्ग के संगमरमर की वर्गाकार वेदी बनी है; गुरु गम्भीर दिव्यता का मूर्त्त!

समाधि में प्रवेश करते ही सामने लाल संगमरमर की वेदी है। इस वेदी की दीवारों के साथ पहले आये प्रतिनिधि मण्डलों द्वारा अर्पित बड़े-बड़े हार खड़े थे और वेदी के ऊपर बहुत से गुलदस्ते। इस वेदी के नीचे अमर कीर्ति वीर का शरीर सोया हुआ है। वेदी के दायें और बायें से चौड़े-चौड़े जीने नीचे की ओर उतर जाते। हम लोग बाईं ओर के जीने से नीचे उतरे।

काले संगमरमर का प्रशस्त चौरस हाल। अस्सी फुट लम्बा और उतना ही चौड़ा। हाल के बीचोंबीच लाल पत्थर की मनुष्य के कद से ऊँची वेदी। वेदी पर स्वच्छ कांच का बिजली की शलाखाओं से दीप्त, आयताकार, सब ओर से बन्द मण्डप दिखाई देता है। वेदी पर जाने के लिये चौडे जीने से मार्ग बना हुआ है और दूसरी ओर से जीना उतर कर हाल से बाहर ऊपर समाधि के द्वार पर चला जाता है।

जीने से वेदी पर पहुँचने पर कांच के बन्द मण्डप में लेनिन महान का निद्रित शरीर खाकी सैनिक वर्दी में दिखाई देता है। पलकें गहरी नींद में मुंदी हुई हैं। चेहरे पर जरा सा रोग की सिकुड़न नहीं। स्वस्थ निद्रा की शान्ति। जैसे वह अपने कर्त्तव्य को खूब निबाहकर विश्राम के लिये नींद ले रहा हो। वीर सैनिक की इस शान्त निद्रा में विघ्न नहीं पड़ना चाहिये इसलिये पूरी स्तब्धता है। उसके सम्मान में दो लाल सैनिक संगीनें ताने, एक सिरहाने और पैताने निश्चल खड़े हुए हैं।

अमर कीर्ति वीर सैनिक का शान्ति से नींद लेना ठीक है। उसने अपने उत्तरदायित्व और कर्त्तव्य को निबाह दिया है पर जो लोग अभी कर्त्तव्य के आधे मार्ग में हैं, वे उसे देखकर कर्त्तव्य पूर्ति की चेतना एवं स्फूर्ति पाते हैं। उसके दर्शन से ही कर्त्तव्यबोध की चेतना स्फुरित हो उठती है।

लेनिन के निद्रागत शरीर के सामने से परिक्रमा करते हुए पांव ठिठक कर एक मिनट के लिये निश्चल हो गये। अन्य साथियों की ओर देखा। मेरे ही पांव निश्चल नहीं हो गये थे, यही बात सभी के साथ थी। वृद्ध रावलजी, सरदार गुरुबख्श सिंह, मिस्टर आदित्यन, मालती बिडेकर, गीता मलिक सभी हाथ बाँधे निश्चल खड़े उस निद्रागत शरीर की ओर अपलक टक लगाये थे।

इस अमर कीर्ति जननायक से कई हजार मील दूर रहकर भी हम सब लोग अपने हृदयों में उसके प्रति विश्वास और श्रद्धा संजोते आये थे। उसे देखने का या उसकी वाणी सुनने का अवसर कभी न पाकर भी संसार की असंख्य जनता उसे अपना नेता और त्राता मानती आई है। यह उस सत्य की शक्ति है जिसे प्रकट कर उसने रौंदी हुई मानवता को समर्थ बना दिया है।

उस निद्रागत, दीप्त चौड़े माथे की ओर दृष्टि लगाये मन सोचने लगा, पहले-पहल कब इसका नाम सुना था? कब उसका अनुयायी होने के विश्वास से बल पाया था? बहुत दिनों की बात है। तीस वर्ष पहले विद्यार्थी जीवन की बात, जब शहीद भगत सिंह और सुखदेव के साथ मैं लाहौर के नेशनल कालिज का विद्यार्थी था। हम लोग अंग्रेजी राज की गुलामी और दमन से व्याकुलता अनुभव करते थे। अपने देश में स्वतन्त्रता के लिये जनता के बलिदानों को विफल होता देख रहे थे। तब इसी लेनिन महान की बातें पढ़कर समझ में आया था कि दलित राष्ट्रों और पीड़ित मानवता की मुक्ति की राह क्या है। तब से अनेक सुखों-दुखों में, विफलता और निराशाओं में उसी का सन्देश-मार्ग बना रहा। कभी अपनी उपेक्षाओं ने मस्तिष्क को धुंधला भी कर दिया और कभी कर्त्तव्य की भावना ने फिर याद भी दिला दी।

उस निद्रागत वीर के सामने व्यक्तिगत रूप से खड़े होकर मैं अपनी निजी बात ही सोच रहा था परन्तु वह तो सम्पूर्ण मानवता का था परन्तु साथ ही प्रत्येक पीड़ित और सचेत व्यक्ति का अपना निजी पथदर्शक भी!····विशेषकर उन लोगों के लिये जिन्होंने क्रान्ति के मार्ग पर अपने ज़ीवन की बाजी लगा दी हो!

उस क्षण जैसा भावोद्रेक मैं अनुभव कर रहा था वैसा ही भारत से आये दूसरे सभी साथी भी कर रहे थे। वे ही क्या, इस देश की करोड़ों जनता उसे देखे बिना उसके बताये मार्ग से अपने लिये जीवन की आशा का विश्वास पाती है। मेरे देश की जनता ही क्या संसार के सभी देशों की जनता चीन, कोरिया, बर्मा की जनता, अफ्रीका, अमरीका और योरुप की जनता उसे अपना नेता और त्राता मानती है और उसके पार्थिव शरीर के दर्शन किये बिना भी उसके निर्देशों में अपनी मुक्ति का विश्वास कर उसके प्रति श्रद्धा संजोये है। वह अमर कीर्ति जननेता सचमुच ही जीवित है क्योंकि वह असंख्य जनता के हृदयों में जीवित आशा का अवलम्ब है।

उसके दर्शन के लिये बाहर बर्फ में खड़े होकर प्रतीक्षा करते हजारों लोगों की पंक्ति की बात याद आई। कदम हिले और हम लोग दूसरी ओर के जीने से ऊपर समाधि के द्वार पर आ गये।

लेनिन की समाधि के सामने लाल चौरस का खूब बड़ा मैदान है। मास्को की बड़ी सार्वजनिक सभायें और प्रदर्शन यहाँ ही होते हैं। समाधि के दायें-बायें और पीछे फूलों के लिये पत्थर की रविशें एक के पीछे दूसरी जीनों की तरह बनी हैं। इनके साथ सदाबहार सरू के वृक्ष भी लगे हैं। यह रविशें इस समय बरफ से भरी थीं और गहरे बर्फानी बादलों से पटे आकाश और घने सरू वृक्षों के नीचे उजली-उजली सफेद पटरियों की तरह भली लग रही थीं। समाधि के पीछे रविशों के साथ ही क्रेमलिन की बहुत भारी और ऊँची दीवार है। दीवार के भीतर से क्रेमलिन के बहुत ऊँचे तिकोने स्तूपों की चोटी पर सोवियत का राष्ट्र-चिह्न सुनहरी तारा दिखाई देता रहता है। बर्फ पड़ती रहने पर भी हम लोग कुछ देर यहाँ घूमते रहे।

मन ही तो है; कभी बेढंगी बातें भी मन में आ ही जाती हैं। मन में आया, अपनी समस्याओं के सुलझाव और मुक्ति का मार्ग पहचानने के लिये अपने देश से इतनी दूर से संकेत पाने की जरूरत थी? क्या यहाँ पर निर्भरता नहीं? फिर स्वयं ही यह विचार कुत्सित लगा। क्या किसी दिन सारे संसार को बुद्ध ने भारत से सत्य का संकेत और निर्देश नहीं दिया था? क्या सत्य को भी भूमि, राष्ट्रों और जातियों की सीमाओं में बाँटकर और बाँधकर रक्खा जाना चाहिये? सत्य बँधा रह ही नहीं सकता इसीलिये वह मानवता को सभी गहराइयों से उभारकर उसके सब भेदों को भी दूर कर देगा···।

सोवियत अदालत

"क्या सोवियत में अदालतें भी हैं?" यह प्रश्न बहुत से लोगों ने पूछा है। बहुत से लोगों का विचार है कि जब समाजवादी सोवियत संघ में व्यक्तिगत या पारिवारिक सम्पत्ति का चलन नहीं तो अदालतों की क्या आवश्यकता? क्योंकि अदालत में जाने की आवश्यकता सम्पत्ति के सम्बन्ध में उठाने वाले झगड़ों के कारण ही होती है। फौजदारी झगड़ों का मूल भी प्रायः सम्पत्ति के लिये विवाद में ही होता है।

प्रसंग वश यह भी कह दिया जाये कि सोवियत में समाजीकरण केवल ऐसी सम्पत्ति का किया गया है जो दूसरों से श्रम करवाकर मुनाफा कमाने का साधन हो सकती है उदाहरणतः भूमि, कारखाने, खानें, किराये पर चलने वाले यातायात के साधन और किराये पर दिये जाने वाले मकान आदि। व्यक्तिगत और पारिवारिक उपयोग में आने वाली वस्तुएं सोवियत में अब भी व्यक्तिगत और पारिवारिक सम्पत्ति हैं। अस्तु सोवियत देश में अदालतें और कचहरियाँ हैं, जज और वकील हैं। जेलखाने भी हैं परन्तु उनकी संख्या बहुत कम हो गई है क्योंकि सोवियत में अपराधों की संख्या बहुत घट गई है और घटती जा रही है। कत्ल और खून की घटनायें होती ही नहीं। कैद की सजा भी इतने कम मामलों में देने की आवश्यकता होती है कि कई जेलखानों को बन्द करके उनसे गोदामों का काम लिया जा रहा है। फिर भी लोगों में झगड़े हो ही जाते हैं। व्यक्तिगत सम्पत्ति के सम्बन्ध में भी विवाद हो जाता है। भिन्न-भिन्न संस्थाओं के अधिकारों के सम्बन्ध में उलझनें हो जाती हैं। व्यक्तियों और शासन के अधिकार में न्याय का प्रश्न उठ खड़ा होता है। पति-पत्नी में तलाक लेने, देने की नौबत आ जाती है। यह सब मामले अदालतों में निश्चित दंड-विधान के अनुसार ही तय होते हैं।

हम लोगों को जिस अदालत में जाने का मौका मिला वह 'पीपल्स कोर्ट' (जनता की अदालत) था। सोवियत में अदालतें तीन तरह की हैं। 'पीपल्स कोर्ट' दूसरी 'टैरीटोरियल

या रीजियोनल कोर्ट' और 'सुप्रीम कोर्ट'। 'पीपल्स कोर्ट' भिन्न-भिन्न क्षेत्रों के लिये सुविधानुसार एक नगर में भी बहुत से रहते हैं। साधारणतः सभी मामलों का निर्णय पीपल्स कोर्ट में होता है। टैरीटोरियल या रीजियोनल कोर्ट में सरकार से सम्बन्ध रखने वाले गम्भीर मामलों पर विचार होता है। इन दोनों अदालतों के मामलों पर पुनः विचार की आवश्यकता हो तो सुप्रीम कोर्ट करता है।

पीपल्स कोर्ट के जज सर्वसाधारण द्वारा चुने जाते हैं। जजों के साथ-साथ प्रत्येक पीपल्स कोर्ट के लिये स्थानीय आवश्यकता के अनुसार साठ या सत्तर असैसर (पंच) भी चुन लिये जाते हैं। किसी व्यक्ति के जज निर्वाचित होने पर उसे कानूनी शिक्षा लेनी होती है। असैसर चुने जाने पर यह शिक्षा आवश्यक नहीं। निर्वाचित जज के अतिरिक्त प्रत्येक मामले में दो असैसर भी बैठते हैं। जज तो निश्चित समय के लिये एक ही व्यक्ति होता है परन्तु असैसर बदलते रहते हैं। निर्णय के सम्बन्ध में अधिकार जजों और असैसरों के एक ही जैसे होते हैं।

सोवियत में वकालत का पेशा भी है परन्तु वकीलों की संख्या जजों से भी कम है। मास्को नगर की जनसंख्या पचास लाख है। इस जनसंख्या के लिये मास्को नगर में सब मुहल्लों के असैसरों और जजों को मिलाकर संख्या पांच हजार तक होगी परन्तु वकीलों की संख्या शायद डेढ़ सौ ही है। वकीलों का अपना व्यावसायिक संघ है। आवश्यकता होने पर वादी या प्रतिवादी इस संघ से वकील के लिये बात करते हैं और उनके मामले के लिये उपयोगी वकील संघ नियत कर देता है। वादी या प्रतिवादी यदि पारिश्रमिक नहीं दे सकता तब भी वकील को उसकी सहायता करनी ही पड़ती है। कुछ मामलों में मजदूर संघ या व्यावसायिक संघ अपने आदमियों का कानूनी खर्च उठाते हैं, कुछ मामलों में वकील का पारिश्रमिक सरकार को देना पड़ता है। उदाहरणतः किसी भी व्यक्ति पर सरकार द्वारा अभियोग चलाया जाने पर सफाई के वकील का खर्च सरकार देती है। यदि किसी स्त्री को अपनी सन्तान के निर्वाह-खर्च के लिये पति पर मुकद्दमा चलाना पड़े तो भी वकील का पारिश्रमिक सरकार देती है।

पीपल्स कोर्ट की कार्यवाही साधारणतः सार्वजनिक रूप से होती है। केवल ऐसे मुकद्दमों में जहाँ सरकारी रहस्यों की रक्षा की आवश्यकता हो, मुकद्दमे की सुनवाई गुप्त रूप से की जाती है। यदि तलाक के मुकद्दमे में वादी और प्रतिवादी मुकद्दमे की कार्यवाही गुप्त रखी जाने का अनुरोध करें तो यह अनुरोध मान लिया जाता है। हाँ, हम लोग मुकद्दमा देखने गये। वादी एक पत्नी थी। पति के विरुद्ध उसकी शिकायत थी कि वह घर से अलग रहकर उच्छृंखल व्यवहार कर रहा है। अपनी आमदनी घर में नहीं देता। उन दोनों का एक पुत्र है। यदि पति घर में नहीं रहना चाहता तो उसे सन्तान के निर्वाह के लिये अपनी आमदनी का उचित भाग देना ही चाहिये।

पति महाशय ने सफाई दी कि वह सन्तान उनकी नहीं है। शादी तो उनकी उस सन्तान की माँ से अवश्य हुई थी परन्तु शादी के बाद पता चला कि स्त्री उच्छृंखल स्वभाव की है इसलिये वह उससे प्रेम नहीं कर सकता और न उसके साथ रहने के लिये तैयार है। वह सन्तान के लिये भी जिम्मेवार नहीं क्योंकि यह सन्तान शादी के छः माह बाद ही उत्पन्न हो गई थी इसलिये सन्तान उसकी नहीं बल्कि किसी अन्य व्यक्ति की है जिसका सम्बन्ध इस स्त्री से यह विवाह होने से पहले ही था।

पत्नी ने स्वीकार किया कि सन्तान विवाह के छः मास बाद हो गई थी यह ठीक है परन्तु है इसी व्यक्ति की। विवाह से छः सात मास पहले से उनमें प्रेम था और विवाह से पहले ही यौन-सम्बन्ध भी था इसलिये सन्तान उसके पति की है। पति महोदय इस बात से इनकार कर रहे थे। मामला पेचीदा था ही क्योंकि इस बारे में गवाही माँगना कठिन था। वकील ने पति से जिरह की।—तुमने इस स्त्री से विवाह क्यों किया था।

पति—तब मैं इससे प्रेम करता था।

जज—विवाह से कितने दिन पहले से?

पति—लगभग एक वर्ष से।

वकील—यह स्त्री भी तुमसे प्रेम करती थी?

पति—जी हाँ।

वकील—तुम विवाह करने के लिये प्रेम करते थे या दिल बहलाने के लिये।

पति—विवाह के लिये।

वकील—प्रेम में क्या करते थे।

पति—हम लोग समय मिलने पर सदा एक साथ रहते थे।

वकील—तुम कभी-कभी दूसरी स्त्रियों के साथ भी रहते थे?

पति—जी कभी नहीं सदा इसी के साथ।

वकील—कभी-कभी इस पर सन्देह होता होगा?

पति—जी कभी नहीं।

वकील—अब इसके चरित्र पर सन्देह हो गया?

पति—जी हाँ। यह उच्छृंखल व्यवहार करती है।

वकील—विवाह से पूर्व जब यह दूसरे व्यक्ति से यौन सम्बन्ध रखती थी तब तुम्हें मालूम नहीं होता था? अब कुछ ज्यादा समझदार हो गये हो?

जज और असैसरो ने फैसला दे दिया कि पति का यह बयान विश्वास योग्य है कि वह अपनी भावी पत्नी से प्रेम करता था और उसे यह विश्वास था कि वह भी उससे प्रेम करती है। इस आदमी का इस स्त्री से विवाह कर लेने का पक्का इरादा था। दोनों का विवाह हुआ इसमें भी सन्देह नहीं। स्त्री स्वीकार करती है कि विवाह से पहले इनमें यौन सम्बन्ध हो चुका था। पुरुष इससे इनकार करता है। प्रेम और विवाह का दृढ़ निश्चय होने पर दोनों में यौन-सम्बन्ध हो जाना अस्वाभाविक नहीं था। पति की यह बात विश्वास योग्य नहीं है कि उसमें और इस स्त्री में प्रेम होते हुए भी वह अन्य व्यक्ति से यौन-सम्बन्ध रखती थी। पति यह भी स्वीकार करता है कि विवाह से पहले प्रेम की अवस्था में वे प्रायः एक साथ रहते थे। यदि अब वह स्त्री की उच्छृंखलता भांप सकता है तो उस समय न भांप सकने का कोई कारण न था। यदि इस स्त्री का आकर्षण या सम्बन्ध विवाह से पूर्व किसी अन्य व्यक्ति से होता तो यह स्त्री उसी पुरुष से विवाह करती। स्त्री के लिये इस आदमी से विवाह करने का कोई कारण न होता। ऐसी अवस्था में विवाह से पूर्व पत्नी के गर्भ में आई हुई सन्तान इसी व्यक्ति की है और यह सन्तान के लिये उत्तरदायी है। इसे अपनी पत्नी और सन्तान के साथ रहना चाहिये यदि यह ऐसा नहीं करता तो इसके वेतन का चौथाई भाग पत्नी को सन्तान के पालन के लिये दिया जाना चाहिये।

जिन दिनों लन्दन में था, कृष्णा-हसन ने सोवियत की न्याय प्रणाली के बारे में पूछताछ की। मैंने उन्हें यह कहानी सुना दी। कृष्णा लन्दन में कानून पढ़ रही हैं। छः महीने या वर्ष भर में बैरिस्टर बन जायेंगी। सोवियत अदालत का यह न्याय सुन वह हँसी के मारे कुर्सी से उछल पड़ीं। कुछ विस्मय से मैंने हँसी का कारण पूछा। अब कृष्णा ने परेशानी प्रकट की—"बट इट इज सो सिम्पिल, इट इज ओनली कामनसेंस नाट ला!" (यह तो इतनी सीधी बात है केवल साधारण बुद्धि की बात! कानून नहीं!) यह भी कोई मुकद्दमा है? मुकद्दमे का तो अर्थ ही साधारण से असाधारण बात निकालना। अगर मुकद्दमे ऐसे ही हों और केवल साधारण बुद्धि से काम लिया जावे तो वकील बैरिस्टर क्या करेंगे?

कृष्णा का एतराज सही है। हमारे देश या अन्य पूँजीवादी देशों के न्यायालयों में न्याय साधारण बुद्धि से नहीं किया जाता। यहाँ न्याय का अर्थ ही कानून की पेचीदगियों से न्याय को बाँध देना है। वर्ना अच्छे-बुरे वकील में अन्तर ही क्या? बहुत वर्ष पहले उत्तर प्रदेश और पंजाब की सीमा की एक बड़ी जायदाद के सम्बन्ध में मुकद्दमा चल रहा था। जायदाद दोनों ओर आधी-आधी होने के कारण लाहौर और इलाहाबाद हाईकोर्टों में मुकद्दमे चल रहे थे। दोनों हाईकोर्टों ने एक दूसरे के विरुद्ध फैसला दिया क्योंकि फैसला हाईकोर्टों में कानून की व्याख्या करने वाले वकीलों की वृद्धि पर ही निर्भर करता था। पंजाब के द्वाबे में जब कभी जाटों में किसी बात पर झगड़ा बढ़ जाता तो मूँछों पर ताव देकर धमकी दी जाती—"बहुत अच्छा, भगतराम को भुगताने के लिये तीन-चार बीघे खेत ही तो बेचने पड़ेंगे।" इसका अर्थ था कि कत्ल करके वकील भगतराम को फीस देकर अदालत से बरी हो जायेंगे। इन दिनों जालन्धर के बैरिस्टर भगतराम का बहुत नाम था कि वे किसी को भी फांसी के तख्ते से बचा सकते हैं। यह है सर्वसाधारण के मन में अदालती न्याय के प्रति धारणा। सभी जिलों में कोई न कोई भगतराम जैसा वकील रहता ही है। किसी भी वकील के बहुत बड़ी फीस माँग सकने का अर्थ यही होता है कि वह अपने मुवक्किल के लिये अदालत से जो चाहे करा सकता है। यह केवल धारणा ही नहीं, हमारे समाज के न्याय का अनुभव है। ऐसा न्याय साधारण बुद्धि के आधार पर कैसे चल सकता है? हमारे न्यायालयों और वकीलों का अस्तित्व है ही इसलिये कि साधनवान लोग जो चाहें कर सकें। कानून का प्रयोजन यह है कि मनमानी करने का अवसर केवल उन लोगों के लिये सीमित रहे जो धन बल से कानून का मनमाना अर्थ निकलवा सकते हैं।

हमारे कानून की पेचीदगियों का प्रत्यक्ष प्रमाण है हमारे वकीलों के निजी पुस्तकालय। केवल कानून की ही पुस्तकें, उन पर टीका-टिप्पणियाँ और नजीरें एकत्र कर ली जायें तो एक भारी पुस्तकालय बन सकता है। सत्य तो यह है कि जितनी पुस्तकें कानून के सम्बन्ध में हमारे समाज में हैं उसका दसवां भाग भी किसी अन्य विषय पर नहीं। हमारा कानून सिद्धान्त रूप से देश के सभी व्यक्तियों के लिये समान अधिकार की घोषणा करता है परन्तु वकीलों की सहायता से अदालतों द्वारा कानून के उपयोग में लाने का व्यावहारिक रूप हो जाता है साधनवानों की मनचाही करने के लिये कानून और सरकार की सहायता और समाज पर उनका शासन। यह बात सीधी-सादी बुद्धि से न्यायानुकूल नहीं जान पड़ती इसलिये हमारी अदालतें अथवा कानून सीधी-सादी बात को नहीं बल्कि समाज में

मौजूद व्यवस्था के विशेषज्ञों की बात को ही मानते हैं। प्रयोजन होता है सर्वसाधारण की बुद्धि से अन्याय जान पड़ने वाले काम को न्याय की मान्यता देकर उसके समर्थन में शासन की शक्ति का प्रयोग कर सकना।

पूँजीवादी प्रजातन्त्र व्यवस्था में शासक वर्ग प्रजा और जनता से शासन की शक्ति लेकर कानून के साधन से इस शक्ति का प्रयोग प्रजा के ही विरुद्ध करता है। इस काम को न्याय का रूप देने के लिये काफी पेचीदगियों की आवश्यकता होती है इसलिये पूँजीवादी समाज के कानून का उपयोग भी बहुत पेचीदा होता है। सोवियत समाज के सम्पूर्ण अदालती कानून छोटी-छोटी सात पुस्तकों में आ जाते हैं जिन्हें कोट की जेब में रख लिया जा सकता है और इन कानूनों का व्यवहार सर्वसाधारण के भरोसे के और उन्हीं द्वारा चुने हुये लोग करते हैं।

●

लेनिनग्राद

मास्को से रात भर आराम से यात्रा कर सोलह जनवरी दोपहर के समय लेनिनग्राद पहुँचे। लेनिनग्राद शान्ति सभा के कुछ लोग स्टेशन पर मौजूद थे। नगर शान्ति सभा के प्रधान प्रसिद्ध अभिनेता चरकासोव और मन्त्री प्रोफेसर ओल्गा कोस्तांस्तीनोवना भी थीं। चरकासोव सोवियत सिनेमा प्रतिनिधि मंडल के साथ भारत में आ चुके हैं। वे हम लोगों से ऐसे मिले मानों हम सबसे उनका व्यक्तिगत सम्बन्ध हो। प्रोफेसर ओल्गा भी बड़ी आत्मीयता से मिलीं परन्तु उनके रूप, रंग और शिष्टाचार से ऐसा जान पड़ता था कि जार के समय की कोई अभिजात बैरोनेस या काउन्टेस (रानी साहिबा) टाल्सटाय के उपन्यास के पृष्ठों से निकल प्रत्यक्ष हो गईं।

हम लोगों के निवास का प्रबन्ध 'आस्तोरिया' होटल में था। क्रान्ति से पहले यह ब्रिटिश होटल था और बड़े-बड़े अंग्रेज व्यवसायी और राजदूत आदि इसी में ठहरा करते थे। अब यह लेनिनग्राद सोवियत की सम्पत्ति है। होटल की इमारत और कमरे मास्को के होटलों या सोवियत की इमारतों की तुलना में छोटे ही हैं क्योंकि इमारत क्रान्ति से पहले की है परन्तु सज धज और आराम ऐसाइश में गत्सीनित्सा सोवियतस्काया से कम नहीं। कमरे छोटे होने के कारण हमारे अभ्यास के अधिक अनुकूल जान पड़े। भोजन इत्यादि का ढंग और फैलाव मास्को जैसा ही। मास्को होटल में भोजन पुरुष परोसते थे। यहाँ यह काम स्त्रियाँ कर रही थीं। दोनों में व्यवस्था का न सही अनुभूति का अन्तर जरूर है। ड्रेस-सूट पहने बैरे के भोजन परोसने पर रोब तो ज्यादा जान पड़ता है परन्तु खिलाने-पिलाने में अधिकार भरी आत्मीयता स्त्रियों को ही अधिक शोभा देती है।

यात्रा से आने के बाद या जो भी कारण रहा हो, भूख नहीं थी इसलिये खाने की उपेक्षा की। परोसने वाली की नजर से यह नहीं बचा। वह उपेक्षित तश्तरी को उठा ले गई। कुछ ही क्षण में मुस्कराती हुई दूसरी चीज लेकर लौटी। धन्यवाद देकर उसे भी वैसे ही रहने दिया तो उसने दुभाषिये की मारफत भोजन के प्रति उपेक्षा का कारण पूछा और जानना चाहा कि क्या चीज पसन्द आयेगी? दोष भोजन में न बताकर अपने ही पेट में बताया पर उसका समाधान न हुआ। संध्या समय भी जब भोजन में विशेष उत्साह न दिखा सका तो उसने चिन्ता प्रकट की कि इतना कम खाने से कैसे काम चलेगा और 'मालीकुशा' (कम खानेवाला) होने का आरोप लगा दिया।

भोजन के समय का० चरकासोव और प्रो० ओल्गा भी साथ थीं। प्रोफेसर ओल्गा तो इसी बात के लिये सतर्क थीं कि सभी लोग अच्छी तरह से खा रहे हैं या नहीं हालांकि इसके लिये परोसने वालियाँ ही काफी चिन्तित थीं। चरकासोव भारत में मिले अभिनेताओं और दूसरे आदमियों के, एक-एक का नाम ले-लेकर हाल-चाल पूछ रहे थे। हमने उनसे पूछा कि भारत पहुँचते ही उनका पहला अनुभव क्या हुआ था। वे ठहाका मारकर हँस

पड़े। "पहला अनुभव यह हुआ कि हम भारत में ३० दिसम्बर की संध्या पहुँचे थे। विमान से उतरते ही हमसे पूछा गया कि आपके पास कोई निषिद्ध या कर देने योग्य वस्तु तो नहीं है। हमने पूछा कि यहाँ क्या निषिद्ध है, बताइये तो समझ में आये। उन्होंने बताया कि शराब निषिद्ध है। उत्तर दिया—'शराब तो है' हम लोग 'वोडका' की एक बोतल नववर्ष मनाने के लिये साथ लेते गये थे। नववर्ष आरम्भ होने में अभी एक दिन था हमारी 'वोडका' को बम्बई में प्रवेश होने की आज्ञा नहीं थी पर हम उसे इतनी दूर तक उठाकर लाये थे। हम फिर विमान में ही बैठ गये और वोडका को समाप्त कर लिया। देश के कानून की भी रक्षा हो गई और हमने नववर्ष भी एक दिन पहले मना लिया।"

"दूसरा अनुभव यह हुआ कि मैं तो भारतवर्ष को देखने गया था और भारत-मुझे ही देखने लगे। एक तो कुदरत की दया से मैं हूँ भी लम्बा, यहाँ भी लोग मुझे लम्बा ही समझते हैं। भारत में तो ऐसा मालूम होता था कि मैं पांव में स्टूल बाँधकर चल रहा हूँ। पांव में स्टूल बाँधने की बात से एक और बात याद आई। हम लोग यहाँ से लन्दन होते हुए गये थे। लन्दन में वर्षा हो रही थी। जूतों को कीचड़ से बचाने के लिये रबड़ के बरफानी जूते खरीदना चाहता था पर लंदन में मेरे पांव का जूता मिलना आसान नहीं था। सारा लन्दन छानकर एक जोड़ा मिल सका। उस रोज बाजार में जरा कीचड़ था। रबड़ के वही जूते पहने बाजार में निकल गये। अब जिसे देखो वह मेरे पांव की तरफ देख रहा है। बड़ी झेंप मालूम हुई। डेरे के आदमी भी उन्हें देखकर हैरान होने लगे। जूतों को फेंका जा नहीं सकता था क्योंकि मेरे असाधारण नाप के जूते ब्रिटिश साम्राज्य के लिये भी बनाने कठिन हैं।"

चरकासोव बात पर बात सुनाये जा रहे थे। भारत के पहनावों और प्राकृतिक दृश्यों का वर्णन वे इतनी खूबी से कर रहे थे कि उन बातों को जानते हुए भी उनमें रस आ रहा था। ठीक वैसे ही जैसे अपने चेहरे को जानते हुए भी उसे दर्पण में बार-बार देखने से भी बुरा नहीं लगता। यदि चरकासोव समय का ख्याल कर स्वयं ही बात समाप्त न कर देते तो हम लोग संध्या तक भी न उठ पाते। "अच्छा अब शाम को"—मुझे एक फिल्म की शूटिंग में अभी पहुँचना है। वे उठ खड़े हुए और आज्ञा ले चले गये।

दोपहर के भोजन के बाद हम सब लोग नगर देखने निकले। लेनिनग्राद का एक साथी पथ प्रदर्शक के रूप में साथ चला गया। वह अंग्रेजी खूब बोल लेता था। उसने अपने नगर का परिचय दिया—"हमारा नगर बहुत ऐतिहासिक स्थान है। पीटर प्रथम ने १७०३ में इस नगर की नींव डाली थी। अक्टूबर १९१७ में यहाँ ही समाजवादी क्रान्ति का आरम्भ हुआ था। १९१९ में विदेशी साम्राज्यवादी शक्तियों ने समाजवादी व्यवस्था को नष्ट कर देने के लिये सोवियत संघ पर आक्रमण किया था। लम्बे अरसे तक वे इस नगर को घेरा डाले रहे परन्तु लेनिनग्राद ने उसके दाँत खट्टे कर दिये और वे भीतर कदम न रख सके। उस दृढ़ता के लिये हमारे नगर ने लाल झण्डे का सम्मान प्राप्त किया था। १९४२ से नाजियों ने भी सौ दिन तक लेनिनग्राद को घेरा डाल रखा। उनके बममार विमान नगर पर आक्रमण करते रहे परन्तु हमने उन्हें नगर में कदम नहीं रखने दिया। इस वीरता के लिए नगर ने लेनिन का पदक पाया। नगर का आरम्भिक नाम पीटर्सबर्ग था। १९२४ में हमारे नागरिकों के अनुरोध से और सोवियत जनता की इच्छा से नगर का

नाम लेनिनग्राद रख दिया गया। यहाँ प्रत्येक बाजार, चौक और गली की अनेक ऐतिहासिक स्मृतियाँ हैं…।''

मास्को से चलते समय कवि निकोलाई तिखोनोव ने हम लोगों से कहा था—''यह बहुत अच्छा है कि आप लोग लेनिनग्राद भी जा रहे हैं। आप उस नगर के सौन्दर्य को सदा याद रखेंगे।'' कोतोव ने विरोध किया था—''मास्को की तुलना में लेनिनग्राद क्या है?'' तिखोनोव ने मुस्कराकर दोनों नगर देख लेने के बाद निर्णय हमी पर छोड़ दिया था। हमारे मास्को होटल की सेविका (मेड) क्लारा को भी जब पता लगा कि हम लेनिनग्राद जा रहे हैं, उसने भी उंगली उठा-उठाकर हमें समझाने का यत्न किया था—''लेनिनग्राद ओचेन ओचेन खोरोशो'' (लेनिनग्राद बहुत-बहुत अच्छा है)। स्वयं भी देखा कि लेनिनग्राद वास्तव में ही बहुत सुन्दर है। मास्को प्रकाण्ड है परन्तु लेनिनग्राद सुन्दर। इमारतें इस अनुपात और ढंग से नेवा नदी और समुद्र की खाड़ियों के किनारे भव्य रूप में बिछी हुई हैं मानों भवन निर्माण कला की प्रदर्शनी सजा दी गई है। इस समय नेवा नदी और समुद्र का जल दोनों ही जमकर उजले श्वेत मैदान बने हुए थे। इस सफेदी का अपना सौन्दर्य था। जब यह जल नीले रंग में लहरा उठता होगा, किनारे के वृक्ष हरे हो जाते होंगे तो दूसरी ही बात होती होगी।

नेवा नदी के किनारे हम लोग बस से उतर पड़े। एक ओर हरे रंग में जार का प्रसिद्ध हेमन्त प्रासाद (विन्टर पैलेस) था और नेवा नदी के पार 'पीटर और पाल' किला पीले रंग में दिखाई दे रहा था। इस किले में समाजवादी क्रान्ति के प्रसिद्ध नेताओं ने अपनी कैद के बहुत दिन गुजारे थे। गोर्की, चेरनेवस्की और लेनिन के बड़े भाई इसी किले में बंद रहे थे। अब यह किला एक ऐतिहासिक संग्रहालय बना दिया गया है। जार के हेमन्त प्रासाद का हरा रंग और विशाल सफेद खम्भे अब भी ठीक ऐसे सुरक्षित हैं मानों अभी बनकर तैयार हुए हैं। दाईं ओर एक और लम्बी, पीले रंग की सुन्दर इमारत है। यह जार की जहाजी सेना का केन्द्र था। अब इसमें सोवियत की जलसेना का स्कूल है। नेवा के पार बाईं ओर ज्दानोव विश्वविद्यालय के मध्य-भवन दिखलाई पड़ते हैं। वहाँ साढ़े बारह हजार विद्यार्थी पढ़ते हैं। लेनिन इसी विश्वविद्यालय के विद्यार्थी थे। क्रान्ति के बाद सोवियतों की पहली कांग्रेस यहीं हुई थी। जार के हेमन्त प्रासाद पर गोले फेंककर समाजवादी क्रान्ति का आरम्भ करने वाला सैनिक जहाज 'अरोरा' (उषा) भी नेवा में ही खड़ा है।

हेमन्त प्रासाद से लौटते हुए एक विशाल चौरस में से गुजर रहे थे। पथ प्रदर्शक ने बताया इसे 'दिसम्बर स्क्वायर' कहते हैं। जार के विरुद्ध पहले सैनिक विद्रोह (समाजवादी क्रान्ति से पहले) का प्रदर्शन यहीं हुआ था। विद्रोह दबा दिया गया था और सब नेता फाँसी पर चढ़ा दिये गये थे। सैन्टईजाक का गिरजाघर भी न भूल सकने वाली इमारत है। गिरजाघर तीन सौ फुट ऊँचा है। यहाँ एक ही पत्थर के साबुत टुकड़ों से बने हुए बहुत ऊँचे-ऊँचे एक सौ बारह खम्भे हैं। गिरजाघर के सामने बड़ी भारी चट्टान पर जार निकोलस प्रथम की घुड़सवार मूर्ति है। घोड़ा अपने शरीर को पिछले दो सुमों पर तौले है, मानों अभी कूद जायेगा। भारी मूर्ति और घोड़ा इस मुद्रा में है कि उनके अधर में सम्भले रहने पर आश्चर्य होता है। जिन दिनों लेनिनग्राद नाजी आक्रमण से घिरा हुआ था और दिन-रात बम बरस रहे थे, इस मूर्ति को और अन्य ऐतिहासिक स्मारकों को रेत के बोरों

और लकड़ी के तख्तों से ढंक दिया गया था। सोवियत के लोगों को निकोलस के प्रति कोई श्रद्धा नहीं। उसे तो वे योरुप के ऐतिहासिक खूँखार तानाशाहों में गिनते हैं। इस मूर्ति को बचाने की चिन्ता मूर्ति के कला सौंदर्य और उसे गढ़ने वाले कलाकार के सम्मान के लिये ही है।

महल-चौक १९०५ के खूनी रविवार के लिये प्रसिद्ध है। यहाँ जार के सामने प्रार्थना पत्र लेकर आने वाले शान्त नागरिकों के जलूस पर गोली चलाई गई थी। एक हजार व्यक्ति मारे गये थे और दो हजार जख्मी हुए थे। इसी चौक के किनारे वह मकान है जिसमें समाजवादी क्रान्ति का पहला केन्द्र कायम किया गया था। लेनिन और स्तालिन ने जार के जनरलों के विरुद्ध युद्ध का संचालन इसी स्थान से किया था। समीप ही लेनिन संग्रहालय है। संग्रहालय के आँगन में फौलाद से मढ़ी फौजी मोटर खड़ी है। क्रान्ति के समय लेनिन ने विदेश से लौटकर पहला व्याख्यान इसी मोटर पर खड़े होकर दिया था। मोटर पर लिखा हुआ है, ''पूँजीवाद की नाशक समाजवादी क्रान्ति जिन्दाबाद!'' इस मोटर के पास खड़े होकर हम लोगों ने भी एक तस्वीर खिंचवा ली।

लेनिनग्राद के ऐतिहासिक और सुन्दर स्थानों का ब्योरेवार वर्णन बहुत कठिन है। लेनिनग्राद सौंदर्य और इतिहास का समन्वय है। अँधेरा हो गया था, बिजली के कारण अँधेरा तो नहीं हुआ प्रकाश ही बदल गया था पर रात तो हो ही गई थी इसलिये बैले देखने चले गये। इस बैले को देखने का विशेष चाव इसलिये था कि हमने अब तक सभी बैले 'सिंड्रेला', 'स्वान लेक' आदि परियों की कहानियों के ही देखे थे। 'क्रासनाया माक' (लाल फूल) नृत्य-नाट्य चीन की क्रान्ति के सम्बन्ध में आधुनिक कहानी है। इसे देखकर ही हम लोग बैले अथवा नृत्य-नाट्य की कला के रस का परिचय पा सके। संक्षेप में इतना ही कहा जा सकता है कि कला का बहुत ही उत्कृष्ट नमूना था। का० चरकासोव ने अपनी बात रक्खी और रात भोजन के समय आ गये। सोवियत समाज में कला और कलाकार के स्थान पर बात होती रही। बात बदलकर सफल अभिनय के विषय पर चल पड़ी। चरकासोव कह रहे थे कि अभिनेता सफल अभिनय तभी कर सकता है जब वह नायक या पात्र के भावों को आत्मसात कर ले। अभिनय में रूप का भी बड़ा महत्त्व है, क्योंकि भाव को भी रूप में ही देखा जाता है। बात करते-करते चरकासोव सहसा बोले— ''कहिये तो मैं आपको उदाहरण दूँ। आप देखिये कि एक शब्द बोले बिना केवल रूप और व्यवहार से भाव की अभिव्यक्ति कैसे हो सकती है। पहले आप एक अंग्रेज नौकरशाह का उदाहरण देखिये।''

वे अपनी कुर्सी से उठ आठ-दस कदम पर हमारी ओर पीठ कर खड़े हो गये। एक ही मिनट बाद वे पलटकर लौटे तो पहचानना कठिन था। चेहरे पर एक ऐंठन, माथे पर चिन्ता की लकीरें, आँखें भी कुछ छिपी-छिपी सी। गंजे सिर पर बाल एक खास ढंग से चिपके हुए, मानों कोई बहुत खुर्राट अंग्रेज कमिश्नर साहब लोगों की छूत से डरते-डरते किसी परेशानी में खड़े हों। इसके बाद उन्होंने कहा कि अब आप देखिये कि भूगोल विज्ञान की खोज में अपने आपको भूला हुआ प्रोफेसर कैसे व्यवहार करता है। वे फिर एक मिनट के लिये आठ-दस कदम पर चले गये। इस बार बिलकुल ही भिन्न रूप और व्यवहार। अपने आपको भूला हुआ सा एक आदमी जिसके सिर के बाल सिर के भीतर की गर्मी से काटों की तरह खड़े थे। वह किसी विचार में पेन्सिल से अपना सिर खुजा रहा

था और फिर किसी चीज की खोज में एक के बाद दूसरी जेबों की तलाशी ले रहा था। इसके बाद चरकासोव एक ही मिनट में दाँत बाहर निकाले हुए और झिपी-झिपी सी आँखें, सिर प्रायः गंजा, गरदन ऐंठी हुई जापानी फौजी अफसर से दिखाई देने लगे। एक मिनट बाद हँसकर उन्होंने कहा अब आप देखिये कि कोई शौकीन आदमी जब गंजा होने लगता है तो कैसे निराशा प्रकट करता है। यह सब देखकर हम लोग हँसी से लोट-पोट हो रहे थे। एक मिनट बाद चरकासोव चोरी के लिये अवसर की तलाश में घूमते गुंडे का रूप धर सामने आ गये।

हम लोगों ने चरकासोव से पूछ लिया कि अभिनय की ओर उनकी रुचि हुई कैसे? "यह भी एक कहानी है"—उन्होंने कहानी सुनानी शुरू की—"समाजवादी क्रान्ति के समय मैं यहाँ मेडिकल कालेज में पढ़ता था। हमारे देश में समाजवादी व्यवस्था सफल न होने देने के लिये साम्राज्यवादी शक्तियों ने हम पर चारों ओर से आक्रमण कर दिया था। हमारे लाल सैनिक सब ओर मोर्चों पर जी-जान से लड़ रहे थे। हमारी सेना के पास न पर्याप्त हथियार थे, न भोजन, न वस्त्र ही उन्हें ठीक मिल सकते थे। शत्रुओं के पास सभी चीजों की अधिकता थी। हमारे सैनिक सभी तरह की कठिनाइयों में दृढ़ता से डटे हुए थे। कई बार उन्हें भूखों ही कई-कई दिन तक मोर्चों पर जमे रहना पड़ता। वे पन्द्रह-पन्द्रह दिन तक बर्फ और कीचड़ भरे मोर्चों में दिन-रात लड़ते रहते। उनके जख्मी हो जाने पर उन्हें मरहम-पट्टी के लिये लेनिनग्राद में लाया जाता था। मेडिकल कालेज के विद्यार्थी उनकी मरहम-पट्टी और दवा-दारू करते थे। उन जख्मी सिपाहियों के पीड़ा और थकान से उतरे हुए चेहरे देखकर मुझे बहुत दुःख होता था। हम उनके जख्मों की मरहम-पट्टी कर देते थे परन्तु उनके हृदयों पर लगे घावों का हमारे पास क्या इलाज था? उनमें से बहुतों के भाई और पिता मारे जा चुके थे। वे अपनी माताओं, पत्नियों और सन्तानों से कब से बिछुड़े हुए थे। उनका कोई समाचार भी वे नहीं पा सकते थे। सामने बहुत प्रबल दुश्मन से गोला-गोली और पीछे नई स्थापित हुई कमजोर, अनिश्चित नई व्यवस्था। उन्हें अपना भविष्य भी अंधकारपूर्ण दिखाई देता था। यह सिपाही मूर्तिमान पीड़ा और निराश जान पड़ते थे।"

"मैंने अनुभव किया कि इन सिपाहियों का ध्यान कुछ समय के लिये उनकी संकटमय अवस्था में बंटाना आवश्यक है वरना ये लोग निरंतर निराशा और वेदना से पागल हो जायेंगे। मैं उन सिपाहियों के बीच बैठकर कहानियाँ सुनाने लगता, कभी गाना गाने लगता। उनका ध्यान मेरी ओर आकर्षित होने लगा। तब मैं कहानी सुनाते समय भाव-भंगी और अभिनय से कहानी को अधिक आकर्षक और रोचक बनाने लगा। कभी मैं हास्यरस का अभिनय करता। सिपाही ठहाके मारकर हँसने लगते। कभी मैं इतनी करुणापूर्ण कहानी का अभिनय करता कि सिपाही अपना संकट भूल, कहानी के पात्रों के प्रति सहानुभूति से आँसू टपकाने लगते। इस प्रकार सिपाहियों के कुछ समय के लिये अपनी विपदा और निराशा को भूल जाने का प्रभाव उनके स्वास्थ्य पर बहुत अच्छा पड़ा। अपनी इस सफलता से उत्साहित हो मैंने मनुष्य के जीवन में कला के मूल्य को समझा और इसी की साधना में लग गया··· ।"

यद्यपि काफी विलम्ब हो गया था परन्तु हमारे बुजुर्ग कलाकार रावलजी चरकासोव का एक फोटो लिये बिना उन्हें छोड़ने को न माने। चरकासोव इतनी सी बात के लिये

क्या निराश करते। कई फोटो लिये गये। एक फोटो हम सब लोगों ने चरकासोव को घेरकर लिया और वह हम सबके पास उस कलाकार की स्मृति के रूप में सुरक्षित रहेगा।

तीसरी मंजिल पर अपने कमरे में जा प्रवदा के लिये अपना लेख पूरा करने मेज पर बैठ गया। चरकासोव के जीवन की कहानी और उसके अद्भुत अभिनय की बात बार-बार याद आ रही थी। उसकी तुलना में अपने यहाँ के सिनेमा के अभिनेताओं की बात भी। सोच रहा था कि ऐसा अभिनय कभी किसी दूसरे अभिनेता का देखा है या नहीं? पालमुनी, ग्रेटागार्बो की बात सोचते-सोचते याद आ गई प्रसिद्ध नर्तक श्री उदयशंकर के गुरु श्री नम्बूदरी पाद की बात।

१९४२ में बहुत से राजनैतिक बंदियों ने जेल में अनशन कर दिया था। उनके एक सम्बन्धी चाहते थे कि श्रीमती विजयलक्ष्मी इस विषय में अंग्रेजी सरकार पर कुछ जोर डालें या बीच-बचाव कर दें तो अनशन टूट सके। विजयलक्ष्मी उस समय जून की गर्मी अल्मोड़ा से आगे 'खाली' में काट रही थीं। यह सज्जन मुझे अपने साथ खाली ले गये। एक दिन अल्मोड़ा में भी बिताना पड़ा। उन दिनों अल्मोड़ा में उदयशंकर का कला-केन्द्र चालू था। हम लोग जिस समय कला-केन्द्र पहुँचे, अभ्यास और शिक्षा का समय समाप्त हो चुका था। वहाँ के शिक्षा-क्रम के सम्बन्ध में ही कुछ बातें जान सकते थे। नाट्य, नृत्य आदि देखने का अवसर न था। उदयशंकर के भाई राजेन्द्रशंकर हमारे असमय आने पर खेद प्रकट कर जो कुछ सम्भव था, बता रहे थे। हमारा परिचय उन्होंने गुरु श्री नम्बूदरी पाद से भी करा दिया। वे उसी समय अपनी कई घंटों की पूजा समाप्त कर उठे थे। प्रसन्न और उदार भावना में थे। परिचय पाकर दो ही चार बातों में उन्होंने अभिनय के सम्बन्ध में क्रियात्मक दृष्टांत देना स्वीकार कर लिया।

श्री नम्बूदरी पाद पहले शिव के ताण्डव रूप और वत्सल रूप का भाव चेहरे पर दिखाया और फिर विकट साधना का परिचय देने के लिये "नर-नारीश्वर" का अभिनय केवल मुख मण्डल से ही किया। वे पाल्थी लगाये बैठे थे। उनके चेहरे पर, मस्तक से ठोड़ी पर बँटे एक भाग से पुरुष की वीर-गम्भीर मुद्रा स्पष्ट झलक रही थी और दूसरे भाग से नारी के सुकोमल, लज्जा और लावण्य की मुद्रा भी उतनी ही स्पष्ट थी। इतना ही नहीं, उन्होंने सूर्यास्त और चन्द्रोदय के समय चकवी से बिछुड़ते चकवे का भी अभिनय किया। चकवे के चेहरे का जो भाग नवोदित चंद्रमा की ओर था क्रुद्ध लाल आँख से देख रहा था। उत्तेजना में उसके होंठ फड़फड़ा रहे थे और गाल थिरक रहे थे। चकवे के चेहरे का दूसरा भाग जो चकवी की ओर था, करुणारस की प्रतिमूर्ति था। आँखों से आँसू टपक रहे थे। चेहरे की थिरकन विवशता और क्रंदन की थी। होंठों का कम्पन भी करुणा रस का द्योतक। एक साथ चेहरे पर दो भावों की पूर्ण अभिव्यक्ति ! अभिनय की इससे ऊँची साधना की और कल्पना क्या हो सकती है? ऐसी साधना मैं अपने ही देश में देख चुका था। चरकासोव ने ऐसी ऊँची साधना की बात भी नहीं सोची होगी। दोनों में एक दूसरा अंतर भी है। चरकासोव की कला जनता के लिये है। श्री नम्बूदरी पाद की कला केवल देव आराधना की प्रक्रिया मात्र थी। वे प्रतिदिन पाँच छः घंटे बहुत बड़े शिवलिंग की पूजा करते थे। उनका अभिनय केवल देवभोग्य था जनभोग्य नहीं। सम्भव है, समय ने उनके विचारों पर कुछ प्रभाव डाला हो इसीलिये वे उदयशंकरजी के आश्रम में शिक्षा देने के लिये तैयार भी हो गये थे।

श्री नम्बूदरी पाद का स्वर्गवास हो गया है परन्तु इस कला की परम्परा हमारे देश में अब भी है चाहे वह अभी देवमन्दिर की पवित्र चारदीवारी से बँधी हुई है। एक और भी बात सुनने में आई कि उदयशँकर जब सोवियत में आये थे एक बहुत दक्ष बालेरिना का नृत्य देखकर वह कला सीखने की इच्छा प्रकट की थी! बालेरिना का निस्संकोच उत्तर था—"तुम्हारे भरत नाट्यम और कथकली से हमारे बैले की कोई तुलना नहीं। पहले अपनी कला की सुध लो।" बैले भी तो जार और उसके सामन्त वर्ग के कलात्मक विनोद के लिये ही सीमित था।

हेमन्त प्रासाद

१७ जनवरी, लेनिनग्राद का सबसे बड़ा संग्रहालय 'हर्मिटाज' देखने गए। हर्मिटाज शब्द का अर्थ साधना कुटीर या सन्त आश्रम ही होना चाहिये परन्तु यह नम्र नाम रूस के निरंकुश सम्राटों ने अपने सबसे बड़े महल हेमन्त प्रासाद को दिया था। त्याग की भावना के आडम्बर से दैन्य का ऐसा परिहास सम्पन्न लोग सदा ही करते आये हैं, महल को 'पर्णकुटी' हमारे यहाँ भी पुकारा ही जाता है। हेमन्त प्रासाद को अब कलात्मक वस्तुओं का संग्रहालय बना दिया गया है पर वह स्वयं भी कला और आश्चर्य की वस्तु है। सम्भवतः वह संसार भर में सामन्तवादी युग का सबसे बड़ा प्रासाद है क्योंकि जार सामन्तवादी युग के सबसे बड़े शोषक भी थे। यह प्रासाद अठारहवीं शताब्दी में बनाया गया था परन्तु कल का ही बना जान पड़ता है। लेनिनग्राद पर नाजी आक्रमण के समय बमवारों ने इस पर तीस बम फेंककर काफी हानि पहुँचा दी थी। जब नौ सौ दिन तक लेनिनग्राद पर दिन-रात बम वर्षा होती रही थी उस समय हेमन्त प्रासाद ही क्या हजारों दूसरे मकान गिरे थे परन्तु लेनिनग्राद में कहीं भी ध्वंस के चिह्न अब दिखाई नहीं देते। न हेमन्त प्रासाद को देखकर यह अनुमान लगाया जा सकता है कि किस स्थान पर बमों की चोट के कारण मरम्मत की गई होगी।

इस समय इस संग्रहालय में बीस लाख वस्तुओं का संग्रह है। यह चीजें एक सौ साठ बड़े-बड़े हालों में सजाकर रखी गई हैं। स्थान की कमी अनुभव हो रही है इसलिये एक सौ पन्द्रह नये हाल और बनाने की योजना है। संग्रहीत वस्तुओं में सभी प्रकार की वस्तुयें हैं। जारों द्वारा पृथ्वी के कोने-कोने से चुनकर इकट्ठे किये गये प्राचीन उत्कृष्ट चित्र और अन्य कलाओं के नमूने हैं। यहाँ तक कि मिस्र से लाई हुई 'ममी' भी मौजूद हैं। आधुनिक चित्रों और कलात्मक वस्तुओं को छोड़कर जारों के जीवन से सम्बन्ध रखने वाली वस्तुओं का संग्रह भी बहुत बड़ा है। विशेषकर पीटर प्रथम से सम्बन्ध रखने वाली वस्तुओं का बहुत ही ब्योरेवार संग्रह है। उसकी पोशाकें, उसके हथियार, उसके बर्तन, उसके बनाये हुए खिलौने और यंत्र सभी सुरक्षित हैं।

पीटर के सम्बन्ध में संग्रहालय के परिचायक को आदर से बात करते देख कुछ विस्मय हुआ। मैंने रूसी साथी से अपने विचार प्रकट किये—"पीटर जैसा भी रहा हो, था तो क्रूर और शोषक तानाशाह। उसकी क्रूरता की अनेक दतंकथायें प्रसिद्ध हैं।" रूसी साथी ने उत्तर दिया—"नहीं पीटर बहुत बड़ा निर्माता, कलाकार, वैज्ञानिक और प्रगतिशील विचारक था। अपने शासन काल में वह सामन्तों के दमन का विरोधी और जनता का समर्थक था। पूँजीवादी इतिहास लेखकों ने उसका वास्तविक चित्र नहीं बल्कि बनावटी, क्रूर चित्र इतिहास में प्रस्तुत किया है।"

पीटर के इतिहास पर बहस कर सकना मेरे लिये सम्भव नहीं परन्तु पीटर की यह प्रशंसा गले से उतरी नहीं। पीटर चाहे व्यक्तिगत रूप से प्रगतिवादी और दयालु ही रहा हो परन्तु वह जिस व्यवस्था का प्रतीक था, उसे मैं जनवादी नहीं मान सकता। मेरे विचार में वह प्रगतिवादी जरूर था परन्तु उसी दृष्टिकोण से कि वह सत्रहवीं और अठारहवीं शताब्दी में योरुप की तुलना में बहुत पिछड़े हुए रूस में औद्योगिक विकास को प्रोत्साहन देकर और रूढ़िवादी प्रथाओं को तोड़कर अपने साम्राज्य को अन्य औद्योगिक साम्राज्यवादी योरुपियन देशों से पीछे नहीं रहने देना चाहता था। उसका शासन सामन्तों के आधार पर ही था। वह सामन्तवाद का विरोधी कैसे हो सकता था? अस्तु, रूस के लोग पीटर को चाहे जैसा समझें, इसमें सन्देह नहीं कि हेमन्त प्रासाद समाजवादी युग के इतिहास का, सम्भवतः संसार का सबसे बड़ा संग्रहालय है। सामन्तवाद से विरोध होते हुए भी सोवियत के लोगों को अपने इस कला भण्डार के लिये बहुत गर्व है।

श्रमिकों की रक्षा के लिये वैज्ञानिक खोज विभाग

श्रमिकों की रक्षा के लिये वैज्ञानिक खोज की बात कुछ पहेली सी मालूम हो रही थी इसलिये समय कम रहने पर भी इसे देखने, समझने के लिये दोपहर बाद वहाँ गये। क्रान्ति से पहले यह मकान किसी शक्तिशाली सामन्त का महल था। इस समय यहाँ श्रमिकों की रक्षा के लिये वैज्ञानिक खोज का काम हो रहा है। महल शब्द से ही मकान के विस्तार, कलात्मकता और सौंदर्य का अनुमान हो सकना चाहिये।

विभाग के संचालक ने अपनी खोज का क्रियात्मक काम दिखाने से पहले अपने काम का उद्देश्य समझा देना आवश्यक समझा :—''कामरेड स्तालिन का यह सिद्धान्त है कि संसार में सबसे बड़ी शक्ति या समाज की पूँजी मनुष्य है। हम इसी सिद्धान्त पर चल रहे हैं। हमारा काम है कि जिन अवस्थाओं में श्रमिकों को उत्पादन के लिये श्रम करना पड़ता है उनका निरीक्षण करें। यदि उनके काम की परिस्थितियों में जान का खतरा हो तो उस खतरे को दूर किया जाय। यदि उनके स्वास्थ्य को हानि पहुँचने की सम्भावना हो तो ऐसे कारणों को दूर किया जाय। श्रमिकों के स्वास्थ्य को हानि पहुँचने के कई कारण हो सकते हैं उदाहरणतः रासायनिक कारखानों में पैदा होने वाली गैसें, धातु पिघलाने और ढालने वाले कारखानों में धातुओं के बहुत सूक्ष्म कणों और धूल का वायु में भर जाना। भट्ठियों की आंच का सेक या बिजली की चिनगारियाँ से वैल्डिंग आदि करने वालों की आँखों पर बुरा प्रभाव पड़ना। हम अपने समाज में उत्पादन को अधिक से अधिक मात्रा में बढ़ाना चाहते हैं परन्तु उसके लिये अपने श्रमिकों के स्वास्थ्य की उपेक्षा नहीं कर सकते। यह खोज विभाग 'अखिल सोवियत औद्योगिक संघ' की केन्द्रीय समिति के नियन्त्रण में है परन्तु इसका व्यय सरकार देती है। पहली पंचवर्षीय योजना में सरकार ने इस खोज विभाग के लिये पाँच करोड़ रूबल दिये थे। इस प्रकार की खोज के लिये पाँच मुख्य केन्द्र काम कर रहे हैं।''

हम लोग पहले कारखानों में स्वच्छ वायु पहुँचाने वाले यंत्रों का आविष्कार करने के विभाग में पहुँचे। उस कमरे में कई बड़े-बड़े यंत्र रखे हुए थे जो बड़े-बड़े कारखानों के हालों में आवश्यकता अनुसार ताजी वायु पहुँचाते रहते हैं। कुछ यंत्र कारखाने के भीतर की वायु को एक ओर से समेटकर उसे छान और साफ करके दूसरी ओर से निकाल देते हैं। दूसरे विभाग में गरमी कम करने के उपाय दिखाये गये। अनुभव से यह बात समझाने

के लिये कमरे को बहुत गरम कर दिया गया। इतना गरम कि छटपटाहट अनुभव होने लगी। कमरे के बीचों-बीच मशीन पर काम करने वाले आदमी की कुर्सी थी। हम लोग बारी-बारी से उस कुर्सी पर जाकर बैठे। कुर्सी पर गरमी बिलकुल नहीं थी। कुर्सी के ऊपर ताजी वायु का झरना लगा हुआ था जो काम करने वाले व्यक्ति के चारों ओर ठंडी और ताजी हवा बनाये रखता था। कमरे में सवा-सौ डिग्री गरमी होने पर भी कुर्सी पर बैठा आदमी ठंडक अनुभव करता था। संचालक ने हमें बताया कि गरमी घटाने का यह प्रबन्ध सोवियत के बड़े-बड़े कारखानों में कर दिया गया है।

दूसरे विभाग में बिजली से काम करने वाले आदमियों की सुरक्षा पर खोज का काम हो रहा था। यहाँ चीफ इंजीनियर एक महिला थीं। दुबली-पतली, यूनीवर्सिटी की विद्यार्थी जैसी। उन्होंने बताया कि औद्योगिक क्षेत्र में सबसे उपयोगी शक्ति बिजली है परन्तु वह उतनी ही खतरनाक भी हो सकती है। हमारे यहाँ कई-कई हजार वोल्ट की बिजली के तार दूर-दूर तक जाते हैं। उनमें खराबी आ जाने पर उनकी मरम्मत का काम बड़ा कठिन होता है। इसके अतिरिक्त बिजली दिखाई तो नहीं देती परन्तु उसकी शक्ति अधिक होने पर गज-गज भर तक चिंगारी फेंकती है। इंजीनियर ने इस प्रकार की परिस्थितियों में मजदूरों को खतरे से सुरक्षित रखने के उपाय समझाये। जब मजदूरों के लिये तारों को छूना आवश्यक ही हो तो उन्हें पृथ्वी या पृथ्वी को छुए हुए पदार्थों से बहुत दूर कर दिया जाता है। पदार्थों को बिजली के लिये दुर्गम (बैड कन्डक्टर) किस प्रकार बनाया जाता है और सुरक्षा के लिये भिन्न-भिन्न प्रकार के दुर्गम पदार्थों के व्यवधान कैसे दिये जाते हैं आदि-आदि।

एक विभाग में महीन कामों को करते समय चकाचौंध पैदा किये बिना पर्याप्त प्रकाश पहुँचाने के सम्बन्ध में परीक्षण किये जा रहे थे। इसी विभाग में नगरों में बिजली लगाने के ऐसे तरीकों पर विचार किया जा रहा था कि चकाचौंध भी न हो और परछाइयाँ भी न पड़ें। इन परीक्षणों का उद्देश्य चकाचौंध के कारण होने वाली मोटर दुर्घटनाओं को रोक सकना भी था।

प्रकाश सम्बन्धी परीक्षण करने वाले दूसरे विभाग में ऐसे चश्मों का अविष्कार किया गया है जो प्रकाश की आँखों पर पहुँचने वाली गरमी को तो रोक दें परन्तु प्रकाश को कम न होने दें। हमारे देश में सूर्य के प्रखर होने पर इस प्रकार का चश्मा बहुत उपयोगी हो सकता है इसलिये इसे हम लोगों ने ध्यान से देखा। इस विभाग के वैज्ञानिक ने हमारे सामने इतना प्रकाश कर दिया कि उसकी आंच आँखों पर ही नहीं चेहरे पर भी अनुभव होने लगी। इसके बाद उसने प्रकाश और हमारे बीच में लगे हुए झरने को खोल दिया। पानी का एक परदा हम लोगों और प्रकाश के बीच में बन गया। इससे प्रकाश की आंच तो दूर हो गई पानी की चादर से छनकर आने वाला प्रकाश भी कम हो गया। पानी के झरने को रोककर उसने हमें अपने नये बनाये हुए चश्मे लगाने के लिये दिये। इन चश्मों के लगाने पर चेहरे पर तो आंच अनुभव होती थी परन्तु आँखें पूरा प्रकाश पाकर भी गरमी अनुभव नहीं कर रही थीं।

वैज्ञानिक ने अपने इस आविष्कार का रहस्य बताने में भी संकोच नहीं किया। उसने बताया कि बात मामूली है। इन चश्मों के शीशों की बाहरी सतह पर एक प्रकार का पालिश कर उसे पारदर्शी दर्पण बना दिया गया है जो प्रकाश को नहीं रोकता परन्तु गरमी

को उसी प्रकार लौटा देता है जैसे दर्पण पर पड़ने वाला प्रकाश उससे टकराकर लौट जाता है।

अभी बहुत से विभाग शेष थे। हमीं लोगों के पास समय नहीं था। इसलिये लौटने की आज्ञा लेते हुए हमारे बङ्गाली साथी जिलानी ने संचालक को धन्यवाद देते हुए कहा—"हम लोग सोवियत में लोहे का परदा होने की बात सुनते थे यहाँ आने पर लोहे का परदा (आइरन करटेन) तो अभी तक दिखाई नहीं दिया अलबत्ता पानी का परदा जरूर देख लिया है और वह भी इसलिये नहीं कि लोग देख न सकें बल्कि इसलिये कि सुविधा से देख सकें।"

गोर्की सांस्कृतिक प्रासाद

मास्को में स्तालिन मोटर कारखाने के मजदूरों का सांस्कृतिक प्रासाद देखा था परन्तु वह नववर्ष के उत्सव का अवसर था। उत्सव और जीवन की साधारण अवस्थाओं में बहुत अन्तर रहता है इसलिये उस संध्या समय कम रहने पर भी लेनिनग्राद के मजदूरों का गोर्की सांस्कृतिक प्रासाद भी देखने गये। लेनिनग्राद में मजदूरों के और भी कई सांस्कृतिक प्रासाद और सैकड़ों क्लब हैं परन्तु हमारे सौभाग्य से गोर्की सांस्कृतिक प्रासाद ही हमारे होटल के समीप था। इस सांस्कृतिक प्रासाद या क्लब की इमारत मास्को के स्तालिन मोटर कारखाने के मजदूरों के सांस्कृतिक प्रासाद जैसी प्रकांड तो नहीं परन्तु सौन्दर्य में अधिक ही जान पड़ी। यही बात मास्को और लेनिनग्राद की अन्य इमारतों की तुलना के सम्बन्ध में कही जा सकती है। मास्को की इमारतों को आखिरी मंजिल तक देख पाने के लिये ठोड़ी को इतना अधिक उठाना पड़ता है कि गरदन में बल आ जाय। कुछ लोगों को उसमें अति यांत्रिकता की एकरसता भी दिखाई दे सकती है। लेनिनग्राद को जार के समय भी सौंदर्य और शोभा पर ध्यान रखकर बसाया गया था। अब उसमें और वृद्धि की गई है। हर एक बाजार या सड़क अपने ढंग की है। इमारतें भी गरदनतोड़ ऊँचाई तक उठी हुई तो नहीं परन्तु प्रत्येक की अपनी भव्यता और अलग रूपरेखा है जैसे कि सामन्त लोग एक दूसरे से भिन्न अपनी स्थिति दिखा सकने में ही सन्तोष पाते थे।

गोर्की सांस्कृतिक प्रासाद की अपनी रंगशाला है और इतनी बड़ी कि उसमें २२०० व्यक्ति एक साथ बैठ सकते हैं। यहाँ सदस्यों में अभिनय और संगीत का शौक भी खूब है। प्रासाद की अभिनय और संगीत क्लब के सदस्यों की संख्या भी दो हजार है। प्रासाद में गाना-बजाना, नाच और बैले नाच सीखने का भी पूरा प्रबन्ध बच्चों और वयस्कों के लिये अलग-अलग है। एक कमरे में एक रूसी फिल्म 'पत्थर का फूल' का नृत्य-नाट्य बनाकर उसका अभ्यास किया जा रहा था।

प्रासाद का अपना एक बहुत बड़ा, एक लाख बीस हजार पुस्तकों का पुस्तकालय है। जिसमें बच्चों का कमरा तो देखते ही बनता है। चित्र और अनेक आकर्षक वस्तुओं की संख्या यहाँ पर इतनी है कि बच्चों के दिमाग को कुरेदे बिना रह ही नहीं सकतीं। एक बड़े कमरे में किसी कवि को घेरकर उसकी कविता के सम्बन्ध में ही बहस चल रही थी लेखकों, कवियों और कलाकारों के लेनिनग्राद आने पर उन्हें यहाँ निमन्त्रित करके, उनके व्याख्यान कराये जाते हैं। एक और बड़े कमरे में गरमा-गरम बहस आने वाले चुनाव के सम्बन्ध में ही चल रही थी क्योंकि २२ फरवरी को ही चुनाव होने वाले थे। इस कमरे के साथ ही और भी बड़े कमरे में दूसरी प्रकार का शोर हो रहा था। बीसियों वायलिन,

अकोर्डियन और बालालाइका (रूसी सारंगी)…चीं…चीं…पीं…पीं कर रही थीं और स्त्री-पुरुषों के लगभग डेढ़ सौ जोड़े बाल-डान्स कर रहे थे। बाल-डान्स जो कि पूँजीवादी देशों में साधारण मध्यम श्रेणी की पहुँच से बहुत ऊपर की चीज है। इस सांस्कृतिक प्रासाद में सभी स्त्री-पुरुष नागरिक स्वतन्त्रता से आ, जा सकते हैं और सदस्य भी बन सकते हैं। हम लौटने के लिये आज्ञा माँगना चाहते थे तो मालूम हुआ कि रंगशाला में गोर्की की किसी बड़ी उत्कृष्ट कहानी का नाटक आरम्भ होने ही वाला है। एक ही संध्या इस प्रासाद में यह सब कुछ चल रहा था और इन्हीं लोगों के बारे में यह सुनते आये थे कि खाने, पहनने को पाकर भी वे लोग स्वतन्त्र नहीं क्योंकि उन्हें मुँह खोलने का अवसर नहीं। यदि बस चलता तो रात इसी प्रासाद में बिता देते परन्तु हमें तो आधी रात को मास्को के लिये गाड़ी पकड़नी थी।

मास्को से विदाई

मास्को में अब दो ही दिन के लिये और थे। कुछ साथी सोवियत यात्रा की स्मृति में छोटी-मोटी चीजें खरीद लेने के लिये बाजारों में घूम रहे थे, कुछ लौटते समय योरुप के अन्य देशों में जा सकने के लिए उन देशों के दूतावास से प्रवेश-पत्र (वीसा) लेने में उलझे हुए थे। सोवियत साथियों के निमन्त्रण भी अभी समाप्त नहीं हुए थे। जो लोग विशेष व्यक्तियों से मिलना चाहते थे वे उस चिन्ता में थे। हम दो-चार व्यक्ति इसी चिन्ता में थे कि कम समय में बड़ी-बड़ी चीजें देख लेने की जल्दी में जो सामान्य वस्तुएं नहीं देख पाये उनका भी कुछ परिचय मिले इसलिये किसी निश्चित प्रयोजन के बिना भी कभी चौबेजी के साथ बाजार घूम आता और कभी गीता मलिक और हाजरा बेगम गुड़िया या बच्चों के फ्राक खरीदने जातीं तो हम लोग बण्डल उठा लाने के लिये ही उनके साथ हो लेते।

यूं घूमने-फिरने का प्रयोजन डा० कुमारप्पा से सुनी हुई एक बात की तसदीक कर लेने की इच्छा थी। उन्होंने बताया था कि उनकी पिछली लेनिनग्राद की यात्रा में उन्हें एक बूढ़ा अंग्रेजी जानने वाला रूसी मिल गया था जो देश-विदेश घूमा हुआ था। जब वह उससे बात कर रहे थे तो पुलिस के एक आदमी ने आकर टोक दिया और उस आदमी की बात छोड़ पुलिस के सिपाही के साथ चले जाना पड़ा। पुलिस के सिपाही ने उस व्यक्ति से क्या बात की; वह उसे कहाँ ले गया; वह तो कुमारप्पा रूसी भाषा के अज्ञान के कारण जान न सकते थे। उनका अनुमान है कि उस रूसी की ठुकाई विदेशी यात्री से बात करने के कारण हुई होगी।

बाजारों में यों घूमते समय हम दुभाषियों को साथ नहीं ले जाते थे। गीता मलिक के रूसी ज्ञान का ही भरोसा था और उसके कारण मजाक भी अच्छा खासा बन जाता। मास्को में तो कई बार बिना रूसी दुभाषिये या संरक्षक के बाजार गये, चाय-पानी की दुकान पर चाय भी पी। चाय मंगाने में और दाम पूछने में हमारे रूसी ज्ञान के कारण मजाक भी खूब हुआ। काबुलेत्ती से लौटते समय गाड़ी में मेरे मोजों के गेटिस खो गये थे। बिलीसी में जब किसी रूसी साथी के बिना अकेले गेटिस खरीदने गये तब भी अपनी बात समझाने में अच्छा परिहास हुआ और आखिर इशारों से ही काम बना। स्तालिनग्राद में भी सब साथियों से अलग और बिना किसी रूसी संरक्षक को लिये मैं जिलानी के साथ घूमने गया था परन्तु किसी भी अवसर पर कभी ठुकाई नहीं हुई।

इस प्रसंग का प्रयोजन यही है कि रूसी नागरिकों से मिलने-जुलने में हम लोगों को कोई बन्धन अनुभव नहीं हुआ। शायद यह बन्धन हमारे रूसी बोल सकने की अवस्था में या अंग्रेजी बोल सकने वालों की संख्या काफी होने पर ही होता पर ऐसी बात थी नहीं इसलिये उस कसौटी पर निर्णय न कर सकने पर भी यह तर्क तो किया ही जा सकता है कि सोवियत में व्यक्तिगत स्वतंत्रता के अभाव के क्या कारण हो सकते हैं?

व्यक्तिगत स्वतन्त्रता के विषय में बात करते समय यह प्रश्न तर्कसंगत होगा कि किस बात के लिये स्वतन्त्रता? और कैसे भय, बन्धनों और आशंकाओं से स्वतन्त्रता? स्वतन्त्रता केवल काल्पनिक वस्तु नहीं है। व्यक्ति का अपने निर्णय और मन चाहे ढंग से व्यवहार कर सकना, बात कह सकना और आशंकाओं से मुक्त होना ही स्वतन्त्रता है। कुछ दिन इंगलैण्ड में रहते समय और अपने देश में लौटकर भी प्रायः ही यह प्रश्न पूछा गया है कि सोवियत प्रजा को भौतिक आवश्यकतायें सन्तोष से पूरी हो सकने का अवसर होने पर भी क्या व्यक्तिगत स्वतन्त्रता है? ''कुत्ते को खाने को तो पेट भर मिलता है पर भौंकने की भी इजाजत है या नहीं?''

हमारे देश में अथवा अन्य देशों में अवसर होने पर प्रजा किस प्रकार के विचार प्रकट करती है अथवा किन बातों के लिये असंतोष प्रकट करती है? सर्वसाधारण जनता की माँगें दो-तीन मुख्य बातों में समा जाती हैं। वे अपने रोजगार या व्यवसाय की रक्षा चाहते हैं, उन्हें बेकारी का भय रहता है। वे अपने परिश्रम के लिये उचित वेतन या मजदूरी चाहते हैं और अन्तिम बात जिसमें सभी कुछ समा जाता है वे अपने जीवन और भाग्य के विषय में स्वयं निर्णय करने का अवसर और अधिकार चाहते हैं। संसार भर के सभी आन्दोलनों और क्रान्तियों की माँगें इन तीन बातों में आ जाती हैं। इन्हीं माँगों को पूरा कर सकने के लिये प्रजातंत्र प्रणाली में छापने की स्वतन्त्रता, बोलने की स्वतन्त्रता और आन्दोलन की स्वतन्त्रता की माँग की जाती है। जब प्रजा के अधिकांश की माँगें पूरी होती रहती हैं देश की व्यवस्था को अनायास ही प्रजा का सहयोग मिलता रहता है। प्रजा की यह माँगें पूरी न होने पर प्रजा असंतोष प्रकट करती है और व्यवस्था को उस असंतोष का दमन करना पड़ता है। इन मौलिक माँगों की दृष्टि से हम सोवियत प्रजा से किस प्रकार के असंतोष की आशा कर सकते हैं? साधारणतः स्वतन्त्र व्यवहार की आशा जीवन के लिये अवसर छिनने से भयभीत लोगों से की जा सकती है अथवा निर्भय लोगों से?

सोवियत के नागरिकों को पेट भर खाने के बाद मनोविनोद के लिये कैसे अवसर हैं, इसकी चर्चा तो अनेक प्रसंगों में आ ही चुकी है। असल प्रश्न है विचार या मन का असंतोष प्रकट करने की स्वतन्त्रता और अवसर का। यह विचारना उपयोगी होगा कि सोवियत की प्रजा पर कैसे विचार और असंतोष प्रकट करने के लिये बंधन हो सकते हैं? सोवियत की प्रजा से कैसे विचारों की और कैसे असंतोष की आशा की जा सकती है? सोवियत की प्रजा का ५०% भाग मजदूरों और शासन व्यवस्था से तनखाह पाने वालों का है। इन लोगों की अवस्था जारशाही के समय की अपेक्षा समाजवादी व्यवस्था में बहुत सुधर गई हैं! अपने संगठनों द्वारा अपने रोजगार के सम्बन्ध में भी भाग लेने का अवसर उन्हें है और बेरोजगारी, बीमारी और वृद्धावस्था में निस्सहाय हो जाने की आशंका से मुक्ति भी मिली हुई हैं। प्रजा का लगभग ४७% भाग किसान हैं जो समाजवादी व्यवस्था में जमींदारी समाप्त कर अपने रोजगार के लिये सभी आधुनिक वैज्ञानिक सुविधायें पाकर

जमींदारों के लिये भी अप्राप्य संतोष का जीवन व्यतीत कर रहे हैं। २१/२% लोग ऐसे हैं जो सहकारिता द्वारा अपने धन्धों को चला रहे हैं। ये लोग चाहें तो अपने रोजगार की पैदावार बाजारों में बेच सकते हैं अन्यथा सरकार उसे खरीद लेती है। हजार में लगभग आठ व्यक्ति अब भी ऐसे हैं जिनकी कोई सामाजिक स्थिति नहीं है। इन्हें चाहे मानसिक अव्यवस्था के कारण कोई भी काम करने के अयोग्य या अपराधी वृत्ति अथवा जो कुछ समझ लिया जाय। ऐसी अवस्था में सोवियत की सर्वसाधारण प्रजा से किस प्रकार के विचारों की, किन माँगों की और किस बात के लिये असंतोष की आशा की जा सकती है?

यह आशा नहीं की जा सकती कि सोवियत की जनता खा-पीकर निश्चिन्त सो जाती है और वे लोग कुछ सोच-विचार नहीं करते। व्यक्ति को पेट की चिन्ता से जितनी स्वतन्त्रता मिलती है उतना ही वह समस्याओं की ओर झुकता है, उसमें महत्वाकांक्षायें उत्पन्न होती हैं। ऐसी अवस्था में ही विचारों की स्वतन्त्रता के लिये अवसर होता है। सोवियत प्रजा भी अवश्य सोचती विचारती होगी। सोवियत जनता भौतिक संतोष के साधन और अवसर पाकर भी निष्क्रिय और निर्जीव तो हो नहीं गई है। अवश्य ही उनकी कुछ आकांक्षायें और माँगें होंगी? सोवियत जनता से कैसी महत्त्वाकांक्षा और माँगों की आशा की जा सकती है? निश्चय ही उनकी महत्त्वाकांक्षा और माँग होगी कि उनकी अवस्था और अधिक सुधरती चली जाये, यही वर्तमान सोवियत व्यवस्था नीति का मुख्य उद्देश्य भी है। राजनैतिक दृष्टि से सोवियत प्रजा ऐसी स्वतन्त्रता की माँग अवश्य करेगा कि उनके देश में जारी की गई और उन्हें पशु से मनुष्य बना देने वाली व्यवस्था पर कोई आंच न आ सके। सोवियत की वर्तमान शासन व्यवस्था में प्रजा की ऐसी स्वतन्त्रता की माँग में किसी प्रकार की बाधा की कल्पना नहीं की जा सकती।

सोवियत में पूँजीवादी व्यवस्था के पक्ष में सहानुभूति प्रकट न कर सकने के अवसर के अभाव को ही पूँजीवादी जगत सोवियत में व्यक्तिगत स्वतन्त्रता का अभाव समझता है। सोवियत में पूँजीवादी श्रेणी अब है ही नहीं। पूँजीवादी श्रेणी न होने का अर्थ यह नहीं कि पूँजीवादी श्रेणी को कत्ल कर दिया जाता है बल्कि यह कि आर्थिक व्यवस्था ऐसी बना दी गई है जिसमें किसी व्यक्ति को दूसरे के श्रम से जीविका या मुनाफा कमा लेने का अवसर नहीं रहा। यह यथार्थ का विद्रूप है कि समाजवादी व्यवस्था तो पूँजीवादी श्रेणी के बिना चल सकती है परन्तु पूँजीवादी व्यवस्था मजदूर श्रेणी या साधनहीन लोगों के बिना चल ही नहीं सकती। सोवियत की प्रजा के कितने लोगों से यह आशा की जा सकती है कि वे पूँजीवादी व्यवस्था के पक्ष में आंदोलन करना चाहेंगे? सोवियत की प्रजा को अपने हितों की रक्षा कर सकने के लिये सभी प्रकार का अवसर होने और अपने देश में अपने शत्रुओं को पनपने का अवसर न देने की पूर्ण स्वतंत्रता की ही यह परिणाम है कि वहाँ उस व्यवस्था के विरोध का या पूँजीवादी व्यवस्था के समर्थन का कोई अवसर नहीं है। सोवियत प्रजा इसे अपना दमन नहीं समझती बल्कि इस व्यवस्था से अपने आपको पूर्णतः निर्भय समझती है।

यदि प्रश्न यह हो कि सोवियत की प्रजा अपनी इच्छा और अपने विचार अपनी सरकार के सामने प्रकट कर सकती है या नहीं और उन्हें उसके अनुसार चलने के लिये बाध्य कर सकती है या नहीं, तो सोवियत में शांति आंदोलन का जोर उसका बहुत अच्छा

उदाहरण है। अपने शांति आंदोलन द्वारा सोवियत की जनता शांति के लिये अपनी इच्छा का दबाव केवल अपनी ही सरकार पर डाल सकती है, अन्य देशों की जनता और सरकारों पर नहीं। किसी भी देश की प्रजा दूसरे देश की सरकार पर कोई दबाव नहीं डाल सकती; विशेषकर जो लोग सोवियत को 'लोहे की दीवार से घिरा हुआ' समझते हैं वे सोवियत देश में चलने वाले शांति आंदोलन का प्रयोजन अन्य देशों की सरकारों अथवा जनता पर प्रभाव डालना कैसे मान सकते हैं? सोवियत की जनता के शांति आंदोलन का प्रभाव सोवियत सरकार की नीति पर पड़ा है, यह सोवियत सरकार की अन्तर्राष्ट्रीय नीति से प्रमाणित हो रहा है।

समाज में व्यक्ति की स्वतंत्रता उसके अपने साधनों और अन्य व्यक्तियों के पास उसकी अपेक्षा कम या अधिक साधन होने पर भी निर्भर करती है। व्यक्ति अपने साधनों से ही अपनी इच्छा पूर्ण कर सकता है। जब वह अपनी इच्छाओं और आवश्यकताओं को पूरा नहीं कर सकता, उसकी स्वतंत्रता का कुछ अर्थ नहीं रह जाता। साधनों के अभाव में अपनी आवश्यकतायें पूरी न कर पाना तो दुखदायी होता ही है परन्तु दूसरों के साधनों के वश हो जाना अतिदुखदायी असली परतंत्रता होती है। किसी एक व्यक्ति के दूसरों की अपेक्षा बहुत अधिक साधनवान होने से उसे दूसरों की स्वतंत्रता के दमन का और अपनी स्वतंत्रता के बढ़ाने का भी अवसर हो जाता है। ऐसी अवस्था में समान अधिकार के कानून एक ओर धरे रह जाते हैं। इस स्थिति के कारण पूँजीवादी प्रजातंत्रों में साधनहीनों की वैज्ञानिक स्वतंत्रता का कुछ अर्थ नहीं और उनकी परवशता का मूल सभी साधनों का समाज में कुछ एक लोगों के हाथ में सिमिट जाना है। सर्वसाधारण के लिये व्यक्तिगत स्वतंत्रता का अवसर केवल उसी अवस्था में सम्भव है जब जीवन रक्षा, विकास और सामाजिक व्यवस्था को चलाने के साधनों पर पूरी प्रजा का समान अधिकार हो। ऐसी अवस्था में सर्वसाधारण के लिये व्यक्तिगत स्वतंत्रता की आशा यदि कहीं की जा सकती है तो केवल समाजवादी सोवियत में ही और उसका क्रियात्मक उदाहरण आप उस देश के बाजारों, होटलों और स्टेशनों पर सभी जगह देखते हैं। आप कुछ लोगों के व्यवहार में टुकड़ा फेंक सकने का अहंकार और सर्वसाधारण व्यवहार में मोहताजी का दैन्य नहीं देखेंगे।

बहुत से लोगों ने यह भी पूछा है कि क्या सोवियत के कंसेन्ट्रेशन कैम्प को देखने का अवसर हमें मिला है? या वहाँ कंसेन्ट्रेशन कैम्प हैं या नहीं? हमने ऐसे कैम्प नहीं देखे और न हममें से किसी ने इस सम्बन्ध में कोई पूछताछ ही की। इसका सीधा कारण यही था कि हमें वहाँ ऐसे कैम्पों की आवश्यकता का वातावरण नहीं जान पड़ा। हमने जो कुछ नहीं देखा या जो कुछ हमें दिखाया नहीं गया उसकी कल्पना करके दमन की बात सोचने की अपेक्षा क्या यह अधिक युक्ति संगत नहीं कि जो कुछ मैंने अपनी आँखों देखा है उसके ही आधार पर सोचा जाय कि सोवियत में कंसेन्ट्रेशन कैम्पों की जरूरत हो सकती है या नहीं?

हम लोग दावे से यह नहीं कह सकते कि सोवियत में कंसेन्ट्रेशन कैम्प हैं ही नहीं। सम्भव है हों परन्तु वहाँ कैसे लोगों को या किस श्रेणी के लोगों को ऐसे कैम्पों में बन्द रखना आवश्यक समझा जायेगा? सोवियत की आर्थिक व्यवस्था में हमारे समाज जैसा श्रेणी भेद इस समय नहीं है इसलिये एक श्रेणी द्वारा दूसरी श्रेणी के दमन का प्रश्न नहीं

उठता। कंसेन्ट्रेशन कैम्पों की आवश्यकता उसी समय होती है जब देश में चालू व्यवस्था के विरोधी राजनैतिक बंदियों की बड़ी संख्या को सम्भाल कर रखने की समस्या हो या समाज का छोटा सा भाग समाज के बहुत बड़े असंतुष्ट भाग पर अपना शासन कायम रखने का यत्न कर रहा हो। किसी ऐसी अवस्था के कुछ मौलिक कारण होते हैं जिन्हें छिपाया नहीं जा सकता और वे कारण सोवियत की व्यवस्था में नहीं हैं। पिछले महायुद्ध में अपनी व्यवस्था की रक्षा के लिये सोवियत के सर्वसाधारण का आत्मबलिदान उनके असन्तोष का प्रमाण नहीं माना जा सकता। यदि सोवियत में इस समय भी कंसेन्ट्रेशन कैम्प और राजनैतिक बन्दी मौजूद हैं तो उनका दमन किसी श्रेणी के रूप में नहीं हो सकता। हाँ, यह कल्पना की जा सकती है कि कुछ प्रभावशाली लोगों की व्यक्तिगत स्पर्धा के कारण उनके कुछ व्यक्तिगत प्रतिद्वन्द्वियों का दमन हो रहा हो? ऐसे दमन की भी निन्दा ही की जानी चाहिये पर कल्पना की इतनी उड़ान भरने पर भी हम सोवियत में पाँच-दस व्यक्तियों के प्रति ही अन्याय और दमन की कल्पना कर सकते हैं जनता या सर्वसाधारण के दमन की नहीं और यह भी केवल कल्पना ही है!

× × ×

२० जनवरी दोपहर बाद हमारे मास्को से चल देने से पहले मास्को के पत्रकारों और संवाददाताओं ने हमसे बातचीत का आयोजन किया था। वे जानना चाहते थे कि हम लोगों ने उनके नगरों और व्यवस्था में क्या देखा, उस सम्बन्ध में हमारा क्या मत था। सोवियत की कला,. व्यापार, शिक्षा प्रणाली आदि सभी विषयों पर बात हुई। वे भारत में शांति आंदोलन के सम्बन्ध में कुछ बातें ब्योरेवार जानना चाहते थे। श्री रमनलाल ने सोवियत कला के सम्बन्ध में, मि० चटर्जी ने सोवियत और भारत में व्यापारिक संभावनाओं के सम्बन्ध में विचार प्रकट किये और मुझे भारत के शांति आंदोलन के सम्बन्ध में कुछ कहना पड़ा।

संध्या समय 'गत्सीनित्सा सोवियतस्काया' के एक खूब बड़े कमरे में हम लोगों को विदाई का प्रीतिभोज दिया गया। इस बीच जितने भी जाने-माने सोवियत नागरिकों, कलाकारों, डाक्टरों और वैज्ञानिकों से परिचय हुआ था, इस समय वे सभी उपस्थित थे। इतने ही दिन में उनसे पर्याप्त आत्मीयता हो गई थी जो संदेह और आशंका के वातावरण में सम्भव नहीं। इस प्रीतिभोज के समय विशेष महत्त्व की चीज थी, हमारे नाम आया सोवियत के बच्चों का एक पत्र। एक दिन हम लोग मास्को से कुछ दूर एक 'बालनिवास' देखने गये थे। उसी बालनिवास के बालक-बालिकाओं ने अपने हस्ताक्षरों से यह पत्र हमें भेजा था। पत्र का भाव यों है:—

''प्यारे शांति के मित्रो!

यह पत्र मोलोतोव विभाग के ओखान्सकी, तीन नम्बर बालनिवास के पाइनियरों की ओर से है।

युद्ध आरम्भ होने के समय हम लोग बिलकुल बच्चे थे परन्तु विजय-दिवस मनाये जाने की बात हमें खूब याद है। हममें से बहुतों को युद्ध की कई भयंकर बातें भी याद हैं। हमारे कई साथी गोलियों और बमों से चोट खाकर मर गये। कई लड़के और लड़कियाँ उनकी आँखों के सामने उनकी माताओं को मार दिये जाने के कारण पागल हो गये। खैर, वे दिन बीत गये।

अब हम इस बालनिवास में हैं और माँ का प्यार भी पा रहे हैं। हम लोग खूब खेलते हैं और पढ़ते हैं। हम जानते हैं कि हमें बहुत बड़े-बड़े काम करने हैं। हमें कम्युनिज्म की स्थापना करनी है। हम लोग बड़े-बड़े बाग लगायेंगे, अनाज और साग-सब्जियों के खेत बनायेंगे। यद्यपि हम अभी बच्चे हैं परन्तु हम यह जानते हैं कि मनुष्य समाज का कल्याण परस्पर-सहयोग और सेवा द्वारा ही हो सकता है। हममें से कोई किसान बनेगा, कोई इंजीनियर, कोई डाक्टर परन्तु हम सब लोग अपनी मातृभूमि को सम्पन्न और सुन्दर बनायेंगे और मनुष्यता की सेवा करेंगे। हम लोग कायर नहीं हैं परन्तु युद्ध से हमें बहुत घृणा है। संसार के सभी आदमियों को यह सुनकर प्रसन्नता हुई होगी कि आपके देश को शांति रक्षा के लिये 'अन्तर्राष्ट्रीय स्तालिन शांति पुरस्कार' दिया गया है। हमें विश्वास है कि आप अपने शांति के प्रयत्नों को और भी बढ़ायेंगे और युद्ध चाहने वालों और एटम बमों से संसार की रक्षा करेंगे। यद्यपि हम लोग अभी लड़के-लड़कियाँ ही हैं परन्तु हम शांति स्थापना के लिये सब कुछ करने को तैयार हैं।

हमारे बालनिवास में शांति आंदोलन के समर्थन के लिये एक सभा हुई थी। इस सभा में यह निश्चय किया गया था कि शांति कांग्रेस के भारतीय प्रतिनिधियों और डाक्टर किचलू को हम लोग एक-एक पायनियर नैकटाई अपने आदर और प्रेम के चिह्न स्वरूप भेंट करें। कृपया उसे स्वीकार कीजिये।

प्यारे शांति के मित्रो! हम आपको शांति के रक्षक अपने प्यारे नेता का० स्तालिन के यह उत्साहवर्धक शब्द याद दिलाना चाहते हैं—"यदि जनता शांति की रक्षा का काम अपने हाथ में ले ले और उसके लिये पूरा यत्न करे तो जनता निश्चय ही विश्वशांति की रक्षा कर सकती है।" हमें शांति और समृद्धि के मार्ग पर ले जाने वाले हमारे नेता स्तालिन दीर्घजीवी हों! सप्रेम

ओखान्सकी के सब पाइनियरों की ओर से
—पाइनियर कौंसिल के सदस्य

अप्लैक्सन नार्तसोव, ल्यूबा किस्लेवा, ज्यूरा गुब्किन, शूरा पेतुखोव, क्लारा उगोल्नीकोवा, लेना नोवोसेलेवा, नाद्या क्रासिल्नीकोवा, गाल्या मुस्तफीना"

पाइनियरों द्वारा भेजे हुए लाल तिकोने रूमाल उन लोगों की ओर से सोवियत साथियों ने हमारे गले में बाँध दिये।

इस प्रीतिभोज में सचमुच ही ऐसा मालूम हो रहा था कि पुराने मित्रों से विदाई ले रहे हैं। शैम्पेन के गिलासों से सोवियत के साथियों ने भारत के लिये, भारतीयों ने सोवियत राष्ट्रसंघ के लिये और दोनों ने विश्वशान्ति के लिये शुभकामनायें कीं।

वातावरण में काफी भावुकता आ गई थी। भारतीय प्रतिनिधियों ने विश्वास दिलाया कि वे अपनी आँखों देखकर सोवियत से यह धारणा लेकर जा रहे हैं कि यह देश नाश नहीं बल्कि निर्माण के मार्ग पर चल रहा है और उसका व्यवहार विश्वशांति के लिये सहायक होगा। शांति प्रिय भारतीय जनता विश्वशांति के प्रयत्न में सोवियत जनता को अपने पूर्ण सहयोग का विश्वास दिलाना चाहती है। उस समय अजरबैजानी गायक रशीद बेईवुतोव ने सहसा हिन्दी में एक गीत छेड़ दिया। उसका उच्चारण और गीत की हूबहू तर्ज सुनकर हम लोग विस्मित हो ही रहे थे कि रशीद एक बंगाली गीत गाने लगा और बंगला गीत समाप्त कर एक पंजाबी गीत। रशीद एक सोवियत प्रतिनिधि मण्डल के साथ

कुछ दिन के लिये भारत आया था। उसी समय उसने इन गीतों की धुनें सीखकर इन्हें लिख लिया था। यह विश्वास कर लेना कठिन है कि रशीद इतने थोड़े समय में इन तीनों भाषाओं को सीख गया होगा परन्तु उसके गाने के ढंग से जान पड़ता था कि वह उन गीतों के भाव समझता है। इन गीतों से हम लोगों को उत्साहित होते देख रशीद ने अपने नोटबुक में से एक और पृष्ठ खोला और पियानों पर गाने लगा—''सारे जहाँ से अच्छा हिन्दोस्तां हमारा'' । 'हिन्दोस्तान' के प्रति आदर प्रकट करने के लिये सभी सोवियत साथी खड़े हो गए। सोवियत साथियों ने इसी गीत के साथ भारतीय अतिथियों को आलिंगन में ले विदाई दी!

सुबह छः बजे विमान में बैठ पिछली रात जागते रहने के कारण ऊंघते हुए हम लोग तीन बजे फिर 'लोहे की दीवार के इस ओर' वियाना पहुँच गये। वियाना भी बर्फ से ढका हुआ था परन्तु धूप खिलखिला रही थी।

लोहे की दीवार के इस ओर

वियाना से लन्दन

ज्यूरिच से वियाना जाते समय यात्रा का अधिकाँश भाग रात के अंधेरे में ही बीता था। वियाना से ज्यूरिच की राह लन्दन के लिये इंटरनेशनल एक्सप्रेस ठीक सुबह छः बजे चलती है। दिन भर की दौड़ में आस्ट्रिया और स्विटजरलैंड की भूमि की झांकी पाने का अवसर था। रेल लाइन के दोनों ओर जहाँ तक भी दृष्टि जाती बरफ से ढंके मकान, गाँव और खेत दिखाई देते। गाड़ी बिजली से खूब तेज चल रही थी। यहाँ सोवियत की तरह क्षितिज तक चले जाने वाले खेत नहीं थे परन्तु अपने यहाँ की तरह बहुत छोटे-छोटे और टेढ़े-मेढ़े खेत भी न थे। आस्ट्रिया या मध्य योरुप के औद्योगिक विकास से जैसे उद्योग-धन्धे झोपड़ी में बैठकर बुनाई करने वाले जुलाहे और चर्खा बनाने वाले बढ़ई के हाथ नहीं रहे वैसे ही खेती भी गरीब किसान के बस की बात नहीं रही। गरीब किसान की भूमि अच्छे बड़े किसानों के पेट में समाकर गरीब किसान मजदूर बन जाने के लिये नगरों में सिमट गये और किसानी उन्हीं के बस की बात रह गई जो आर्थिक स्थिति से पोढ़े थे। किसानों के मकान या फार्म-हाउस अपने यहाँ के छोटे-मोटे जमींदार की स्थिति के ही हैं। सलीका और सफाई गाँवों में भी कम नहीं। जंगल जैसी कोई भूमि या भाग कम ही दिखाई देता है। कहीं यत्न से बचाकर रखे हुए जंगल जंगल नहीं, उपवन ही जान पड़ते हैं। हमारे मास्को से लौटने के समय तक यहाँ सभी जगह बर्फ गहरी और खूब सफेद हो चुकी थी। जान पड़ता था कि श्वेत स्फटिक के धरातल पर काले रङ्ग की पच्चीकारी के विराट विस्तार से गुजर रहे हैं।

वियाना से श्री पटेल, बिनुभाई शाह और मैं एक साथ चले थे। वे दोनों तम्बाकू न पीने वाले डिब्बे में बैठे और मैं इच्छा होने पर तम्बाकू पी सकने की स्वतंत्रता बनाये रखने के लिये तम्बाकू पी सकने वाले डिब्बे में। गाड़ी कई-कई स्टेशन लांघकर मुश्किल से ही तीन-चार मिनट के लिये ठहरती थी। यात्री भी केवल इस गाड़ी में लम्बे सफर वाले ही आ सकते थे। मेरे साथ शुरू से केवल एक डच नवयुवक बैठा था। मेस्ट अंग्रेजी मजे में बोलता था। हम लोगों का साथ कितनी देर तक रहेगा? इस प्रश्न पर परिचय हुआ और थोड़ी बहुत बात चलती रही। मेस्ट खूब प्रसिद्ध फिलिप कम्पनी के रासायनिक विभाग में काम करते हैं और आस्ट्रिया में कच्चा माल खरीदने के लिये नियत हैं। वह पन्द्रह दिन की छुट्टी का आनन्द लेने साल्सबर्ग जा रहा था। फिलिप कम्पनी रेडियो और बिजली का सामान बनाने-बेचने के अतिरिक्त वेजीटेबल घी और कई तरह के साबुन वगैरा के धन्धे भी चलाती है। मैंने मेस्ट से यह जानना चाहा कि हालैण्ड में वेजीटेबल घी केवल भारत के लिये ही बनाया जाता है या योरुप में भी उसका व्यवहार होता है। मालूम हुआ कि योरुप में भी इसका खूब व्यवहार होता है। कुछ लोग वेजीटेबल मार्गरीन का व्यवहार

सस्ते होने के कारण करते हैं और कुछ लोग मांस या पशु शरीर से बने पदार्थों से परहेज करने के कारण ही गाय का मक्खन या घी नहीं खाते। वे लोग भी वनस्पति मक्खन का ही व्यवहार करते हैं। मेस्ट का विचार था कि भारत में वेजीटेबल घी इसलिये खाया जाता है कि हिन्दू गोमांस या गाय के शरीर से उत्पन्न पदार्थ नहीं खाते। उनके लिये यह समझ लेना सरल नहीं था कि गाय के मांस से तो परहेज हो और गाय के अंश दूध से परहेज न हो। मैंने उन्हें समझाया कि हिन्दू गाय का मांस अपवित्र और दूध पवित्र समझते हैं। उन्होंने ऐसे तर्क का आधार जानना चाहा। समझाया यह बात तर्क की नहीं विश्वास की है।

रासायनिक के तौर पर मेस्ट का विचार था कि वनस्पति से बनाये मक्खन या घी में गाय के दूध से बनाये गये मक्खन या घी से कोई न्यूनता नहीं होनी चाहिये क्योंकि गाय के शरीर की मशीन भी तो वनस्पति से ही दूध बनाती है। डच सरकार वनस्पति से बनाये गये मक्खन या घी की रासायनिक जाँच करके यह देखती रहती है कि वह मनुष्य के स्वास्थ्य के लिये उपयोगी है या नहीं। हालैण्ड में वनस्पति मक्खन को गाय के मक्खन में मिला देने की कोई सम्भावना नहीं बल्कि आशंका इस बात की हो सकती है कि वनस्पति मक्खन में पशु शरीर के अंश न मिल जायं। इस खबरदारी के लिये तरीका यह है कि मशीनें एक सप्ताह वनस्पति से मक्खन बनाती हैं दूसरे सप्ताह वही मशीनें पशु शरीर के अंशों से मक्खन या मार्गरीन बनाती हैं। फिर वनस्पति से मक्खन या मार्गरीन बनाना आरम्भ करने से पहले मशीनों को बिलकुल साफ कर दिया जाता है। पशु शरीर के अंश से बनायी जाने वाली मार्गरीन में यदि वनस्पति का अंश आ जाये तो कोई बात नहीं परन्तु वनस्पति से बनाई जाने वाली मार्गरीन में पशु का अंश नहीं आना चाहिये। उन्होंने बताया कि हालैण्ड, जर्मनी और मध्य योरुप में भी ऐसे बहुत से लोग हैं जो सैद्धान्तिक रूप से पशु शरीर के भोजन से परहेज करते हैं और दूध का भी व्यवहार उचित नहीं समझते।

वियाना की शान्ति कांग्रेस की बात चलने पर मेस्ट ने बताया कि उस समय वह हैम्बर्ग में था। मेरे यह बताने पर कि कांग्रेस में अढ़ाई हजार प्रतिनिधि आये थे, उसे विस्मय और उत्साह हुआ। मेस्ट ने हैम्बर्ग (पश्चिम जर्मनी) के पत्रों में पढ़ा था कि कांग्रेस प्रायः हो ही नहीं पाई। कुट कम्युनिस्टों ने व्याख्यान दिये और हाल में सब कुर्सियाँ खाली पड़ी थीं। योरुप में प्रेस की स्वतन्त्रता का यह अच्छा उदाहरण मिला। मेस्ट ने कहा—'पर शान्ति का विरोध कोई भी समझदार आदमी खासकर जिसने युद्ध की अवस्था और परिणाम देखा हो, कैसे कर सकता है? हमारा देश तो छोटा सा है। हमें युद्ध से मतलब नहीं पर बड़े-बड़े देश लड़ते हैं तो जबरन हमें बीच में घसीट लिया जाता है। पिछले युद्ध में भी ऐसा ही हुआ। जर्मनी ने इंगलैण्ड से आक्रमण की राह रोकने और नार्वे पर आक्रमण करने के लिये पहले हम पर पंजा जमाना आवश्यक समझा। पिछले युद्ध की बात बताते समय मेस्ट ने एमस्टर्डम की घटना बतायी कि युद्ध के समय हवाई बमों से इतने लोग जख्मी नहीं हुए जितने कि शान्ति स्थापित होने के दिन। बात यह थी कि जब जर्मन सेनायें रूस में व्यस्त हो गईं और हालैण्ड में मित्र राष्ट्रों से सहायता पाकर जर्मनी के विरुद्ध सिर उठाया तो नाजियों ने एमस्टर्डम छोड़ देने की घोषणा कर दी। उस रात एमस्टर्डम में सब लोग शान्ति और स्वतन्त्रता का उत्सव मनाने के लिये बाजारों में

निकल आये। दिवाली मनाई जा रही थी। ठीक इसी अवसर पर नाजियों ने आकर खूब भारी बम वर्षा कर डाली। इस कांड में मेस्ट के दो भाई मारे गये। स्वयं उनकी टांग बहुत जख्मी हो गई। कई मास हस्पताल में बीते। अब भी डच लोग अपने देश में बड़ी सेना रखना या शस्त्रीकरण व्यर्थ अपव्यय ही समझते हैं। डच सरकार युद्ध के लिये तैयार रहने का व्यय बन्द कर देना चाहती थी परन्तु उनके ऐसा करने पर अमरीका ने आर्थिक सहायता रोक लेने की धमकी दे दी। अमरीका तो ऐसी शान्ति चाहता है जिसमें सब लोग अमरीका के आर्थिक साम्राज्य का अंग बन जायें।'

मेस्ट ने मेरे कैमरे की ओर संकेत कर पूछा—'यह जर्मन कैमरा है? अब हालैण्ड में भी बहुत अच्छे कैमरे बन रहे हैं।' यह बताने पर कि कैमरा रूसी है, मास्को से लिया है उसने कौतूहल से कैमरे को खोलकर देखा और अनुमान प्रकट किया—'कैमरा तो बिलकुल लाइका जैसा है, शायद रूसी पूर्वी-जर्मनी से ऐसे कैमरे बनवाकर अपनी मोहर लगा लेते हों?'

कुछ हँसी आई और मैंने पूछा—'ऐसा सन्देह क्यों किया जाये?' रूस में इतनी अच्छी औद्योगिक योग्यता है ऐसा मेस्ट ने कभी सुना नहीं था। यही सुना था कि रूसी केवल युद्ध का फौजी सामान ही बनाते हैं और सारे योरुप पर छा जाने के लिये युद्ध की बड़ी भारी तैयारी कर रहे हैं। मैंने मास्को के मोटर कारखाने, स्तालिनग्राद की ट्रैक्टर फैक्टरी और वोलगा-डान नहर की चर्चा पर पूछा—'पिछले युद्ध में रूस को अपना यत्न से बनाया द नीपर बाँध तोड़ देना पड़ा था। इस बार उन्हें वोलगा-डान नहर नष्ट करनी पड़े तो कैसा हो? क्या रूस का साहस है कि स्वयं युद्ध छेड़ सके? पश्चिम जर्मनी, इटली या यूगोस्लाविया से हजारों बममार रूस पर आक्रमण कर सकते हैं। वह पूरे महादेश जितने अपने देश में कहाँ-कहाँ मोर्चा बन्दी करेगा? रूस तो अपना भविष्य युद्ध टाल सकने में ही समझता है।' मेस्ट कुछ देर चुप रहकर बोला—'पर अमरीका को यह अहंकार है कि उनके देश पर आक्रमण होने का कोई सरल उपाय नहीं। प्रशान्त महासागर की ओर से जापान ने पर्लहारबर पर बम जरूर फेंक दिये थे सो अब उन्होंने सारा प्रशान्त सागर घेर लिया है।'

एक स्टेशन पर गाड़ी रुकी और भड़कीला लाल रंग का स्कर्ट पहने वैसी ही लिपस्टिक लगाये एक गदबदी सी चंचल नेत्र नवयुवती ने गाड़ी में प्रवेश किया। युवती के गुडमार्निङ्ग के उत्तर में मेस्ट ने पूछा—'बर्फ के खेल के लिये जा रही हो क्या?'

'खेलने के लिये तो नहीं। हाँ, जरा देखने और बहलाव के लिये'—युवती ने उत्तर दिया और साल्सबर्ग से कुछ दूर अपनी मंजिल का नाम बताया। युवती के उच्चारण से ही स्पष्ट था कि अमरीकन है। मेस्ट उस स्थान से परिचित था बोला—'लेकिन वहाँ रेल नहीं जाती। टैक्सी तो बहुत मंहगी पड़ेगी। सुना है, वैसे भी जगह महंगी है।'

'हाँ'—युवती ने माना—'पर हम लोगों के लिये तो फौजी जीपें रहती हैं। वहाँ ठहरने का किराया भी नाम मात्र तीन-चार शिलिंग (बारह आने के लगभग) होता है। अमरीकन काबिज-फौज ने अपने आदमियों के लिये प्रबन्ध किया हुआ है। मैं तीन साल से यहाँ हूँ। हर साल जाती हूँ।

'बड़ी खुश किस्मत हो!'—मेस्ट ने स्पर्धा प्रकट की और पूछा—'इस भाग में तो फ्रांस का अधिकार है न?'

युवती ने बताया—'इस स्टेशन से आगे फ्रांस का है और इससे पहले अमरीका था।' हम रूसी भाग से निकल आये थे। युवती ने होंठ सिकोड़ कर कहा—'फ्रेंच यहाँ रहना नहीं चाहते। ब्रिटिश और अमरीकन भी चले जाना चाहते हैं परन्तु रूसी जाने के लिये तैयार नहीं!'

'हूँ, यह बात है?'—मेस्ट ने हुँकारा भरा। अब मुझसे परिचय हुआ। युवती ने मुझे मिस्त्री समझा था। उनका भ्रम दूर किया। यह मालूम होने पर कि मैं वियाना से आ रहा हूँ युवती ने प्रश्न किया—'वियाना के रूसी भाग में भी लोगों की दयनीय अवस्था देखी होगी?'

'हाँ, रूसी भाग में अमरीकन और ब्रिटिश भाग की अपेक्षा लोगों की अवस्था बहुत अधिक अच्छी तो नहीं पर कुछ रूसी दुकानों पर आवश्यक सामान बहुत सस्ता मिल सकता है। अलबत्ता मास्को में अवस्था जरूर बहुत अच्छी है।'

युवती की भंवें चढ़ गईं—'मास्को?'

'हाँ, मैं वहाँ से ही आ रहा हूँ'—युवती विस्मय से देख रही थी कि कोई आदमी मास्को से जिन्दा कैसे लौट आ सकता है? एक गहरी सांस ले उसने पूछा—'आखिर मास्को तुम जा कैसे पाये?' बताया—'मैं अकेला नहीं, हम बीस आदमी गये थे और सभी लौट आये हैं।' फिर उन्होंने कोई बात नहीं की। बहुत से सिगरेट निकालकर पूछा—'अमरीकन सिगरेट हैं, पियोगे?' मैंने अपनी जेब से पैकेट निकालकर उत्तर दिया—'मैंने अमरीकन सिगरेट बहुत पिये हैं। आपने रूसी सिगरेट शायद ही पिया हो? देखियेगा?'

'नहीं, कभी नहीं देखा। देखूं?…गला तो नहीं पकड़ता?'—युवती ने रूसी सिगरेट और मैंने अमरीकन सिगरेट सुलगा लिया। कुछ कश खींच उन्होंने कहा—'बुरा तो नहीं पर मुझे इसकी आदत नहीं है।' साल्सबर्ग के बारे में बात चलती रही। अब रेल लाइन के दोनों ओर पहाड़ दिखाई दे रहे थे। धूप भी निकल आई थी। प्रायः एक बजे वे लोग साल्सबर्ग में उतर गये। बीच में शाह साहब दो-तीन बार केवल जांघिया पहने, एक खाली बोतल लिये व्याकुल से भटकते दिखाई दिये। वे प्यास मिटाने के लिये सादा पानी ढूंढ़ रहे थे। स्टेशन पर भूख मिटाने के लिये फल और बिस्कुट तो मिलते थे पर पानी दिखाई न देता था। उन्हें सलाह दी—'रेस्टोरांकार में शायद पानी हो!'

'वहाँ भी पूछा। कहता है, काफी और बियर है। पानी कहाँ? सादा पानी तो जम जाता है।'—पर कुछ देर बाद रेस्टोरांकार वाले ने सादे जल के प्रति शाहजी की निष्ठा से प्रभावित हो उन्हें दो-तीन बोतल सादा जल दे ही दिया। उसने अपना भी कल्याण हुआ। यह बात नहीं कि योरुप में लोग सादा जल पीते ही न हों। हाँ, होटलों और भोजनालयों में प्रायः सादा जल नहीं मिलता। कारण स्पष्ट है कि उसके दाम नहीं लगते। जहाँ लाभ ही लक्ष्य हो ऐसी चीज क्यों रखें जिससे कुछ लाभ नहीं।

योरुप में स्टेशनों पर भीड़ नहीं दिखाई देती। गाड़ियाँ भी जल्दी-जल्दी गुजरती रहती हैं। लोग स्टेशनों पर बैठकर या मुसाफिर खाने में बिस्तर लगाकर घण्टों गाड़ी की प्रतीक्षा नहीं करते। गाड़ी के समय पर ही आते हैं। मुसाफिर बिस्तर लादकर नहीं चलते, एकाध बैग या सूटकेस ही रहता है। कुलियों की भीड़ नहीं होती न खोमचे वालों की पुकारों की बहार होती है। स्टेशन पर साधारणतः एक ही दुकान रहती है जहाँ कोई प्रौढ़ा फल,

बिस्कुट, चाकलेट और कागज के गिलासों में काफी या बियर की बोतलें बेचती हैं। स्टेशन जरा बड़ा हुआ तो एक दो रेढ़ियाँ और हो गई। रेढ़ी वाले भी चीख-पुकार नहीं करते। खिड़की के पास आ धीमे से कह देते हैं—'खाने पीने की चीज।'

साल्सबर्ग से लौटते कुछ लोग भीतर आये। दो नौजवान स्कीइंग का सामान लिये और एक प्रौढ़ महिला काला कार्डीगन और पतलून पहने थीं। प्रौढ़ा के चेहरे पर झुर्रियों का यह हाल था जैसे गीली धरती पर कौओं के झुण्ड के झुण्ड पंजों के निशान छोड़ गये हों। गहरी लिपस्टिक जमी हुई। कानों, गले, कलाइयों और उंगलियों पर खूब जेवर। बूटों से अनुमान होता था कि यह भी स्कीइंग करके आई हैं। उनकी आयु के विचार से विस्मय हो रहा था। वे कुछ देर सामने चुप बैठी अखबार पढ़ती रहीं। मैं बाहर का दृश्य देखता जा रहा था। ग्लेशियरों के दायें-बायें से निकलते जा रहे थे। मंजी हुई चांदी के समान उजले प्रकाण्ड हिम शैल के बीच-बीच में हिम को फाड़कर निकली या ढकने से शेष रह गई विशाल काली चट्टानें। कहीं जमी हुई छोटी-छोटी झीलें चाँदी के आंगनों जैसी। कहीं कलकल करती छोटी-छोटी नदियाँ भागती हुईं जैसे बच्चे विनोद में किलकारी भरते हुए माँ की गोद से भाग रहे हों। प्रौढ़ा जरा खिड़की खोलना चाहती थीं। स्वयं खोल नहीं पाईं। मैंने अंग्रेजी में सान्त्वना दी—'मैं खोले देता हूँ' और उन्होंने अंग्रेजी में ही धन्यवाद दिया। बातचीत चल पड़ी। वे लन्दन की रहने वाली थीं और बर्फ के खेलों के लिये आई थीं।

यह मालूम होने पर कि मैं मास्को से आया हूँ, वे अनेक प्रश्न पूछती रहीं विशेषकर थियेटर, बैले और ओपेरा के विषय में। वहाँ की रंगशालाओं और रंगमंच का वर्णन सुन उन्हें विस्मय हो रहा था और उन्होंने मत प्रकट किया आखिर वे सरकार द्वारा बनाई गई रंगशालायें हैं। हमारे यहाँ तो वह जनता की निजी चीजें हैं। हमारी चीजें सौ बरस पुरानी हैं, वे आज बना रहे हैं। आज तो बड़ी से बड़ी चीज बन सकती है। मास्को थियेटरों में भीड़ की बात सुनकर उन्होंने कहा—''लंदन में तो थियेटर देख लेना हर एक के बस की बात ही नहीं। ऊँचे दर्जे के टिकट भी कभी-कभी महीना भर पहले बुक कराने से ही मिल सकते हैं।'' वे इंगलैण्ड में राशन की कठिनाई और बाहर जाने पर पच्चीस पौंड से अधिक रुपया न ले जा सकने के प्रतिबन्ध की बातें सुनाती रहीं।

दोनों नवयुवक रात नौ बजे गाड़ी से उतर गये। हम दोनों ही कम्पार्टमेंट में थे। ''अब कोई मुसाफिर न आये तो अच्छा है''—वृद्धा मुस्कराकर बोलीं। ''ऐसा हो जाय तो फिर कहना ही क्या?'' मैंने अनुमोदन किया। सफर तो हम लोग सैकंड-क्लास की ही गाड़ी में कर रहे थे परन्तु सोने के लिये जगह रिजर्व नहीं कराई थी। उसके लिये पांच पौंड (७०) और देने पड़ते थे। वियाना से लन्दन के पन्द्रह पौंड (२०२) देकर ही संतोष कर लिया था। कम्पार्टमेंट का दरवाजा उढ़का दिया पर भीतर से चिटखनी नहीं लगा सकते थे। दरवाजे के कांच पर पर्दा खींच दिया और बत्ती बुझा दी। नये मुसाफिरों से सोते हुओं को न जगाने की सज्जनता का भरोसा कर अपनी-अपनी सीटों पर सीधे हो गये। रात में कई बार गाड़ी खड़ी हुई। लोगों के गैलरी से गुजरने की खटपट भी सुनाई दी पर किसी ने विघ्न नहीं डाला। बस एक बार फ्रांस की सीमा आने पर पासपोर्ट देखने वाले आये और वीसा देख हमारी निद्रा में विघ्न डालने के लिये क्षमा माँग चले गये।

नींद खुली तो वृद्धा, को भी उठकर जूते पहनते देखा। शुभप्रभात की कामना कर मैंने कहा—"रात में तो किस्मत साथ दे गई। अब इस समय यदि गरम चाय की प्याली और मिल जाय तो चमत्कार हो।"

"क्या सुबह ही चाय की आदत हैं?"—उन्होंने पूछा और आश्वासन दिया—"एक मिनट ठहरो।" उन्होंने अपने बेग में से थर्मस निकाली और चाय भी मिल गई। सात बज चुके थे। सूर्योदय का समय था परन्तु बाहर गहरा कोहरा छाया था और बादल भी थे। आस्ट्रिया और स्विटजरलैण्ड की सी गहरी बरफ अब न थी। बस मामूली सी बरफ जहाँ तहाँ। 'कैले' (फ्रांस का बन्दरगाह) डेढ़ सौ मील और रहा होगा। धरातल प्रायः समतल ही था। कहीं गाँवों के पड़ोस में फूस, कपड़े या कागज की छांव खड़ी कर तरकारी या फूल पैदा कर लेने का यत्न दिखाई दे रहा था। कई जगह युद्ध के ध्वंस अभी वर्तमान थे। मन में आ रहा था कि यह विक्टर ह्यूगो, मोपासां, बेलजाक और अनातोल-फ्रांस की रंगीली, कला और कल्पनामयी भूमि है। इसे भी जानने का अवसर है। कुछ दिन यहाँ भी ठहरा जा सकता है परन्तु भाषा की कठिनाई? और यह भी खयाल था कि वर्तमान संसार की दो प्रतिद्वन्द्वी विचारधाराओं के प्रतीक मास्को और लन्दन को देख पाना ही पर्याप्त है या तो पूरा जीवन लगाकर भी पूरे संसार को देख लेना सरल नहीं।

कैले से छोटे जहाज में इंगलिश चैनेल पार कर फोकस्टोन स्टेशन में फिर लन्दन के लिये गाड़ी लेनी थी। वियाना से खरीदे टिकट में यह सब किराया सम्मिलित था। जहाज पर आश्वासन की सांस ली कि अब ऐसे देश में आ गया हूँ जहाँ मेरी बात सब लोग समझ सकेंगे और मैं भी उच्चारण की दुविधा को छोड़ सबकी बात समझ सकूंगा। आस्ट्रिया, रूस, ज्योर्जिया और स्विटजरलैण्ड में भाषा का व्यवधान एक परवशता में डाल देता था। उस परवशता से मुक्ति बड़ी सान्त्वना दे रही थी। जहाज़ पर कई दिन बाद उसी ढंग से चाय का एक प्याला पिया जैसा कि अपने घर या देश में पीने का अभ्यास था और बड़ा सुख मालूम हुआ। समुद्र शांत था। कुछ ही देर में इंगलैंड की भूमि के चाक के टीले और किनारे के मकान दिखाई देने लगे। यह छोटा सा द्वीप? इसने संसार के इतिहास में कितना बड़ा स्थान अपना लिया है!

फोकस्टोन में जहाज से उतर चुंगी पार हो गाड़ी में बैठने तक ब्रिटिश व्यवहार का नमूना मिल गया। कैले में गाड़ी से दो सूटकेस और एक बेग उठा चुंगी पार कर जहाज पर पहुँचा देने के लिये फ्रांसीसी कुली ने प्रत्येक अदद का एक शिलिंग (।। =) माँग लिया और एतराज करने पर कि यह तो ज्यादा है कोरा उत्तर था कि यहाँ यही रेट है। चुंगी में काफी देर लगने पर कुली से पूछा कि इतनी देर क्यों हो रही है? उसने आँख दबाकर सुझाव दिया उसे (चुंगी के आदमी को) कुछ दे दो! मैंने विरोध किया—"क्यों? मैं फ्रांस नहीं इंगलैण्ड जा रहा हूँ। फ्रांस से कुछ खरीदा नहीं वहाँ एक घंटे भी ठहरा नहीं। चुंगी किस बात की?" खैर जैसे-तैसे बिना दिये ही कुछ मिनट में निस्तार हो गया।

फोकस्टोन में मास्को से लिये कैमरे पर एतराज किया गया कि यह तो काफी कीमती चीज है। उत्तर दिया—"बेचने के लिये नहीं है और मुझे यहाँ रहना नहीं। केवल कुछ दिन में झांकी ले लेनी है।" चुंगी के आदमी को न केवल विश्वास हो गया बल्कि उसने कैमरा ले उसके खोल पर चिन्ह बनाकर कहा—"यह चिन्ह मिटे नहीं ताकि ट्रेन में कोई

एतराज न करे।'' कुली ने भी गाड़ी में असबाब रखकर साफ कह दिया कि आप जो भी दे दें, उचित है। रेट बहुत कम है। एक शिलिंग पाकर भी उसने मुस्कराकर—''थैंक यू वैरी मच सर'' कहकर विदा ली।

फोकस्टोन से गाड़ी तेजी से लंदन की ओर जा रही थी। इंगलैंड में बरफ नहीं थी। सूर्य बादलों में से आँखमिचौनी खेल रहा था। गाँव और सड़कें साफ सुथरे। नाले और टीले सभी चीजों को संवारने का यत्न। लंच के समय मेज पर जिन प्रौढ़ सज्जन से सामना हुआ उन्होंने मौसम के बारे में बात कर अनुमान प्रकट किया कि मैं हिन्दुस्तानी हूँ और मैंने स्वीकार कर लिया। उन्होंने जिज्ञासा की—''अब भारत में कैसी स्थिति है?'' जानना चाहा—''अब से आपका क्या अभिप्राय है?''—उन्होंने स्पष्ट किया कि उनका अभिप्राय भारत में स्वतंत्र शासन हो जाने यानि १९४७ के बाद से है।

उसने पूछा—''क्या आप कभी भारत हो आये हैं?'' उन्होंने बताया वे तीन वर्ष भारत में थे। पिछले युद्ध के समय वे ब्रिटिश-भारतीय सेना में कमाण्डर-इन-चीफ के स्टाफ में रंगरूट भरती के इंचार्ज थे। भारत के प्रायः सभी भाग, जहाँ से रंगरूट भरती किये जाते थे, उनके देखे हुए थे। मन में खयाल आया, भारत में तो साहब फर्स्ट क्लास में ही चलते होंगे। शायद गाड़ी रिजर्व रहती हो। बात भी दूसरे लहजे में करते होंगे पर इस समय कोट काफी घिसा हुआ था और मेरे साथ सैकण्ड क्लास में ही सफर कर रहे थे। बाद में बहुत से ऐसे साहबों की बातें सुनीं जो भारत में गवर्नरी करने के बाद इंगलैण्ड में जूतों के कारखाने की मैनेजरी से ही गुजारा करते हैं। उन्हें उत्तर दिया—''देश के बँटवारे से काफी गड़बड़ी हो गई थी परन्तु अब सभी तरह अवस्था पहले से अच्छी है।'' साहब ने विस्मय प्रकट किया—''क्यों; अखबारों में तो अन्न समस्या काफी विकट होने के समाचार थे।''

''अन्न समस्या विकट हो गई थी, है भी जरूर परन्तु १९४७ के बाद तुरंत ही देश की भूमि सिमिट नहीं गई और न जनसंख्या ही एकदम बढ़ गई है। पहले देश में पैदा होने वाले अन्न के बँटवारे की जो व्यवस्था थी वह गड़बड़ हो गई है। भूमि और फसलों का फिर से समन्वय हो जायेगा तो अन्न संकट वैसा नहीं रह सकता। अन्न की पैदावार बढ़ाने के लिये नयी भूमि तोड़ी जा रही है और सिंचाई के लिये बड़ी-बड़ी योजनायें आरम्भ की गई हैं। पहले वे साधन बेकार पड़े थे।''

साहब ने कुछ सन्देह से हुँकारा भरा और पूछ बैठे—''काश्मीर की समस्या का क्या होगा?''—''काश्मीर की समस्या तो अब बनी ही रहेगी''—मैंने उत्तर दिया—''क्योंकि उसे हिन्द और पाकिस्तान ने स्वयं हल न कर यू० एन० ओ० के हवाले कर दिया है। अब यू० एन० ओ० हल करे तब हो?''

साहब ने सुझाव दिया—''क्या यह ठीक नहीं कि जम्मू और काश्मीर को बाँटकर जम्मू भारत को और काश्मीर पाकिस्तान को दे दिया जाये?''

''मुझे क्या अधिकार है कि मैं काश्मीर को दो टुकड़ों में बाँट दिये जाने की अनुमति दे दूँ?''—मैंने पूछा—''जम्मू और काश्मीर को बाँट देने से केवल यह होगा कि लड़ाई का मोर्चा बदल कर काश्मीर और जम्मू के बीच कायम हो जायेगा। भारत और पाकिस्तान के बँटवारे से क्या समस्या हल हो गई?''

साहब ने आपत्ति की—"भारत और पाकिस्तान का बँटवारा तो मुस्लिम लीग और कांग्रेस की इच्छा से हुआ है।" "कांग्रेस की इच्छा से तो नहीं कहा जा सकता"—मैंने कहा—"कांग्रेस तो बँटवारे के विरुद्ध थी परन्तु परिस्थितियाँ ऐसी बना दी गईं कि कांग्रेस के लिये अनिच्छा से भी बँटवारा स्वीकार करना अनिवार्य हो गया। देश के मुसलमान भी उस समय कल्पना नहीं कर सकते थे कि बँटवारे का अर्थ क्या होगा? बँटवारे का प्रश्न भारतीयों पर छोड़ दिया जाना चाहिये था। ऐसे ही काश्मीर का फैसला काश्मीरियों पर छोड़ देना ही न्याय है। काश्मीर का फैसला करने का अधिकार तो स्वयं काश्मीर के ही लोगों को है।"

"लेकिन क्या कांग्रेस और लीग आपस में फैसला कर सकती थीं? ऐसे ही काश्मीरी स्वयं अपनी समस्या का फैसला कर सकेंगे?"—साहब ने आग्रह किया। मैंने पूछा—"ब्रिटेन और अमरीका यह क्यों समझे बैठे हैं कि दूसरे राष्ट्रों की समस्याओं की जिम्मेवारी उन पर है। पाँच साल पहले ब्रिटेन का खयाल था कि भारतवासी अपना शासन स्वयं करने के योग्य नहीं हैं। अमरीका अभी तक चीन की समस्या सुलझाने की जिम्मेवारी छोड़ना नहीं चाहता।"

"नहीं यह बात नहीं है। अन्तर्राष्ट्रीय शान्ति विरोधी प्रवृत्तियों के विरुद्ध सतर्क रहना सभी राष्ट्रों का कर्त्तव्य है।"—वे बोले! मैंने भी आग्रह किया—"दूसरे राष्ट्रों के मामले में दखल देना ही अशान्ति की जड़ है। कल्पना कीजिये कि रूस घोषणा कर दे कि चांग-काई-शेक के चीन पर आक्रमण करने से अशान्ति की आशंका है इसलिये फार्मोसा पर धावा बोला?" हम लोगों की बात आगे न चल सकी। हम लोग लंदन के समीप पहुँच रहे थे। मैं कुछ ऊँचाई पर चलती गाड़ी से नगर को देखने लगा।

चौबेजी मुझे वियाना में छोड़ दो-तीन दिन पहले ही विमान से लंदन आ गये थे। विक्टोरिया स्टेशन पर वे ओवरकोट लादे दिखाई दिये। चौबेजी को लंदन आते ही रंगभेद का कुछ अनुभव हो गया था। उन्होंने कहा—"किसी होटल में ठहरना हो तो पहले यह तय कर लेना उचित है कि भारतीय के लिये जगह चाहिये? या मैं जहाँ ठहरा हूँ वहीं चलो।" वे एक लैंडलेडी के यहाँ ठहरे थे, वहीं जाने का निश्चय किया। इसके बाद जितने भी भारतीयों से मिलना हुआ, यहाँ तक कि जो ब्रिटिश स्त्रियों से विवाह किये हैं सभी ने रंगभेद की शिकायत की। पहले से अंतर जरूर पड़ा है पर रंगभेद समाप्त नहीं हो गया।

हम लोग क्रामवेल रोड पर ठहरे थे। क्रामवेल रोड सफेदपोश लोगों की जगह है। उसी हिसाब से किराया भी दस रुपये रोज। केवल कमरे और सुबह एक बार नाश्ते का दाम। कमरे के किराये में बिस्तर भी शामिल रहता है। महंगा तो मालूम हुआ पर एक बार टिकने की जगह तो चाहिये थी। अपना सामान रख पहले एक मित्र का ही पता लेने चले। चौबेजी दो-तीन दिन में लंदन का तरीका कुछ समझ चुके थे। उन्होंने बताया—"यहाँ टैक्सी किराये करना एकदम सिर मुड़ाना होगा। बस सस्ती है पर किस नम्बर की बस से कहाँ तक जाकर उतरा जाय, यह सब सीखने में कुछ समय लगेगा। सबसे सस्ती और कभी चक्कर में न डालने वाली सवारी है 'ट्यूब' (सुरंगरेल)।

लंदन की ट्यूब

मास्को में "मैट्रो" देखी थी और लंदन में ट्यूब भी देखी। दोनों को ही अपनी इन लाइनों पर गर्व है। वास्तव में मास्को की मैट्रो और लंदन की ट्यूब दो भिन्न संस्कृतियों की प्रतीक हैं। इसमें सन्देह नहीं कि किसी भी बड़े औद्योगिक नगर में यातायात की प्रधान धमनी ट्यूब ही होती है। यातायात का जितना प्रवाह, जितने कम समय में, नगर के बाजारों और गलियों में विघ्न डाले बिना ट्यूब से नगर के भिन्न-भिन्न भागों को चला जाता है, किसी दूसरे साधन से सम्भव नहीं जान पड़ता। मास्को मैट्रो के स्टेशन एक दूसरे से भिन्न रंगों और रूपरेखाओं में बने हैं। किसी स्टेशन पर सुन्दर मूर्तियाँ हैं, किसी स्टेशन पर भिन्न प्रकार के श्रमों के प्रतीक चित्र और किसी पर दूसरी ही कला के नमूने। उन स्टेशनों पर की गई सजावट का प्रयोजन शोभा ही है। मैट्रो को अंडर ग्राउंड रेलवे की बजाय अंडर ग्राउंड पैलेस (महल) कहा जाय तो अत्युक्ति न होगी। प्रकाश भी सुन्दर झाड़-फानूसों द्वारा किया गया है।

लंदन की ट्यूब मैट्रो की अपेक्षा बहुत विस्तृत है। छोटे-बड़े स्टेशनों की संख्या सौ से भी अधिक होगी पर सभी स्टेशन एक ही ढंग के हैं। स्टेशनों की दीवारों का कभी ही कोई भाग खाली दिखाई देता है। सभी जगह चित्र और कुछ न कुछ लिखावट दिखाई पड़ती है पर क्या? विज्ञापन! और एक ही विज्ञापन सब स्टेशनों पर! विज्ञापनों का क्रम भी एक ही। ओवल्टीन पीकर सुखद नींद में सोई हुई दिखाई देने वाली वही रमणी सभी स्टेशनों पर। लाल पालिश लगे नोकीले नाखून, पारदर्शी मोजों में सुडौल जनानी पिंडलियां, स्तनों को नोकीले बना देने वाले पारदर्शी अंगिये, बगल को निर्गंध और चिकना बना देने वाले बालसफालोशन, बाल घने, घुंघराले और लम्बे करने वाले लोशन, जवानों को मोहक बना देने वाली नेकटाइयाँ, हवा की तरह हजामत कर देने वाले उस्तरों के ब्लेड, जाड़े बरसात से बचाने वाले ओवरकोट! स्वास्थ्य और सुरूर देने वाली शराबें! ताकत देने वाला ओक्सो, दुबला करने वाली वाइल्डबीन की गोलियाँ। एक ही काम की कई चीजों के विज्ञापन और सभी के लिये सर्वोत्तम होने की कसम! एस्केलेटर से नीचे उतरते और ऊपर चढ़ते समय दायें बायें, सामने की मेहराबों पर, गाड़ी के प्लेटफार्मों पर और स्वयं गाड़ियों में भी सभी जगह यही विज्ञापन! विज्ञापन! पिक्केडिल्ली ट्यूब स्टेशन के तहखाने में ही एक खूब बड़ा गोल बाजार सा बना है। गनीमत यह है कि यहाँ बिक्री नहीं होती। शीशे के पर्दों से बन्द दुकानों में केवल विज्ञापन होता है। यहाँ आप अर्धनग्न स्त्रियों के शरीरों पर सुन्दर वस्त्रों की बहार देखते हैं। विज्ञापन समझाना चाहता है कि ऐसे सुन्दर शरीर को ढकने के लिये उसी की दुकान का कपड़ा चाहिये। "व्यापार से मुनाफा कमाने की निर्बाध होड़ का कानूनी अधिकार!" इसी स्वतंत्रता के दलदल में लन्दन के सर्वसाधारण हाथ-पांव हिलाने का अवसर न रह जाने पर भी स्वतंत्र होने का विश्वास बनाए हैं। व्यक्ति सोचने या तर्क करने के लिये ठहरे बिना समाज की व्यवस्था की क्यू में मिल पाये स्थान पर खड़ा है। इस व्यवस्था में व्यक्तित्व के लिये चाहे लिहाज न हो पर औद्योगिक और यांत्रिक पूर्णता में कमी नहीं है।

लंदन की ट्यूब मास्को को मैट्रो की अपेक्षा कहीं अधिक फैली हुई है। समय की बहुत पाबन्दी है। एक के बाद दूसरी गाड़ी जल्दी-जल्दी आने-जाने में भी खूब चुस्त। गाड़ी का एक मिनट लेट होना भी लोगों को खल जाता है। लंदन की यह ट्यूब

सर्वसाधारण के यातायात का साधन है परन्तु लंदन समाज के शासक व्यवसायी वर्ग के लिये उनके व्यवसायों के विज्ञापन का साधन है। वे स्वयं इससे सफर नहीं करते। यह श्रेणी सदा मोटरों में चलती है। लंदन की यह ट्यूब अभी कुछ ही समय पहले तक एक कम्पनी का मुनाफा कमाने का व्यवसाय था। दो-तीन बरस से ही उसे राष्ट्रीय कारोबार बना दिया गया है। पर क्यों? व्यक्तिगत सम्पत्ति और व्यावसायिक स्वतन्त्रता की नैतिकता को अपनी परम्परागत संस्कृति मानने वाले अंग्रेजों ने इस व्यवसाय का राष्ट्रीयकरण क्यों कर दिया? निश्चय ही उन्होंने रूस के अनुरोध से ऐसा नहीं किया। आत्मरक्षा के लिये ही ऐसा किया है। समाजवादी राष्ट्र यदि अपने घर में चुप बैठे रहें तो भी पूँजीवाद को समाजवादी ढंग अपनाने पड़ रहे हैं। यह क्या समाजवाद के प्रति नाराजगी का काफी कारण नहीं?

बाजार और रेस्तोरां

विदेश में सबसे अधिक परेशानी तब अनुभव होती है जब अनजानी जगह में पेट भर खाने-पीने के बाद अनुमान से कहीं बड़ा बिल आपके सामने रख दिया जाय। बिल चुकाने में परेशानी दिखाने पर विद्रूप का पात्र बनना पड़ता है और चुपचाप चुका देने की विवशता में शायद अपने पेट को ही धिक्कारना पड़े कि 'इतना खा गया'! जब भरोसा ही भोजनालयों का हो तो उनका कायदा और दाम समझ लेना उचित है। चौबेजी पहले आकर इतनी खोज खबर ले चुके थे। उन्होंने समझाया कि अपने लिये 'ए० बी० सी०' रेस्तोरां या 'लायन्स कार्नर हाउस' से आगे बढ़ना ठीक नहीं। ए० बी० सी० और लायन्स संध्या आठ-साढ़े आठ बजे बन्द हो जाते हैं। कुछ रेस्तोरां इसके बाद भी खुले रहते हैं परन्तु वे महंगे होते हैं।

यदि दिल्ली-लखनऊ में अन्नपूर्णा रेस्तोरां देखे हों तो ए० बी० सी० और लायन्स का कायदा समझ में आ जाता है। अंतर यह है कि ए० बी० सी० और लायन्स अन्नपूर्णा से बहुत बड़े यानि चार-पाँच गुणा से लेकर दस-बारह गुणा और कुछ बीस गुणा बड़े भी हैं। ए० बी० सी० और लायन्स में भी फरक है। ए० बी० सी० निम्न-मध्यम श्रेणी के लिये हैं; लायन्स जरा सम्भले हुए लोगों के लिये। लायन्स में भी दो-चार दर्जे हैं। कहीं प्रतीक्षा के लिये लाइन में खड़ा रहना पड़ता है, कहीं प्रतीक्षा में बैठने के लिये कुर्सियाँ रहती हैं और नीचे दरियाँ भी बिछी रहती हैं। साधारणतः ग्राहक लाइन में खड़े हो हाल के भीतर बनी दुकान की ओर बढ़ते जाते हैं। पहले ट्रे या बड़ी थालियों का ढेर रहता है। एक ट्रे उठाकर लाइन में आगे बढ़िये। भोजन की चीजें सामने रहती हैं। दाम भी लिखे रहते हैं। मन चाही चीज उठा लीजिये। दुकान के अंत में बैठी बुढ़िया गिनकर दाम ले लेगी। आपकी मर्जी है चाहे एक टुकड़ा रोटी और एक प्याली चाय से ही संतोष कर लीजिये या पेट भरने योग्य लेकर। हाल में जहाँ मेज पर कोई कुर्सी खाली दिखाई दे, बैठकर खा लीजिये। लायन्स में कुछ जगह चाय कॉफी आपकी मेज पर पहुँचा दी जाती है और एक आदमी शराब के लिये भी पूछता रहता है। बिल भी वहीं लाया जाता है। इतने में ही दाम में कुछ फरक पड़ जाता है।

सस्ते रेस्तोरां में हरी सब्जियाँ, सलाद-टमाटर और ताजे मांस प्रायः नहीं दिखाई देते। लंदन में इन चीजों का अकाल सा है। अंडे, मांस और चाकलेट आदि का युद्ध के आठ वर्ष बाद भी राशन चल रहा था। अंडा एक व्यक्ति के लिये सप्ताह में एक ही मिल

सकता था और मांस एक व्यक्ति के लिये लगभग चार छटांक। लंदन में ''ब्लैक'' कम चलता है परन्तु चलता ही न हो, सो बात नहीं। ब्लैक कम चलने के कारण है, ब्लैक के विरुद्ध सर्वसाधारण का सरकार से सहयोग। हमारे देश में सरकार को धोखा देना बेईमानी नहीं समझी जाती। विदेशी सरकार हमारे देश की प्रजा में यह भावना छोड़ गई है और वर्तमान सरकार ने अभी तक जनता का भरोसा पा सकने लायक कोई काम किया नहीं। इंगलैण्ड में सरकार दूध, मक्खन आदि के व्यवसाय में सहायता (सबसीडी) देकर दाम कम रखती है। परन्तु कुछ दिन से दाम शनैः-शनैः बढ़ रहे हैं। कारण यह है कि सरकार को युद्ध की तैयारियों के लिये इतना खर्च करना पड़ता है कि जनसहायता के लिये धन बच नहीं पाता। ब्रिटिश सरकार या तो जंगी जहाज और जंगी विमान बना ले या अपनी प्रजा को दूध ही पिला ले! सोवियत में दामों के घटने की बात सुनते थे यहाँ बढ़ने की। लंदन में मेरे रहते समय चाकलेट पर से राशन हट गया था और उसी समय चाकलेट के दाम बढ़ गये थे।

लंदन के ऐसे या दूसरी तरह के रेस्तोरां में खाने के लिये आने वाले लोगों की श्रेणी उनके रेस्तोरां के चुनाव और कपड़ों से तुरन्त पहचानी जा सकती है। मास्को जैसा हाल नहीं है कि सभी रेस्तोरां में सभी तरह के स्त्री-पुरुष ठेलमठेल करते चले आयें। मास्को में रेस्तोरां का वर्गीकरण उनमें मिलने वाली वस्तुओं और खर्च होने वाले दामों से तो हो सकता है परन्तु उनके ग्राहकों की श्रेणियाँ पृथक-पृथक नहीं हैं। बड़े से बड़े रेस्तोरां में भी मजदूर लोग निश्शंक खाते-पीते दिखाई दे सकते हैं लेकिन लंदन के ए० बी० सी० रेस्तोरां में भी मजदूर कभी कठिनाई से ही, रविवार के दिन, दिखाई देता है तब भी कुछ सकपकाया सा। लंदन और मास्को के रेस्तोरां में एक विशेष भेद यह है कि मास्को में लोग रेस्तोरां में आते हैं तो कुछ देर दिल बहलाकर खाते-पीते रहते हैं। चाय पीते-पीते भी देर तक गप्प चल सकती है। कई रेस्तोरां में ताश और शतरंज भी दिखाई देती है। लंदन के रेस्तोरां में लोग कुछ चुपचपीते से आते हैं और खाना-पीना निगल या सटक कर लौट जाने की जल्दी में रहते हैं। कहीं दो व्यक्ति बात भी करते हैं तो जैसे कोई सुन न ले। मास्को के लोगों की तरह बैठकर कहकहे नहीं लगाते। लंदन के लोगों पर एक आतंक सा जान पड़ता है। स्वतंत्र होते हुए भी विवशता का सा भाव? समझा जाता है कि अंग्रेज की यह चुप्पी उसकी राष्ट्रीय पहचान है पर बात कुछ स्वाभाविक नहीं जान पड़ती। ए० बी० सी० में ढाई-तीन शिलिंग में पेट भर सकता है। लायन्स में साढ़े तीन-चार शिलिंग में। 'भले' आदमियों के लिये 'सर्विस रेस्तोरां' हैं जहाँ खाना मेजों पर परोसा जाता है। यहाँ दोपहर का खाना छः शिलिंग में पड़ता है और छः पेंस या एक शिलिंग परोसने वाले बैरे के लिये टिप (बख्शीश) के समझिये। ए० बी० सी० और लायन्स में जगह के लिये प्रायः ही लाइन लगानी पड़ती है। कभी-कभी जगह नहीं भी मिलती परन्तु सर्विस रेस्तोरां के समीप से जाते समय यदि खिड़की के कांच में से झांक कर देखिये तो कुर्सियाँ प्रायः खाली और काला सूट पहने और काली बो लगाये बैरे जम्हाई लेते हुए दिखाई देते हैं। इससे लंदन के सर्वसाधारण के खर्च कर सकने के सामर्थ्य का और उन्हें जीवन में मिलने वाले संतोष और स्वतन्त्रता का कुछ अनुमान हो सकता है।

लंदन के सामाजिक जीवन का बहुत महत्त्वपूर्ण स्थान है। 'पब' अर्थात् पब्लिक बार या 'मधुशाला'। पब में अंग्रेज की चुप्पी टूट जाती है। मुहल्ले भर के लोग प्रायः पब में

इकट्‌ठे होकर ही एक दूसरे का परिचय पा सकते हैं। पब में शराब चलती है। साधारणतः सात पेंस में बीयर का गिलास लेकर लोग गप्प लगाने बैठ जाते हैं। पब के भी दो भाग और दो दरवाजे होते हैं। एक दरवाजे पर 'बार' लिखा रहता है और दूसरे दरवाजे पर 'प्राइवेट बार'। दोनों जगह एक ही चीज बिकती है पर प्राइवेट बार में कुर्सियों का रोगन जरा अच्छा होता है और भीड़ कम होती है। यहाँ बियर के गिलास का दाम एक पेंस अधिक लगता है। यहाँ वे लोग बैठते हैं जो अपने आपको सम्भ्रान्त समझते हैं और जिनका कालर साफ होता है। लंदन में लोगों को सम्भ्रान्त माने जाने का शौक बहुत है परन्तु ऐसा सामर्थ्य सौ में से एक का भी नहीं जान पड़ता। इसका सीधा प्रमाण यह है कि लंदन में सम्भ्रान्त ढंग के रेस्तोरां की संख्या एक-दो प्रतिशत से अधिक नहीं और इनमें भी भीड़ दिखाई नहीं देती। सम्भ्रान्त श्रेणी का अंग्रेज चाहता भी यही है। सर्वसाधारण उसके समीप न फटक सकें। उन्हें दूर बनाये रखने के लिये काफी दाम देने के लिये तैयार रहता है। उदाहरणतः ऐसे क्लब जिनमें फीस देने वाले सदस्य ही जा सकते हैं। लंदन के क्लब सोवियत के क्लब की तरह नहीं है कि जो कोई चला जाय।

लंदन के बाजारों में रौनक मास्को से अधिक ही जान पड़ती है क्योंकि यहाँ के बाजार मास्को के मैदानों जैसे चौड़े बाजारों की तरह नहीं हैं। बाजार में दायें या बायें चलते दोनों ओर की दुकानों पर एक साथ नजर जा सकती है। साज-सजावट भी खूब है परन्तु मास्को की तरह सजावट के लिये ही बिजली का अपव्यय नहीं किया गया है। सिनेमा घरों को छोड़कर विज्ञापन को ही सजावट का रूप दिया गया है। मास्को में विज्ञापन कहीं-कहीं ही दिखाई देते हैं और वे भी केवल विज्ञापन के लिये ही नियत स्थानों पर। वहाँ विज्ञापन सिनेमा फिल्मों और नाटकों के होते हैं, कहीं-कहीं प्रसाधन की वस्तुओं उदाहरणतः 'यूद कोलोन' या किसी इत्र के या शराब के! मानो कोई नयी चीज तैयार होने की घोषणा हो। लंदन में सब जगह और सब चीजों के, मोटरकार से लेकर माचिस तक के विज्ञापन दिखाई देते हैं। मास्को की दुकानों की बड़ी-बड़ी खिड़कियों में तैयार पोशाकें पहने बच्चों और स्त्री-पुरुषों की मूर्तियाँ दिखाई देती हैं और यों भी कपड़ों और पोशाकों की प्रदर्शनी सी दिखाई देती है परन्तु लंदन में जिस आकर्षक ढंग से यह विज्ञापन किया जाता है, उसे मास्को नहीं पहुँचता। लंदन की दुकानों में जैसे निरावरण युवतियां हाव-भाव से शरीर के बहाने पोशाक दिखाती हैं, वह कला मास्को में इतनी परिष्कृत नहीं है शायद इसलिये कि वहाँ पोशाकों की दुकानों में लंदन की तरह प्रतिद्वन्द्विता नहीं है।

लंदन की दुकानों में ग्राहक को मास्को, स्तालिनग्राद और बिलीसी की अपेक्षा अनुनय और आग्रह भी अधिक दिखाई देता है बल्कि एक बार दुकान में जाकर दाम पूछ लेने पर कुछ खरीदे बिना आ जाने के लिये कुछ दृढ़ता दरकार होती है। दुकानदार (सेल्समैन या सेल्सगर्ल) अपने सौदे की प्रशंसा और उसे खरीद लेने के लाभ इतने अधिक बखानेंगे कि ग्राहक परास्त हो जाय। आखिर यह भी तो एक कला है। कुछ दुकानों के दरवाजों में खड़े दुकानदार जरा भीतर आकर देख लेने का भी अनुरोध करते मिलेंगे। लंदन के ईस्टएंड मुहल्ले में तो ऐसा ही जान पड़ता है कि बम्बई में आ गए हों। सोवियत के बाजारों में ऐसा विनय कहीं नहीं दिखाई देता परन्तु अपने यहाँ के या खासकर अदन और पोर्ट सैय्यद के दुकानदारों की तरह लंदन के दुकानदार पीछे कभी नहीं पड़ेंगे। लंदन

में बहुत सी दुकानों पर अर्थात् बड़ी-बड़ी दुकानों को छोड़कर थोड़ा-बहुत मोल-भाव भी हो जाता है जो सोवियत में नहीं होता। कुछ एक दुकानों को छोड़कर सोवियत की दुकानों की तरह भीड़ भड़क्का नहीं दिखाई देता। साधारणतः यही जान पड़ता है कि दुकानों की संख्या आवश्यकता से अधिक है। प्रायः एक ही बड़ी दुकान की शाखायें जगह-जगह दिखाई देती हैं। छोटी-मोटी पूँजी से दुकान जमा लेने का अवसर नहीं जान पड़ता। कबाड़ी या जूता मरम्मत की दुकान और ठेले पर फेरी लगा लेने की बात दूसरी है। कुछ सुविधायें लंदन में ऐसी हैं जो सोवियत बाजारों में नहीं दिखाई दीं उदाहरणतः धोबी कम्पनी की लारी का गली में आ खड़ा हो जाना और आपके कपड़े चटपट धोकर वहीं थमा देना। बाद में कपड़े सुखा इस्त्री आप स्वयं कर सकते हैं। गुसलखाने की लारी गली में आ खड़ी हो जाय तो आप दाम देकर उसमें स्नान भी कर ले सकते हैं क्योंकि ऐसे मकान लंदन में बहुत कम हैं जिनमें स्नान की जगह हो।

सेंटपाल कैथेड्रल और पुनर्निर्माण

लंदन के लोग सोवियत में धर्म सम्बन्धी स्वतंत्रता के विषय में बहुत प्रश्न करते हैं। स्वभावतः धारणा होती है कि यहाँ लोग बहुत ही धर्म परायण हैं। ग्रेट ब्रिटेन में धार्मिक स्वतंत्रता है परन्तु राज धर्म ईसाईयत है। शेष धर्मों को कानूनी समान अधिकार होने पर भी वैसा अवसर तो नहीं हो सकता जैसा ईसाईयत का है। प्रमाण के लिये लंदन के एक मंदिर और मसजिद को गिरजाघरों की तुलना में देख लीजिये। संसार के सबसे बड़े साम्राज्य के धर्म की प्रतिष्ठा के उपयुक्त ही यहाँ के प्रधान धर्म स्थान सेंटपाल कैथेड्रल और वेस्ट मिस्टर एबे भी गगनचुम्बी शिखर उठाये खड़े इस देश की धर्म के प्रति आस्था की घोषणा कर रहे हैं।

एक रविवार सुबह नौ बजे ही चौबेजी के साथ सेंटपाल कैथेड्रल देखने गये। हिटलर ने स्वयं ईसाई होकर भी महमूद गजनवी की नीति के अनुसार सेंटपाल पर गोले बरसाकर इसे ध्वंस कर देने की चेष्टा की थी। शायद उसका मंशा रहा हो कि इतने बड़े गिरजाघर को गिरता देख अंग्रेजों के हृदय दहल जायेंगे और अंग्रेज उसके आगे घुटने टेक देंगे। नाजियों द्वारा विमानों से फेंके गये बम गिरजे के तो एक ही भाग को छूकर रह गये पर आस-पास मकानों की बरबादी खूब हुई है। युद्ध के बाद आठ साल बीत गये हैं और गिरे हुए मकानों की जगह अब भी खाली पड़ी है। लंदन के ईस्टएण्ड स्लोन स्क्वायर, औक्सफोर्ड स्ट्रीट, पिक्केडिल्ली और रौनक की दूसरी कई जगहों में भी बहुत से मकान अभी तक गिरे ही पड़े हैं। जितने मकान बमों से गिरे थे उनमें से बहुत कम ही फिर से बन पाये हैं। कई जगह बम गिरे मकानों की जगह को मैदान बनाकर 'कारपार्क' बना दिये गये हैं। अभिप्राय यह है कि बस्ती घनी और मकानों का किराया बहुत अधिक होने के कारण मोटर रखने के लिये गैराजों की कठिनाई है। गैराज का किराया भी बहुत पड़ जाता है। इन सफाचट हो गई जगहों में लोग कुछ किराया देकर अपनी गाड़ियाँ रख सकते हैं।

कुछ अंग्रेजों से साफ-साफ बात करने का अवसर होने पर पूछा—'आठ बरसों में भी यह मकान फिर से क्यों नहीं बन पाये?' प्रश्न का उत्तर कई प्रकार से मिला। जो अंग्रेज अब भी यह गर्व लिये हुए हैं कि लंदन संसार का सबसे बड़ा नगर और संसार के सबसे बड़े साम्राज्य की राजधानी है, उनका उत्तर था—'स्थानों और मकानों के महत्त्व और

आवश्यकता का खयाल कर क्रम-क्रम से बन रहा है।' कुछ का उत्तर था—'अब कहाँ से बने? अब साधन कहाँ हैं? रोजमर्रा का गुजारा ही चल जाय तो बहुत है।' कुछ ने यह भी कहा—'लंदन अप्राकृतिक तौर पर बढ़ गया था। इतने आदमियों के एक जगह रहने की क्या जरूरत है? यह अस्वाभाविकता दूर होनी चाहिये। थोड़ा बहुत और भी गिर जाये तो अच्छा हो। हमें जीवन का बनावटी अप्राकृतिक तरीका छोड़कर अपने ही साधनों से निर्वाह करना सीखना चाहिये।' यह सोचकर लंदन के प्रति सहानुभूति अनुभव की जा सकती है कि लंदन के वे दिन हवा हुए जब संसार के कोने-कोने से द्रव्य खिंचकर यहाँ चला आता था। कुछ तो साम्राज्यवादी होड़ ने इस बूढ़े साम्राज्य की कमर तोड़ दी। कुछ अमरीकी की होड़ चौपट किये दे रही है। लंदन में गिरे मकानों को देख स्तालिनग्राद की याद आ जाती है। यहाँ तो कहीं-कहीं ही मकान गिरे थे स्तालिनग्राद तो पूरा ही ध्वंस हो गया था। स्तालिनग्राद तो पूरा का पूरा नया और पहले से अधिक भव्य बनकर खड़ा हो गया है। गिरे हुए मकान कहीं-कहीं ही दिखाई देते हैं। यह भी नहीं माना जा सकता कि लंदन का दिवाला निकल गया और सब धन स्तालिनग्राद में ही बरस पड़ा है पर यह स्पष्ट है कि लंदन के पुनर्निर्माण के पीछे व्यक्तियों के साधनों और सामर्थ्य की शक्ति है और स्तालिनग्राद के पुनर्निर्माण के पीछे सामाजिक शक्ति। अंग्रेज अपने इसी सामाजिक असामर्थ्य को अपने व्यक्तिगत स्वातंत्र्य, सौभाग्य और गर्व की बात समझें तो उनसे लड़ने कौन जाय?

अस्तु, प्रसंग तो था सेंटपाल कैथेड्रल का। सेंटपाल में जाकर देखा कि वास्तव में ही बहुत भव्य और विराट गिरजाघर है। भगवान की महिमा के अनुरूप ही उन्हें याद करने के लिये बने इस मकान में, इसे बनाने वाला मनुष्य उतना ही छोटा और क्षुद्र जान पड़ता है जैसे पहाड़ के अनुपात में गिलहरी। इस गिरजे के विराट आकार को देखकर विश्वास हो जाता है कि मनुष्य निश्चय ही अपने से बहुत बड़े भगवान की सृष्टि कर सकता है। भक्त मनुष्य की वह क्षुद्रता और भी स्पष्ट हो रही थी क्योंकि रविवार की सुबह होने पर भी गिरजा प्रायः खाली ही था। हम लोग प्रार्थना समाप्त होते-होते ही पहुँच गये थे। विस्मय यही हुआ कि इंगलैण्ड की जिस धर्मपरायण जनता को स्वयं इतना बड़ा गिरजा बनाकर भी गिरजाघर जाना याद नहीं रहता वह सोवियत की जनता के गिरजा जा सकने की स्वतंत्रता के लिये कितनी चिंतित रहती है।

सेंटपाल कैथेड्रल में अंग्रेज जांय या न जांय इस बात से इनकार नहीं किया जा सकता कि वह बहुत ही भव्य और संसार की गिनी-चुनी इमारतों में से एक है। भीतर छतों की मेहराबें इतनी ऊँची हैं कि ठीक सिर के ऊपर छत देखने के प्रयत्न में मेरुदंड तिड़क जाने का भय हो सकता है। कला और इतिहास की दृष्टि से भी उसका महत्त्व कम नहीं। वेदी के दाहिने राज घराने के और सरदार भक्तों के लिये कुर्सियों की पृथक पंक्तियाँ हैं। भगवान मसीह ने तो रंक और दरिद्रों के लिये ही प्राण दिये थे परन्तु यहाँ उनके दरबार में ऊँचा आसन उन्हीं अमीर उमरा के लिये है जिनके लिये वे स्वर्ग का द्वार बंद रहने की बात कह गये हैं। पर यह हो क्यों न? सेंटपाल का गिरजा बनवा देना रंक और दरिद्र के बूते की बात तो थी नहीं वह तो राजाओं का ही बनवाया हुआ है। वेदी के दाहिने हाथ दीवार के साथ-साथ इंगलैण्ड के इतिहास स्मरणीय राजाओं की समाधियों के रूप में उनकी अर्थी पर लेटी हुई मूर्तियों के नीचे उनके कफन रखे हैं। बाईं ओर साम्राज्य

निर्माता प्रसिद्ध योद्धाओं और सरदारों की स्मारक मूर्तियाँ हैं। इनमें सागर विजयी नेलसन और भारत में अंग्रेजी शासन को दृढ़ कर गये एक गवर्नर जनरल शायद वेलेजली भी मौजूद हैं। एक गाल पर चांटा पड़ने पर दूसरी गाल सामने कर विरोधी का मन जीतने का उपदेश देने वाले धर्म के इस मन्दिर की शोभा दूसरों का देश छीन लेने में सफलता पाने वालों की स्मृति से ही हो रही है।

रविवार के दिन गिरजाघर जाने की उपेक्षा से ही यह समझ लेना कि अंग्रेज आध्यात्मिक दृष्टिकोण को महत्व नहीं देते, ठीक न होगा। इस विषय में अंग्रेजों से बातचीत होने पर यही जान पड़ता है कि उनका दृष्टिकोण अत्यन्त अपार्थिव या आध्यात्मिक होता जा रहा है यानि इतिहास का सबसे बड़ा साम्राज्य बना देने के बाद उसे बिखरता देख उन्हें वैराग्य का ज्ञान हो रहा है। अन्तर्राष्ट्रीय शान्ति का प्रसंग चलने पर वह निःशस्त्रीकरण के लिये पाँच सबल राष्ट्रों के समझौते के सुझाव को या समाजवादी और पूँजीवादी व्यवस्थाओं को अपने-अपने देश में अपनी विचारधारा और व्यवस्था के अनुसार चलाने की स्वतंत्रता के विषय में बातचीत करना निरर्थक समझेगा। वह विश्वशान्ति या अन्तर्राष्ट्रीय शान्ति का उपाय समझता है। दृष्टिकोण को भौतिकता से मोड़कर मानसिक शान्ति की ओर ले जाना। यह यथार्थ परिस्थितियों के विश्लेषण की अपेक्षा रहस्यवाद में अधिक रुचि दिखाता है। यह सुनना चाहता है कि यह संसार माया-मिथ्या है ताकि अपना साम्राज्य खो देने के लिये उसे दुख न हो। ठीक वैसे ही जैसे हिन्दू श्मशान की ओर जाते समय कहते जाते हैं केवल 'हर का नाम सत्त है।' वह यह भी मान लेने के लिये तैयार हैं कि उनके देश ने भौतिक समृद्धि के मार्ग पर जो अंधी दौड़ लगाई है उसी के परिणाम में अब वह स्वयं अपने लिये रुकावटें और बाधायें उत्पन्न कर चुका है। वह अपने साम्राज्य के पतन से दुखी न होने की मानसिक अवस्था का अभ्यास कर रहा है।

आधुनिक मध्यवर्गीय अंग्रेज भारतीय जनता के जीवन की समस्याओं से उदाहरणतः हम किस प्रकार अपनी अन्न समस्या को या औद्योगीकरण की समस्या को हल कर रहे हैं या अन्तर्राष्ट्रीय शक्ति संतुलन में हमारा क्या स्थान है इस बात से प्रायः कोई वास्ता नहीं रखता। वह भारत से यही आशा करता है कि भारत सांसारिकता से विमुख होकर संतोष पाने का मार्ग बता सकेगा।

लंदन में भीख, शिक्षा, कला और साहित्य

अपने देश में भिखमंगों की विकट समस्या है इसलिये दूसरे देशों में भी इस समस्या की ओर ध्यान जाता है। सोवियत में खोजने पर भी हमें भिखमंगे नहीं मिले। लंदन में वे अनायास ही बहुत जगह दिखाई देते रहते हैं परन्तु लंदन के भिखमंगे हमारे नगरों के भिखमंगों की तरह परेशान नहीं करते। यदि वे ऐसा करें तो पुलिस उन्हें तुरन्त गिरफ्तार कर लेती है। वहाँ भिखमंगे प्रायः पैदल-पटरी के किनारे खड़े हो कोई बाजा लेकर बजाते रहते हैं, कभी दो-चार मिलकर बैण्ड भी बजाते दिखाई देते हैं। पिक्केडिल्ली और रस्सल स्क्वायर में उन्हें एक छोटी गाड़ी पर रखे लकड़ी के बड़े पीपे (म्युजिकल ड्रम) का हत्था घुमाते देखा। इस पीपे में से कई तरह के बाजे एक साथ ताल सुर से बजते रहते हैं। सेन्टजेम्स स्ट्रीट में एक भिखमंगा कुछ अधिक शोख था। वह उस्तरे से सिर मुंडाकर पैदल-पटरी पर नाचता रहता था। कुछ भिखमंगे बहुत शीलवान होते हैं। वे अपनी टोपी पैसों

के लिये पैदल-पटरी पर रख स्वयं चुपचाप दीवार से पीठ लगाये खड़े धीमे स्वर में आशीर्वाद देते रहते हैं।

भीख के सम्बन्ध में एक दो बातें विचित्र भी लगीं। किसी बच्चे को भीख माँगते नहीं देखा और जहाँ तक याद है, स्त्री को भी नहीं। कुछ भिखमंगे अपङ्ग थे, एकाध की टांग या बांह कटी हुई थी। हो सकता है, वे युद्ध के कारण पंगु हो गये हों। पर युद्ध के कारण पंगु होने वालों को तो सरकार से वृत्ति मिलती है। ऐसी एक लड़की से परिचय भी हुआ। वह लंदन पर बमवर्षा में मकान गिरने से चोट खा गई थी। मस्तिष्क पर भी कुछ असर आ गया था। अब वृत्ति पा रही थी और मूर्तिकला सीख रही थी। लंदन में कोई भीख नहीं माँग सकता। भीख माँगने के लिये लाइसेन्स लेना पड़ता है। लाइसेन्स उन्हीं लोगों को दिया जाता है जो जीविका कमा न सकने का कोई उचित कारण बता सकें। जीविका न कमा सकने वाले लोगों को भीख माँगने का लाइसेन्स दे दिया जाता है। ब्रिटिश साम्राज्य की महामहिम सरकार उनके निर्वाह की जिम्मेवारी नहीं ले सकती। जो लोग अपंग नहीं अथवा डाक्टरों की राय में जीविका कमाने के योग्य हैं, श्रम करना भी चाहते हैं उन्हें रोजगार देने की जिम्मेवारी सरकार नहीं लेती। सोवियत सरकार की तरह ब्रिटिश सरकार अपनी प्रजा के रोजगार के लिये उत्तरदायी नहीं।

लंदन में जैसे गा-बजाकर भीख माँगने वाले दिखाई देते हैं वैसे ही चित्रकला के बल पर भीख माँगने वाले भी दिखाई देते हैं। किसी भी ऐसी सड़क पर जहाँ भीड़ जरा कम हो, पैदल-पटरी की कुछ जगह साफ कर, रंगीन चाक से कुछ चित्र बनाये हुए दिखाई देते हैं। यदि कुछ मिनट खड़े होकर देखिये तो प्राकृतिक और ग्रामीण दृश्यों, कुत्तों अथवा घोड़ों के यह चित्र काफी अच्छे जान पड़ेंगे। इन चित्रों के चित्रकार समीप ही टोपी उल्टी किये या कोई डिब्बा भीख के लिये रखे बैठे दिखाई देते हैं। इन लोगों की अवस्था से अनुमान करना पड़ता है कि चित्रकला की शिक्षा पाने का अवसर इन लोगों को न मिला होगा। इन लोगों में इतना हस्तकौशल है कि शिक्षा पाने पर यह अवश्य ही अच्छे चित्रकार बन सकते थे परन्तु इनकी शिक्षा का उत्तरदायित्व कौन लेता? इनके सफल कलाकार बन सकने के लिये यह आवश्यक था कि वे ऐसे परिवार में जन्म लेते जो इन्हें 'लंदन स्कूल आफ आर्ट्स' में शिक्षा दिला सकता। यों यहाँ प्रत्येक व्यक्ति स्वतन्त्र और कानून की दृष्टि में समान है। यदि व्यक्ति को अपनी जन्मजात प्रतिभा के विकास के लिये भी अवसर नहीं तो उसकी स्वतन्त्रता का मूल्य क्या? लंदन या ग्रेट ब्रिटेन के आदर्श प्रजातन्त्र में सर्वसाधारण व्यक्ति अपने विकास के लिये, कितनी स्वतन्त्रता और अवसर अनुभव करते हैं, इसका परिचय "आज" के लंदन स्थित संवाददाता श्री ओम प्रकाश आर्य के अनुभव से हो सकता है। एक दिन वे लंदन के एक प्राइमरी स्कूल में गये और विद्यार्थियों से प्रश्न किया कि पढ़-लिखकर वे क्या बनेंगे? बालक विद्यार्थियों के उत्तर थे, पोस्टमैन! बस ड्राइवर! पुलिस कांस्टेबल! रेलवे गार्ड! यह है उज्ज्वल स्वतन्त्र भविष्य जो ग्रेट ब्रिटेन के सर्वसाधारण के सामने है। सोवियत में ऐसा ही प्रश्न लड़कियों के एक स्कूल में मालती बाई बिडेकर ने किया था। वह बात यथा प्रसंग कह चुका हूँ।

इंगलैण्ड में सभी बालकों की महत्वाकांक्षाएँ पोस्टमैन, बस ड्राइवर, पुलिस कांस्टेबल और रेलवे गार्ड बनने तक सीमित हों ऐसी बात नहीं है। इंगलैण्ड में सर्वसाधारण पैदा ही इन कामों के लिये होते हैं और कुछ लोगों का जन्म ही शासक बनने के लिये होता है।

इस श्रेणी के लिये स्कूल भी दूसरे हैं उदाहरणतः 'हारो और ईटन' जैसे पब्लिक स्कूल। इन स्कूलों को पब्लिक स्कूल निषेधात्मक अर्थ में ही कहा जाता है क्योंकि इन स्कूलों के चारों ओर खर्चीली भिक्षा की बाड़ लगाकर साधारण पब्लिक का प्रवेश वहाँ निषिद्ध कर दिया गया है। लंदन के पेशेवर नगर दिखाने वाले परिचायक यात्रियों को यह स्कूल दिखाते समय अभिमान से कहते हैं कि ग्रेट ब्रिटेन के प्रधानमंत्रियों में से १५ या २० इसी स्कूल के विद्यार्थियों में से हो चुके हैं। इतना ही नहीं, संसार के अन्य कई देशों में भी इस स्कूल में शिक्षा पाये विद्यार्थी प्रधानमंत्री हो चुके हैं उदाहरणतः भारत के वर्तमान प्रधानमंत्री पं० जवाहरलाल नेहरू भी हारो स्कूल के विद्यार्थी थे। इंगलैण्ड में ऐसे दो प्रकार के स्कूल न केवल विकट श्रेणी भेद के प्रतीक और परिणाम हैं बल्कि शासक श्रेणी और शासित श्रेणी के भेद को बनाये रखने का साधन भी हैं। इन स्कूलों के आशीर्वाद से अमीर घरों की अधिकांश संतानें अभिजात होने के कारण ही शासक बन जाती हैं। उदाहरण प्रत्यक्ष ही हैं। जिस पब्लिक के लिये इन पब्लिक स्कूलों की राह बन्द है वे ब्रिटेन के आदर्श प्रजातन्त्र में, कानूनी समान अधिकार और स्वतन्त्रता से संतुष्ट है।

हाँ, रास्ते के चित्रकारों यानी पेवमेंट आर्टिस्ट्स की बात कर रहा था; यह भी असम्भव नहीं कि इनमें से कई अब भी वास्तव में अच्छे कलाकार हों परन्तु उनके पास चित्रकला के लिये आवश्यक सामग्री खरीदने के लिये दाम कहाँ? चित्र बना सकने के लिये जगह और चित्र बनाते समय पेट भर सकने के लिये साधन कहाँ हैं? सबसे बड़ी समस्या यह है कि उनके बनाये चित्र खरीदेगा कौन? यह ठीक है कि लंदन और न्यूयार्क में एक-एक चित्र के दाम कई-कई हजार पौंड या डालर पड़ जाते हैं लेकिन किसी-किसी चित्र के ही। साधारणतः पूँजीवादी संस्कृति में कलाकार का भूखों मरना कलाकार की प्रकृति का आवश्यक परिणाम माना जाता है। कुछ लोग तो उसकी कला के निखार के लिये ऐसी तपस्या आवश्यक भी समझते हैं। किसी चित्र के बड़े दाम तभी पड़ सकते हैं जब वह चित्रों के किसी बहुत बड़े दलाल की मार्फत बिके या किसी चित्र के असाधारण बड़े दाम पड़ने में कला के दलाल का ही अधिक लाभ हो। प्रायः इसीलिये कलाकारों के मर जाने के बाद ही उनकी कला को मान्यता दी जाती है या बहुत बड़े दाम पड़ने का कारण किसी बहुत बड़े पूँजीपति की बड़े दाम देने के माध्यम से प्रसिद्धि की इच्छा होती है। जो भी हो; चित्रों के लिये इतने बड़े दाम दे सकने वाले लोगों की संख्या कितनी है? बहुत होगा करोड़ों में दो-चार। पूँजीवादी समाज में चित्रकला ऐसे ही संरक्षकों पर या दो-चार सरकारी अजायबघरों और चित्रशालाओं की कृपा पर ही निर्भर करती है परन्तु सोवियत देश में मजदूरों-किसानों के क्लबों या होटलों के बड़े हालों में, होटलों के प्रत्येक कमरे में, सीढ़ियों में, रेस्तोरां में, रेल स्टेशन के मुसाफिरखानों में सभी जगह तैल चित्रों की भरमार है। वे सब चित्र निश्चय ही कला के सबसे ऊँचे स्तर के तो नहीं हो सकते परन्तु समाज में चित्रों की इतनी बड़ी माँग कितने व्यक्तियों को चित्रकला पर निर्भर रह सकने का अवसर दे सकती है? यह इसीलिये कि सोवियत देश में कला केवल साधनों की मालिक श्रेणी के ही लिए नहीं है सम्पूर्ण साधन समाज के होने के कारण कला भी संपूर्ण समाज के लिये ही है। पूँजीवादी समाज में जब कलाकार साधनहीन है तो कलाकार या तो कला को छोड़ पेट पाले या उसे भिखमंगा बनना ही पड़ेगा।

इंगलैण्ड में कला एक श्रेणी विशेष की ही चीज है यह 'टेट गैलरी' और 'नेशनल आर्ट गैलरी' का चक्कर लगाने से भी जान पड़ता है। इसमें तो संदेह नहीं कि लंदन के

इन दोनों कला संग्रहालयों में वह बहुत कुछ है जिसे धन बटोर सकता है। प्राचीन कलाकारों की मौलिक कृतियाँ भी हैं लेकिन ये संग्रह चित्रों की संख्या के विचार से न तो लेनिनग्राद के 'हर्मिटाज' और मास्को के 'चाइकोवस्की संग्रहालय' को पहुँच सकते हैं। कला का संग्रह कर सकना अवसर की भी बात हो सकती है परन्तु कला में सर्वसाधारण की रुचि होना दूसरी बात है। 'नेशनल आर्ट गैलरी' और 'टेट गैलरी' में भी जाने पर भीड़ जैसी कोई चीज दिखाई नहीं दी हालांकि लंदन की जनसंख्या मास्को से ड्योढ़ी तो है ही। इसके अतिरिक्त लंदन में इन दोनों संग्रहालयों में प्रवेश निःशुल्क है और मास्को में टिकट खरीदना पड़ता है। लंदन के कला संग्रहालयों में जो लोग दिखाई दिये वे उसी श्रेणी के लोग थे जिन्हें खाने-पीने के बाद समय गुजारने के लिये या चाय और दावत की मेज पर बात चालू रखने के लिये कला की बात करनी पड़ती है। शारीरिक श्रम से निर्वाह करने वाली श्रेणी या सर्वसाधारण लोग भी इंगलैण्ड में कला की बात सोचते हों ऐसा नहीं जान पड़ा।

चमन रेवरी लंदन में औद्योगिक संघों के आन्दोलनों और इतिहास पर खोज कर रहे हैं। व्यक्तिगत रूप से उनकी रुचि साहित्य और कला में ही अधिक है। मेरे लंदन में रहते समय एक संध्या 'इंस्टीट्यूट आफ कन्टेम्पोरेरी आर्ट' (आधुनिक कला संस्थान) की विशेष बैठक थी। इस बैठक में फ्रांस के बहुत सफल नवयुवक उपन्यास लेखक नेपियर फ्रेंच कथा-साहित्य के विषय में कुछ परिचय देने वाले थे। इस इंस्टीट्यूट की बैठकों में जाना व्ययसाध्य है क्योंकि मेम्बरों और उनके अतिथियों को भी टिकट खरीदना पड़ता है और टिकट के दाम भी काफी होते हैं।

नेपियर अट्ठाइस-तीस वर्ष के युवक जान पड़े। छरहरा बदन, खुले हाथ पांव, खरखरे से बाल, भोला प्यारा सा चेहरा जैसे खेलकूद में रस लेने वाला बेफिक्र नौजवान परन्तु **I. C. A.** में एकाध श्रोता बड़े ध्यान से उनकी बातें सुन रहे थे जैसे गंभीर ज्ञान के प्रकाश की आशा हो। नेपियर अंग्रेजी नहीं बोल पाते। उनकी बात का अनुवाद किया जा रहा था। उन्होंने अपने दोनों उपन्यासों की चर्चा की कि गत महायुद्ध की घटना भूमि पर लिखे गये हैं परन्तु कथावस्तु और विचार दोनों में पृथक-पृथक हैं। इसके बाद वे अन्य कथा लेखकों की चर्चा करने लगे। चर्चा संक्षिप्त थी केवल लेखकों के राजनैतिक लेबलों के रूप में, अमुक कम्युनिस्ट है, अमुक फैसिस्ट है, अमुक सोशलिस्ट है।

चमन रेवरी ने मेरे कान में कहा—"यह काम की बात तो कुछ बता नहीं रहा। एक प्रश्न पूछूं।" और खड़े हो उन्होंने प्रश्न किया—"सार्त्र की रचनाओं के बारे में आपका और अन्य फ्रेंच साहित्यिकों का क्या विचार है?" नेपियर ने हाथों की उंगलियां कई बार फैला और सिकोड़कर उत्तर दिया—"सार्त्र कम्युनिस्ट बनना चाहता है। कम्युनिस्ट उसकी कड़ी आलोचना करते हैं तो वह खिन्न होकर कम्युनिस्टों पर चोट भी करता है। अन्तः करण से वह कम्युनिस्ट ही है।" इस उत्तर से हम लोग कोई खास बात जान न सके। रेवरी ने फिर प्रश्न किया—"कोई लेखक सोशलिस्ट है या कम्युनिस्ट, इस बात की चिन्ता के अतिरिक्त कला की दृष्टि से भी तो उसकी रचना का मूल्यांकन किया जा सकता है? सार्त्र के विषय में आपकी राय इसी दृष्टि से जानना चाहता हूँ" नेपियर ने होंठ सिकोड़कर उत्तर दिया—"सार्त्र अब फिर कम्युनिस्टों की ओर हाथ बढ़ा रहा है।" अब बहुत से लोग फ्रेंच में बोलने लगे। अंग्रेजी में अनुवाद की बात जाती रही। जान पड़ता

था कि बहुत से लोग फ्रेंच भाषा का ज्ञान प्रकट करने का अवसर नहीं खो देना चाहते थे। सभापति ने नेपियर को सभा के लोगों का ज्ञान बढ़ाने की कृपा के लिये धन्यवाद दे दिया और बैठक समाप्त हो गई। मुझे बेचारे रेवरी के दो पौंड फिजूल खर्च हो जाने का ही अफसोस हुआ।

'आधुनिक कला संस्थान' (I. C. A.) में केवल साहित्य विमर्श ही नहीं होता बल्कि चित्रकला पर भी चर्चा होती है। चित्रों के दो-तीन बहुत ही आधुनिक नमूने संस्थान की दीवारों पर लगे थे। इन चित्रों को काफी समय देखने पर भी उनमें किसी आकृति का अनुमान न कर सके। अलबत्ता बहुत से रंगों के छीटे एक साथ पड़े जान पड़ते थे, जैसे बहुत से रंगों से होली खेलने पर किसी के कपड़ों की अवस्था हो सकती है। माना जा सकता है कि कला के कुछ ऊँचे स्तर अभ्यासगम्य होते हैं। उनका रस ले पाने के लिये ज्ञान की कुछ भूमिका आवश्यक होती है। इस विषय में 'लंदन स्कूल आफ आर्ट्स' के विद्यार्थियों से भी बात की। ऐसे दो एक चित्र बहुत ख्यात फ्रेंच कलाकार के जो बिलकुल आकृतिहीन तो न थे परन्तु जिनमें आकृति की अपेक्षा रंगों को ही महत्त्व दिया गया है— उदाहरणतः नीले सोफे पर गुलाबी रंग में नारी के नग्न शरीर की गुलाबी सी अस्पष्ट आकृति और समीप पीले रंग के फूलों का गुच्छा भी देखे। रंगों की चटक की बात स्वीकार करके भी मैं उसमें कोई रसानुभूति नहीं कर सका। रंगों का समन्वय भी कला है, पर उसमें ही कला की चरम अभिव्यक्ति हो जाय, यह मान लेने को जी नहीं चाहता। ऐसी कला तो हमारी ग्रामीण स्त्रियाँ परम्परा से निभाती आ रही हैं। राजपूताने में लहंगे, चुनरी और अंगिया के रंगों का जो परम्परागत समन्वय चला आ रहा है, क्या वही चित्रकला की अन्तिम सीमा है? मुझे ऐसा अनुभव हुआ कि पश्चिम की चित्रकला अतिपार्थिव यथार्थवाद पर निर्भर करने के कारण अन्तर्विरोधों से भरी अपनी आधुनिक परिस्थिति में गतिरोध और अभिव्यक्ति के लिये मूर्त्तों का अभाव अनुभव कर रही है। कल्पना और भाव से मूर्त्तों की रचना करने की जो प्रवृत्ति भारतीय चित्रकला की एक विशेषता है, उदाहरणतः राग, रागिनियों के चित्र या चगतई द्वारा प्रतीक्षा, विदा, वात्सल्य, अनुराग और प्रतिहिंसा का काल्पनिक मूर्तों द्वारा चित्रण, ऐसी प्रवृत्ति योरुप में अभी नहीं जाग पायी। टेट गैलरी में ऐसे कुछ चित्र प्राचीन कलाकारों विलियम ब्लेक आदि के हैं जिनके आधार धार्मिक भावनायें थीं पर पश्चिमी कलाकार इस ओर बढ़ नहीं पाया।

जैसा गतिरोध और अवसर की कमी चित्रकला के क्षेत्र में दिखाई देती है वैसा ही साहित्य के क्षेत्र में भी है। युद्ध के बाद से दी क्राइटेरियन, लाइफ एण्ड लैटर्स, एडेल्फी, लंडन मर्करी, पियर्सन मैगजीन आदि बहुत सी साहित्यिक पत्रिकाएं बन्द हो गई हैं। इन पत्रिकाओं के बन्द हो जाने से नये लेखकों के लिये अवसर भी कम हो गया है। नये लेखकों की बात छोड़ दीजिये, अधिकांश पुराने लेखकों की भी अवस्था बहुत अच्छी नहीं है। कई लेखकों से बातचीत करने पर यही पता लगा कि साहित्य के क्षेत्र में कलम के जोर पर सुविधा से निर्वाह करने वालों की संख्या इंगलैण्ड में आधी दर्जन से अधिक नहीं है। साधारणतः उपन्यासों की तीन हजार प्रतियाँ एक बार में छपती हैं। इसमें से दो हजार पुस्तकालयों में चली जाती हैं। 'पैलिकन' और 'पैंगुइन' सीरीज की बात दूसरी है। कालान्तर में प्रकाशन के इस विराट केन्द्रीकरण का प्रभाव क्या होगा? छोटे-मोटे प्रकाशकों का समाप्त हो जाना और लेखकों पर शेष रह गये दो एक प्रकाशकों का पूर्ण

नियंत्रण। पूँजी के स्वार्थ का विचारों पर ऐसा नियंत्रण लेखक के लिये स्वतंत्र अस्तित्व का कोई अवसर नहीं छोड़ता क्योंकि पूँजीपति श्रेणी के रहते शासन कभी उसके हाथ से मुक्त नहीं हो सकता।

अंग्रेज कहानी लेखकों और कवियों का विचार है कि युद्ध के बाद से साहित्य की खपत में भारी कमी आ जाने का कारण सिनेमा, रेडियो, टेलीविजन आदि का अधिक प्रचार हो जाना है। यह अनुमान ठीक नहीं जान पड़ता। सोवियत में भी सिनेमा, रेडियो और टेलीविजन की कमी नहीं इंगलैंड से कुछ अधिकता ही जान पड़ती है। सोवियत में पिछले इन वर्षों में पुस्तकों की खपत ८४ प्रतिशत बढ़ गई है। वास्तविक कारण वही है जो हमारे अपने देश में। उत्साही कलाकार नित्य नयी पत्रिका निकालते हैं और वह दो अंक प्रकाशित कर समाप्त हो जाती है। यहाँ भी हम साहित्यिक पत्रिकाओं का जीवन असम्भव होता देख रहे हैं। कारण है साधनहीन प्रकाशकों का साधनवान प्रकाशक से व्यावसायिक प्रतिद्वन्द्विता में पिट जाना। आज कोई पत्र सफल नहीं हो सकता जब तक उसमें काफी विज्ञापन न हो। अब स्थिति एक कदम और आगे बढ़ गई हैं और पत्र-पत्रिकाएँ निरे विज्ञापनों के सहारे भी नहीं बल्कि इनामी पहेलियों के सहारे चल रही हैं। पत्र-पत्रिकाओं में साहित्य और समाचार का अंश केवल शोभा मात्र के लिये या भोजन में नमक की तरह रहता है। जब कहानी, कविता और आलोचना का पुट लिये सचित्र विज्ञापनों और पहेलियों से भरा पत्र बाजार में छः आने में मिल सकता है तो निरे साहित्यिक पत्र को गाहक दस बारह आने में कैसे खरीदेगा?

जैसी कहानियाँ लंदन के पत्रों के साप्ताहिक संस्करणों में देखीं या यहाँ प्राप्य अंग्रेजी पत्रों में कुछ समय से प्रकाशित हो रही हैं; उनमें भाषा, शैली और ग्राह्यता का तत्त्व ठीक होने पर भी पाठक अन्त में यही सोचता है, "बात क्या बनी?" साहित्य के स्तर के इस पतन के लिये प्रकाशक पाठक वर्ग को दोष देते हैं। उनका कहना है कि जनता विचारात्मक साहित्य की अपेक्षा रोमांचक साहित्य ही अधिक चाहती है। प्रकाशक के इस विचार के दो कारण समझे जा सकते हैं प्रथम तो कला पारखी जनता का निर्णय प्रकाशक तक पहुँचने का साधन ही कहाँ है? दूसरा यह कि वर्तमान आर्थिक आतंक में जनता इतनी विक्षिप्त है कि वह साहित्य को विचार-विमर्श का साधन बनाने की अपेक्षा अपने-आपको भुलाने का ही साधन बनाना चाहती है। प्रकाशक ऐसे साहित्य को सस्ता और सुलभ देख जनता की विक्षिप्त मानसिक अवस्था में अपने व्यावसायिक लोभ के लिये उसे विकृति के ढलवान पर लुढ़कने में और सहायता देता है।

लंदन में सिनेमा-नाटकों की भी कमी नहीं। ऐसे भी सिनेमा हाल हैं जिनमें तीन हजार तक दर्शक बैठ सकते हैं। यहाँ भी सौन्दर्य की अपेक्षा व्यवसाय का ही दृष्टिकोण प्रधान है। हाल को सुन्दर बनाने की अपेक्षा अधिक लोगों का सुविधा से बैठा सकने का ही प्रबन्ध किया जाता है? अंग्रेजी पर 'हालीवुड' का प्रभाव बहुत गहरा है। पारखी लोग अंग्रेजी फिल्मों से असंतोष अनुभव कर प्रायः दूसरे देशों से आई फिल्में देखना ही पसन्द करते हैं। लंदन में दिखाए जाने वाले फिल्म तो लंदन की विशेषता नहीं हैं। वे फिल्में दुनिया भर के सिनेमाओं में भी दिखाई जाती हैं। रंगमंच के विषय में बात दूसरी है। ओल्डविक में प्रायः शेक्सपियर के नाटक अब भी चलते रहते हैं। तत्कालीन यथार्थ उपस्थित करने और अभिनय की दृष्टि से यह रंगमंच बहुत उत्कृष्ट है। ओल्डविक में भीड़

भी खूब रहती है। टिकट कुछ दिन पहले से न लिये रहने से निराशा ही होती है। ओल्डविक जैसी भीड़ दूसरी रंगशालाओं में नहीं होती। सेंट जेम्स थियेटर में उस समय 'एस्केपेड' का नया अप्रकाशित नाटक चल रहा था। इस नाटक की कथा युद्ध की विभीषिका से संत्रस्त एक विद्यार्थी के अन्तर्राष्ट्रीय शान्ति के लिये प्रयत्न करने की थी। नाटक में अभिनय बहुत अच्छा था और वैसा ही चुस्त उसका वार्तालाप था पर यह सर्वसाधारण की चीज नहीं था। एक विशेष नाटक-समाज की ओर से इसका आयोजन था। 'यूनिटी थियेटर' प्रगतिवादी लोगों के क्लब की रंगशाला है। यहाँ एक आधुनिक हंगेरियन नाटक अंग्रेजी में चल रहा था। अभिनय तो जरूर अच्छा था परन्तु साधन और सरंजाम, जैसे कि पूँजीवादी व्यवस्था में प्रगतिवादियों के होते हैं, संक्षिप्त ही थे।

जनप्रिय रंगमंच का उदाहरण 'पिगाल टु पिक्केडिल्ली' भी देखा। इसे सभी आधुनिक साधनों से सम्पन्न नौटंकी कहा जा सकता था। ओछा हास्य और नग्नता का प्रदर्शन। बैले की नकल भी थी परन्तु इस नृत्य की गरिमा और सूक्ष्मता दोनों का अभाव होने के कारण केवल नारी की जांघों, स्तनों, कमर और बांहों का प्रदर्शन ही रह गया था। ग्रेट ब्रिटेन के नैतिक कानून के अनुसार रंगमंच पर नग्न नृत्य का निषेध है इसलिये नर्तकियों को कानूनन नग्न नहीं कहा जा सकता था। उनके शरीर पर कुछ इंच कपड़ा अवश्य था परन्तु दर्शकों को उत्तेजना की अनुभूति देने के लिये रंगमंच पर बनाये वृक्षों के नीचे नग्न युवतियों को भी बैठा दिया गया था। यह युवतियाँ विशेष मुद्रा में ही बैठी हुई थीं। वे कानूनन आँखों के अतिरिक्त और कोई अंग नहीं हिला सकती थीं। शायद इन युवतियों के लिये किसी प्रकार की कलात्मक शिक्षा पाये बिना ही रोटी कमा लेने का यह साधन सुविधाजनक है। लंदन में स्त्री की दयनीय आर्थिक स्थिति के कारण ऐसी युवतियाँ दुर्लभ नहीं। नाटकों और सिनेमाघरों में भी एक बात देखकर विस्मय हुआ कि हमारे यहाँ की 'पाँच आना क्लास' से भी नीचे एक क्लास वहाँ है अर्थात बहुत से लोग सस्ते के विचार से खड़े होकर ही सिनेमा, नाटक देख लेते हैं।

लंदन की लाजवंती भिखमंगियाँ

'टु बैग आई वाज अशेम्ड' (मैं माँगते लजाती थी) अंग्रेजी का एक खूब चालू उपन्यास है। आत्मकथा के रूप में एक युवती की कहानी है जिसे पेट भरने के लिये भीख माँगते लाज लगती थी इसलिये वह वेश्यावृत्ति से निर्वाह करने लगी! भीख माँगने और वेश्यावृत्ति में से क्या अधिक लज्जास्पद है; यह विवाद छोड़कर इतना ही कहना पर्याप्त है कि लंदन में उपरोक्त नायिका के जीवन से 'शिक्षा' लेने वाली युवतियों की कमी नहीं। हाँ, यह भी बात है कि इंगलैंड में भीख माँगने के लिये तो सरकार से अनुमति या लाइसेंस लेना पड़ता है परन्तु वेश्यावृत्ति के लिये न लाइसेंस दिया जाता है न लेना आवश्यक है।

लंदन पहुँचने की पहली संध्या ही इस समस्या का परिचय मिला। जिस मित्र को ढूंढ़ने गये थे, वह मिला नहीं। संध्या के छः बज गये थे। अंधेरा तो लंदन के बाजारों में होता ही नहीं, पर दुकानें पाँच ही बजे बंद हो जाती हैं। भोजन साढ़े सात आठ बजे खाना चाहते थे। प्रसिद्ध हाइड पार्क के कोने से जा रहे थे। सोचा एक झांकी प्रसिद्ध बाग की लेते चलें। गुंजान लंदन में इतना विस्तृत बाग देखकर बहुत अच्छा लगा। बाग में कई सड़कें समानान्तर चली गई हैं। मुख्य सड़क पर बिजली की बत्तियाँ हैं परन्तु समानान्तर

सड़कों पर अंधेरा है। लंदन में प्रायः ही बादल और कोहरा बना रहने के कारण और बाग में खूब बड़े वृक्ष होने के संध्या समय बागों में अंधेरा और भी गहरा रहता है। सड़कों के किनारे और जगह-जगह भी बेंचें पड़ी हैं। सर्दी अधिक थी। शायद इसलिये सड़क पर टहलने वाले विरले ही दिखाई दे रहे थे, पर इस सर्दी में भी वृक्षों के नीचे जहाँ-तहाँ बैठे एक-एक, दो-दो लोगों की छाया सी दिखाई पड़ रही थी।

चौबेजी और मैं प्रकाशित मुख्य सड़क पर अधिक दूर नहीं गये। बेंचों पर बैठी युवतियाँ और अर्ध-प्रौढ़ा सी स्त्रियाँ दिखाई देने लगीं। धीमे से मुँह से सीटी बजाने का स्वर, फिर 'हल्लो!' पहला विचार यही होता है कि कोई किसी को बुला रहा होगा, अपने को क्या? परन्तु आस पास किसी दूसरे को न देख मानना ही पड़ेगा कि सम्बोधन, हमारे लिये है। बेंच पर बैठी सम्बोधन करने वाली स्त्री की मुस्कराहट भी इस अनुमान का समर्थन कर रही थी। अब की हल्लो सुन जरा ठिठके। स्त्री के चेहरे पर मुस्कराहट और फैल गई और सुनाई दिया—"वांट ए प्लेराउण्ड?" (कुछ खिलवाड़ हो जाय?) ऐसा सुझाव कई मुहावरों से दिया जाता है उदाहरणतः "दिल बहलाव हो जाय" "जरा घूमने कहीं चलते हों?" "साथ चाहते हो?" आदि आदि। हम लोगों ने साहस कर युवती के प्रस्ताव के सम्बन्ध में कठिनाई सुझाई कि हम तो दो जने हैं। "तो यहाँ क्या लड़कियों की कमी है?"—उसका उत्तर था। हम लोग आगे बढ़ गये। सरदी और अंधेरा था इसलिये बहुत दूर नहीं, हाइड पार्क कार्नर वाले फाटक से बाग के भीतर बनी झील तक ही गये। अंधेरे में सड़क के समीप दोनों ओर वृक्षों के नीचे बेंचों या जमीन पर बैठे, लेटे लोग दिखाई पड़ रहे थे। बाग की मुख्य सड़क पर लंदन के सुडौल, सुदर्शन छः फुटे पुलिस मैन भी थोड़ी-थोड़ी देर बाद अपने भारी-भारी बूटों से धीमे-धीमे ठक-ठक चहलकदमी करते हुए, सुव्यवस्था और शान्ति की चौकसी में, इधर-उधर नजरें दौड़ाते हुए निकल जाते थे।

लंदन में किसी भी संध्या सात बजे के बाद लैस्टर स्क्वायर, चेल्सी, स्लोन स्क्वायर, रस्सल स्क्वायर, ट्रफालगर, ग्रीनपार्क आदि स्थानों में, जहाँ भीड़ काफी होती है घूमने जाइये तो ऐसी युवतियाँ आमंत्रण में घूरती हुई गलियों के नुक्कड़ों पर खड़ी दिखाई दे जायेंगी। उन्हें खोजना नहीं पड़ता बल्कि न देखना ही असम्भव है। लंदन में कभी कोई भली लड़की या युवती आपको पैदल-पटरी पर धीमे-धीमे चलती नहीं दिखाई देगी क्योंकि धीमे-धीमे चलती युवती को ग्राहक की प्रतीक्षा में घूमती स्ट्रीटगर्ल (बाजारू छोकरी) समझ लिया जाता है। पैदल-पटरी और गलियों की नुक्कड़ों पर ही नहीं चाय पानी की दुकानों में भी, यदि आप निगाहें चाय की प्याली में ही न डुबाये रहें तो, कई बार आँखें चार होंगी, कभी मुस्कराहट दिखाई देगी और कभी कामुकता का सुझाव देने वाले दूसरे ढंग। आमोद-प्रमोद की जगहों में कभी-कभी कोई आदमी कान में धीमे से 'ड्रिंक, डांस एंड गर्ल्स! (शराब, नाच और छोकरी!) के लिये निमंत्रण देता हुआ गुजर जायेगा।

प्रश्न यह है कि क्या लंदन के बाजारों, पार्कों और रेस्तोरां में मंडराने वाली ऐसी हजारों सभी लड़कियाँ तमाशबीन और उच्छृंखल हैं? वे ऐसा व्यवहार अपने दिल बहलाव के लिये करती हैं? उच्छृंखलता और तमाशबीनी में पसन्द का सवाल रहता है, पैसे की आशा नहीं। इन युवतियों की स्थिति इससे ठीक उल्टी है, अर्थात वे किसी को पसन्द-नापसन्द नहीं करतीं, पसन्द कर ली जाने का अनुरोध सभी से करती हैं। स्पष्ट ही यह उनका शौक नहीं, मजबूरी है। यह ठीक है कि लंदन में चकले नहीं, जो हैं वे गुप्त हैं

क्योंकि अंग्रेजों की नैतिकता वेश्यावृत्ति के लिये लाइसेंस दे देना सहन नहीं कर सकती परन्तु वेश्यावृत्ति को अपराध भी वे करार नहीं दे सकते। वे अपने समाज में स्त्री की स्थिति से बेखबर नहीं।

पार्कों और पैदल पटरियों पर जहाँ यह युवतियाँ मंड़राती रहती हैं, वहाँ सतर्क पुलिसमैन भी चहल-कदमी करते रहते हैं। यह पुलिसमैन इन छोकरियों के व्यवसाय की व्यक्तिगत स्वतंत्रता में बाधा नहीं डालते परन्तु यदि वे नागरिकों को परेशान करने लगें अर्थात मुँह लगने लगें या उनके दामन पकड़ने लगें तो वे तुरन्त उन्हें पकड़कर थाने ले जायेंगे। या किसी स्त्री-पुरुष को दलाली करते देखें तो उसे भी गिरफ्तार कर लेंगे। नागरिकों की व्यक्तिगत स्वतंत्रता की रक्षा के नाते पुलिसमैन का एक और भी कर्त्तव्य है:—यदि कोई व्यक्ति किल्लोलरत जोड़ों की ओर घूरने के लिये खड़ा होकर या उन पर हँसकर उन्हें 'खिन्न' (एनोय) करे तो पुलिसमैन ऐसे 'अभद्र' व्यक्ति को भी तुरन्त गिरफ्तार कर लेगा।

लंदन की वेश्यावृत्ति की समस्या का व्यावहारिक रूप वहाँ के पत्रों में प्रकाशित एक मुकद्दमे से स्पष्ट हो जाता है। एक अमरीकन युवक यात्री अपनी युवा पत्नी के साथ संध्या समय लैस्टर स्क्वायर से चला जा रहा था। अचानक स्थानीय बाजारू छोकरियों ने इस अमरीकन युवती को नोंचकर उसके कपड़े फाड़ डाले। बीच बचाव करने में युवक के कपड़े भी नुच गये। पुलिस ने इन छोकरियों को गिरफ्तार कर लिया झगड़े का राज मुकद्दमे में खुला। वह यात्री लैस्टर स्क्वायर से दो-तीन बार लड़कियों को ले जा चुका था। अमरीकन युवकों की जेब भारी होने की आशा में लंदन की बाजारू छोकरियाँ उनकी ओर ध्यान भी अधिक देती हैं। इनके लिये उनमें ईर्ष्या हो जाना भी अस्वाभाविक नहीं। उस संध्या युवक के साथ एक अपरिचित युवती को देख स्थानीय छोकरियों को क्रोध आ गया। उनका अनुमान था कि किसी दूसरे मुहल्ले में वृत्ति करने वाली छोकरी ने उनके क्षेत्र में आकर शिकार फंसा लिया है इसलिये वे उत्तेजना में उसे पीट देना चाहती थीं।

मैजिस्ट्रेट ने इन लड़कियों को पर्याप्त दण्ड न दे सकने की अपनी विवशता पर खेद प्रकट करते हुए फैसला दिया कि कानूनन इन लड़कियों को केवल दंगा करने के लिये ही दंड दिया जा सकता है परन्तु इनका उससे बड़ा अपराध तो है वेश्यावृत्ति जो हमारा कलंक बन गया है। लेकिन इंगलैण्ड में वेश्यावृत्ति कानूनन अपराध नहीं। प्रश्न यह है कि इंगलैण्ड की नैतिक धारणा किसी स्त्री को वेश्यावृत्ति के लिये लाइसेंस देने में तो लज्जा अनुभव करती है; वह इस काम को अपराध क्यों नहीं करार दे सकती? शायद ऐसा करना बड़ी भारी जिम्मेवारी होगी जिसे ग्रेट ब्रिटेन के साम्राज्य की शक्ति सम्भाल नहीं सकती। ग्रेट ब्रिटेन वेश्यावृत्ति को अपनी सामाजिक और आर्थिक व्यवस्था का अनिवार्य अंग मानकर उसकी उपेक्षा के लिये विवश है। क्या ग्रेट ब्रिटेन इस बात की जिम्मेवारी ले सकता है कि वह अपने देश के प्रत्येक स्त्री-पुरुष को उनकी योग्यतानुसार जीविका दे? ऐसी अवस्था में वेश्यावृत्ति को अपराध करार दे देने वह और भी भयंकर कुकर्म का रूप ले लेगी।

सोवियत में वेश्यावृत्ति अपराध है क्योंकि सोवियत व्यवस्था अपने देश के प्रत्येक स्त्री-पुरुष को उसकी योग्यतानुसार जीविका देने की जिम्मेवारी लिये है। इंगलैण्ड में और इस देश में भी बहुत से लोग यह विश्वास नहीं कर पाते कि सोवियत में वेश्यावृत्ति

कानूनी तौर पर निषिद्ध होने के कारण ही वहाँ यह अनैतिकता वास्तव में भी नहीं है। उनका तर्क है कि यौन उच्छृंखलता एक अंश तक मनुष्य-समाज के स्वभाव का अंग है और वेश्यावृत्ति इस उच्छृंखलता का व्यावहारिक रूप या अनिवार्य परिणाम है। सोवियत में वेश्यावृत्ति की सम्भावना पर विचार करने के पहले यह निर्णय कर लेना आवश्यक है कि मूल्य देकर यौन इच्छा की तृप्ति देना ही वेश्यावृत्ति है। इसके बाद प्रश्न उठता है कि वे कौन सामाजिक और आर्थिक परिस्थितियाँ हैं जो मूल्य लेकर यौन इच्छा की तृप्ति देने की परिस्थिति और अवसर पैदा करती हैं? इंगलैण्ड या लंदन का उदाहरण इसलिये उपयोगी है कि पूँजीवादी संस्कृति की दृष्टि से उस देश और नगर को सबसे अधिक उन्नत समझा जा सकता है। लंदन की वेश्यायें अपनी यौन उच्छृंखलता की तृप्ति के लिये चेष्टा नहीं करतीं उनका प्रयोजन पेट भरना ही है। वेश्यावृत्ति का कारण वेश्याओं की यौन उच्छृंखलता नहीं बल्कि समाज के दूसरे लोगों की यौन उच्छृंखलता है। इस उच्छृंखल प्रवृत्ति के सामने बहुत सी लड़कियों को परास्त क्यों हो जाना पड़ता है? अंग्रेज समाज न केवल अपने समाज की स्त्रियों के निर्वाह के लिये जीविका देने की जिम्मेवारी नहीं लेता बल्कि इंगलैंड की परम्परागत आर्थिक व्यवस्था के अनुसार स्त्रियों को पुरुष के समान ही काम करने पर भी मजदूरी आधी मिलती है। विवाहित स्त्रियों को साधारणतः स्थायी नौकरी देना इसलिये हानिकार है कि प्रसवकाल आने पर उन्हें सवेतन छुट्टी देने का बोझ व्यवसायी पर पड़ने का भय रहता है।

यह बात नहीं कि सोवियत समाज में लोग आमोद और विनोद प्रिय न हों। वहाँ के होटलों और रेस्तोरां में लोगों को रात के तीन बजे तक पीते, गाते और नाचते देखा जा सकता है परन्तु इस प्रमोद में यौन के सौदे का अवसर नहीं क्योंकि सोवियत समाज में परिस्थितियाँ इसके ठीक प्रतिकूल हैं। वहाँ सोवियत व्यवस्था पुरुषों की ही तरह स्त्रियों के लिये भी जीविका का अवसर या रोजगार देने की जिम्मेवारी लिये है। किसी भी कारोबार या उद्योग में स्त्री के लिये बाधा नहीं। पुरुष के समान काम करने पर वह पुरुष के समान ही वेतन पाती है। ऐसी अवस्था में स्त्री को अपना शरीर बेचने की जरूरत नहीं और न कोई दूसरा खरीद सकने की अधिक सशक्त स्थिति में है। स्त्री को स्त्री होने के कारण कोई बाध्यता या विवशता नहीं, कुछ सुविधायें जरूर हैं। पुरुष को साधनों के बल से स्त्री पर आधिपत्य जमाने का कोई अवसर नहीं। इसीलिये जहाँ लंदन के समाज में अविवाहित युवक और युवतियों का प्राचुर्य है सोवियत में नवयुवक और युवतियाँ प्रायः वयः प्राप्त होते ही विवाह कर लेने की जल्दी में रहते जान पड़ते हैं। सोवियत में इंगलैंड या योरुप के अन्य देशों की तरह 'छुट्टी' स्त्रियां नहीं हैं। सोवियत में उच्छृंखल स्वभाव स्त्री-पुरुषों से यह आशा तो की जा सकती है कि वे उच्छृंखल स्वभाव के कारण विवाहित जीवन की सीमा के बाहर भी यौन तृप्ति की निन्दनीय चेष्टा करें पर वहाँ मूल्य के जोर पर यौन तृप्ति के क्रय-विक्रय की प्रणाली चलने का अवसर नहीं। सोवियत समाज और इंगलैण्ड के समाज में इस भेद का कारण सोवियत के लोगों का संयमी और इंगलैण्ड के लोगों का असंयमी होना नहीं बल्कि दो प्रकार की भिन्न सामाजिक और आर्थिक व्यवस्थायें हैं।

यौन प्रवृत्तियों के संतोष का समाज द्वारा स्वीकृत, नीति संगत और स्वाभाविक मार्ग है विवाहित जीवन। पश्चिमी पूँजीवादी समाज में मध्यम और निम्न-मध्यम-श्रेणियों के नवयुवकों में विवाह की जिम्मेवारी उठाने के प्रति विरक्ति स्पष्ट है। इसके कई कारण हैं;

जीवन निर्वाह का स्तर ऊँचा होकर खर्चीला होते जाना और उसके साथ ही आर्थिक संकट के कारण बेरोजगारी का आतंक सदा बना रहना। विवाहित और पारिवारिक जीवन के लिये स्वाभाविक अवसर न रहने पर भी यौन की स्वाभाविक प्रवृत्ति तो रहती ही है बल्कि पारिवारिक बंधनों के अभाव में इस प्रवृत्ति पर नियंत्रण शिथिल हो जाता है। ऐसी अवस्था में समाज का आधा भाग अर्थात पुरुष स्थायी जिम्मेवारी लिये बिना थोड़े समय के खिलवाड़ का दाम देकर अपनी कामना पूर्ति कर लेने के लिये समाज के दूसरे भाग, नारी को वेश्या बनाने का यत्न करता है। पुरुष की ऐसी चेष्टाओं से नारी अपने आपको बचा नहीं पाती क्योंकि परिस्थितियाँ सब तरह उसके विरुद्ध हैं; आर्थिक रूप से वह विवश है। यौन प्रवृत्ति के लिये वैवाहिक जीवन की सम्भावना बहुत कम है। यदि स्त्री संयम का यत्न भी करे तो पुरुष उसके संयम पर सभी साधनों से आक्रमण करने के लिये तैयार है। लंदन की वेश्या जिसे स्ट्रीट गर्ल्स का 'सम्मानजनक' नाम दिया जाता है, संध्या समय बन-ठनकर वह पार्कों और बाजारों में तमाशबीनी के लिये नहीं भीख माँगने के लिये जाती हैं। हाथ पसार कर वह नहीं माँग सकतीं क्योंकि भीख माँगने का लाइसेंस उन्हें नहीं मिल सकता और हाथ पसारने में उसे लाज भी लगती है। अपना शरीर देकर पैसा पा लेने के लिये लाइसेंस की आवश्यकता नहीं क्योंकि यह पूँजीवादी व्यक्तिगत और व्यावसायिक स्वतंत्रता के विरुद्ध नहीं।

लंदन के पत्र और चेतना का स्तर

लंदन को अखबारों का नगर कहा जा सकता है। वहाँ सब समय और सब स्थानों पर अखबार ही अखबार दिखाई देते हैं। एक-एक अखबार के दिन भर में कई-कई संस्करण छपते हैं। अखबारों का रिवाज इतना है कि घर में पिता और पुत्र अपना-अपना अखबार अलग-अलग खरीदेंगे। ट्यूब में जाइये तो जिसे देखिये अखबार में नजर गड़ाये है। यह अखबार रूप-रंग में हमारे देश के अखबारों जैसे दिखाई देने पर भी हैं बहुत भिन्न। इस देश से लंदन जाने वाला व्यक्ति अखबार खरीदने पर सरसरी दृष्टि से पूरा अखबार देख जायेगा और समझ न सकेगा कि वह पढ़े क्या?

हमारे देश के अखबारों में पहले पृष्ठ पर पहला समाचार प्रायः ही अन्तर्राष्ट्रीय या राष्ट्रीय महत्त्व की घटना होती है। अखबार का अधिकांश भाग ऐसी ही सार्वजनिक महत्त्व की राजनैतिक, आर्थिक और सामाजिक घटनाओं से भरा रहता है। हाँ, यहाँ के अंग्रेजी अखबारों में अन्तिम पृष्ठ पर कुछ खेल-कूद के समाचार भी रहते हैं। हमारे अखबारों में शायद साल भर में कभी ही पहले पृष्ठ पर क्रिकेट के मैच का समाचार बड़े अक्षरों में छपता हो परन्तु इंगलैण्ड के पत्रों के प्रायः ही पहले पृष्ठ पर, पहली खबर लंदन के बाजार में चौथी मंजिल की खिड़की से किसी स्त्री के बदहवास होकर कूदने की धमकी देने की, क्रिकेट-फुटबाल के मैच की या किसी सिनेमा नायिका के तलाक की हो सकती है। इसके बाद भी शहर में आग लगने या बाढ़ की खबरों को ही महत्त्व दिया जाता है। पहले पृष्ठ के बीच में कहीं महारानी के विन्सर महल से बकिंघम महल चले जाने की भी सूचना हो सकती है। दूसरे-तीसरे पृष्ठों पर भी बस और ट्यूब का किराया घटने या बढ़ने के समाचारों को ही विशेष स्थान दिया जाता है अथवा कोट या फ्राक के नये चालू होने वाले फैशनों की बात रहती है। एक दिन 'डेली मिर्रर' या 'न्यूज आफ दी वर्ल्ड' के दूसरे पृष्ठ पर मोटे अक्षरों में लंदन में बादामी जूतों की अधिकता हो जाने की ही खबर देखी।

हमारे पत्रों में राजनीति का अंश अधिक होने का मुख्य कारण यह जान पड़ता है कि हमारे देश में पत्रों के व्यवसाय का जन्म ही अधिकांश में राजनैतिक संघर्ष के साधन के रूप में हुआ था और उसी परम्परा पर उनका विकास भी हुआ। हमारे पत्र अंग्रेजी शासन व्यवस्था में व्यावसायिक लाभ की अपेक्षा संघर्ष और त्याग का ही मार्ग अपनाये रहे। वह बात अब नहीं रही है परन्तु परम्परा को बदलने में कुछ समय लगता है। इंगलैण्ड में पत्रों का प्रकाशन प्रधानतः व्यवसाय के रूप में होता है और वे व्यवसाय की स्वामी श्रेणी के राजनैतिक साधन भी हैं। इंगलैण्ड के पत्र जीवन के लिये अवसर और अधिकार के लिये संघर्ष करने वाली श्रेणी के हाथ में नहीं बल्कि स्थिति को यथावत रखने का यत्न करने वाली श्रेणी के हाथ में हैं। जब स्थिति को यथावत ही रखना हो तो स्थिति की चिन्ता न करने और संतोष की भावना का वातावरण बनाकर दिल बहलाव की बातें करना ही उपयोगी होगा। इंगलैण्ड के पत्र यही करते भी हैं।

इंगलैण्ड को अपनी 'छापने की स्वतंत्रता' (लिबर्टी आफ प्रेस) का बड़ा गुमान है। छापने की यह स्वतंत्रता उन्हीं लोगों के लिये तो हो सकती है जो पत्रों या प्रेसों के मालिक हैं। इंगलैण्ड में 'डेली वर्कर' जैसे एकाध सीमित साधन पत्र को छोड़कर सभी पत्र तीन-चार लार्ड लोगों की सम्पत्ति हैं। इंगलैण्ड की पूँजीवादी व्यवस्था के मूल स्तम्भों को पूरी स्वतंत्रता क्यों न हो? व्यवस्था को तो उन्हीं लोगों की स्वतंत्रता से भय होता है जो व्यवस्था को पलटने का यत्न कर रहे हों। इंगलैण्ड में कई-कई पृष्ठों के पत्र तीन-चार पेंस में बिकते हैं। यदि आप उतना कागज बिना छपा खरीदना चाहें तो इस मूल्य में नहीं मिल सकेगा। जाहिर है कि पत्रों का खर्चा सर्वसाधारण पाठक नहीं देते बल्कि इन पत्रों में अपने विज्ञापन छपवाने वाली श्रेणी देती है। ऐसी अवस्था में 'पत्र' से आप आशा क्या कर सकते हैं? वह "जिसका खाय उसका गाय"! इंगलैण्ड में पत्रों पर पूँजीपति श्रेणी का एकाधिपत्य होने से इस श्रेणी को निश्चय ही जनमत बनाने की पूर्ण स्वतंत्रता है क्योंकि उनके विरोध में बोल सकने के साधन किसी के पास नहीं। पत्र स्वामियों की यह स्वतंत्रता वैसी ही है जैसे निशस्त्र भीड़ में दो चार लाठीबंद लोगों को लाठी के उपयोग की पूरी स्वतंत्रता दे दी जाय।

पत्रों पर पूँजीपति श्रेणी के एकाधिकार और इस श्रेणी की पूर्ण स्वतंत्रता का यह परिणाम है कि इंगलैण्ड की सर्वसाधारण जनता साक्षर होकर भी राजनैतिक दृष्टि से पूर्णतः अचेतन है। हमारे देश में तीसरे दर्जे की गाड़ी में सफर करने वाले अशिक्षित समझे जाने वाले लोगों में कुछ ही मिनट में बातचीत आरम्भ हो जायेगी और यह बात अनिवार्य रूप से राजनैतिक विषय की ओर झुक जायेगी। लंदन में अपरिचितों में बात चलने का रिवाज ही नहीं है। यदि बात हो ही जाय तो राजनैतिक समस्या पर बात प्रायः नहीं होगी। पहले मौसम की चर्चा, उसके बाद फुटबाल के मैच की और फिर किसी दूसरी दुर्घटना की। उदाहरणतः लंदन से लीड्स जाते समय 'पुलमैन कार' में पूरा समय इसी विषय पर चर्चा होती रही कि अब इंगलैण्ड टैनिस, दौड़, साइक्लिंग, क्रिकेट आदि खेलों में संसार के सर्वोत्तम खिलाड़ियों के पदक क्यों नहीं जीत सकता? इसका कारण इंगलैण्ड में भोजन का स्तर गिर जाना है या खेलों की ओर उचित ध्यान न दिया जाना? यह अनुमान कर लेना कि इंगलैण्ड की सर्वसाधारण जनता की राजनीति के प्रति विरक्ति इंगलैण्ड के सभी सामाजिक स्तरों में मौजूद है, भारी भूल होगी। राजनीति में इंगलैण्ड की पूँजीपति श्रेणी

अथवा शासक वर्ग से अधिक कौन सतर्क हो सकता है? न केवल इंगलैण्ड के ही बारे में बल्कि संसार के सभी देशों के बारे में अत्यन्त यथार्थ और विश्वास योग्य विश्लेषण भी आप इंगलैण्ड में पा सकते हैं। यदि ये लोग इतने ही भोले होते तो संसार के सबसे बड़े साम्राज्य और व्यापार की व्यवस्था कैसे चला पाते? आज जब उनकी स्थिति बदल रही है तब भी जिस चातुर्य से वे फिसलती शक्ति को सम्भाले हैं, वह प्रशंसा की ही बात है। राजनैतिक समस्याओं से विरक्ति का मूल कारण इंगलैण्ड के पत्रों द्वारा बनाया गया सामाजिक वातावरण ही है। यह पत्र रूढ़ि की रक्षा करने वाली (कंजर्वेटिव) श्रेणी की सम्पत्ति हैं। रूढ़ि की रक्षा से ही इस श्रेणी की यथावत स्थिति की रक्षा हो सकती है इसलिये वे रूढ़ि की रक्षा को ही नैतिकता और संस्कृति का नाम दे देते हैं।

एक स्कूल में घटी छोटी-सी घटना भी इंगलैण्ड में रूढ़िवाद को मान्यता देने के प्रयत्न का उदाहरण समझी जा सकती है:—लंदन की एक नाट्य-क्लब की ओर से एक अभिनय किया गया। इस अभिनय में लड़कियों के किसी हाई-स्कूल की एक छात्रा ने स्ट्रीट-गर्ल की भूमिका की। छात्रा ने अभिनय इतना अच्छा किया कि पत्रों में भी उनकी चर्चा हुई। कुछ पत्रों ने टिप्पणी की कि पन्द्रह वर्ष की लड़की के लिये स्ट्रीट-गर्ल के भावों का इतनी गहराई और पूर्णता से अभिनय कर देना असाधारण प्रतिभा का प्रमाण है। लड़की की असाधारण प्रतिभा की चर्चा और अभिनय की इस प्रशंसा की प्रतिक्रिया भी हुई। दूसरे पत्रों ने समाज की ऐसी गन्दगी को प्रकाश में लाने वाले नाटक पर प्रतिबंध लगा दिया जाने की माँग की और लिखा कि ऐसा अभिनय एक कुमारी से करवाना अत्यन्त अनैतिक है? इस सनसनी के कारण स्वर्गीय राजमाता मेरी भी अभिनय देखने गईं और छात्रा की सफलता पर बधाई देने के लिये उससे हाथ मिला आईं। यह सब हो जाने के बाद भी हाई-स्कूल ने छात्रा को निकाल दिया। छात्रा को यह दण्ड देने का कारण बताया गया कि जिस पूर्णता से उसने अभिनय किया है, उससे प्रकट होता है कि वह इन कुकर्मों की भावनाओं से खूब परिचित है। उसका स्कूल में रहना स्कूल की लड़कियों के शील और भोलेपन पर कलंक है। लड़की के पिता ने भी आरम्भ में बेटी के ऐसा अभिनय करने पर आपत्ति की थी परन्तु लड़की को एक अच्छी बड़ी नाटक कम्पनी में नौकरी मिल जाने के कारण वे रूढ़िवाद के सम्मुख सिर न झुकाने का साहस पा गये।

अंग्रेजों की राजभक्ति भी विदेशी लोगों के लिये एक मनोवैज्ञानिक पहेली है। यह याद दिलाने की आवश्यकता नहीं कि ग्रेट ब्रिटेन की शासन व्यवस्था में राजा या रानी का अस्तित्व केवल शोभा मात्र है परन्तु इंगलैण्ड की भद्र श्रेणी का एक अंश जिस उत्साह से राजभक्ति का प्रदर्शन करता है, वह विस्मयजनक है। मार्च मास में ही राजतिलक की तैयारियाँ दिखाई दे रही थीं। 'बर्किंघम महल' और 'वेस्टमिंस्टर' गिरजे के रास्तों में राजतिलक का जुलूस देखने वालों के लिये मंच बनते जा रहे थे। उसी समय बहुत से लोगों ने हजारों रुपये दाम देकर स्थान सुरक्षित करवा लिये थे। यह भी सुना कि बहुत से लोगों ने स्थान अमरीकनों के हाथ बेचने के लिये ही सुरक्षित करवाये हैं। अस्तु जो भी हो, लंदन भर में राजतिलक के लिये नये किस्म के जेवर, नेकटाइयाँ, रूमाल और मग बिक्री के लिये बाजारों में भर गये थे। अखबारों में गम्भीर चर्चा होती थी कि यह वस्तुएँ उचित रूप से सुन्दर नहीं बन रही। किसी भी प्रसंग से रानी की चर्चा पत्रों में आने पर उनके रूप-लावण्य की चर्चा भी हो जाती थी। रानी के बहुत से चित्र देखे हैं। सिनेमा के

पर्दे पर तो सदा ही अन्त में वे, कभी घोड़े पर सवार और कभी पैदल, अपनी प्रजा की सलामी लेने के लिये प्रकट होती ही हैं, सौंदर्य का कोई आभास नहीं जान पड़ा परन्तु लंदन के पत्र यह लिखे बिना न रह सके कि हमारी महामहिम रानी अति सुन्दर नहीं, केवल समुचित रूप से सुन्दर अवश्य हैं··· !

अंग्रेजी कानून के अनुसार रानी को असुन्दर समझना या उसके रूप और वेषभूषा की आलोचना करना अपराध है बल्कि दण्ड-विधान की एक धारा के अनुसार तो यदि कोई व्यक्ति रानी के साथ सहवास का स्वप्न देख ले तो उसे मृत्यु दंड का भागी होना चाहिये। दंड-विधान की यह धारायें तो प्राचीन परम्परा का अवशेष मानी जा सकती हैं परन्तु आज भी राजमहल पर पुरानी वेशभूषा में जो पहरा चौबीसों घंटे लगा रहता है वह अच्छे मजाक की चीज है। कई अंग्रेज ऐसे भी मिले जो राजभक्ति की इन बातों को हास्यास्पद समझते हैं परन्तु ऐसे लोग भी वहाँ मौजूद हैं जो युवराज के प्रत्याशित जन्म के समय एक-दो दिन पहले से 'बकिंघम महल' के फाटक पर इसलिये लाइन लगाये खड़े थे कि युवराज के जन्म की घोषणा फाटक पर लगाई जाने पर उसे सबसे पहले पढ़ने का गर्व कर सकें। यह लोग लाइन में अपना स्थान न खो देने के लिये भोजन और चाय साथ ले जाते थे। इस प्रतियोगिता में बहुत वृद्धायें लाइन में बेहोश होकर गिरीं भी और इन घटनाओं को समाचार पत्रों के प्रथम पृष्ठों पर मोटे अक्षरों में छापकर अंग्रेज समाज ने गर्व भी अनुभव किया।

अंग्रेज अपनी पूरी शक्ति से विश्वास करना चाहता है कि विकास और उन्नति की आधुनिक स्पर्धा में उसकी समृद्धि और संस्कृति सबसे पुरानी है। इस चेष्टा ने अंग्रेजों में 'पुराने' के प्रति अनुराग को एक मानसिक रोग का रूप दे दिया है। वह प्रत्येक पुरानी चीज को सुरक्षित रखना चाहता है और यदि चीज पुरानी न हो तो उसे पुरानी प्रमाणित करने की चेष्टा करता है। पुरानापन ही उसके आदर और संतोष के लिये पर्याप्त कारण है। पुराने के प्रति श्रद्धा का यह वातावरण उसकी चेतना को मूढ़ कर देने में काफी सहायक भी होता है। समाजवादी आर्थिक व्यवस्था के प्रति उनकी विरक्ति का एक कारण यह भी है कि वह व्यवस्था नयी है और उसे उन लोगों ने अपनाया है जो कल तक बिलकुल जंगली थे।

अंग्रेज परिपाटी और शील को जिस धैर्य और खूबी से निभाता है, उसकी तुलना नहीं है। शेर की झपट से बचने के लिये भी यदि लाइन लगी हो तो वे लाइन नहीं बिगाड़ेंगे, चाहे भय से मूर्छित होकर गिर पड़ें। दो आदमी अगर बेमतलब भी आगे पीछे खड़े हो जायं तो यह जानने के लिये किस बात के लिये लाइन लग रही है; एक और लाइन लग जायेगी। लंदन के शील और कर्त्तव्य परायणता का सबसे उत्कृष्ट उदाहरण है, लंदन की पुलिस का सिपाही। हृष्ट-पुष्ट छः फुटा आदमी और उस पर एक फुट ऊँचा सफेद टोप पहने। उसके पास बन्दूक-पिस्तौल तो क्या कभी बेत का टुकड़ा भी नहीं देखियेगा। राह चलते यदि आपका थैला फटकर सामान बिखर जाय तो वह उसे अपने कोट के दामन में समेटकर आपको समीप किसी सुविधा की जगह पहुँचा देगा। आपको गिरफ्तार भी करेगा तो धीमे स्वर में यही कहेगा—"जनाब क्षमा कीजिये, जरा थाने तक चलने का कष्ट उठाइये।" पुलिस के शील और विनय से ऐसा जान पड़ता है मानो लंदन में सरकार और शासन नाम की कोई चीज है ही नहीं परन्तु इस शील और विनय के

दुशाले में व्यवस्था की वह कड़ाई छिपी है जिससे बच जाने की आशा आप नहीं कर सकते। इसी पुलिस की कृपा से इंगलैण्ड के जेलखानों में जगह की तंगी अनुभव हो रही है।

इंगलैंड या लंदन में भी पुलिस राजनैतिक दृष्टि से खतरनाक समझे जाने वाले लोगों पर गुप्त चौकसी रखती है, उनका पीछा करती है परन्तु विनय और शील की रक्षा करके। अंग्रेजी शासन का अपनी शक्ति में यह विश्वास ही उन्हें इतना विनयी बनाये है। इंगलैंड की व्यवस्था में इस शील और विनय के लिये उनकी उचित प्रशंसा करते हुए यह भी नहीं भुला दिया जा सकता कि इस व्यवहार का विकास डेढ़ सौ वर्ष की समृद्धि में शनैः शनैः हो पाया है। नयी व्यवस्थायें, जिनके सिर पर विदेशी आक्रमण का भय और विदेशी षड़यंत्रों द्वारा उनके देश में विद्रोह और विश्वासघात के प्रयत्न सदा चालू रहते हैं, ऐसी निश्शंक मानसिक अवस्था सरलता से और बहुत जल्दी नहीं पा सकतीं।

समृद्धि और दैन्य

यह सुनकर कि सोवियत में बहुत से किसान-मजदूर अपनी निजी मोटरें रख सकते हैं और उनके रहन-सहन का ढंग पूँजीवादी देशों की मध्यम श्रेणी से भी अधिक बेहतर होता जा रहा है, पूँजीवादी समाज के लोगों को संदेहजनक विस्मय होता है। अभी तीस वर्ष पूर्व तक सोवियत राष्ट्रसंघ के अन्तर्गत देश पूँजीवादी व्यवस्था को अपनाये देशों की अपेक्षा औद्योगिक रूप से बहुत पिछड़े हुए थे। उस समय सोवियत राष्ट्रसंघ के सर्वसाधारण की आर्थिक अवस्था अन्य औद्योगिक देशों की जनता की अपेक्षा बहुत दीन थी। यदि समाजवादी क्रान्ति के बाद सोवियत राष्ट्रसंघ में बहुत तेजी से औद्योगिक प्रगति हुई है, उन्होंने अपनी पैदावार की शक्ति को बढ़ा लिया है तो दूसरे औद्योगिक देशों की पैदावार की शक्ति भी इस समय में लगातार बढ़ती ही रही है। आज भी सोवियत में बने सामानों की तुलना में इंगलैंड और अमरीका में बने सामान किसी प्रकार घटिया नहीं, अनेक चीजें बढ़िया ही दिखाई देंगी। इंगलैंड के सर्वसाधारण की निरंतर गिरती जाती अवस्था को ध्यान में रखकर यात्री सोवियत में जैसी समृद्धि आँखों से देख आते हैं, वह सम्भव कैसे हो सकती है?

दूसरी ओर जब सोवियत के लोग यह सुनते हैं कि इंगलैंड या पूँजीवादी देशों में सर्वसाधारण जनता की बहुत बड़ी संख्या अपनी आमदनी पर कोई कर नहीं देती और इंगलैंड में तो कुछ लोग अपनी आमदनी का ९०% तक कर में दे देते हैं। कोई कर न देने वाले लोग आय कर से मुक्त होकर भी अपनी नितांत आवश्यकताओं को भी पूरा करने में असमर्थ रहते हैं और ९०% कर दे देने वाले इतना कर देकर भी इतना पा लेते हैं कि सोवियत के सम्पन्न के सम्पन्न व्यक्तियों से भी अधिक खर्चा करके भी वे भविष्य में अपने कारोबार को फैलाने के लिये भी पूँजी बचा सकते हैं तो उन्हें विस्मय होता है। सोवियत के लोग जब यह सुनते हैं कि पूँजीवादी देशों में उत्पादन के नवीनतम साधन होते हुए, श्रमिकों की काफी संख्या रहते हुए और समाज में वस्तुओं का अभाव रहते हुए भी पैदावार को इसलिये बन्द करना पड़ता है कि खपत नहीं हो सकती तो उन्हें विश्वास नहीं होता।

सोवियत में समाज के भिन्न-भिन्न अंग वस्तुओं का उत्पादन समाज की आवश्यकताओं को पूरा करने के लिये करते हैं। सामाजिक योजना के अनुसार उत्पादन

उन्हीं वस्तुओं का किया जाता है जिनकी समाज में आवश्यकता होती है। ऐसी अवस्था में उत्पादन की खपत न हो सकने का प्रश्न आ ही कैसे सकता है? पदार्थों की खपत समाज की खरीद सकने की शक्ति पर निर्भर करती है। सोवियत के आर्थिक दृष्टिकोण के अनुसार समाज की पैदावार की शक्ति बढ़ने पर समाज के लोगों की क्रय शक्ति बढ़ाना आवश्यक है क्योंकि समाज की पैदावार समाज के व्यक्तियों में बँट जाती है। समाज में पैदावार और उसके बँटवारे के सम्बन्ध में जो क्रम सोवियत में व्यवहार में लाया जा रहा है वैसा ही क्रम पूँजीवादी समाज में चालू नहीं है। इंगलैंड की आर्थिक व्यवस्था में समाज की पैदावार की शक्ति और पैदावार बढ़ने पर पैदावार उसे उत्पन्न करने वालों में नहीं बँट जाती बल्कि विदेश चली जाती है। विदेश से आये धन में से मजदूर वर्ग को कठिनाई से निर्वाह मात्र के लिये देकर शेष चला जाता है समाज के गिने-चुने लोगों की जेब में, जो इंगलैंड में पैदावार के साधनों के मालिक हैं। मजदूर और निम्न वर्ग जितना उत्पन्न करता है उतना खरीद नहीं पाता।

इंगलैंड की राष्ट्रीय पैदावार में से मजदूर को इतना कम भाग मिलता है कि उससे आय कर भी नहीं माँगा जा सकता और पूँजीपति के पास इतना अधिक चला जाता है कि वह अपनी आय का ९०% से भी अधिक कर ले लिया जाने की दुहाई दे, राष्ट्रीय शहीद बनकर भी अपने पैदावार के साधनों को बढ़ाता चला जाता है। इसी प्रक्रिया का परिणाम है कि इंगलैंड में सर्वसाधारण की क्रय शक्ति तो क्षीण होती चली जा रही है परन्तु साधनों के मालिक पूँजीपतियों की पैदावार की शक्ति बढ़ती चली जा रही है। वे पूँजी का रूप लिये अपनी पैदावार की शक्ति से अपने देश में मुनाफा कमाने का अवसर न देख इस पूँजी को दूसरे देशों में लगाते हैं। इसी सिद्धान्त पर चलने के कारण पूँजीवादी देशों की आर्थिक नीति साम्राज्यवाद का रूप ले लेती है। ये देश अपने निर्वाह के लिये उपनिवेशों और औद्योगिक रूप से अविकसित देशों के बाजारों की माँग करते हैं। उनकी आपसी होड़ अन्तर्राष्ट्रीय युद्धों को जन्म देती हैं। मुनाफे के रूप में दूसरे देशों की लूट इन अविकसित देशों की क्रय शक्ति को भी क्षीण कर देती हैं। परिणाम होता है, पूँजीवादी जगत में अन्तर्राष्ट्रीय आर्थिक संकट अर्थात् खपत की कमी, पैदावार की शक्ति का उपयोग में न आ सकना और बेकारी।

पूँजीवादी समाज में पैदावार की शक्ति बढ़ते जाने पर भी सर्वसाधारण की क्रय शक्ति के घटते जाने के कारण उनके भूखों मरने और नंगे रहने की परिस्थिति आ जाती है। पूँजीवादी विकास अपने ही समाज की हत्या करने लगता है। ऐसी अवस्था में इंगलैंड जैसी व्यवस्था को भोजन और वस्त्रों के मूल्य घटाने के लिये इन व्यवसायों में क्षतिपूर्ति के लिये सरकारी सहायता (सबसीडी) देनी पड़ती है। इंगलैंड में दूध, मक्खन, मांस और रोटी पर सबसीडी है। शरीर ढकने के लिये आवश्यक कपड़ों पर भी सबसीडी है। बेरोजगारी का बीमा है और स्वास्थ्य रक्षा सम्बन्धी बीमा भी है। प्रत्येक नागरिक को अपना नाम किसी एक डाक्टर के यहाँ दर्ज करा देना पड़ता है। बीमार होने पर वह डाक्टर से नुसखा ले सकता है और नुसखे से किसी भी दुकान से दवाई ले सकता है। यह सब खर्च सरकार उठाती है। इसके लिये सोशलिस्ट सरकार ने यह स्वास्थ्य सेवा बिलकुल मुफ्त कर दी थी। नागरिकों को अपनी आमदनी में से कुछ कर देना पड़ता है। अब पूँजीवादी सरकार हो जाने पर दवाई की दुकान पर एक शिलिंग देना पड़ता है। दूसरी सब सबसीडीज भी घट रही हैं और दाम बढ़ रहे हैं।

इन सब सार्वजनिक सहायताओं का खर्च पूरा करने के लिये जीवन के लिये नितांत आवश्यक न समझी जाने वाली वस्तुओं सिगरेट, शराब, रेशम, मोटरकार, कैमरा, बाइसिकल पर भारी क्रय कर हैं। मजदूरी के लिये क्षुधार्त मजदूरों की आपसी होड़ मजदूरी को कम ही न करती चली जाय, इसके लिये न्यूनतम मजदूरी भी निश्चित कर दी गई है। मजदूर वर्ग की रक्षा के लिये पूँजीवादी सरकार की यह सब चिन्तायें ठीक वैसी ही हैं जैसे कभी-कभी या खास-खास मौसमों में सरकारी आज्ञा से जंगली जानवरों के शिकार की मनाही कर दी जाती है। ऐसी सरकारी आज्ञा का कारण यह नहीं होता है कि सरकार लोगों के शिकार के शौक या मांस की आवश्यकता की अपेक्षा जंगली जानवरों के जीवन को अधिक महत्त्व देती है बल्कि यह कि सरकार शिकार का शौक भविष्य में भी पूरा हो सकने और ऐसे मांस के स्रोत की सम्भावनाओं को समाप्त नहीं हो जाने देना चाहती। मजदूरों और निम्न-मध्य वर्ग पर ऐसी कृपा पूँजीवादी सरकारें राष्ट्रीय सेवा की नीति का नाम देती हैं।

इंगलैंड का मध्य वर्ग या निम्न-मध्य वर्ग सफेदपोश सरकार की इस राष्ट्रीय-सेवा की नीति से बहुत आहत अनुभव करता है। वह समझता है कि सरकार उनकी जेबें खाली करके मजदूरों का मिजाज बढ़ाती और उनकी खुशामद करती है। कारण यह है कि मध्य वर्ग पूँजीपति शासक वर्ग की भाँति सचेत और दूरदर्शी नहीं और पूँजीपति वर्ग अपने ऊपर पड़ने वाले राष्ट्रीय बोझ का काफी भाग क्रय करों और दूसरे करों के रूप में मध्य वर्ग के कंधे पर खिसका देता है। इंगलैंड के मजदूर भी यह न समझकर कि पूँजीपति की जेब में गई हुई उन्हीं के पसीने की कमाई का कुछ अंश उनके लिये खर्च किया जा रहा है, बहुत अनुगृहीत अनुभव करते हैं। जब पूँजीवादी सरकार मजदूरों का तन ढांकने या पेट भरने की अपेक्षा जंगी-जहाजों और जंगी-विमानों के लिये खर्च करना अधिक आवश्यक समझ भोजन वस्त्र पर दी जाने वाली सरकारी सहायता (सबसीडी) बन्द कर युद्ध की तैयारी पर अधिक व्यय करने लगती है, तो मजदूर अपने आपको निस्सहाय अनुभव करने लगते हैं। उस समय उन्हें कम्युनिज्म की बर्बर संस्कृति का भय दिखाकर प्रेम का उपदेश दे दिया जाता है।

न केवल इंगलैंड का निम्न वर्ग ही बल्कि पूरा अंग्रेज समाज और ब्रिटिश राष्ट्र इस समय दैन्य और विवशता अनुभव कर रहा है। वह जानता है कि आज न केवल वह अन्तर्राष्ट्रीय नीति और स्थिति का नियंत्रण नहीं कर सकता बल्कि वह स्वयं अपने राष्ट्र की नीति निश्चित करने में भी स्वतन्त्र नहीं। राजनैतिक रूप से सचेत अंग्रेज अनुभव करते हैं कि उन्हें जबरदस्ती कोरिया के युद्ध में और कम्युनिस्ट-विरोधी गुट में खींचा जा रहा है। उनके क्षीण हो गये साधनों को अपनी समस्यायें सुलझाने में न लगाने देकर जबरदस्ती सैनिक तैयारियों में लगाया जा रहा है। अमरीका का यह दमन केवल अन्तर्राष्ट्रीय क्षेत्र में ही नहीं अंग्रेज के नागरिक जीवन में भी हैं। लंदन में अमरीकन आज इस तरह टेढ़ी गर्दन करके घूमते हैं जैसे कोई ठेकेदार अपने कारोबार के मजदूरों का काम देख रहा हो! इंगलैंड में कोई सामाजिक अपराध कर देने पर भी अमरीकनों पर इंगलैंड के साधारण कानून द्वारा अंग्रेजी अदालत मामला नहीं चला सकती। आज इंगलैंड में अमरीकन की वही स्थिति है जो भारत में अंग्रेजी राज के समय अंग्रेज की थी और स्वयं अंग्रेज की वह दशा जो अंग्रेजी राज में भारतीयों की अपने देश में थी। लंदन में अमरीका

के फैशनों की भी नकल होने लगी है। कुछ दुकानों पर 'अमेरिकन फैशन्स' और 'न्यूयार्क स्टाइल' के बोर्ड भी दिखाई दे जाते हैं।

इंगलैंड की औद्योगिक शक्ति और निपुणता से इनकार नहीं किया जा सकता। यह नहीं कहा जा सकता कि सोवियत की औद्योगिक निपुणता और चातुर्य इंगलैंड से अधिक है। इस तुलना की आवश्यकता भी क्या? परन्तु यह तथ्य सामने है कि अपने सम्पूर्ण औद्योगिक विकास और चतुरता की बावजूद इंगलैंड युद्ध के धक्के से फिर उठ सकने के लिये अमरीका की सहायता का मोहताज है और सोवियत अमरीका से सहायता की अपेक्षा धमकियाँ ही पा रहा है। युद्ध के बाद इंगलैंड अपने ध्वंस को भी पूरा नहीं कर पाया। सोवियत इंगलैंड से कई गुणा बड़ा नुकसान सहकर भी न केवल अपनी हानि पूरी कर चुका है बल्कि नवनिर्माण में भी बहुत आगे बढ़ गया है। इंगलैंड में सर्वसाधारण के सामने दामों के बढ़ने की विभीषिका खड़ी है और सोवियत में दाम गिरते जा रहे हैं। इंगलैंड में दामों के गिरने से बेकारी की आशंका होती है। सोवियत में दाम गिरना सामाजिक समृद्धि समझी जाती है। इस अंतर का मूल है उनकी भिन्न-भिन्न आर्थिक व्यवस्थाओं में। एक व्यवस्था सामाजिक उत्पादन को समाज के हाथ में दे समाज की क्रय शक्ति या उसकी आवश्यकता पूर्ति की शक्ति बढ़ाती है दूसरी व्यवस्था सामाजिक उत्पादन को कुछेक पूँजीपति साधन-स्वामियों के हाथ में दे समाज की उत्पादन की शक्ति को तो बढ़ाती है परन्तु उत्पादन की खपत की शक्ति को कम कर देती है। इंगलैंड अपनी औद्योगिक पैदावार को विदेशों में खपाना चाहता है। सोवियत की औद्योगिक पैदावार स्वयं उसी देश की प्रजा खपा सकती है। स्वाभाविक ही सोवियत की प्रजा अधिक संतुष्ट दिखाई देती है।

आर्थिक कठिनाइयाँ और जीवन की संकीर्णता अनुभव करके भी इंगलैंड की प्रजा का विश्वास है कि वह वैधानिक और व्यक्तिगत स्वतंत्रता का सुख पा रही है जो सोवियत की प्रजा के लिये दुर्लभ है। अभाव और आवश्यकताओं से पीड़ित व्यक्ति अधिक स्वतंत्रता अनुभव कर सकते हैं और अधिक महत्त्वाकांक्षी हो सकते हैं या ऐसे व्यक्ति जिन्हें अपनी आवश्यकतायें पूरी करने का अवसर है? यह बात सोचने लायक चेतना इंगलैंड के वातावरण में उत्पन्न ही नहीं होने दी जाती। इंगलैंड के सर्वसाधारण नागरिक वास्तव में ही व्यवस्था का बन्धन अनुभव नहीं करते क्योंकि उनमें व्यवस्था को बदल देने की चेतना ही नहीं जाग सकी। जिस दिन उनमें यह चेतना जागेगी और वे ऐसा प्रयत्न करने का अवसर और अधिकार चाहेंगे, उनका व्यक्तिगत स्वतंत्रता का स्वप्न भंग हो जायेगा और वे सब ओर बँधन ही बँधन अनुभव करेंगे।

●